▲金取《かねとり》遺跡出土の石器　遠野市宮守町達曽部《たっそべ》。石斧《せきふ》（左）は長さ 16.4 cm，石核《せっかく》（右）は長さ 16.1 cm。

▼貝鳥《かいとり》貝塚出土の骨角器《こっかくき》類　一関市花泉町油島《ゆしま》。縄文時代中期～後期。鹿角《ろっかく》全体を加工した角棒，オオカミの牙や下顎骨を加工したペンダントはいまだに類例のない資料。写真はその複製。

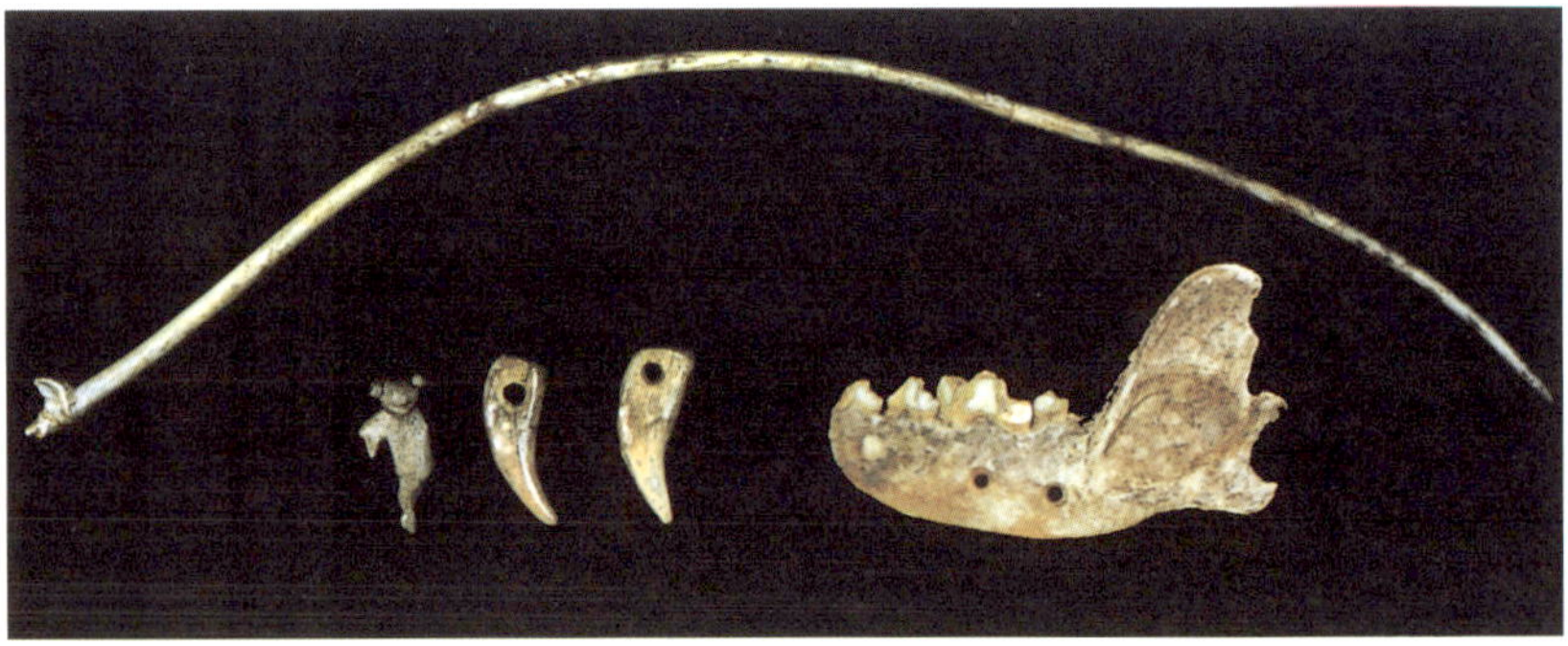

►橋野高炉《はしのこうろ》絵巻（両鉄鉱山御山内高炉絵巻）　上下 2 巻からなる絵巻で，製鉄技術史上の第一級の資料。とくに下巻は，露頭鉱床から鉄鉱石を採掘し，細かく砕いた岩鉄を高炉にいれて出銑，それから製品の鉄を量るまでの行程が色彩鮮やかに描かれている。

▲大木式土器《だいぎしき》　九戸村江刺家田代《えさしかたしろ》遺跡出土。縄文時代中期～後期。県北の前期の縄文文化は円筒式土器文化圏にあったが，中期中頃になると，南半部の大木式土器文化に吸収されていく。

▼角塚《つのづか》古墳全景　奥州市胆沢区南都田《なつた》。5 世紀後葉の本邦最北端の前方後円墳。全長約 45m，馬や水鳥などの動物埴輪《はにわ》が出土している。

▲胆沢城跡全景《いさわじょう》　奥州市水沢区佐倉河。北上川と胆沢川の合流点右岸上にある，一辺 675mの方形の築地《ついじ》外郭線で区画される古代城柵跡。上方に九蔵川が大きく蛇行して東流し北上川に注ぐ。

▼胆沢城府庁《ふちょう》厨《くりや》跡　政庁の東南にあり，胆沢城の給食センター。東西棟建物の前面にある井戸を中心に左右に長大な脇殿《わきでん》を配す構造。置きカマドや箸《はし》・まな板などが出土している。

▲胆沢城正殿《せいでん》跡　正殿は政庁内中央やや北寄りにあり，正面5間×奥行2間(15×6m)の規模。掘立柱建物から礎石建《そせきだち》となり，瓦を葺く。「鎮守《ちんじゅ》府庁《ふちょう》」とよばれた。

◀悪路《あくろ》王首像　茨城県鹿島神宮の縁起に，坂上《さかのうえの》田《た》村《むら》麻《ま》呂《ろ》が「奥州征伐」に際し神社に加護を祈り，願が叶ったため帰路，賊の酋長の首を奉納したとある。同神宮の木製首像は江戸時代の作(写真はその複製)。「賊帥《ぞくすい》アテルイ」とイメージが重なるが元来は別。

▲ 柳之《やなぎの》御所《ごしょ》跡出土の烏帽子《えぼし》　原形を保って残されたものとしては最古の烏帽子。頭にのせる部分は円周約54cm，高さは40cmほど。外面に漆と思われる樹脂が塗られ，五位以上の貴族が用いた立烏帽子と推定されている。

▼紺紙金銀字交書一切経《いっさいきょう》　いわゆる中尊寺経。写経事業は天治 3（大治＝1126）年藤原清衡《きよひら》願文にみえる。こうした豪華な写経は上皇や摂関家にかぎられた時代，清衡は金字・銀字を行ごとに交えた希有の一切経をつくった。

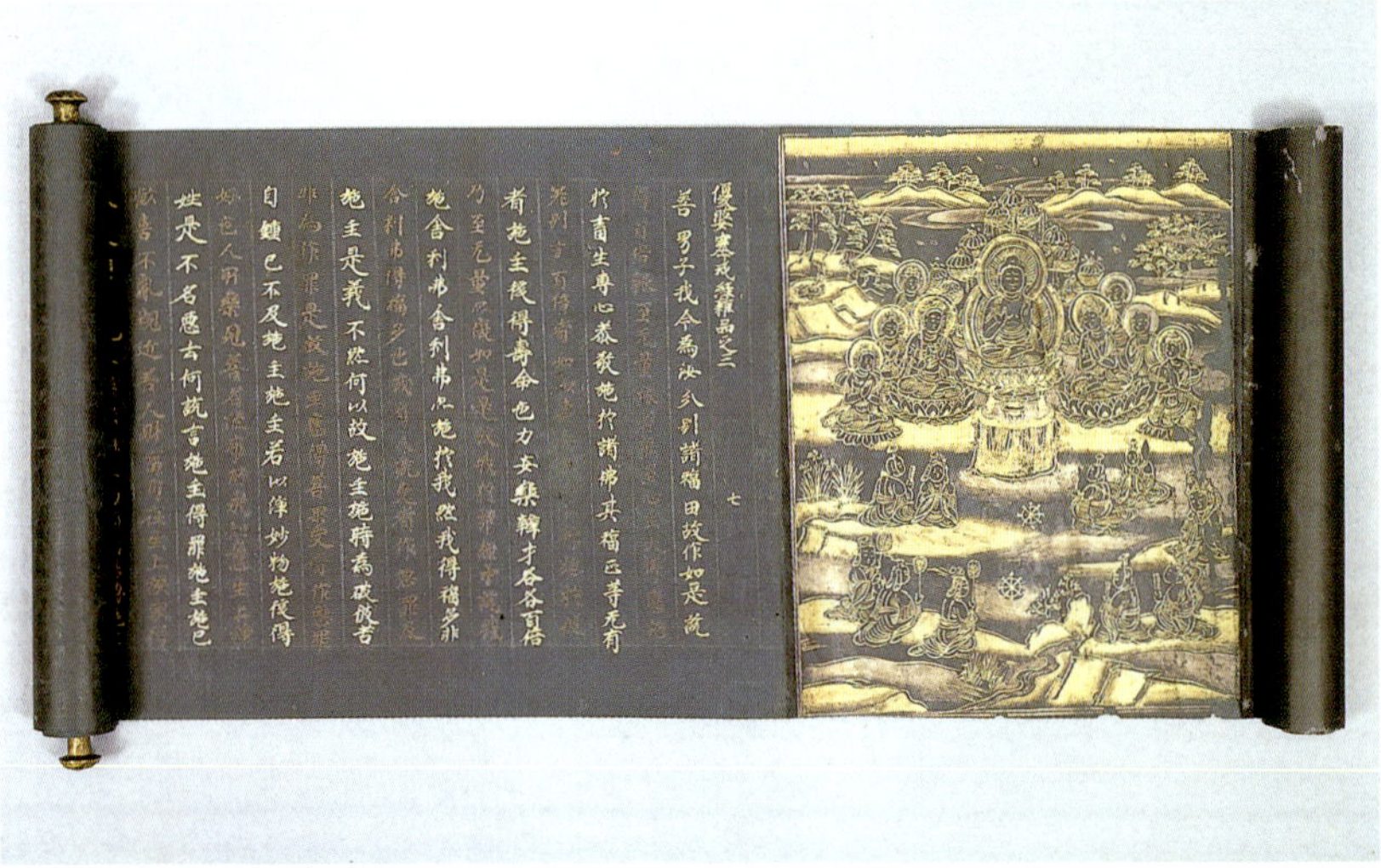

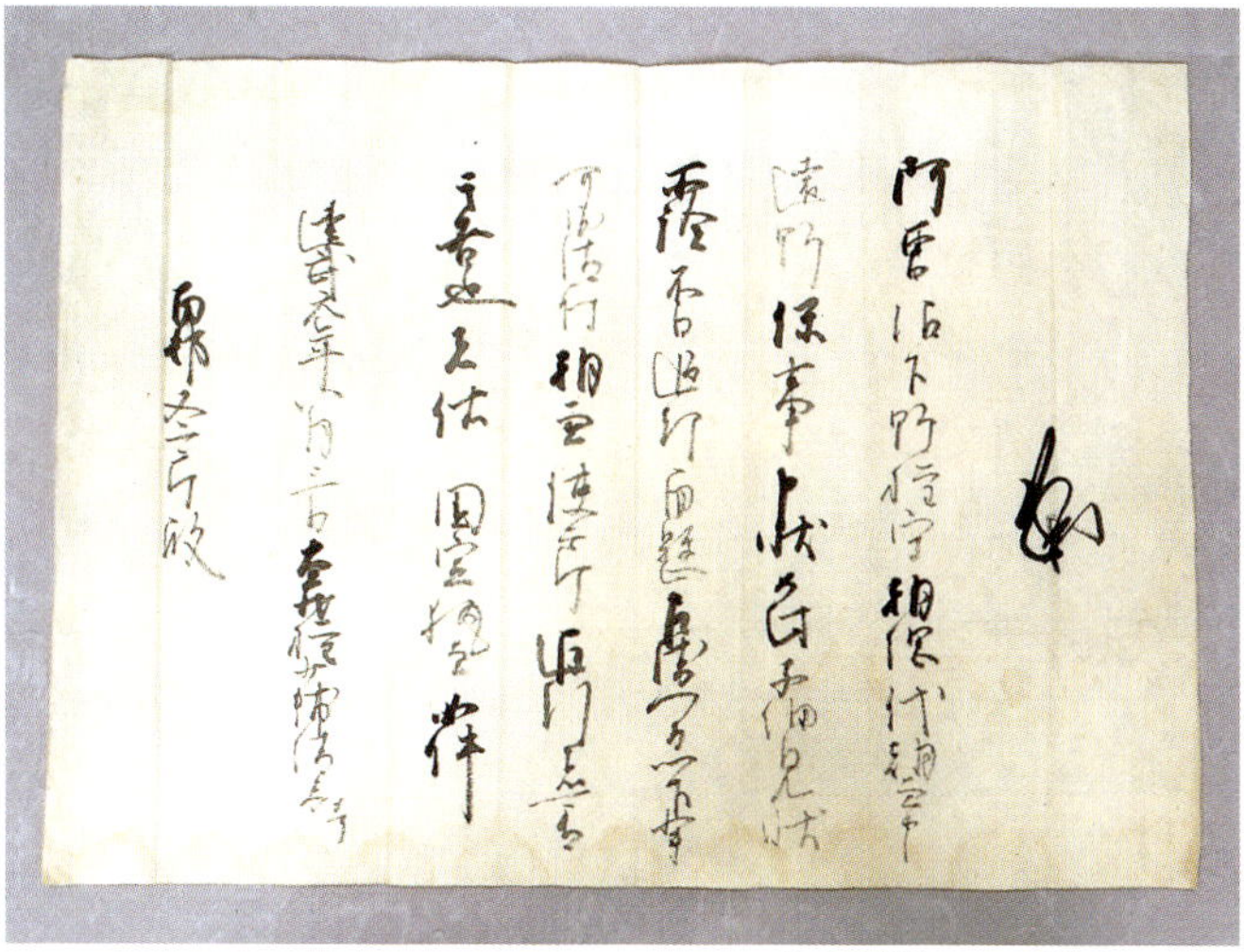

▲「南部家文書」建武元(1334)年８月３日陸奥国宣《むつこくせん》　北畠顕家《あきいえ》はこのような袖判《そではん》(右側余白の花押)を据えた国宣を数多く発した。これは遠野保《とおのほ》の領主阿曽沼朝綱《あそぬまともつな》の訴えにより，糠部《ぬかのぶ》郡奉行の南部師行《もろゆき》に面懸(角掛か)氏の押妨の排除を命じたもの。

▼南方上空からの九戸城《くのへじょう》跡全景　二戸市福岡。手前は在府小路《ざいふこうじ》遺跡，正面が本丸・二ノ丸跡。九戸氏がこの城に移ったことが，北奥羽の戦国争乱を本格化させた一因かもしれない。城郭の総面積は34万㎡，糠部《ぬかのぶ》郡の中世城郭のなかでも最大級である。

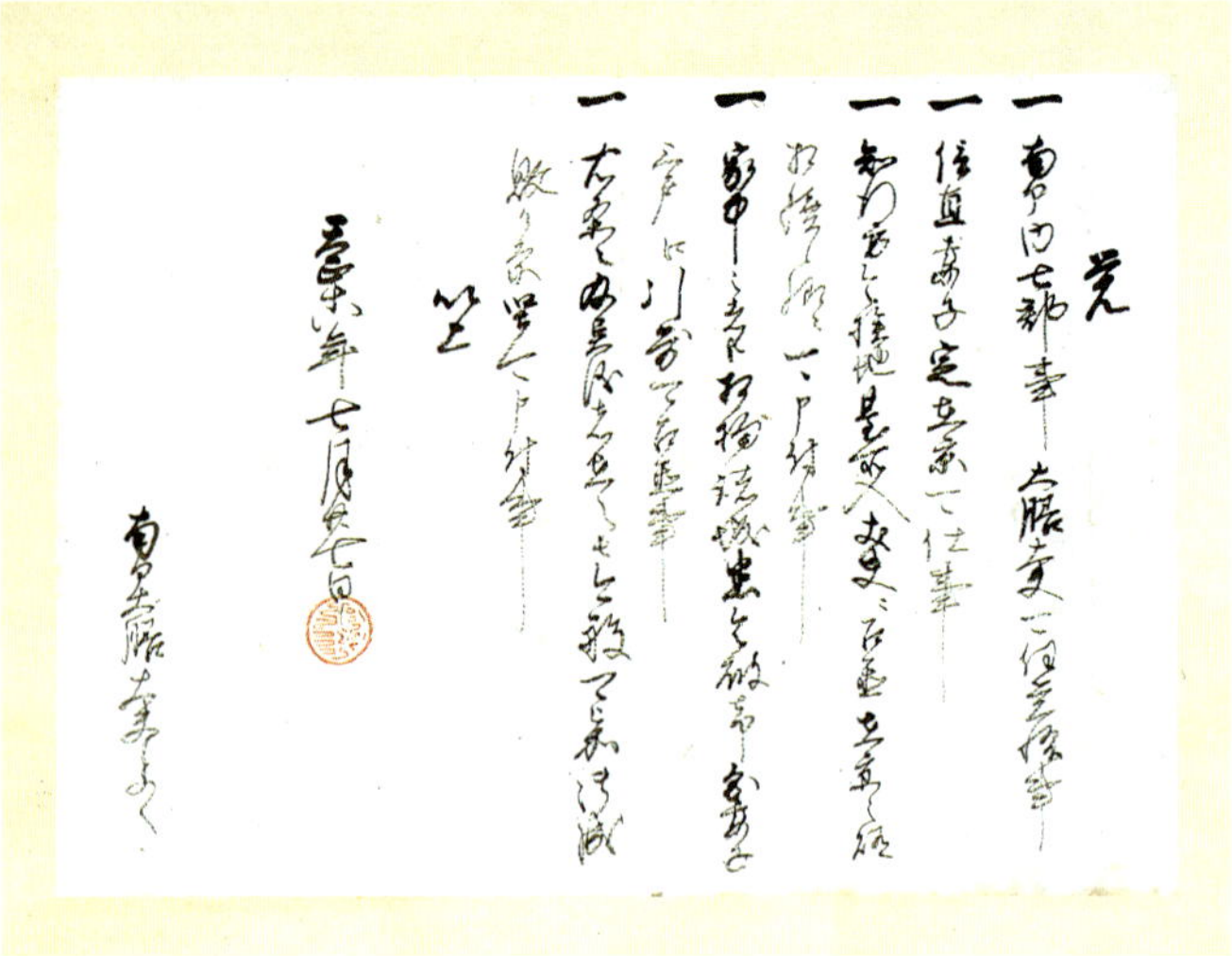

▲天正18(1590)年豊臣秀吉朱印状《とよとみひでよししゅいんじょう》　南部信直《のぶなお》はこの朱印状により糠部《ぬかのぶ》・鹿角《かづの》・閉伊《へい》・岩手・志和・稗貫《ひえぬき》・和賀の7郡を安堵されたほか，妻子の京都在留，太閤検地《たいこうけんち》の実施，家臣の諸城破却と城下三戸への集住などが厳命された。

►盂蘭盆門火《うらぼんかどび》見廻り行列図　川口月村《げっそん》筆。盛岡城下惣門《そうもん》付近の門火(迎え火・送り火)を見廻る若君たちの行列で，高《たか》張提灯《はりちょうちん》をもった先導者，紋付きの弓張提灯をもった小者，馬上で騎馬提灯を腰にさした若君たちが描かれている。

▲盛岡城下鳥瞰図絵　川井鶴亭《かくてい》筆の版画。左手に岩手山，右手奥に三角形の姫神山，手前には北上川と3橋のある中津川，新山舟橋《しんざんふなばし》などが描かれており，幕末の盛岡城下のたたずまいがよくわかる。

▼チャグチャグ馬コ　6月第2土曜日に行なわれる観光行事で，馬の首につけられた装飾用の鳴輪や小鈴が美しい音色で鳴り響く。もとは旧暦の端《たん》午《ご》の節供《せっく》に，馬の守護神の蒼前社《そうぜんしゃ》に馬をつれて参拝したことに由来する。

▲小岩井《こいわい》農場(４号牛舎)　明治24(1891)年に開墾の鍬が入れられた民間最大の総合農場。宮沢賢治が「本部の気取った建物が桜やポプラのこっちに立ち」とうたった現管理部事務局や牛舎・レンガサイロなど明治期の建造物が当時の欧米牧畜技術の導入の姿を伝えている。

▼東北新幹線の建設工事(岩手町横沢川橋梁)　急ピッチで進められた新幹線工事。東北新幹線の盛岡以北への延長には，経済的波及効果を期待する県北地方の人々の願いがこめられている。

地方史研究協議会名誉会長
学習院大学名誉教授
児玉幸多　監修

企画委員　熱田公―川添昭二―西垣晴次―渡辺信夫

岩手県の歴史 目次

細井計―伊藤博幸―菅野文夫―鈴木宏

付録

索引／年表／沿革表／祭礼・行事／参考文献

岩手県の歴史

風土と人間――大地に流れるもの

豊かな自然と文化●

本州の北東部に位置する岩手県は、一三市一一郡一六町五カ村、人口一三三万〇一四七人からなり、その総面積は一万五二七八平方キロメートルである（平成二十二年度）。これは北海道についで全国第二位の広さであり、四国四県の全体よりはやや狭いが、東京・神奈川・千葉・埼玉の一都三県がそのままですっぽりはいってもまだ余裕がある。この広大な県土は緑豊かな自然に恵まれている。

この岩手県は旧石器《きゅうせっき》時代に幕を開けた。約四万〜三万三〇〇〇年前の斜軸尖頭器《しゃじくせんとうき》が出土した柳沢館《やなぎさわだて》遺跡（奥州市）、金取《かねとり》遺跡（遠野市）、さらにハナイズミモリウシ（プリスクス野牛）をはじめとする動・植物化石が多量に発見された金森《かなもり》遺跡（一関市）などによって知られる旧石器時代をへて、縄文《じょうもん》時代にはいると、大型土偶《どぐう》（国重要文化財）、竪穴《たてあな》住居跡、縄文人の足跡、川魚を捕獲するための魞《えり》など、たくさんの遺構や遺物が発見された蒅内《しだない》遺跡（盛岡市）やドーム型の土屋根をもった竪穴住居跡が出土した御所野《ごしょの》遺跡（一戸町《いちのへ》）などが物語っているように、岩手の縄文時代の人々は豊かな生活を送るようになった。

弥生時代には、稲作農耕文化が北上川上流域にまで浸透するようになった。そして古代にはいると、最北端の前方後円墳として有名な角塚《つのづか》古墳（奥州市）をつくるなど、あらたな文化を受容しながら独自の社会を形成していった。準官寺の定額寺《じょうがくじ》に指定された極楽寺《ごくらく》（北上市）をはじめ、黒石寺《こくせき》（奥州市）、成島寺《なるしま》（花巻市）、高水寺《こうすい》（紫波町《しわ》）、東楽寺《とうらく》（盛岡市）、天台寺《てんだい》（二戸市）などの仏教文化をうみ、その総仕上げとして平泉の中尊寺《ちゅうそん》や毛越寺《もうつう》などを中心に、金色堂《こんじき》に代表される皆金色の平泉文化を開花させた。そこには京都の文化とエミシ（蝦夷《えみし》）の文化との融合がみられるという。そして最近、「平泉館《ひらいずみのたち》」跡としてクローズアップされている「柳之御所《やなぎのごしょ》遺跡」は、まさにその融合した形を如実に示している。

抵抗の系譜●

岩手県が近代を迎えるまでの過程を大まかに振り返ってみると、自分たちの生活を守るために、外からの権力に対して抵抗してきた歴史であったといえよう。それはおおよそ時代の画期ごとに展開された。

奈良時代から平安時代の初期にみられた国家対エミシの戦い。とくにエミシ軍の勝利に終わった延暦八（七八九）年の胆沢合戦は、アテルイ（阿弖流為）・モレ（母礼）らの軍事首長が中心となって胆沢連合軍を組織し、みずからの土地と名誉を守るために、巣伏《すふし》村（奥州市水沢区東郊一帯）で雌雄を決した一戦であった。このあと遠征軍とエミシ軍との戦いは、弘仁二（八一

雪景色の岩手山

一）年をもってひとまず終結する（三八年戦争）。

世の中が末法《まっぽう》に突入して恐れおののいていた十一世紀中葉、北奥羽をまきこんだ戦乱が勃発した。前九年合戦（奥州十二年合戦）である。永承六（一〇五一）年に開始されたこの戦いは、源《みなもとのよりよし》頼義・義家《よしいえ》父子を中心とする政府軍に対して、安倍貞任《あべのさだとう》を中心とした一族・郎党《ろうとう》がその支配を排除して、自分たちの世界を守り、その独立を主張するために戦ったものである。しかし、在地の同族的連合体制の安倍軍は、源頼義を頂点とする源氏《げんじ》の武士団の前に敗れ去った。

安倍一族が厨川柵《くりやがわのさく》で滅んでから約一三〇年、清衡《きよひら》・基衡《もとひら》・秀衡《ひでひら》と三代にわたって栄華をほこった奥州藤原氏は、泰衡《やすひら》のときに、父秀衡の遺言を反故《ほご》にし、源義経《よしつね》を衣川館《ころもがわのたち》に襲って滅亡させ、平和路線に転換したものの、その期待は裏切られ、源頼朝《よりとも》の率いる鎌倉勢の進攻をうけて滅亡した。ときに文治五（一一八九）年のことであり、奥州合戦がそれである。初代清衡が数奇な運命にもてあそばれながらも、強い精神をもって構築した平泉藤原氏の権力は、約九〇年にして消滅するに至った。

それから約四〇〇年後の天正十八（一五九〇）年、全国統一をめざしていた豊臣秀吉《とよとみひでよし》は、みずからの命にしたがわなかった奥羽の諸大名の領地を没収した（奥羽仕置《しおき》）。これに対して旧領の回復をねらった葛《か》西《さい》・大崎・和賀《わが》・稗貫《ひえぬき》らの旧臣や農民たちは各地で蜂起し、ついに天正十九年、九戸政実《くのへまさざね》は南部領の宗主権の確立をめぐって南部信直《のぶなお》と対立し、信直を後援する豊臣政権とのあいだに一戦をいどんで全滅した。

それからさらに約二八〇年、明治元（一八六八）年に戊辰《ぼしん》戦争がおこると、盛岡藩は奥羽越列藩《おううえつれっぱん》同盟に与《くみ》して薩長両藩兵を中心とする征東軍と対戦して敗れた。のちに原敬《たかし》は「戊辰戦争ハ政見の異同のみ」と断言して、賊軍の汚名を返上し、再三にわたる叙爵の沙汰を辞退したのも、岩手の大地に流れている抵抗の血なのかもしれない。

頻発する飢饉と一揆●

盛岡藩の歴史は凶作・飢饉《ききん》と百姓一揆《ひゃくしょういっき》の連続であった。自然的災害としての凶作は、現代社会の科学的技術をもってしても回避することはむずかしい。まして江戸時代にあってはなおさらのことである。この凶作を飢饉にまでさせたところに為政者の無策ぶりがあり、それゆえに人為的災害といわざるをえない。江戸時代の二六五年間に盛岡藩領で発生した凶作（不作を含む）は九二回、飢饉となったのは一七回。これは実に凶作が三年に一度、飢饉が一六年に一度の割合で襲来したことになる。このうちとくに被害の甚大であった飢饉は、元禄《げんろく》・宝暦《ほうりゃく》・天明《てんめい》・天保《てんぽう》におこったもので、これらを総称して四大飢饉という。

このような凶作・飢饉で疲弊した領民に税は容赦なく課せられた。それに抗して立ち上がったのが農民である。江戸時代に盛岡藩領で発生した百姓一揆は全部で一五三件。これは全国第一位、けっしてほこれる数ではない。このうち嘉永六（一八五三）年の三閉伊《さんへい》一揆はもっとも大規模かつ組織的で、しかも高度に政治的であった。これは百姓一揆史上で最大の成果をおさめたもので、その指導者の一人が栗林《くりばやし》村（釜石市）の三浦命助《めいすけ》であった。

海と山と里の幸●

盛岡藩領は南端の平田（釜石市）から下北半島までの長い海岸線を有していたから、魚族も豊富で各種の漁業が行なわれていた。藩政初期の他領移出品としては「鮭《さけ》・干鱈《ほしだら》・棒鱈・熨斗《のし》・串鮑《くしあわび》・鰤《ぶり》・蛸《たこ》」があり、中期以降になると、長崎俵物《たわらもの》（煎海鼠《いりこ》・干鮑《ほしあわび》・鱶鰭《ふかのひれ》）をはじめとする海産物生産が盛んとなり、とくに干鰯《ほしか》や〆粕《しめかす》などの魚粕類が関東地方に移出された。関東農村の生産力アップの背景には、この魚粕類があったのである。

藩財政を潤したものに金・銅・鉄があった。金は古代から陸奥産が有名であるが、近世になると、盛岡藩領の鹿角《かづの》地方（秋田県鹿角市）や佐比内《さひない》（紫波町）、それに仙台藩領の東山《ひがしやま》（東磐井郡〈一関市〉）と気仙《けせん》郡などが産金地として栄えた。とくに盛岡藩はこの豊富な産金によって財政が豊かで、「封内の富、既に天下に甲《かん》たり」と称されるほどであった。鹿角地方の金山が寛文年間（一六六一～七三）を境に銅山へと変化するにつれて、北上高地での鉄の生産が盛んとなり、各地に移出されるようになった。

このような海や山の幸のほかに、陸奥国は古来から馬産地として知られていた。とくに盛岡藩は、藩営牧場や農民をとおして馬の生産を奨励した。その名馬を購入するために、幕府や諸大名は毎年馬買い役人を派遣していたほどである。この馬とならんで運搬用としての牛の働きも注目される。三陸地方の塩をはじめとする海産物は、牛を使って北上高地をこえて内陸部へと移送され、その帰り荷は沿岸部で不足していた穀類が運ばれていたのである。こうした昔の生活・習俗については、岩手県の民謡としてよく歌われている「牛方節」や「からめ節（金山踊）」などをとおして、その一端をしのぶことができよう。

輩出する人材●

豊かな自然ときびしい自然環境のなかで、それを克服しようとする気迫が岩手の人に一種の反骨精神を育み、そのような土壌のなかから多くの人材が輩出した。

学界では、藩政時代に『無刑録《むけいろく》』を著して近代刑法の基礎をつくった芦東山《あしとうざん》、蘭学の発展に大きく貢献した建部清庵《たけべせいあん》、それに大槻《おおつき》家の人々、とくに「芝蘭堂《しらんどう》」を開設して門人の育成にあたった大槻玄沢《げんたく》、幕末には身を犠牲にして警世の鐘を鳴らした高野長英《たかのちょうえい》、世界地理書『坤輿図識《こんよずしき》』を刊行した箕作省吾《みつくりしょうご》、近代製鉄業の父といわれた大島高任《たかとう》などが注目される。近代以降では文化勲章を受章した物理学の田中館愛橘《たなかだてあいきつ》と言語学の金田一《きんだいち》京助、それに刑法学の小野清一郎をはじめ、東洋史の那珂通世《なかみちよ》、西洋史の原勝郎《かつろう》、宗教学の木村泰賢《たいけん》、それに岩手県人ではないが、縁の深い願教寺の島地黙雷《しまじもくらい》・大等《だいとう》父子など枚挙にいとまがない。文学・美術界などでは、歌人の石川啄木《たくぼく》、詩人の宮沢賢治《けんじ》、『銭形平次捕物控《とりものひかえ》』で有名な野村胡堂《こどう》、洋画家では五味清吉《ごみせいきち》、橋本八百二《やおじ》、深沢省三《しょうぞう》・紅子《こうこ》夫妻、前衛美術の先駆者となった萬《よろず》鉄五郎などがいる。

　政界では、自由民権運動の鈴木舎定《いえさだ》、『憲法草稿評林』を著して明治政府の憲法草案を批判した小田為《ため》綱《つな》、平民宰相と称された原敬、小村寿太郎《じゅたろう》を助けてポーツマス条約の早期締結に尽力した高平小五郎《たかひらこごろう》、関東大震災後の復興計画が「大ぶろしき」と称された後藤新平《しんぺい》、「われ太平洋の橋とならん」といった新渡《にと》戸《べ》稲造《いなぞう》などが輩出した。軍人関係者の多いのも本県の特徴である。海軍大将から首相となった斎藤実《まこと》と

宮沢賢治

原　敬

米内光政《よないみつまさ》、海軍大将の栃内曽次郎《とちないそうじろう》・山屋他人《やまやたにん》・及川古志郎《おいかわこしろう》、陸軍大将の板垣征四郎《せいしろう》、同中将の東条英教《ひでのり》（英機《ひでき》の父）などがその代表的な人であり、まさに将星綺羅星のごとくであった。

二十一世紀の社会で●

詩人宮沢賢治は、みずからの理念を育てていく心象風景をイーハトーブ（イーハトヴ）と名づけた。そしてこのイーハトーブは、賢治の心象中に実在した「ドリームランドとしての日本岩手県である。そこでは、あらゆることが可能である」ともいった。また、高村光太郎《こうたろう》は戦火を逃れて花巻に疎開していたあいだ、岩手の人を観察し、その重厚さを「沈深牛の如し」と表現し、「地を往きて走らず、企てて草卒ならず、ついにその成すべきを成す」と歌い上げた。

岩手という大地は、今後ますます「あらゆることが可能」であり、そこの住民は「ついにその成すべきを成す」人々である。それはこの県のこれまでの歴史が物語っているところであり、読者諸賢は本書をとおして読み取ることであろう。東北新幹線のターミナルであった盛岡は、平成十四（二〇〇二）年十二月にその地位を八戸（青森県）にゆずった。しかし、北東北の拠点都市としての位置はその後も変わることはないだろう。そして岩手県が全体として二十一世紀の社会にあって、ますます発展し続けるとともに、美しい豊かな自然を残して、日本人の心の故郷として定着していくことを願いたい。

1章

大地に根づく人々

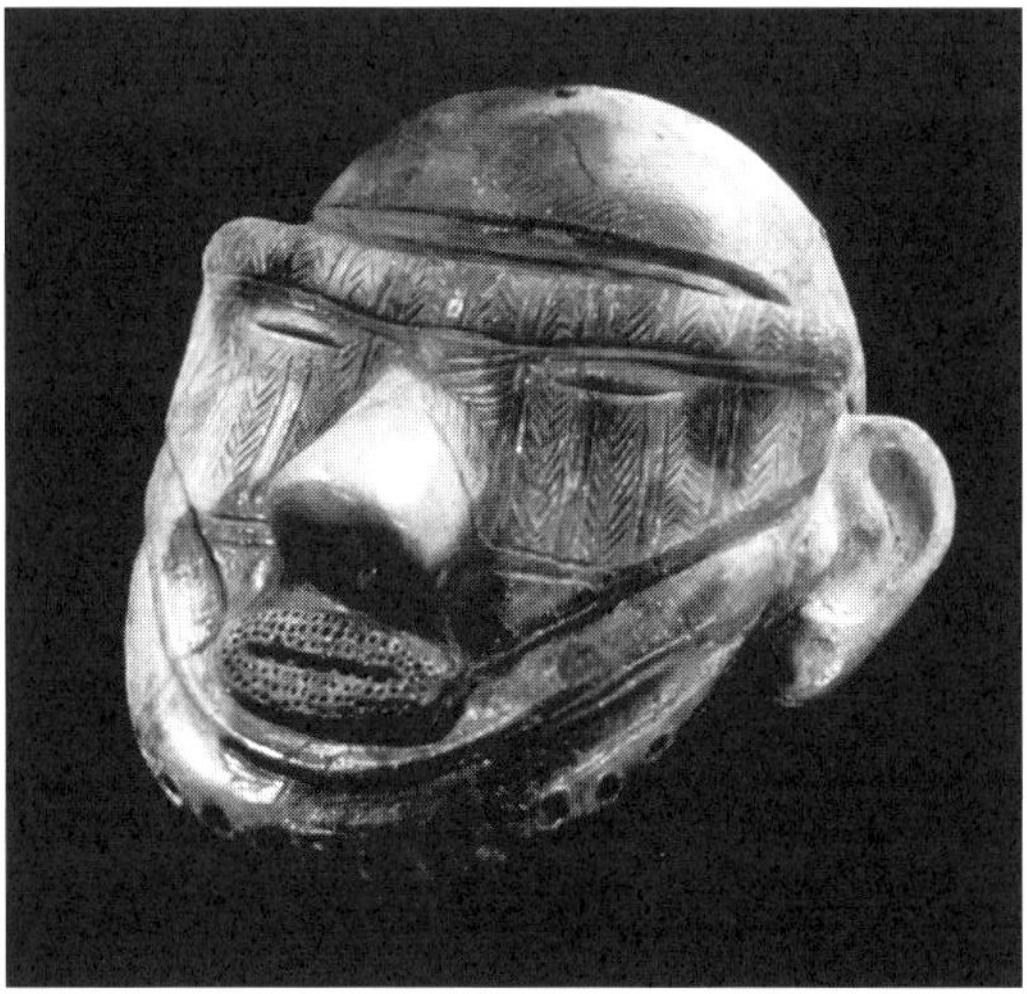

萪内遺跡出土の大型土偶頭部(縄文後期，国重要文化財)

1　岩手の大地物語

掘り出された旧石器●

旧石器《きゅうせっき》時代は前期（今から約十二、三万年以前）、中期（約十二、三万年前〜約三万年前）、後期（約三万年前〜約一万二〇〇〇年前）の三時期に区分されるが、日本列島の旧石器時代のはじまりは、地質学的にみておよそ八万年前から四、五万年前の中期旧石器時代の石器にさかのぼるとするのが一般的になっており、前期旧石器は確認されていない。人類史では前期＝原人、中期＝旧人、後期＝新人の時代とされる。列島の最古の人類の生活痕跡は、旧人までということになる。

岩手県の旧石器時代の遺跡は、一三〇カ所以上発見されているが、そのほとんどは後期に属し、中期はわずか三カ所にすぎない。このうち後述の遠野市金取《かねとり》遺跡は、最近の発掘調査で八万五〇〇〇年前から五万年前の中期旧石器時代の石斧などが確認されており、現在のところ中期旧石器時代の遺跡では国内最古となる。これにより日本列島に旧人がいたことも確実となった。

斜軸尖頭器《しゃじくせんとうき》は狩猟用の槍先《やりさき》とされ、中期旧石器時代の指標でもある。金ケ崎《かねがさき》町柏山館《かしやまだて》遺跡（Ⅲ・Ⅳ層＝約四、五万年前から八万年前）、奥州《おうしゅう》市柳沢館《やなぎさわだて》遺跡、遠野市金取遺跡（Ⅲ・Ⅳ層＝約三万三〇〇〇年前から約八万年前）からは斜軸尖頭器が、加工具である石斧《せきふ》・ナイフ様石器・両刃石器・スクレイパー・凹み石・ハンマーストーンなどとともに出土し、わずかずつではあるが、中期旧石器文化の状況が明らかになってきている。また、石材についてもスクレイパーは、奥羽《おうう》山脈から搬入された頁岩《けつがん》製であることが明らかにされている。

中期旧石器時代は間氷期《かんぴょうき》が終わり、最後の氷河《ひょうが》時代といわれる最終氷期がはじまる時期にほぼ一致する。約七万年前までの初期氷期は、まだ気候は冷涼で湿潤であったが、七万年前を境に主要氷期にはいると、気候の寒冷化がはじまり、それは後期旧石器時代まで続いた。

気候の寒冷化がはじまる頃、大陸では新人が移動、拡散を開始した。

旧石器の狩人たち

主要氷期でも数回の亜氷期《あひょうき》（寒冷期）と亜間氷期《あかんぴょうき》（温暖期）がくり返されたが、このうち約三万三〇〇〇〜約三万年前は、気候の著しい寒冷化・乾燥化（氷河発達期）の時代で、氷河の発達にともない、海水面が低下し、列島の北と南は大陸と陸続きとなって、日本海は湖に近い状態になった。

北の宗谷《そうや》海峡や津軽《つがる》海峡、南の対馬《つしま》海峡が陸橋《りっきょう》となったことで、この氷の橋を通って列島には南北から大型の哺乳《ほにゅう》動物群が渡ってきた。北の陸橋からは、シベリアなど北方の凍土《とうど》・草原地帯に棲《す》むマンモスをはじめ、ヘラジカ・トナカイ・バイソン・原牛（オーロクス）などの動物群が、南の陸橋からは、ナウマンゾウ・オオツノジカ・ニホンジカなどが渡ってきた。そしてこの動物群を追って、大陸の旧石器時代人も列島に渡ってきたのである。中期旧石器時代人＝旧人にかわる新人の登場、すなわち後期旧石器文化の始まりである。彼らは、ナイフ形石器の素材となる縦長《たてなが》に剥片《はくへん》を打ちはがす石刃《せきじん》技法をたずさえてやってきた。

気候の寒冷化は、それまでの列島の動物相にも影響を与え、約三万三〇〇〇年前より古い時代に生息していたニッポンムカシジカ・カズサジカ・ヤベオオツノジカ・トラ・ヒョウなど温帯型森林に棲む動物群は滅んでいった。

西和賀町《にしわがまち》峠山牧場《とうげやま》Ⅰ遺跡（第一文化層）や奥州市上萩森《かみはぎもり》遺跡（Ⅱb層）は、標高二七〇〜二九〇メートル前後の中位段丘に立地する約二万七〇〇〇年前の、後期前半の遺跡で、ナイフ形石器・彫刻刀形石器・スクレイパー（掻器《そうき》）・打製石斧《だせいせきふ》・台形様石器などを出土し、新しい形態の石器が認められる。このほか、上萩森遺跡からは配石《はいせき》と柱穴の遺構が二カ所で発見され、旧石器時代人のキャンプサイトの痕跡を示すものとして注目できる。また、西和賀町大台野《おおだいの》遺跡（Ⅱc文化層）からもほぼ同時代の台石《だいせき》様石器が出土している。

この後、弱い温暖期がおとずれ、気候は半乾燥となるが、約二万五〇〇〇〜約一万五〇〇〇年前になると、最終氷期の最寒冷期の時代をむかえる。気温は年平均気温で七度前後も低くなり、北半球に氷河が発達したことで、海水面も低下し、その低下量は現海水面から一〇〇メートル以上だったといわれる。

このため、東北地方の森林気候は、中部日本とともに亜寒帯針葉樹林《あかんたいしんようじゅりん》気候となり、ツガ属・モミ属が繁る植生となった。大陸からはさらに大型哺乳動物が供給されることとなったが、大陸からサハリン経由で宗谷陸橋をこえて南下したマンモスはついに本州までは渡ることはなかった。

一関市金森《かなもり》遺跡は、旧石器時代に絶滅した大型哺乳動物の化石や植物化石を多量に出土し、約二万年前の自然環境を具体的に復原できる遺跡として有名である。当時の遺跡付近は、北上川支流の金流《きんりゅう》川の氾濫原《はんらんげん》にあたり、その後背湿地《こうはい》は沼沢地となっていた。そこに堆積した泥炭層《でいたん》から多くの化石が出土している。

植物化石や花粉分析によると、遺跡周辺には、イラモミ・トウヒ・エゾマツ・アカエゾマツ・グイマツ・チョウセンゴヨウといった寒冷な植生の森林が広がっていたようで、これらの森林相は、亜寒帯の針葉樹林気候であったことを示す。したがって当時の気温は、現在より摂氏《せっし》六〜七度ほど低かったと推定され、当時の東北日本は現在のサハリン中・南部に近い気候であったとされる。

動物化石には、ナウマンゾウ、オオツノジカ（体長二〜三メートル）、ナツメジカ、野牛（ハナイズミモリウシ＝体長二・五〜三メートルの大型獣）などの南方系動物群と、ヘラジカ（体長二〜三メートル）、原牛（オーロクス）、ノウサギなどの北方系動物群がみられる。これらの動物群は、ノウサギを除くとすべて絶滅種で、当時南方系と北方系の動物群が、寒冷な森林相周辺の沼沢地や河川林に混在して生息していた古環境を復原できる。

金森遺跡からは、ほかに狩猟具の一つと考えられる一端を尖《とが》らせた、長さ一〇センチの骨製尖頭《せんとう》

金森遺跡の骨器と骨質剥片

器《き》が発見されている。この遺跡は、旧石器時代人たちが、体長三メートルもある野牛などを沼地に追いこんで捕獲していたことを想像させる。

最寒冷期は、縦長剝片によってつくられたナイフ形石器の文化でもあった。柏山館遺跡（Ⅱ層）、大台野遺跡（Ⅱb文化層）、西和賀町大渡《おおわたり》Ⅱ遺跡（第二文化層）、上萩森遺跡（Ⅱa層）からは、約二万〜約一万八〇〇〇年前の石刃《せきじん》や彫刻刀《ちょうこくとう》形石器とともにナイフ形石器が出土し、ナイフ形石器文化の広がりが認められる。大台野遺跡からはまた、旧石器時代人のキャンプの実態をうかがわせる、径四メートルの円形竪穴《たてあな》住居と土壙《どこう》が発見されている。

最寒冷期の気候も約一万五〇〇〇年前以降、温暖化に転ずる。湿潤化が顕著になるのは約一万三〇〇〇年前からで、かつての森林に落葉広葉樹であるコナラ属の樹木が増え、森はさらに拡大していった。また氷河が溶けはじめ、海水面の上昇にともない、列島の北と南の陸橋はふたたび海水面下に没し海峡となり、あらたな哺乳動物群の供給は途絶えてしまった。気候温暖化と植物相の変化は、ナウマンゾウやオオツノジカなど大型哺乳動物の生息環境を悪化させ、これに旧石器時代人の人口圧と狩猟圧《オーバーキル》も加わり、列島のなかで絶滅していった。残されたのは、シカやイノシシなど中・小型哺乳動物であった。

植物相と動物相の変化は石器文化にも影響を与え、ナイフ形石器にかわってあらたに槍先形尖頭器が登場した。北上市和賀仙人《わがせんにん》遺跡からは、東北地方ではじめてナイフ形石器と細身の柳葉形《りゅうようけい》尖頭器が共伴して発見され、これを境に後期旧石器時代は尖頭器文化となっていく。北上山地の盛岡市小石川《こいしかわ》遺跡は、石材の黒曜石《こくようせき》や頁岩《けつがん》を奥羽山脈から入手し、石器を製作したところだが、ここからハンマーストーン・台石とともにていねいにつくられた尖頭器三点が出土している。

一方この頃、槍先の刃部《じんぶ》をいろいろに組み合わせることを可能にした細石刃《さいせきじん》文化も登場した。本県でも大台野遺跡（Ⅰe層）、久慈《くじ》市早坂平《はやさかたい》遺跡（下層）、柏山館遺跡（Ⅰ層）、峠山牧場Ⅰ遺跡（第六文化層）などが、細石刃と細石刃核《かく》を中心とする遺跡で、いずれも約一万三〇〇〇〜一万二〇〇〇年前とされる。葛巻《くずまき》町江刈《えかり》の馬淵《まべち》川上流の河岸段丘上にある泥這《どろばい》遺跡から、一三個の柱穴と炉跡を有する径三〜三・五メートルの円形平地式住居が発見され、住居内からは後期旧石器時代最終末を代表する短冊形《たんざくがた》打製石斧、

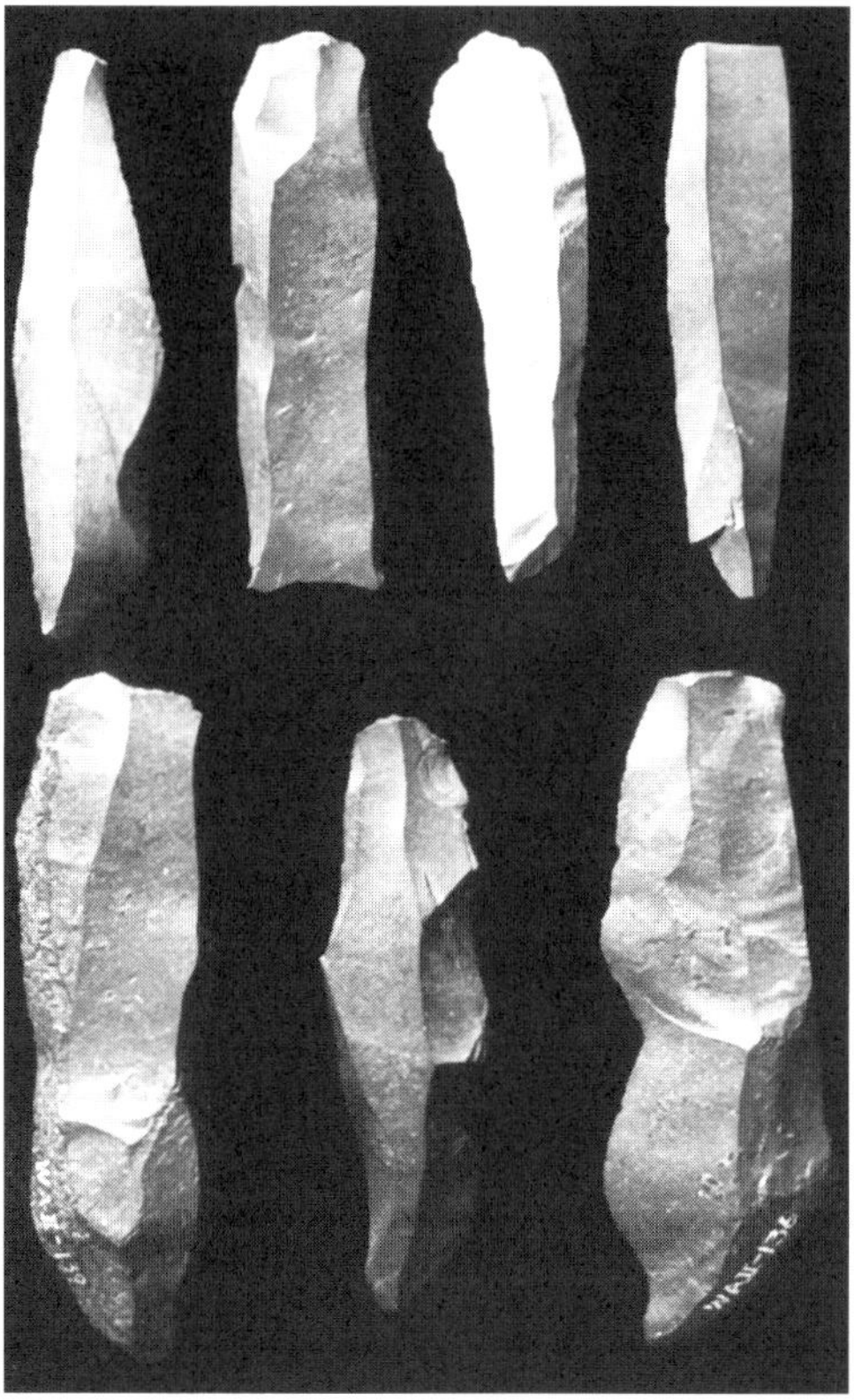
和賀仙人遺跡出土の石刃

大型槍先形尖頭器、片刃石器が出土した。北上市持川《もちかわ》遺跡でも短冊形打製石斧が七点一括で出土しており、ここにそれまでにはみられなかったあらたな形態の石器が現れる。

2 花開く縄文文化

二つの縄文文化――その北と南●

今から約一万二〇〇〇年前、日本列島に誕生した縄文《じょうもん》時代は、自然資源を対象に狩猟《しゅりょう》・採集・漁撈《ぎょろう》を食料獲得の手段とし、草創期《そうそうき》から晩期まで約一万年間続いた。岩手県の縄文遺跡は県全域に分布し、その数は数千カ所といわれる。

岩手の大地に縄文人が生活の痕跡を刻むのは、草創期（約一万年以前）にさかのぼる。縄文文化の指標は土器と弓矢の使用にある。現在、県内最古の土器は、盛岡市大新町《だいしんちょう》遺跡と岩泉町龍泉新洞《りゅうせんしんどう》遺跡出土の土器表面に爪形《つめがた》の文様がつく、草創期後半の丸底風の爪形文土器である。大新町遺跡では、これに石鏃《せきぞく》・石錐《いしきり》・削器《さっき》・掻器《そうき》・磨製石斧《ませいせきふ》・石皿《いしざら》・磨石《すりいし》・敲石《たたきいし》・砂岩製砥石《といし》と矢柄研磨《やがらけんま》器などの石器がともない、龍泉新洞遺跡では、基部を舌状《ぜっ》にした有舌尖頭器《ゆうぜつせんとうき》と槍先形《やりさきがた》尖頭器がともなっている。また峠山牧場Ⅰ遺跡（第七文化層）では、有舌尖頭器に局部《きょくぶ》磨製石斧・大型打製《だせい》石斧・砥石が共伴している。有舌尖頭器は投げ槍先で、ほぼこの時期にかぎられる石器である。また土器と同じ頃に、石鏃とともに矢柄を研磨したり、まっすぐに整形するための砥石、矢柄研磨器が現れるのは、弓矢の使用を示唆する。

一方、製粉具の石皿・磨石・敲石と、土掘り具である打製石斧の存在は、植物質食料のナッツ類や根茎《こんけい》類が当初から縄文人の食料にプログラムされたことを示している。

このように草創期後半には、縄文時代石器の基本的組成ができあがっていた。

この時期は、気候の温暖化で東日本の植物相も徐々に針葉樹林からブナ・ナラ・トチなどナッツ類の落葉広葉樹林に変わるが、今日の植生に近い自然環境となるのは、約一万年前の早期になってからである。それまでの亜寒帯《あかんたい》針葉樹林は北に後退し、東北日本は冷温帯《れいおんたい》落葉広葉樹林となった。本格的な森の文化の始まりである。森はまた、多くの中・小型哺乳動物が生息する環境をつくった。弓矢の出現は、このような動物相に対応した結果である。

早期（約六〇〇〇年前以前）になると、竪穴《たてあな》住居がつくられ集落が現れる。盛岡市庄ケ畑《しょうがはた》A遺跡からは、前半の押型文《おしがたもん》土器をともなう住居七棟がみつかっている。中葉から後葉になると、貝殻《かいがら》の腹縁部で文様をつけた貝殻文系土器や表裏《ひょうり》縄文系土器が、県内各地から確認されるようになる。早期の土器は、尖底深鉢《せんていふかばち》形である。

前期（約五〇〇〇年前以前）は気候の最温暖期である。植生も東北北部から北が冷温帯落葉広葉樹林、東北南部以南が暖温帯《だんおんたい》落葉広葉樹林となった。縄文人の定住が促進され、一〇〇棟以上の住居跡や多量の貯蔵穴、墓地などで構成される大規模な拠点集落の形成がはじまる。盛岡市上八木田《かみやぎた》Ⅰ遺跡からは、前期の住居が一三〇棟以上発見されている。また拠点集落を中心に大型住居が現れる。大型住居は共同作業や集会にかかわる公共的施設と推定されている。

前期はまた、あらたな森林相に対応するかのように、東北南部に大木式《だいぎしき》土器圏が、同北部に円筒《えんとう》土器圏が形成され、秋田市と盛岡市周辺を結ぶラインを境にあたかも東北地方を北と南に二分する様相となる。

両者は型式上、相互に多少の影響をうけるが、基本的には中期中葉（約四五〇〇年前）まで存続した。

仙台湾周辺を核に展開した大木式土器文化は、沈線文《ちんせんもん》・竹管文《ちくかんもん》・粘土紐貼付文《ねんどひもはりつけもん》・円形浮文《えんけいふもん》など施文法に共通性をもって、平底の浅鉢・深鉢・円筒形の土器がつくられた（口絵参照）。

一方、青森県を中心に出現した円筒土器文化は、前期を円筒下層式、中期を円筒上層式といい、形はその名のとおり単純な円筒形深鉢の土器で、岩手県北から北海道南部に広がった。八幡平《はちまんたい》市 長者屋敷《ちょうじゃやしき》遺跡は、縄文時代の住居跡が三五〇棟発見された県内屈指の遺跡である。土器は両型式が混じるが、前期前半は大木式系土器が多く、後半期では逆に大半が円筒下層式系土器である。そして末葉にはふたたび大木式となり、円筒下層式との融合型式が成立する。

中期（約四〇〇〇年前以前）の大木式土器は、煮炊《にた》き用の口縁部内湾のキャリパー形深鉢、貯蔵用の深鉢のほか、浅鉢・皿がある。円筒上層式土器は、上半部が朝顔状に外反したり、口縁部に突起《とっき》をもつものが現れ、深鉢・台付鉢・浅鉢などがあるが、中期中葉を境に大木式土器の波及により終焉をむかえる。

中期の集落の特徴の一つは、大規模な拠点集落に、掘立柱建物と大型住居がみられることである。これらが集落内に墓や貯蔵穴群とともに同心円的に配置されるのが、環状集落である。紫波町西田遺跡の場合は、中心部に墓壙群《ぼこうぐん》、外周に掘立柱建物群、またその外側に住居群を、さらに外には貯蔵穴群を環状に配するもので、掘立柱建物は墓壙と関連した祭祀《さいし》的機能をもった施設とされている。しかし、集落の展開は中期末をピークに後期初頭以降、急激に減少する。

後期（約三〇〇〇年前以前）の気候は、冷涼・湿潤となった。拠点集落は減り、大型住居も大半の遺跡でなくなり、分散化の傾向を示す。一方、各種の呪術《じゅじゅつ》・祭祀的遺物が増え、環状列石《かんじょうれっせき》（ストーンサークル）などの祭祀遺構なども発展する。

縄文文化の最後が晩期（約二三〇〇年前以前）である。この時期は、北日本を中心に「亀ケ岡文化《かめがおかぶんか》」が栄え、それは西日本の一部にまでおよんだ。晩期の土器は、大小の深鉢・壺・浅鉢・台付鉢・注口土器《ちゅうこうどき》・椀《わん》・皿など、精巧さと豊富な器種に象徴される。

盛岡市手代森《てしろもり》遺跡は、晩期前半を主体とする中央に広場をもつ集落で、八棟の住居と多くの土壙が発見されている。広場が祭祀空間らしく礫《れき》とともに土偶《どぐう》・土版《どばん》・動物形土製品・岩版《がんばん》・石棒《せきぼう》・石剣《せきけん》・石冠《せきかん》などが大量に出土している。体長三一センチの遮光器《しゃこうき》土偶は、国の重要文化財となっている。

海に生きる縄文人●

岩手県の海岸地形は、県北部が切り立った海食崖《かいしょくがい》の多い隆起海岸で、貝塚《かいづか》の数は少ない。一方、南部は半島と湾が複雑に入り組んだリアス式海岸で、湾口と湾内を中心に、県内の八割以上の貝塚がここに分布する。

貝塚は縄文人が食糧にした貝や魚・獣の骨を捨てたところだが、まだ使える釣針《つりばり》・銛《もり》・ヤスなどの漁撈具や、土器・石器・装身具なども出土する。さらに人骨や埋葬《まいそう》犬も発見されている。これは貝のカルシウムイオンによって保護され、今日まで腐らず残ったもので、内陸部の酸性土壌に廃棄された有機物が腐食してほとんど残らないのと対照的である。貝塚はこのようにたんなる廃棄の場所ではなく、縄文人にとって特別の意味があったと考えられる。

列島が今日の海洋性気候を形づくるのは、約一万五〇〇〇～一万三〇〇〇年前の頃で、本州太平洋岸への黒潮（暖流）の北上と、対馬《つしま》海流の日本海流入にはじまる。県南部湾岸に大規模な貝塚が形成され続けた背景には、当地域が黒潮の影響で温暖なこと、沖合いで北海道から南下する千島海流（寒流）とぶつかって好漁場となっていたことがある。

しかし、現在と同様な海洋環境になるには、約一万年前の縄文早期をまたねばならなかった。県内最古の貝塚は、広田半島の西側丘陵上にある陸前高田市中沢浜《なかざわはま》貝塚の早期末の貝層にある。ここからは琥珀玉《こはくだま》三個を副葬した二〇歳前後の女性の屈葬骨《くっそうこつ》が発見され、貝塚がその形成当初からたんなるゴミ捨て場でなかったことを示している。ほかに宮古市や大槌町の貝塚遺跡から貝殻文土器や表裏縄文の尖底《せんてい》土器がみつかっているが、この時期の貝塚の形成は認められていない。県内で各地に本格的に貝塚が形成されるのは、前期になってからだが、広く展開するのは中期から後期であり、晩期には貝塚の数は減少し、小規模となる。

縄文前期は、気候が現在よりも平均気温で二度も高く、このため氷河が溶けて海水面が約六メートル上昇し、縄文海《じょうもんかい》進《しん》がおこった時代である。海岸付近の支谷《しこく》には海水が進入して入江となり、そこに貝塚が形成されていった。

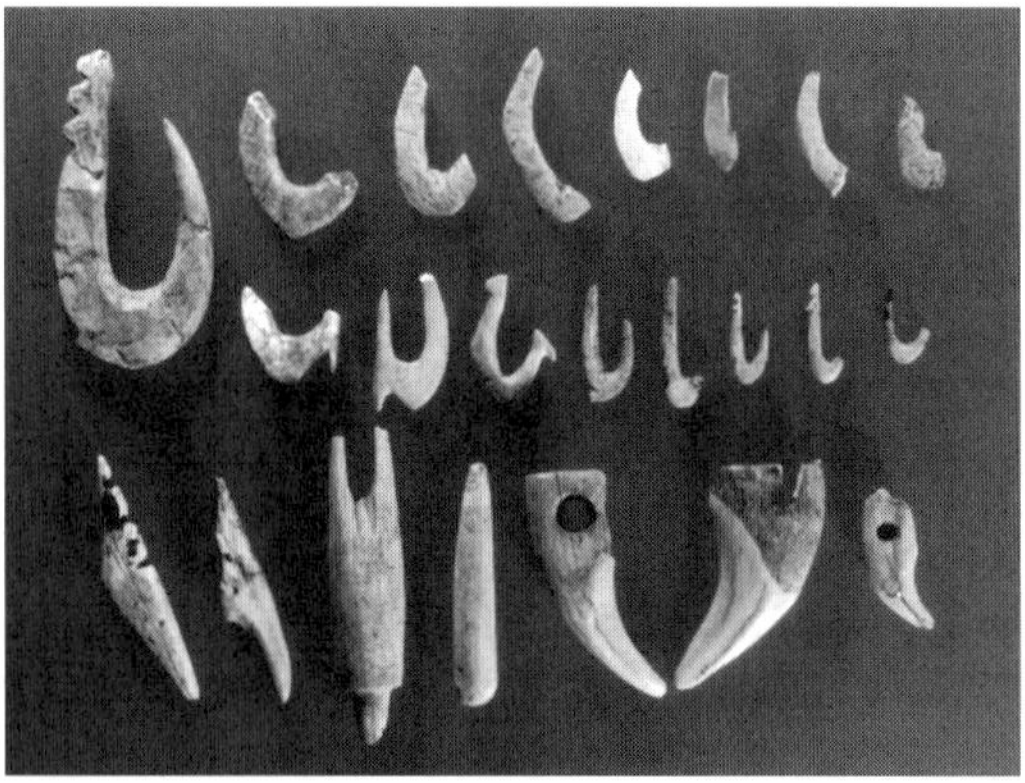
久慈市二子貝塚出土の骨角器

出土遺物をみると、早期末にヤスが現れ、漁具による漁撈の始まりが、磯《いそ》どり漁だったことがわかる。釣漁を示す釣針は、前期初頭から後葉に形成された宮古市崎山《さきやま》、大船渡市清水《しみず》、中沢浜各貝塚出土の資料がもっとも古い。その形態は、フック状の針先の内外側につくカギ（鐖《き》という）の有無で数種にわかれるが、前期は無鐖《むき》型と内鐖《ないき》型がある。海の縄文人は、貝塚形成期から漁撈活動も行ない、海洋性資源の利用をはじめていたのである。中期から後期にかけては、釣針のフックを両側に有する三陸特有の錨《いかりがた》型も創出され、後・晩期にはいっそうその鐖種《きしゅ》を増やしていった。

同じ頃、銛頭《もりがしら》もつくられ、刺突漁《しとつりょう》が行なわれたことを推定させる。銛頭はさらに先端部のカエリ（逆刺）を中心に改良が加えられ、晩期には基部が燕尾《えんび》状にわかれた燕形離頭《えんけいりとう》銛頭がつくられる。これらを出土した中沢浜貝塚や大船渡市大洞《おおほら》貝塚の資料は、刺突漁の頂点を示すものである。縄文人はこのような銛で、外洋性のアシカ・マグロ・イルカなどを捕獲したのであろう。このような漁具の大半は、鹿角《ろっかく》製か骨《こつ》牙《が》製である。

貝塚は貝層が基本である。中期全般にわたって形成された大船渡市蛸《たこ》ノ浦《うら》貝塚は、範囲が東西一三〇×南北一二〇メートル、貝層の厚さが二メートル以上で、その貝の総量からわが国でも屈指の巨大貝塚といわれる。貝はアサリ・ヒメシラトリガイの内湾砂泥底棲《さでいていせい》と、イガイ・スガイ・レイシなどの外洋岩礁《がんしょう》底棲からなる二五種類が確認されている。魚類にはマダイ・スズキ・マアジなどがある。

大船渡市宮野《みやの》貝塚も、前期から晩期にわたる大規模貝塚である。貝層からは、体長一〇センチ以下のカタクチイワシ、マイワシ、サバなどの骨が大量に出土し、これらは魚醤《ぎょしょう》（調味料）用に捕獲されたと考えられている。また、この貝塚出土のマダイの骨は、体長四〇～六〇センチのものがほとんどで、成魚のマダイだけをねらった高い漁撈技術があったと考えられる。県北部の野田村根井《ねい》貝塚も同様で、魚骨にはマダイ・アイナメなどがあるが、もっとも多いのが推定体長五〇センチ前後のマダイである。この背景には、漁具・漁法の改良にもとづく専門的な漁撈集団が存在したことをうかがわせる。

縄文人の祈り――土偶とその展開●

縄文社会の祭祀・呪術・信仰などに関連した広い意味での宗教的遺物が、土偶《どぐう》(土版《どばん》)・岩偶《がんぐう》(岩版《がんばん》)、あるいは石棒《せきぼう》・石刀《せきとう》・石冠《せきかん》などである。土偶に代表される土製品には、ポーズや表情などに具象的表現と抽象的表現があることは知られているが、後者はことに顔面の目・口・鼻などや身体の一部が強調、あるいは省略されることで、その印象を強くする。一方、石棒に代表される石製品では、すべて石材を磨いてつくりあげる特徴をもつ。ただし、これらの使用形態はまだ不明な部分が多い。

いずれにしても、縄文人の自然観・社会観が投影されていると考えられるが、とくに土偶はその象徴とみなされている。

岩手県最古の土偶は、前期中葉の一関市杉則《すぎのり》遺跡出土の板状の土偶である。全長八・七センチの小土偶で、頭部や手足はまだ省略された形だが、胸のふくらみ、腰のくびれはよく女性を表現している。同後半の雫石《しずくいし》町塩ケ森《しおがもり》Ⅰ遺跡出土の土偶も、すべて偏平な板状で、全長一〇センチと二〇センチ前後の二種がある。全姿は分銅《ふんどう》形を呈する例が多い。土壙《どこう》などから五七体出土し、すべて一部が欠損している。頭部や手足は省略して表出され、目の表現は穿孔《せんこう》による例が多い。

中期の土偶も板状で、北上市館《たて》Ⅳ遺跡からは、列点状の刺突文《しとつもん》をもつ腹部・脚部・腕部の土偶破片が出土しているが、量は少ない。ほかに奥州市北館《きただて》遺跡の例などがある。

後期は土偶の量が急増し、各種の宗教的遺物も増加する。また環状列石・配石遺構など大規模祭祀的遺構も発展する。北上川左岸の丘陵西端にある平泉町新山権現社《しんざんごんげんしゃ》遺跡からは、二三九点の土偶が出土し、この資料により、後期初頭から終末に至る土偶の形態変化が明らかにされた。ここの土偶四一点の破損個所には、接合用のアスファルトが付着している。

後期の土偶の基本形は、顔面逆三角形状で、胴長・短足に肩が張る怒《いか》り肩である。前半期はこれに顔と頸部《けいぶ》が前に突き出た姿をとり、粘土板を芯《しん》とするが、後半期になると頸部突出はなくなり、胎内中空《たいないちゅうくう》の土偶が登場し、さらに人体的表現が明確になる。類例には花巻市立石《たていし》、盛岡市萪内《しだない》、八幡平市上斗内《かみとない》の各遺跡の土偶があるが、萪内遺跡の大型土偶は頭部だけで長さ二二センチもあり（章扉写真参照）、本来は腰をおろし、四肢《しし》を屈曲させたポーズの土偶と解される。他と比べ写実性がある。また、立石遺跡にも三二点のアスファルト付着例があり、破損される土偶と復原されるべき土偶があったことがわかる。

縄文晩期の遮光器土偶　上は田野畑村浜岩泉II遺跡出土，下は盛岡市手代森遺跡出土。

さらに後期には、萪内、立石、北上市八天《はってん》の各遺跡出土のような口・耳・鼻形土製品がみられる。大きさは三〜六センチで、いずれにも紐通し孔《あな》があり、紐で緊縛し顔を形づくったらしい。出土状態には、廃棄形態と祭祀（葬送《そうそう》）形態とがある。

時期は降るが、一戸町蒔前《まくまえ》遺跡出土の晩期前半の土製仮面は、全長一七・七センチのわが国最大のもので、鼻筋が左側に曲っていることから、「鼻曲り土面《どめん》」ともいわれる。左右に紐通し孔があり、仮面として使われたのであろう。朱塗りで、不対称な目、ゆがんだ口など表情はユーモラスでさえある。

このように人面にかかわる遺物には土偶、土面と耳・口・鼻などパーツで構成されるものがあり、それらは宗教行事の性格や内容に応じて使い分けられた可能性がある。

晩期は遮光器《しゃこうき》土偶で代表される。この土偶は、顔面の大半を「遮光器」状の丸い大きな目が占め、目と目のあいだに輪のような鼻と口が表現されるものである。胎内は中空が多い。馬淵《まべち》川流域の二戸市雨滝《あまたき》遺跡には、出土状態は不明だが、顔面朱塗りの晩期前葉の遮光器土偶がある。全長二三・五センチで、右脚

弓矢と狩り――槍から弓矢へ

縄文人の狩猟具の代表は弓矢《ゆみや》である。弓と弦《つる》の張りで、瞬時に矢を遠くに飛ばせる威力と、刺突力、命中度、どれをとっても他の狩猟具に優る。

岩手の後期旧石器時代の狩猟具は、槍先形尖頭器《やりさきがたせんとうき》であった。これは棒状の柄《え》の先端に尖頭器を括《く》りつけ、手にもって突《つ》く槍だったといわれる。突き槍は縄文時代草創期まで一部残る。

草創期になると、尖頭器の基部《きぶ》を舌状《ぜつじょう》に突出させた有舌《ゆうぜつ》尖頭器が現れる。基部を柄の先端に差

❖コラム

し込む固定式で、投げ槍として使われたらしい。

ところで、弓矢の出現もこの頃である。石鏃《せきぞく》と矢の柄を調整する矢柄研磨器《やがらけんまき》の存在がこれを物語る。以後、大型石器は急速に姿を消していく。これは狩猟対象の主体が中・小の敏捷《びんしょう》な動物群に移ったことを示す。

遺跡出土の弓の資料には、盛岡市萪内《しだない》遺跡の後・晩期の飾り弓・丸木弓・小型弓などがある。飾り弓は長さ約一メートルのイチイの木を削り出し、下地《したじ》に黒漆を、その上に全体を赤漆で仕上げている。丸木弓は全長約七〇センチ、材質はカヤで、両端部を尖らせてつくりだすものである。

矢柄は竹材と思われ、鏃《やじり》は石（頁岩《けつがん》・黒曜石《こくようせき》など）が多く、骨鏃《こつぞく》もある。鏃の矢柄への接着はアスファルトが使われた。弦は、植物繊維や動物の筋《すじ》を撚《よ》りあわせてつくったと思われる。縄文人は弓矢で、大型獣のクマ・ニホンジカ、中型獣のイノシシ・オオカミ・キツネ・タヌキ、小型獣のノウサギ・リス・テン・イタチ・ムササビなどを射止め、さらにカモ・ガン・ヒシクイの水鳥やキジなども射ていた。

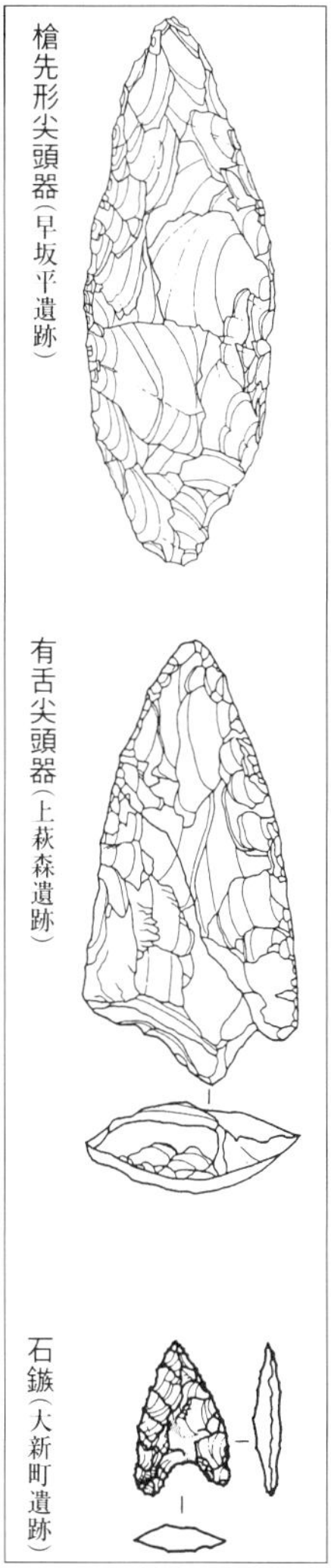

狩猟具

と頭頂部を欠く。頭部の装飾は山形状とされ、目もまだ顔面全体を占めるに至っていない。全体的に均整がとれており、類例のなかでは古い形態を示す。岩手町豊岡《とよおか》遺跡の土偶は、頭部が冠状となり晩期前葉でもやや後出的である。右脚の一部と胴部は数メートル離れて発見され、全長二三・四センチの完形品に復原されている。

晩期中葉になると頭部は王冠状となり、目は顔全体をおおいはじめる。装飾は繊細となり、肩や腰幅がより広くなる。また寸法も大きくなる。久慈市二子《ふたご》貝塚からは全長二八・六センチの土偶が、盛岡市手代《てしろ》森《もり》遺跡からは全長三一センチの大型土偶が出土している。後者は頭部・右腕部・胴部がそれぞれ六〇センチ離れて出土したものの復原である。宗教行事後の廃棄形態を示すものであろう。

晩期の土偶には、このほか奥州市東《ひがし》裏《うら》遺跡出土の「中腰《ちゅうごし》」のポーズをとる資料がある。全長一八・二センチで、前額部中央と両耳に穿孔があり、台に腰かけさせたか、紐で吊るしたものか。土偶の使われ方の一資料となりえよう。

ところで、儀式や呪術的意味をもつとされる特異な石製品の一つに「青竜刀形《せいりゅうとうがた》石器」がある。使用形態は不明だが、北上山地の軽米《かるまい》町叺屋敷《かますやしき》Ⅰa遺跡からは中期末葉の石棒・剣状石製品・石刀などとともに、長さ三五センチ、幅一一センチのよく研磨《けんま》された資料が出土している。刃部は幅の広い半円状を呈し、基部に小突起がある。類例は、八幡平市長者屋敷遺跡の中期後葉の住居跡出土のものがある。また、沿岸部の大槌町崎山弁天《さきやまべんてん》貝塚からは、青竜刀形石器によく似た全長四〇・五センチのクジラの骨を素材にした「鯨刀《げいとう》」が出土している。

これらの形態そのものは、北方文化の影響を引き継いでいるとされる。

3　胆沢のクニの物語

縄文から弥生へ●

縄文晩期（約三〇〇〇〜約二三〇〇年前）の気候は冷涼化で気温が低くなり、海水面が約一・五メートル下がったといわれる。ただし、東北地方の縄文人《じょうもんじん》は、サケ・マスや落葉広葉樹林の食料資源を活用しながら、この自然環境に適応して、最後の縄文文化を開花させていった。

晩期は、大船渡市大洞《おおほら》貝塚の出土資料を基準に、初頭の大洞B式から終末のA′式まで六型式にわけられる。ただし、この時期を亀ケ岡《かめがおか》文化とよぶのは、青森県つがる市の亀ケ岡遺跡出土の土器を亀ケ岡式土器とよんだことに因む。それだけ斉一《せいいつ》性の強い土器様式であった。

晩期の土器は、壺・鉢・注口《ちゅうこう》土器などの精製《せいせい》土器と深鉢に象徴される粗製《そせい》土器にわかれる。精製土器はつくりがていねいで、器種が豊富であるのに対し、粗製土器はせいぜい文様に縄文をほどこすだけで、日常的な煮炊き具として使われた。

精製土器の全器種がそろうのは、晩期中葉の大洞C_1式期といわれる。器種には、深鉢・壺・浅鉢・鉢・台付鉢・注口土器・椀・皿・高杯《たかつき》・香炉《こうろ》形土器などがある。その後、中葉後半頃から皿や香炉形土器が消え、終末の大洞A式・A′式期には晩期の代表的器種であった注口土器や台付鉢もなくなり、かぎられた器種のみとなる。精製土器の器種の減少は、遮光器土偶《しゃこうきどぐう》が晩期後半には姿を消し、異なるタイプの土偶がつくられることと軌を一にする。

東北地方の晩期終末の大洞A式・A′式期は、弥生時代初めと一部重複する。ことに最近、各地から発見されはじめた晩期最終末の土器と弥生《やよい》時代前期の遠賀川《おんががわ》式土器との共伴事例は、これを裏付ける。西日本における前期の土器である遠賀川式土器との共伴は、東北地方の弥生時代の始まりが、西日本のそれとあまり差がなかったことを意味する。ただし、東北地方の発見例はいまのところ壺にかぎられているようである。

奥州市杉《すぎ》の堂《どう》遺跡は、北上川右岸の低位段丘上にある、晩期全般にわたる拠点的集落跡である。集落はじめ、住居の近くにムロ（食料の貯蔵施設）やゴミ捨て場を設け、やや離れて墓域をおくが、晩期末葉には集落の規模が縮小し、住居・ムロ・捨て場・墓を集中させる。ここから弥生系要素が大洞A′式期に浸透してくるすがたが、出土遺物から鮮明にとらえられている。在地の変形工字文《こうじもん》・四字文《よつじもん》のモチーフの土器に混じって、甕用の蓋《ふた》・短頸壺《たんけいこ》・鉢・浅鉢などの弥生系のモチーフと器種がそれである。また石器には、石鏃《せきぞく》・石匙《せきひ》・磨製石斧《ませいせきふ》・小型打製石斧などがあるが、磨製石斧の形態や製作技法に弥生的な要素がみられるという。さらに石鏃のうち、基部に突起をもつ小型凸基《とっき》石鏃は、東北地方の弥生時代初頭を特徴づける要素の一つでもある。

一関市熊穴《くまあな》洞穴は、晩期最終末の大洞A′式期の土器を出土する再葬墓《さいそうぼ》跡である。遺体を一度骨にして、ふたたび埋葬する方式は、縄文時代にはあまりない風習で、類例は東北地方南部の弥生時代初め頃の遺跡に認められる。これまでの調査で約二〇体の人骨が確認されている。共伴遺物には、土器では深鉢・浅鉢・高杯があり、このほかシカの中足骨《ちゅうそくこつ》を素材にしたナイフ形骨器、北海産のエゾイシカゲガイ製腕輪《うでわ》、土製紡錘車《どせいぼうすいしゃ》などがある。これらはいずれも縄文時代文物とは様相を異にする。

一方、熊穴洞穴の人骨には抜歯《ばっし》が認められ、縄文時代の伝統も色濃く残している。縄文晩期末葉の人々は、抜歯など通過儀礼では旧来の伝統を守りながらも、埋葬儀礼では明らかに従来にない葬法を採用しはじめていた。すでに土器や石器にみられるように、生活のなかに弥生的要素が浸透しつつあり、彼らの生活パターンもいくつかの側面から変更を余儀なくされていった。

進む米作り●

岩手県の弥生時代の始まりは、弥生前期前半にさかのぼる。

弥生時代は、前期（約二一〇〇年以前）、中期（約一世紀以前）、後期（三世紀以前）に区分され、稲作農耕の開始と弥生土器の使用を指標とする。ほかに石包丁《いしぼうちょう》・大陸系磨製石斧（蛤刃石斧《はまぐりばせきふ》・扁平片刃石斧《へんぺいかたは》）・ガラス製玉・アメリカ式石鏃などが弥生文化を特徴付ける。

遠賀川式土器は、北九州の福岡県遠賀川河床《かしょう》出土の土器を基準に命名された西日本の弥生前期の土器である。この土器は、器形・製作手法に強い共通性が認められ、稲作農耕文化の展開とともに、西日本から東日本へ広がり、ついに東北地方北端にまで分布することが判明した。ことに青森県弘前市砂沢《すなざわ》遺跡では、水田跡から遠賀川式土器と砂沢式土器が共伴して出土したことから、縄文晩期終末直後の砂沢式期が、弥生前期に属することが明らかとなった。

県内では、二戸市金田一川《きんたいちがわ》、軽米町大日向《おおひなた》II、同君成田《きみなりた》IV、北上市兵庫館《ひょうごたて》の各遺跡から遠賀川式土器あるいは、その影響のもとにつくられた遠賀川系土器が出土している。これらの土器は、高さ三〇～四〇センチで、胴部中央が大きくふくらむ広口壺《ひろくちつぼ》である。胴部最大径のやや上位と頸部にそれぞれ数条の平行沈線をほどこす。

このように、共通した器形と装飾手法の土器が、馬淵《まべち》川や北上川流域、北上山地北部などに分布することは、弥生文化が前期前半には、ほぼ県全域に波及した可能性を示唆しよう。本県にとって、稲作農耕開始の契機となったことは確かである。その伝播ルートは、県北部の遠賀川系土器は日本海側から奥羽山脈越えで、北上川流域は宮城県側からと考えられる。

前期は軽米町馬場野《ばばの》II遺跡、滝沢村湯舟沢《ゆぶねざわ》遺跡などに大集落が形成されている。馬場野II遺跡は、雪谷《ゆきや》川左岸の標高二〇〇メートル前後の南緩斜面に立地し、前期前半を中心とした竪穴《たてあな》住居跡一一棟がある。住居は四棟前後からなり、三回以上の建て替えがある。周囲の地形は水田適地とはいえず、緩斜面に畑がいとなまれ、陸稲《おかぼ》・ソバ・アワなどの栽培がなされた可能性が指摘されている。遺物は、深鉢、鉢、朱彩のある台付鉢、石斧、石匙、くさび形石器などが出土している。

湯舟沢遺跡は、岩手山東南麓にあり、沖積地をのぞむ微高地上の緩斜面に、前期から後期の竪穴住居跡一八棟が検出されている。住居の構成は、前期前半八棟、同後半七棟、後期三棟の三期にわたり、前期にはともに大型住居が認められる。ことに前半の八棟は、大型住居と中・小型住居からなり、大型住居からは前半に特徴的な太型《ふとがた》蛤刃石斧が二点出土している。この石斧は木材をタテに割るのに用いられた。栽培植物は未確認だが、稲ワラや籾《もみ》の痕跡のある土器が一三点発見されている。

ほかに土器に籾痕のある例は、奥州市兎《うさぎ》II遺跡、同常盤広町《ときわひろまち》遺跡などにある。稲作が行なわれていた証である。

中期になると、北上川流域の沖積地で遺跡が増える。おもなものに一関市谷起島《やぎしま》（弥生前期に成立）、奥州市橋本、常盤広町、沼《ぬま》の上《うえ》、兎II、清水下《しみずした》遺跡などがある。このうち清水下遺跡からは、中期前半の阿《あ》武隈《ぶくま》高地産の粘板岩《ねんばんがん》製石包丁が二点発見され、同様のものが胆沢城《いさわじょう》跡内から一点出土している。石包丁はイネの穂摘具《ほつみぐ》として使われた農具である。

常盤広町遺跡は、水沢段丘下位面の乙女《おとめ》川が開析した沖積地の微高地上にある。かつて中期後半から後期の竪穴住居跡と合口甕棺《あわせぐちかめかん》、および副葬品として管玉《くだたま》二五、ガラス製小玉《こだま》二、アメリカ式石鏃七が発見されて有名になった遺跡である。

この遺構の近くから、最近の発掘調査で後期の水田跡が発見されている。花粉分析によれば、微高地一帯にはナラ・ブナ・ケヤキ類の落葉広葉樹林が繁茂し、後背地にはクワ科・ヨモギ類・ガマ・オモダカ類が生育し、湿地環境が続いていた。常盤広町の弥生人は、この微高地上の林を一部切り開いて集落と墓をつくり、周辺の低地には小さな水田を耕作し、米作りをはじめたのである。みずからの集落のすぐそばに耕地をもつパターンは、初期水田経営の一つの姿でもあった。出土遺物には弥生後期の壺・甕・鉢と蛤刃石斧があり、弥生文化の要素を完全にそなえている。

岩手県の弥生終末期は、岩泉町赤穴《あかあな》洞穴の出土資料をもと

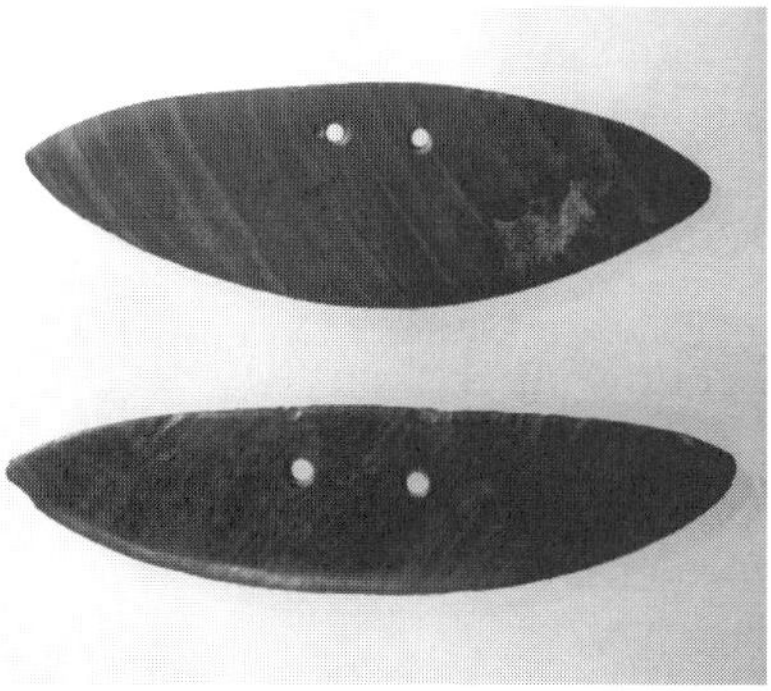

石包丁(清水下遺跡)

弥生土器(常盤広町遺跡)

に赤穴式土器とよばれる。土器は薄手で、不揃いの細目の縄文をまばらにほどこすものが多い。この時期は石器が急激に減少する特徴があり、背景に鉄器の使用と普及が考えられる。また、赤穴式期の土器は、洞穴遺跡のほかに、標高の高い山間部などから発見される例も多く、稲作以外の生業もあったことが指摘されている。

胆沢のクニの始まり——角塚古墳物語●

古墳《こふん》時代は、四世紀の前期から七世紀の終末期まで続く。県内の古墳時代遺跡も基本的に同様な展開を示すが、その初期はきわめて北方的世界の様相を示す。

東北地方が縄文晩期から弥生時代に転換したとき、津軽海峡をへだてた北海道地方は、基本的に前代の縄文時代の生産関係を継承した「続縄文時代《ぞくじょうもんじだい》」とよばれる狩猟・漁撈・採集経済に生活の基礎をおく社会を展開させた。この社会は、多彩な骨角器《こっかくき》や木製具を発達させ、高度な漁撈・狩猟の文化を独得に育んでいった。

続縄文文化の前半は、ほぼ本州の弥生時代に相当し、北海道南部では恵山式土器《えさんしきどき》が成立して、一部は本州北端にまでおよんでいる。しかし、続縄文時代後半(三世紀末~四世紀代)になると、道央部から道東にかけて成立していた後北式《こうほくしき》土器文化が、道内全域に展開し、土器や他の文化要素も斉一的・統一的方向にむかう。さらにその分布は、全道から津軽海峡をこえて東北地方の宮城・福島・新潟まで拡大し、後北式土器文化圏の最大の広がりを示す。これが古墳時代前期に相当する後北C_2・D式期で、本県がもっとも北海道的色彩を色濃くする段階である。本県では、盛岡市以北の県北部に分布域が集中する特徴がある。盛岡市永福寺山《えいふくじやま》、滝沢村仏沢《ほとけざわ》Ⅲ、大石渡《おおいしわたり》、仁佐瀬《にさせ》Ⅱ、久慈市中長内《なかおさない》、野田村古館山《ふるだてやま》遺跡などから後北式土器が出土している。

古館山遺跡からは、天王山《てんのうやま》式系土器と赤穴式系土器の弥生土器と共伴して出土している。後北C_2・D式土器は、口縁部が四個の山形の波状を呈し、刻み目をもつ二条の隆帯文や微隆起線文状の直線文と連弧文《れんこもん》にそうように三角形連続刺突文が体部にほどこされている。このような弥生終末期の土器と共伴する例は、中長内遺跡・永福寺山遺跡などにみられる。

永福寺山遺跡は、中津《なかつ》川に面した丘陵のゆるやかな頂部に立地する。ここから北海道の続縄文期の土壙《どこう》と形状や規模が類似する、長径一・五メートルの楕円形土壙が数基確認されている。出土遺物には、弥生終末期の土器、古式土師器《こしきはじき》、後北C_2・D式土器、勾玉《まがたま》、鉄製鎌《かま》、鉄斧がある。

仏沢Ⅲ遺跡では、土壙と焼土遺構が検出され、土壙からは後北C_2・D式土器と古式土師器、黒曜石《こくようせき》製ラウンドスクレイパー（円形掻器《そうき》）が出土している。黒曜石のラウンドスクレイパーは、北海道の続縄文後半の後北C_2・D式期から北大式期に盛行したもので、このような例は、大石渡遺跡、仁佐瀬遺跡、北上市岩崎台地《いわさきだいち》遺跡などに認められる。

岩手県でも胆沢地方は古墳時代のメッカである。四世紀の前期の遺跡が奥州市高山《たかやま》遺跡である。一辺約五メートルの竪穴住居跡一棟が検出され、坩《つぼ》・器台・甕の古式土師器が砥石《といし》とともに出土している。高山遺跡の東方約四〇〇メートルにある同西大畑《にしおおばたけ》遺跡からも、前期の古式土師器が出土している。これらの遺跡は低位段丘下位面をのぞむ段丘南縁辺部に立地しており、水稲耕作に生産基盤をおきながら、集落がいとなまれたものであろう。

中期の五世紀になると、集落が広がる。奥州市面塚《おもてづか》遺跡・中半入《なかはんにゅう》遺跡・西大畑遺跡、北上市猫谷地《ねこやち》遺跡などがある。
面塚遺跡は、角塚《つのづか》古墳の北東三・四キロのところにあり、計四棟の五世紀中葉～後葉の竪穴住居跡が検出されている。住居跡は一辺四～五メートルの方形で、壁には岩手県ではじめてのカマドがつくりつけられている。出土した土師器は、甕・壺・椀・杯で、椀杯類のほとんどに朱彩が認められる。ここからも黒曜石製のラウンドスクレイパー・剥片が出土している。

五世紀後半、胆沢の地に古墳時代の人々が生活をいとなんでいた頃、胆沢平野の中央に角塚古墳が造営された。古墳は奥州市の南都田《なつた》にあり、埴輪《はにわ》を有する本邦最北端の前《ぜん》方後円墳《ぽうこうえんふん》として、また県内で最大・最古の古墳として有名である。全長約四五メートル、後円部径二八・三メートル、前方部長一六・一～一七・三メートル、同幅一五～一六メートル、後円部最大比高四・三メートル、前方部最大比高一・五メートルをそれぞれ測る。前方部が短くて低い、形態的には帆立貝式《ほたてがい》古墳とよばれるものに近い（口絵参照）。墳丘には円筒《えんとう》埴輪・朝顔形埴輪・形象《けいしょう》埴輪が立てられ

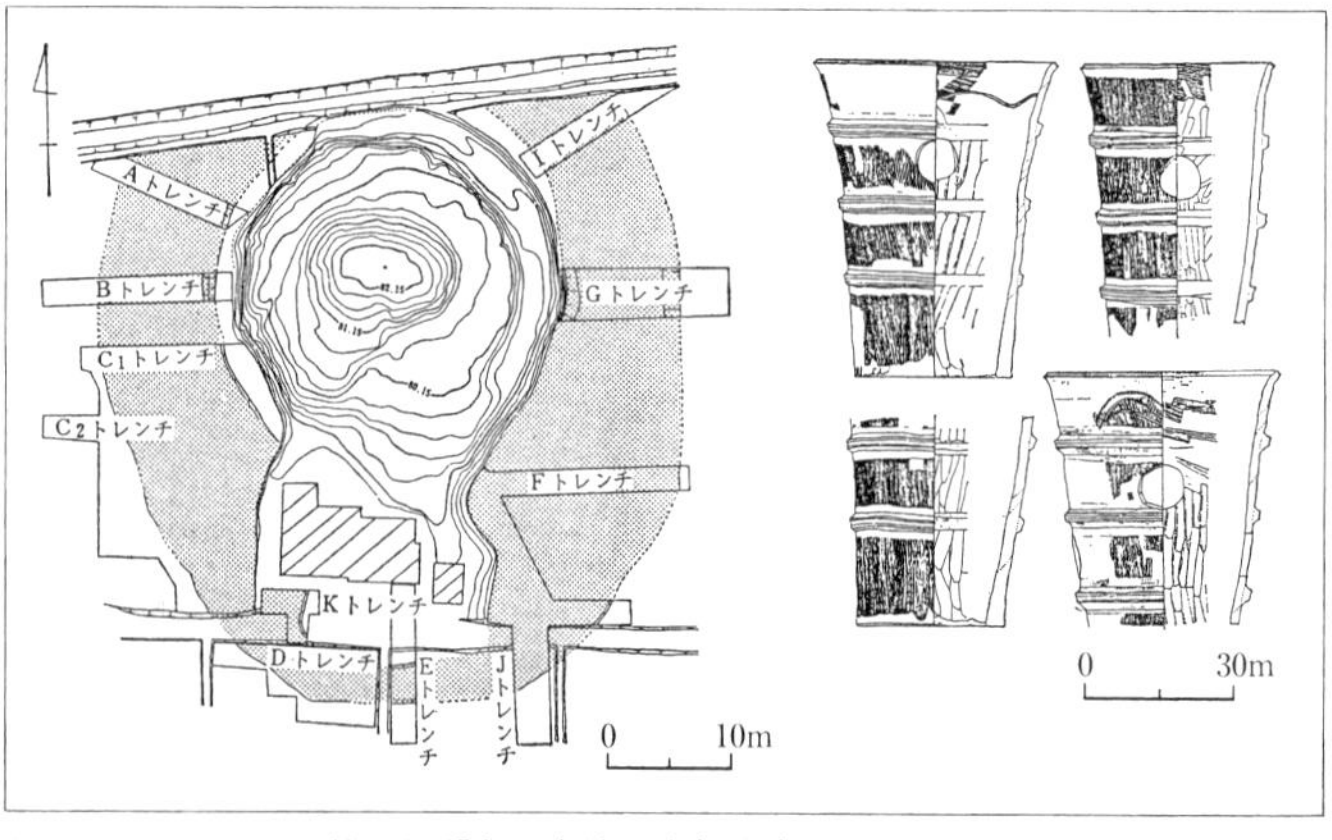

角塚古墳測量図と円筒埴輪（『角塚古墳調査報告書』より）

❖コラム

角塚古墳と土木工事

古墳時代の胆沢《いさわ》の大首長の墓といえば聞こえはいいが、実際にその造営工事には農民が従事させられた。古墳をつくることが決まると、まず造営場所、形態と規模が決定された。とくに古墳の大きさや内容については、仙台や大崎平野の首長層との政治的関係のなかで決められたと考えられる。次に工事に徴発すべき人数、埴輪《はにわ》の調達方法などが工期にあわせて練られた。工期といっても農繁期は避けたはずである。そして古墳の設計者と現場指揮者によって、現地で縄張りが行なわれた。いよいよ角塚《つのづか》古墳の造営である。地域単位に編成された農民たちが、スキ・クワ・モッコをかついで集まってきた。

さて、小山のような古墳はいったい成人何人が何日を要して造営されたであろうか。まず、土量を測量図面から算出してみよう。

形態前方後円墳、全長四五メートル、土量一二八〇立方メートル。

土量は、二トントラックで約一二八〇台分に相当し、人数に換算すると一人が一回に運べる量を〇・〇四立方メートルとして、延べ三万一九八五人が必要となる。

土運びだけでも、毎日三〇〇人動員して一〇七日（三・五カ月）かかる。これはすぐそばに土砂があると仮定しての計算で、実際行なわれたであろう、運搬の際の移動、溝の掘削、墳丘造成作業は含まない。

いずれにしても、一〇〇日以上も連日、成人労働者を何百人も動員できた人物は、どのような権力者であったのだろうか。

ていたらしく、すべて周濠内に転倒していた。形象埴輪には女性人物・動物（イノシシ・水鳥・馬）・器財（家）の三種類がある。このうち馬形埴輪は、復原研究によって環状《かんじょう》飾板《かざりいた》のつく、大型のハダカ馬に近い形態であることが判明している。

古墳の系譜、埴輪の系譜などからは、宮城県側の古墳造営集団との関連が指摘されている。角塚古墳造営の条件の一つに、角塚古墳被葬者が、これら宮城県側の首長層を媒介として、全国的な政治的秩序の一端に連なっていたことは確かである。

2章

エミシの世界

藤沢狄森古墳群出土の勾玉(7世紀)

1　終末期古墳をつくった人々

岩手の終末期古墳●

七世紀になると県内各地に古墳群がつくられだす。終末期古墳とよばれるそのあり方は、一、二の単独墳の例はあるが、ほかは群を構成し、卓越する大型古墳や巨大石室をもつ古墳はなく、すべて小規模な円墳からなる群集墳である。近世以降、地元では「エゾ塚」「エゾ森」とよばれてきた古墳でもある。

古墳のおもな分布は北上川流域の主要支流河川の河口付近に集中するが、中・上流域に立地する例もみられ、各地の主要河川沿いに広く立地しているといえる。これまで一八カ所の古墳群が確認されている。最北端が馬淵《まべち》川流域の二戸市堀野《ほりの》古墳群、一戸町御所野《ごしょの》古墳群、最南端が北上盆地の南を限る磐井《いわい》丘陵上の一関市杉山古墳群で、沿岸地域には宮古市長根《ながね》古墳群、山田町房《ぼう》の沢《さわ》古墳群がある。いずれも湾岸を望む急峻な丘陵尾根上に立地する。また、北上山地の遠野《とおの》市には猿ケ石《さるがいし》川左岸の段丘平坦面に高瀬《たかせ》古墳群があり、北上盆地に集中する古墳群のほとんどが、支流河川の河岸段丘低位面に立地する形態とよく似ている。

古墳の特徴は、規模が墳丘《ふんきゅう》径一二メートル以上、一五メートル未満の小円墳で、径一〇メートル前後が多く、一カ所に数基から数十基の古墳が群在する形をとる。古墳群の多くは周濠《しゅうごう》を有し、溝が一周する円形と、一方が途切れて馬蹄形《ばていけい》を示す形態がある。また、両端が途切れた対弧形《ついこけい》を呈するものもある。周濠内中央付近には埋葬《まいそう》施設である主体部がある。主体部は木棺直葬《もっかんじきそう》の土壙《どこう》型、棺床《かんしょう》である土壙底に礫《れき》を敷く礫槨《れきかく》型、石室を河原石小口《こぐち》積みで構築する河原石積み石室《せきしつ》型があり、追葬のない一墳一葬（単次葬《たんじそう》）が原則である。主体部構造は竪穴《たてあな》式の形態だが、棺を納める土壙や石室の手前に、横穴《よこあな》式石室の羨道部《せんどうぶ》に由来すると思われる通路状の張出しをもつものがある。

副葬品には装身具（鉄釧《くしろ》・銅釧・錫釧《すずくしろ》・金環《きんかん》・銀環・耳環・ガラス小玉・勾玉《まがたま》・切小玉《きりこだま》・管玉《くだたま》・算盤玉《そろばんだま》・ミカン玉・琥珀玉《こはくだま》・金箔《きんぱく》ガラス玉・練玉《ねりだま》・土玉）、武器・武具（衝角付冑《しょうかくつきかぶと》・直刀《ちょくとう》・方頭大刀《ほうとうのたち》・方頭横刀《おうとう》・蕨手《わらびて》

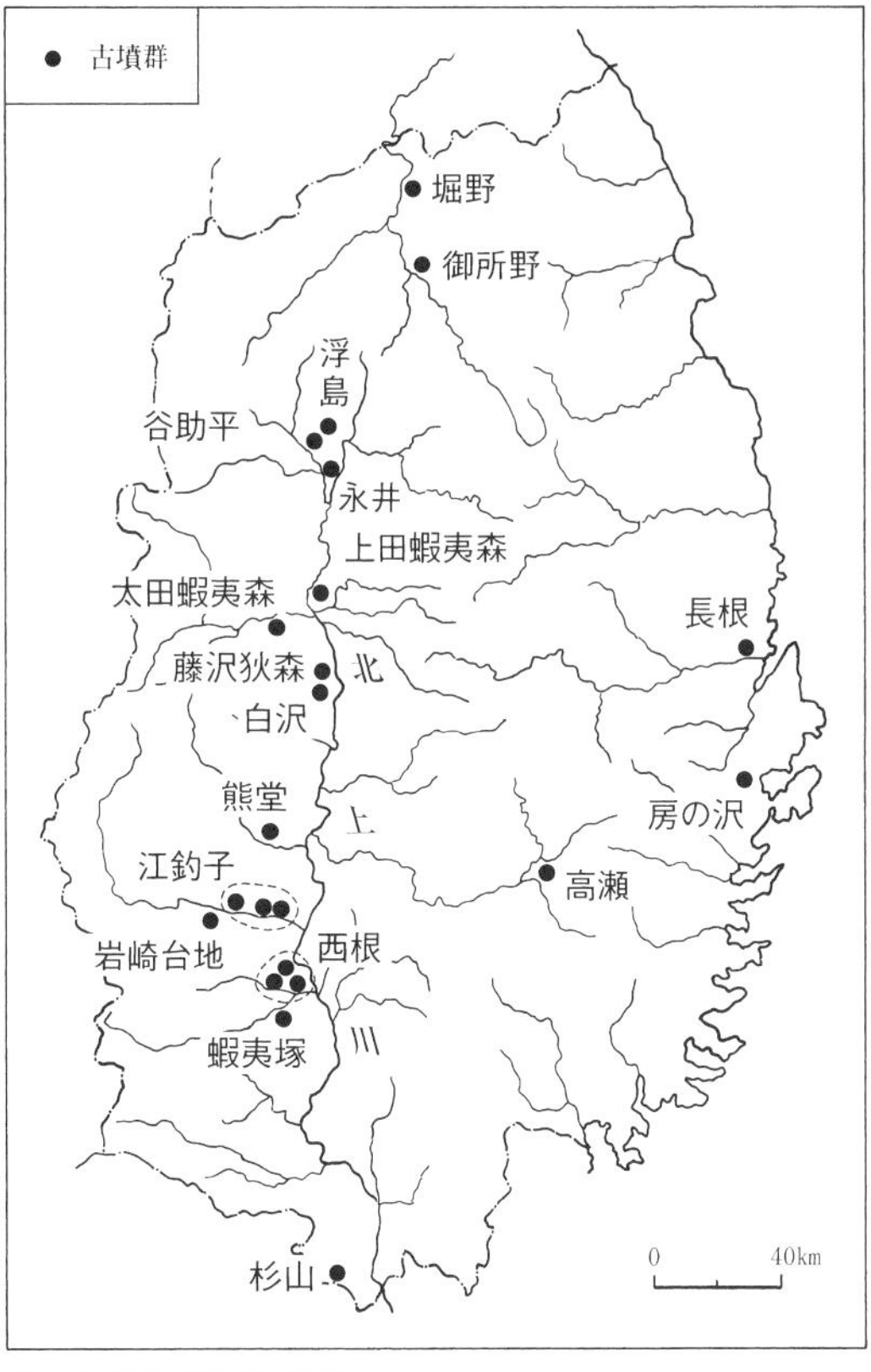

岩手県の終末期古墳分布図

刀《とう》・小刀・刀子《とうす》・鉄鏃《てつぞく》）、馬具（轡《くつわ》・杏葉《ぎょうよう》・壺鐙《つぼあぶみ》・辻《つじ》金具・留《とめ》金具・鉈尾《だび》・鉸具《かこ》・帯先金具）、農工具（鋤先《すきさき》・鎌《かま》・鉄斧《おの》・鑷子《じょうす》・鉇《やりがんな》）、須恵器《すえき》（杯《つき》・提瓶《ていへい》・平瓶《へいへい》・甕《かめ》・壺）、土《は》師器《じき》（杯・長甕・丸甕・小甕・長頸瓶《ちょうけいへい》・高杯《たかつき》・椀・甑《こしき》）などがある。これらのなかには、盛岡市上田蝦夷森《えぞもり》古墳出土の衝角付冑（高さ三〇センチ、長さ三五センチ、鉄板を鋲《びょう》で留める。四五頁写真参照）や、石狩湾岸の積丹《しゃこたん》半島付近を起点に流通したとされる上田蝦夷森・矢巾町藤沢狄森《えぞもり》・長根・房の沢古墳群出土の錫製釧、原産地が中近東と推定されるガラスのなかに金箔をはさんだサンドイッチガラスの玉を出土した北上市江釣子《えづりこ》古墳群長沼支群三号墳など注目できるものがあるが、基本的には古墳群の規模と同様、等質的な構成である。また、律令《りつりょう》国家とエミシ（蝦夷）との交流を示す文物に、盛岡市太田蝦夷森・花巻市熊堂《くまどう》・金ケ崎町西根・長根古墳群の和同開《わどうかい》珎《ちん》と、太田蝦夷森・熊堂・西根・江釣子古墳群出土の銙《か》帯金具《たいかなぐ》がある。さらに北方系文物として、黒曜石《こくようせき》製ラウンドスクレイパーやその剥片、鋸歯文《きょしもん》や斜格子目文《しゃこうしめもん》・多《た》

藤沢狄森古墳群３号墳（７世紀，矢巾町）

段《だん》横走沈線《おうそうちんせん》などがほどこされた土師器甕・杯が北上市岩崎台地・房の沢古墳群から出土している。これは、北方系文化と関係したエミシも古墳を造営したことを示す。

　古墳の造営年代は七世紀中葉から八世紀中葉のあいだに集中するが、一部に七世紀前半代にさかのぼる例や九世紀に降るものがあるなど、各地の造営期間は一様ではない。ただし、主体部の構造や特定の副葬品には造営期の特徴を示すものがある。たとえば、岩崎台地・長根・藤沢狄森・一方井《いっかたい》古墳群岩手町浮《うき》島《しま》支群では、主体部が木棺直葬《じきそう》の土壙型が七世紀に河原石積み石室型に先行して出現し、以後、一貫して古墳埋葬施設として継続的につくられていく。七世紀中葉から八世紀前葉には、一方井古墳群八幡平市谷助平《やすけだいら》支群・藤沢狄森・西根古墳群道場《どうば》支群のように礫槨型が造営され、江釣子・太田蝦夷森・熊堂・西根古墳群縦街道《たてかいどう》支群・同水口沢《みずぐちざわ》支群に代表される小口積みの河原石積み石室墳は、八世紀に爆発的に造営がはじまる。副葬品においても、馬具・衝角付冑・大刀《たち》・耳環・釧・須恵器提瓶などは基本的に七世紀型であり、蕨手刀・横刀・銙帯金具・和同開珎などの八世紀型副葬品とのあいだには変化が認められる。

長根古墳群出土の刀剣

ことに七世紀型副葬品では、馬具などのあり方から、東国との馬匹生産を通じた結びつきが強く認められるが、八世紀型副葬品では馬具がほとんど姿を消し、あらたに蕨手刀・銙帯金具・和同開珎などが出現する。

いうまでもなく、銙帯金具や和同開珎は、律令国家へのエミシ朝貢《ちょうこう》などの政治的関係のなかで流通したもので、このほか朝貢への反対給付として国家は、「君《きみ》」「公《きみ》」姓や蝦夷爵《えみししゃく》としての位階（冠位・爵位）をエミシ首長層に与えた。つまり、八世紀になると国家との政治的関係を基軸とした文物に転換し、これらはまた在地支配の象徴、威信財《いしんざい》として機能していったのである。

江釣子古墳群の人々●

北上市上江釣子《かみえづりこ》から同和賀町にかけて存在する江釣子古墳群は、和賀川左岸の自然堤防上とその後背地をへだてた北側の一段高い金ケ崎段丘上に東西方向に広く分布する円墳群である。現在約七五基が調査され、消滅した古墳を含めると一二〇基近くを数える北東北最大規模の古墳群である。

古墳群は東から西へ順に、八幡《はちまん》・猫谷地《ねこやち》・五条丸《ごじょうまる》・長沼《ながぬま》の四支群からなり、うち八幡から五条丸支群までは、東西約一キロの範囲に隣接してあり、西端の長沼支群は五条丸支群の西約四・四キロに位置する。また長沼支群の対岸の和賀川支流夏油《げとう》川右岸上の段丘崖には、七世紀の岩崎台地古墳群がある。

支群の立地は、八幡・長沼支群が金ケ崎段丘上に、猫谷地・五条丸支群が低位の自然堤防上に立地する。規模は、五条丸支群が七三基と全体の六二％を占め、以下、猫谷地二四基、長沼一三基、八幡八基を数える。また全体の八〇％を自然堤防上のグループが占め、造墓集団内における墓域の獲得と占有関係は猫谷地支群を含めて、五条丸支群を中核になされたことがわかる。

墳丘は、高さ一・五メートル前後を最高に、平均〇・八〜一・〇メートルで、幅一〜一・五メートルの馬蹄形の周濠がめぐる。規模は、猫谷地・長沼支群が径一〇〜一三メートル、七・五〜九メートル前後の大・中型の二種、五条丸支群が径一〇〜一二メートル、八〜九メートル、五〜七メートル前後の大・中・小型の三種がある。

埋葬施設の主体部は原則として河原石積み石室である。すでにみたように、この構造の古墳は北上盆地の北上川支流の下流域に特徴的に分布するものである。石室規模は、長さが猫谷地支群の最小一・二メートルから、五条丸支群の最大四・九五メートルまであるが、平均では二〜三メートル、幅は〇・四五〜〇・七メートルと大きな差はない。

古墳群における大型墳の石室は、おおむね二・四〜三平方メートルの面積で、墳丘規模に比例して石室規模が大きい。ただし、中・小型墳では必ずしもこのような対応関係にない。強いていえば、各支群内で相関関係が認められるだけである。これは、古墳群全体における中・

江釣子古墳群五条丸支群83号墳

小型墳のクラスの決定は絶対的なものではなく、むしろ各支群内で相対的に決定されたことを示し、それはまた墓域を共有する造墓活動の規制として作用したと考えられる。

江釣子古墳群の支群は、さらに墳丘規模・主体部方位などからいくつかの小支群にわかれる。五条丸支群の場合、大別して三小支群、さらに一小支群は二〜三小支群に分割でき、最小の単位は五〜八基である。そして、一単位は大型墳を核にたがいに近接する大・中・小墳の三種から構成される（四九頁図参照）。このような支群のあり方は、県内の他の古墳群においても同様である。つまり、古墳群の構成は小支群（小群）―支群の集合形態でもある。

古墳の造営年代は、八世紀が中心だが、確認されているものでは副葬品に直刀・鉄鏃を出土した五条丸支群六九号墳がもっとも古く、七世紀中葉に成立している。石室は河原石を二〜三段の低い小口積みとし、八世紀型に通有の奥壁に立石《たていし》をもたない構造である。ただし、金箔サンドイッチガラス玉を出土した長沼支群三号墳は七世紀後半の造営だが、小口積み石室はすでに奥壁と側壁に立石をもつ構造で、この頃には八世紀型石室の原型が成立している。

古墳群の被葬者は、エミシのなかの有力な家長とその家長世帯が中心で、古墳は村落内での生前の被葬者の地位や役割にしたがってつくられていった。江釣子古墳群は、広範囲な和賀川沿いを共同の生活圏とする血縁・地縁関係で結ばれた集団の、二〇〇年余りにわたる累代の墓として造営されていったのである。造墓集団の中心は、奈良・平安時代に「和我君《わがのきみ》」「和我連《わがのむらじ》」を称した和我氏一族（擬制《ぎせい》＝仮の同族関係も含めて）であった可能性が高い。

2　エミシの村落と生活

エミシの村々●

エミシははじめ「毛人」（『宋書《そうじょ》』夷蛮伝《いばんでん》・倭国《わこく》条）と表記され、ヤマト王権からみて東国《あずまのくに》に住む人々をさした。五世紀後半、倭王武《わおうぶ》（雄略《ゆうりゃく》天皇）の時代である。エミシ観が「毛人」から「蝦夷《えみし》」に変化するのは、七世紀中頃からである。斉明《さいめい》天皇五（六五九）年にわが国は唐《とう》に朝貢《ちょうこう》し夷人《いじん》を献上した。有名な「道奥《みちのく》（＝陸奥）蝦夷男女二人を天子に示す」（『日本書紀』）記事である。このなかでエミシには、都加留《つがる》・麁蝦夷《あらえびす》・熟蝦夷《にぎえびす》の三種があることがのべられ、この記録は中国側の正史『通典《つてん》（蝦夷伝）』『新唐書《しんとうじょ》（東夷伝・日本）』でも確認できる。この時期は、日本の初期律令《りつりょう》国家の形成期で、すでに国家の支配領域は東北地方南半部までおよんでいた。そこで国家は、未征服地域の東北北部の人々を区別し、あらたに「蝦夷」と呼称したのである。ただし、エミシに「蝦《カ・エビ》」の字をあてた理由は不明である。

上田蝦夷森古墳出土の衝角付冑

以後、エミシは辺境に住む「王化《おうか》に従わず、農桑《のうそう》も知らない荒らぶる民」であり、それは天皇の威徳を知らせるべき対象として正史に描かれた。ただし、蝦夷観の根底に「蝦夷は是《これ》尤《はなは》だ強し」（『日本書紀』景《けい》行《こう》天皇四十年条）とする認識があったことも事実である。

七世紀は東北地方北部の大きな画期にあたる。岩手県内の集落遺跡はこの段階に急激に増加し、前節でみたように各地で古墳群の造営もはじまる。この背景には、北方文化や関東・東北地方南部との交流の促進、あるいは国家との政治的かかわり、さらには東アジア全体の政治的動向の影響をうけながら、エミシ社会みずからの生産力を基礎に新しい社会的・政治的体制の創出が考えられる。同時に古代国家にとってエミシ対策があらたな課題として登場した時期でもある。

奥州市膳性《ぜんしょう》遺跡は、県内において七世紀拠点集落としてはじめて出現する。遺跡は胆沢《いさわ》川右岸段丘上の北縁部に立地し、対岸には金ケ崎町西根古墳群が、段丘崖西方には奥州市蝦夷塚《えぞづか》古墳群がある。四二棟の竪穴《たてあな》住居跡があり、四期に区分される。六世紀末〜七世紀初めの一期は、床面積五一平方メートルの大型住居を中心に、七棟の住居跡からなる拠点集落の成立期である。このような数棟一組の単位を「単位集団」とよぶ。二期には、床面積八六平方メートルの大型住居を核に中型五、小型三の計九棟が一単位となる。大型住居からは圭頭大刀《けいとうのたち》柄頭《つかがしら》が出土している。集落が最大に膨張するのは、七世紀後半の三期と四期で、一四棟、一二棟となる。うち三期は二つの単位集団から構成され、一単位は一〇棟をこえない。四期は三期の集団が再編され、一単位となるが、大型住居の規模は四七平方メートルと縮小する。

奥州市今泉《いまいずみ》遺跡は、膳性遺跡の西四〇〇メートルの同じ段丘に立地する七世紀後半の集落跡である。一六棟の竪穴住居跡があり、二期にわかれる。一期は北カマドをもつ一群で、床面積四七平方メートルの大型住居を核に、中型三、小型四の計八棟から構成され、住居の配置は西から東へ弧を描きながら棟《むね》の方位をそろえて整然と配され、南側に広場をもつ集落である。二期は北西カマドをもつ一群で、住居配置に異同はないが全体的に北寄りの占地となる。床面積四〇平方メートルの大型住居を中心に、中型・小型各三の七棟から構成される。使用された土器には甕《かめ》・壺《つぼ》・杯《つき》・高杯《たかつき》・甑《こしき》などの土師器《はじき》があり、大型住居が二〇個余り保有するのに対し、他は九個以下の数量である。

北上市猫谷《ねこやち》地遺跡は、江釣子古墳群猫谷地支群と同一面に立地し、ここから五棟一組の竪穴住居跡が発見されている。床面積一三〇平方メートルの大型住居を中央に、その東と北側に中型・小型住居各二棟が隣接して配されている。土器には土師器の甕・壺・杯・高杯・甑・片口《かたくち》土器・坩《つぼ》があり、大型住居が七器種、三五個を保有するのに対し、他の四棟は九～一三個の数量で、質量ともに大型住居が他をしのいでいる。

このように県内の七世紀集落は、大型住居を核に、強い結合を示す五～一二棟ほどを一単位とした住居群から構成されており、このような景観がエミシの村として各地に点在していたと考えられる。大型住居は、規模および土器（食膳具・貯蔵具・煮炊具）保有関係においても他の住居より卓越した存在であり、これこそ村の長《おさ》の家、集団を代表する「家長」的人格者の家とすることができる。

膳性遺跡の圭頭大刀は本来、畿内《きない》から各地の有力首長層へ配布するために製作されたものであり、これを所有できたということは、家長的人格者のなかに集落をこえた首長層に成長していたエミシがいたことを意味する。

進む階層分化●

エミシ社会が七世紀代にあらたな政治的体制をつくりだす契機には、東国との馬匹生産と、それに付随した諸文化の交流を通じて育まれたエミシ社会みずからの生産性の高まりが基礎にある。一方、七世紀中頃から古代国家は、城柵《じょうさく》を造営して東北北部を律令制の支配下におこうとするが、東北北部エミシの政治的社会は、こうした状況とかかわることで律令制的影響を強くうけたかたちで形成されていった。このことは、八世紀初めの多賀《たが》城造営以降、とくに顕著となる。

辺境における律令制支配の特質の一つに、エミシ勢力との交渉の規定がある。これは一般的にはエミシ朝貢に対する反対給付のかたちで行なわれた。国家からの支給品には、八世紀の古墳群や集落跡から出土する銙帯金具《かたいかなぐ》・和同開珎《わどうかいちん》・蕨手刀《わらびてとう》などがある。エミシにとってこれらの文物を所有することが、彼らの世界における社会的地位や身分の象徴となった。

それを所有できた階層は、おもに村や村落を代表するエミシ首長層であるが、他方では首長の属する集団は朝貢に際して、大量の在地特産物を貢納用に調達する必要があった。これが相互交渉の実態であった。エミシ集団は、平時は「老翁《おきな》」(『日本書紀』)とよばれる長老的首長に率いられるのが一般的であるが、国家との戦時体制あるいは対立集団との緊張関係下にあるときは、軍事首長が「魁帥《かいすい》・首帥《しゅすい》」(『日本書紀』)、「賊中《ぞくちゅう》の頭《かしら》」(『続日本紀』)として表に現れてくる。エミシ首長制に平時首長と軍事首長の二種があった。

七〜八世紀のエミシの村は、家長《かちょう》制的世帯共同体と考えられる。五〜六世紀に形成された旧来の秩序を内部から崩していった、新興勢力の中核となった階層である。

考古学的にみると、一つの村＝世帯共同体は、大型住居を中心に中・小型住居がこれに付属するかたちで存在する。住居一棟が一世帯（最小の消費単位）であり、この世帯の集合体が世帯共同体である。その結合形態は一〇棟をこえる例もあるが、平均六～八棟である。世帯共同体は、血縁関係を基礎とする古代家族の構成単位でもあった。このなかの大型住居が家長世帯の家であり、家長世帯の長がその村を代表する村長《むらおさ》である。村は村長によって代表されるが、また村をこえた協業関係、地縁関係を通じて村落構成の一単位ともなった。

村落の長はいくつかの村長のな

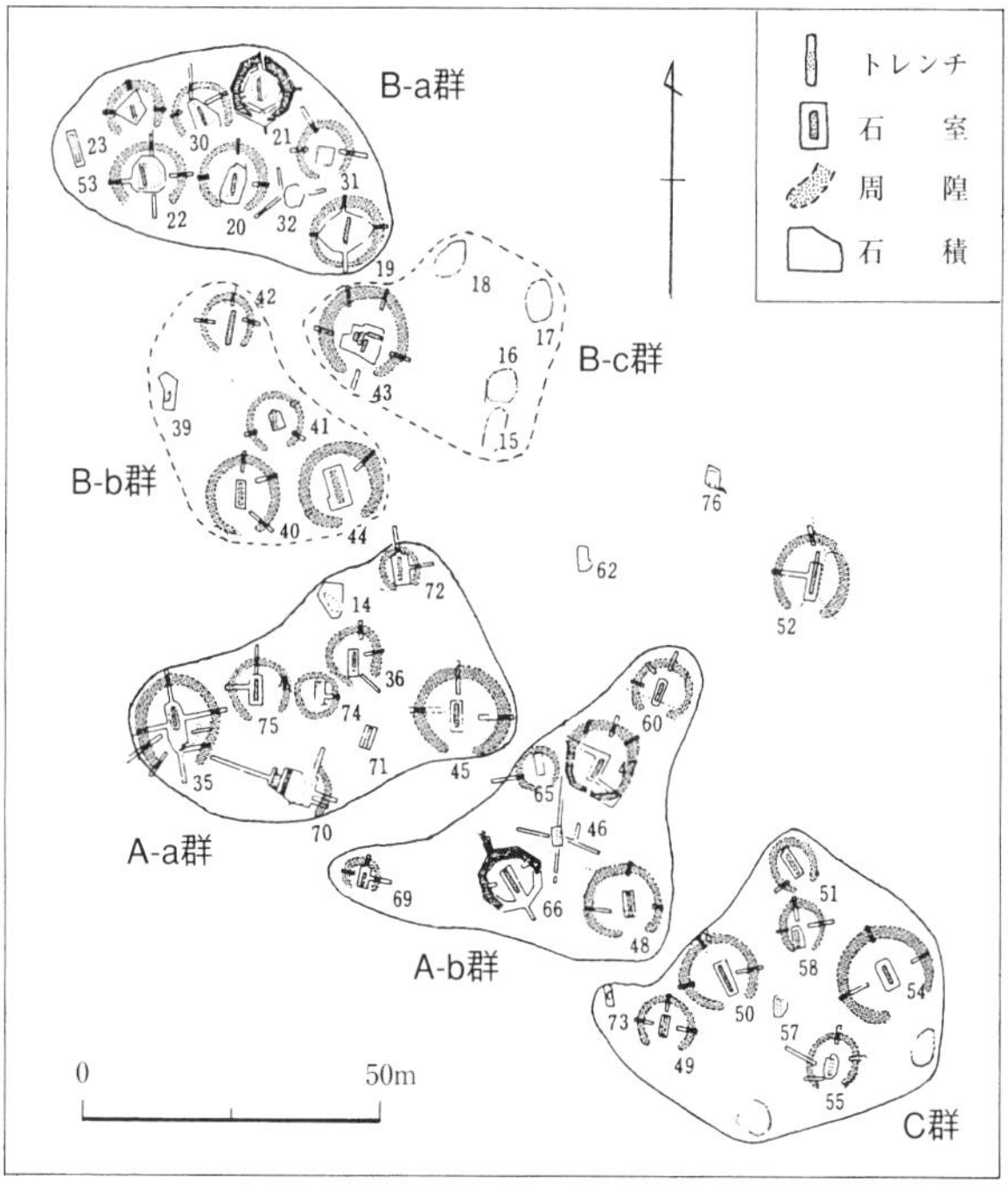

江釣子古墳群五条丸支群のグループ分け（沼山源喜治原図，一部改）

かから有力村長が選ばれた。彼は村落の利益を代表し、対外的交渉や交易の任にあたった。村落の利益はまた村長を通して村の利益ともなった。先の「老翁・魁帥」とよばれたエミシ首長層がこの村落首長層に相当することは十分考えられる。

右の構造は、先の江釣子古墳群五条丸支群の分析からも肯定される。一小支群が村落関係を、さらに下部単位の小群が世帯共同体的関係を投影すると考えられる。古墳の特質は、死者の墓であると同時に、生前の被葬者の社会生活そのものの反映にある。したがって、古墳には彼の生前の愛用物である装身具・武器・威信財などが副葬され、被葬者の社会的地位が表現されることになる。

七世紀の胆沢地方の拠点集落に膳性《ぜんしょう》遺跡がある。うち前半の二期の集落は、九棟から構成され、床面積八六平方メートルの県内でも最大規模の住居を筆頭に、中型住居二種五棟、小型住居二種三棟の五階層にわかれる。集落の特徴は第一は、これまでに類のない大型住居の出現である。実際、住居からは大量の土師器《はじき》食膳具・煮炊具と、七世紀に特徴的な須恵器《すえき》・杯・甕・長脚《ちょうきゃく》二段透《すかし》の高杯などが鉄製品・紡錘車《ぼうすいしゃ》と伴出しており、他に卓越した保有量を示す。また、住居からは圭頭大刀《けいとうのたち》も出土している。大刀は柄《え》の先端の柄頭《つかがしら》部分だけだが、推定長一メートル弱の装飾付大刀である。装飾付大刀は、畿内政権から各地の有力首長へ配布されたものと評価されており、膳性遺跡の首長の性格と地位を推定できる。

第二の特徴は、集落内が五つの階層に分化し、中間層が細分化することで最下層の従属的住居があらたに出現することである。エミシ社会でも階層分化の進展がみられるが、ことに膳性の村では、首長が前代までの村長《むらおさ》関係を脱し、あらたに周辺のいくつかの村を統合して村落首長の地位に上昇したことを示すと考えられる。

エミシの文物交流●

『続日本紀』霊亀《れいき》元（七一五）年十月二十九日条は、エミシの須賀君古麻比留《すがのきみこまひる》らの言上として「先祖以来、貢献《たてまつれる》昆布《こんぶ》は、常にこの地に採《と》りて、年時を欠かず。いま国府郭下《こくふかくか》相い去ること道遠く、往還旬《おうかんじゅん》を累《かさ》ねて甚だ辛苦多し。請うらくは、閇村《へいむら》に便《たよ》りて郡家《ぐうけ》を建て、百姓《ひゃくせい》に同じくし、共に親族を率いて永く貢《みつぎ》を欠かさむと云う。」と記す。

奈良時代初め、閇村のエミシは毎年、みずから採取した昆布を陸奥国府《むつこくふ》に貢進していた。この段階の国府は多賀城ではなく、仙台市郡山《こおりやま》遺跡と推定されるが、その支配地域からあまりに遠いので、閇村に便宜的にミツギ物を集約する蝦夷郡《えみしぐん》を建て、これからも貢納をつづけたいというのが記事の主旨である。昆布の産地については、いまも昆布が採取される現在の下閉伊郡内の沿岸部であることは確かであろう。

エミシが土地の特産物を定期的にミツギ物として国府に貢進するのをエミシ朝貢といい、その朝貢の儀礼と宴会は国府の政庁で行なわれた。宴会には国家からの給付もともなうので、これは実際には一種の交易でもあった。閇村のエミシは、仙台市付近にあった国府に毎年昆布を持参して朝貢していたのである。

時代は降るが、『日本後紀』弘仁元（八一〇）年十月二十七日条に「陸奥国言《もう》す。渡嶋《わたりしま》の狄《てき》二百余人、部下の気仙《けせん》郡に来著《らいちゃく》す。当国の所管に非ず、これを帰去せしむ。（下略）」の記事がある。いまの北海道渡《お》島《しま》半島付近の狄（出羽のエミシの意）が、管内の気仙郡に大挙《たいきょ》来着したが、渡嶋の狄の所管は陸奥ではなく、出羽《でわ》国だったので帰るようにしたという。彼らは、当初から三陸沿岸を目的に来航したのか、あるいはたまたま陸奥側に漂着したのか、いまとなっては不明だが、二〇〇余人が分乗した船団とすれば、明らかに彼らは交易の民である。渡嶋の船団は北海道をはじめとする北方の特産品を満載していたであろう。

エミシ交易の海路ルートの例である。

ここで、考古学からエミシの文物交流の実態をいくつかみてみよう。

琥珀《こはく》は久慈《くじ》・岩泉地方が産地で、本県を代表するエミシの広域交易用の特産品である。藤沢狄森《えぞもり》・熊堂古墳群、一方井《いっかたい》古墳群谷助平《やすけだいら》支群など県内はもとより、東北・北海道にも供給されているが、久慈産の琥珀を畿内に輸する道は、すでに古墳時代には開かれていたことが明らかにされている。形態は原石・半加工・加工品などがある。

ヒスイは新潟県糸魚《いとい》川上流が原産地で、藤沢狄森・熊堂古墳群などから出土している。また錫製釧《すずせいくしろ》は、石狩湾岸の積《しゃこ》丹《たん》半島付近を起点に、北日本を中心に流通した装飾品の一つで、上田蝦夷森・藤沢狄森・長根・房の沢古墳群、江釣子《えづりこ》古墳群長沼支群、一方井古墳群浮島支群などから耳環・腕輪のかたちで出土している。

このうち藤沢狄森集団は、日本海出羽路ルートで交易を行ない、ヒスイなど硬玉類を入手する一方、琥珀・錫製品など北方ルートでの文物も入手しており、彼らは文物の流通のル

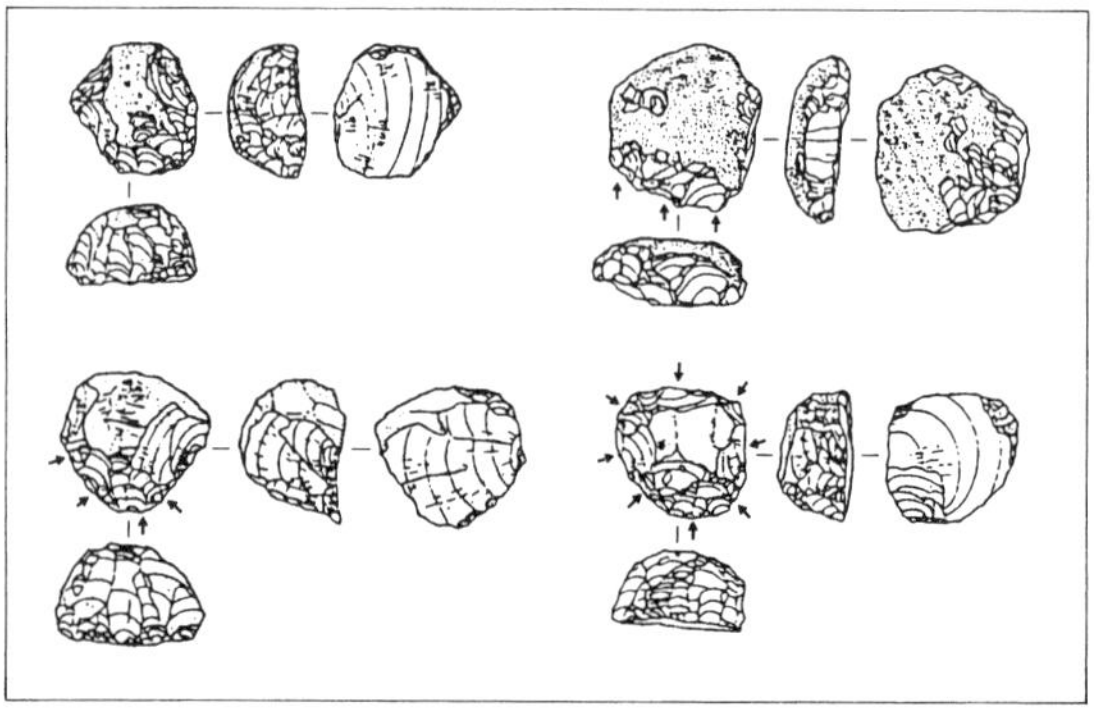

岩崎台地古墳群出土の黒曜石製石器(『岩崎台地遺跡群発掘調査報告書』による)

ートを掌握していたことが想像される。

黒曜石《こくようせき》製のラウンドスクレイパーの用途は、動物皮のナメシ具であるが、土師器甕《かめ》の頸部《けいぶ》や杯《つき》の体部に鋸歯文《きょしもん》や斜格子目文《しゃこうしめもん》・多段横走沈線《ただんおうそうちんせん》を描く土器とともに、北方系文物の一群とされる。岩崎台地・房の沢古墳群、今泉・膳性《ぜんしょう》遺跡などから出土している。

一方、南の関東系土器とよばれる杯が、岩崎台地古墳群や膳性遺跡から出土しており、エミシ文化のなかに南北の外来的要素が多分に含まれていることがわかる。

ところで八世紀の古墳の副葬品のなかから、馬具類が姿を消すことは先述した。これはエミシ側の馬に対する価値観の変化が背景にある。それは動産として、すなわち馬に交易品としての価値が対外的により高まった結果と考えられる。エミシ馬への社会的需要が強まったことへの対応でもあった。

3　アテルイの世界

東北大戦争

大化《たいか》元（六四五）年、倭《やまと》王権では大化の改新によるあらたな政治改革がはじまり、その一環として東国へ臨時の国司《こくし》が派遣された。このときの国司の管轄範囲は、現在の福島県から宮城県南端付近までで、これより北はエミシの居住域と認識されていた。国司の任務は、人口と田地の調査、それに民間にある武器の収公であったが、武器収公に際して、辺境のエミシと境を接する地域では、数を確認したうえで持ち主に返すようにした。

大化の改新当初からすでにエミシ問題に意が注がれていたのである。

現在の福島県域を中心に陸奥《むつ》国が建つのは、やや遅れて大化五年から白雉四（六五三）年頃のことで、常陸《ひたち》国など坂東諸国とともに「道奥国《みちのおくのくに》」として建てられた。

一方、現在の宮城県域には、坂東からの移民（柵戸《さくこ》）を中心にして評《こおり》（のちの郡）が建てられ、七世紀後半には仙台市郡山《こおりやま》遺跡に国府《こくふ》がおかれた。この段階のエミシ政策は、武力を背景にエミシに服属・来朝をせまり、王都で御調《みつき》を貢納させて服属儀礼を行なわせることが最大の目的であった。国家はこれに対して饗宴《きょうえん》や叙位《じょい》・賜禄《しろく》を行なったのである。

八世紀初めまで続いた郡山遺跡の国府は、神亀元（七二四）年の多賀《たが》城創建にともない廃され、あらたに多賀城に国府と鎮守府《ちんじゅふ》がおかれた。以後、宮城県北以北への支配拡大の政策が展開するが、エミシとの緊張関係はこれと並行して強まっていった。多賀城の創建前後に、陸奥按察使《あぜち》や国司大掾《だいじょう》の殺害事件が発生するが、これはエミシの大規模な反乱としては史上初のものであった。

天平十八（七四六）年、陸奥国ではそれまで他国から徴発していた鎮兵《ちんぺい》を廃し、軍団も五団五〇〇〇人から六団六〇〇〇人制に改め、国内の常備軍を当国兵だけで固める軍団兵士制を成立させ、このうち宮城県北には玉造《たまつくり》・小田《おだ》団をおいた。併行して、陸奥国では桃生《ものう》城（宮城県石巻市）、出羽国では小勝《おがち》（雄勝）城（秋田県）造営がはじまった。ことに桃生城造営は、国家の支配領域を黒川以北一〇郡をこえて、あらたに北に拡大させる積極策だったことから、エミシの抵抗もいっそう激しさを加えていった。両城は着工から数年後の天平宝字三（七五九）年頃には完成している。

ついで、神護景雲元（七六七）年、三〇日余りの短期間で伊治《これはる》城（宮城県栗原市）が造営され、これを核に栗原《くりはら》郡が建てられた。海道《かいどう》（北上川流域）に桃生城、山道《さんどう》（内陸地方）に伊治城をつくったことで両道の支配の拠点ができたのである。伊治城造営に際しては、移民である柵戸や兵士はもとより、帰服のエミシ集団、俘囚《ふしゅう》軍なども在地首長に率いられて参画させられていた。このような情勢のなかで、在地支配をめぐってエミシ同士の対立・抗争も一方では生じはじめていた。

宝亀元（七七〇）年、一族とともに国府側に協力していたエミシの宇漢迷公宇屈波宇《うかんめのきみうくつはう》が突然、出身地のエミシの地へ集団を率いて帰ってしまう事態がおこった。あまつさえ「一、二の同族を率いて、必ずや城柵を侵さむ」と揚言《ようげん》して。エミシ支配の矛盾がエミシの根幹にかかわることを感じたからであろう。政府はことの真相を調べるため、検問団を派遣するが、その後の消息は不明である。

それでもエミシ政策の基本であるエミシの入朝は、宝亀五年正月十六日まで続き、服属したエミシへの叙位・賜禄が行なわれていたが、同月二十日を境に、エミシの入朝は停止された。そして以後のエミシ服属儀礼は、国府や城柵の政庁《せいちょう》へ引き継がれていく。

宝亀五年、海道のエミシが反乱し、桃生城に侵攻して西の郭《くるわ》を突破するという事件が発生した。以後、古代国家とエミシとの関係は最悪の状態となり、国家による恒常的なエミシ遠征が行なわれるようになる。桃生城攻略事件は、東北大戦争へ古代国家が突入していく象徴的事件として人々の記憶に残っていった。

宇屈波宇の揚言事件、桃生城攻略事件をみると、国家によるエミシ支配の本質とその拠点がどこにあるかをエミシはみぬいており、彼らの武力闘争による攻撃目標は城柵にあったことがわかる。この余波は出羽国にもおよび、坂東兵士を鎮圧のため発遣するが、宝亀七年には志波《しわ》村（のちの斯波郡地方）のエミシによって出羽国軍が敗退している。

アテルイとモレ●

アテルイとモレ。二人のフルネームは大墓公阿弖利為《たものきみあてりい》、盤具公母礼《いわぐのきみもれ》。またアテルイは阿弖流為《あてるい》とも表記される。もっとも二人の名は今日でこそ史上にメジャーの地位を確保し、敵将の坂上田村麻呂《さかのうえのたむらまろ》とともに教科書や入学試験問題にも登場するようになったが、十数年前まではさびしいかぎりであった。二人の足跡をたどる前に、まず岩手県が古代史に登場してくる過程をみてみよう。

宝亀七（七七六）年に、のちに志波《しわ》城（盛岡市）が造営される志波地方——志波村のエミシについては前項でのべた。五月のことである。この段階の志波地方はまだ、秋田城・雄勝《おがち》城のおかれた出羽国の管轄下にあった。同年十一月、胆沢《いさわ》の名がはじめて現れる。「陸奥軍三千人を発して、胆沢の賊を伐《う》つ」（『続日本紀』）の記事である。胆沢は海道と山道が合流する北奥のエミシの地として認識されていた。

翌宝亀八年、按察使《あぜち》は大伴駿河麻呂《おおとものするがまろ》から紀広純《きのひろずみ》に交替した。本来、臨時官である按察使は、国司より上位の官として陸奥・出羽両国を統轄したが、駿河麻呂のときから事実上常置の官となった。

同年九月、陸奥国は軍をあげて、胆沢に通ずる山海両道のエミシ掃討作戦を行なった。宮城県北と岩手県南のエミシの連携を断つのが、作戦の目的と考えられる。しかしこの軍事行動は、胆沢や北の志波村のエミシをいっそう刺激し、志波のエミシと出羽国軍とがしばしば衝突し、国軍がかなりの打撃をうける結果となった。両国の軍事作戦には、按察使や国司のもとに帰服した首長に率いられたエミシ軍、俘軍《ふぐん》も編成されていた。翌九年六月には、エミシ首長の吉弥侯伊佐西古《きみこいさせこ》、伊治公呰麻呂《これはるのきみあざまろ》らが国司以下の戦功者と一緒に叙位されている。

宝亀十一年、エミシ遠征の焦点が胆沢の地にしぼられてきた。紀広純は、胆沢攻略の前提として覚鱉《かくべつ》城

（位置不詳）造営を建議し、三月、これを実行するため国司以下の国軍とエミシ軍を率いて伊治城《これはる》に集結した。先の戦功者の伊佐西古や呰麻呂も牡鹿郡司道嶋大楯《おしかぐんじみちしまのおおたて》とともにこれに参加していた。この頃の道嶋氏は牡鹿郡を基盤に在地の実力者として、陸奥北半に勢力を伸張しつつあり、他のエミシ首長たちと対立関係にあった。

ところがここで、呰麻呂の反乱がおこったのである。呰麻呂は配下の俘軍を誘い、まず対立していた大楯を殺害、返す刀で按察使紀広純を攻めて殺し、国府多賀城をも焼き打ちしたのである。これには伊治城に集結していた伊佐西古ら他のエミシ首長たちも荷担した。国家は彼らの位階やウジナを剝奪し、征討軍を派遣したが、呰麻呂らを討ったという記録はない。乱は周辺の百姓《ひゃくせい》たちをも混乱に陥れ、その後遺症はしばしば百姓の課役免除を行なうほど重かった。

胆沢のアテルイの生年は不明である。だが、坂上田村麻呂とそれほど歳の差がないと仮定すると、宝亀十一年の呰麻呂の乱のとき田村麻呂は二三歳、アテルイやモレはエミシ戦士団の中堅として活躍中と推定される。双方ともに呰麻呂の乱の報に接しながら。

延暦五（七八六）年、いよいよ胆沢遠征の準備がはじまる。東海・東山《とうさん》二道に兵士や武器の調達が命じられたのである。田村麻呂二九歳、天皇の周辺を警護する近衛府将監《このえふしょうげん》（三等官）の職にあった。アテルイはエミシ戦士首長に成長しており、三〇代前半頃か。

延暦七年、遠征の拠点多賀城には、軍粮《ぐんろう》や塩が運ばれ、あわせて坂東諸国の歩騎兵五万二八〇〇余人が集合してきた。兵士にはこれまでの従軍経験者、戦功者、弓馬《きゅうば》に長ずる者などが優先的に選抜された。同年十二月、征東《せいとう》大将軍紀古佐美《きのこさみ》は桓武《かんむ》天皇より、全権委任の印である節刀《せっとう》を与えられ、「坂東の安危《あんき》はこの一挙にあり、将軍よろしくこれを勉《つと》むべし」と檄《げき》をおくられ、長岡京《ながおかきょう》を後にした。

翌延暦八年三月初旬、多賀城に会した遠征軍は胆沢へむかった。同月末には衣川《ころもがわ》に到着、営《たむろ》を前・中・後の三軍にわけて布陣した。この地は胆沢川扇状地の最南端、東西方向に馬の背状に延びる高位段丘の一首坂《いっしゅざか》面にあたり、陣地からは、北側に広がる胆沢平野が一望できるところである。

一方、胆沢ではアテルイ、モレらの軍事首長によるエミシ連合軍が組織され、胆沢の命運が託されていた。たがいに機をうかがうことひと月以上、五月になっても政府軍は動かない。

坂上田村麻呂とアテルイ

衣川に滞留し、動かない遠征軍に天皇は激怒し、将軍たちを叱責した。

遠征軍は延暦八（七八九）年六月初旬、やっと動いた。進軍は三軍合同とし、中・後軍の主力は四〇〇〇人の兵で北上川左岸を、一方の前軍は同右岸をそれぞれ北上し、巣伏《すぶし》村（奥州市水沢区東郊）で合流する作戦である。しかし、アテルイ側はこの作戦をみぬいていた。中・後軍が左岸を北上し、「阿弖流為《あてるい》の居《きょ》に至るころ」（『続日本紀』）、エミシ軍三〇〇余人と迎撃戦となった。戦闘は遠征軍に有利で、エミシ軍はすぐに引き上げてしまった。中・後軍はさらに北上を続け、途中でエミシ軍と戦ってはこれを退け、村々を焼きながら合流点をめざしていった。だが、これこそアテルイらの陽動作戦であった。

そして巣伏村に至ったとき、突然、八〇〇余人のエミシ軍が前方をふさぐように急襲してきた。左岸は北上川と北上山地にはさまれた隘路《あいろ》である。前方が混乱に陥っていたとき、さらに東山から四〇〇余人のエミシ軍がなだれを打って現れ、遠征軍の退路を断ってしまった。前方に敵をうけた兵士たちは、重い甲《かぶと》のまま北上川に飛びこむしかなかった。

史上有名な延暦八年の胆沢の合戦は、アテルイ側の勝利に終わった。遠征軍の被害は、戦死・溺死者など総計二六〇〇人余り。これは出撃部隊の半数近い数字である。報をうけた天皇も愕然とするしかなかった。しかし、エミシ軍も死者八九人、焼亡村落一四村八〇〇余棟、その他器械雑物の損亡もあり、少ない被害ではなかった。この年、坂上田村麻呂は三二歳、近衛少将兼越後介《えちごのすけ》であった。アテルイは三〇代後半か。

大敗した政府は、翌延暦九年からただちに第二回胆沢遠征の準備にはいり、はじめて征東使を征夷使《せいいし》に改め、「夷を征する」という目的を明確にした。同十年、遠征軍の首脳人事があり、征夷大使に大伴弟麻《おおとものおとま》

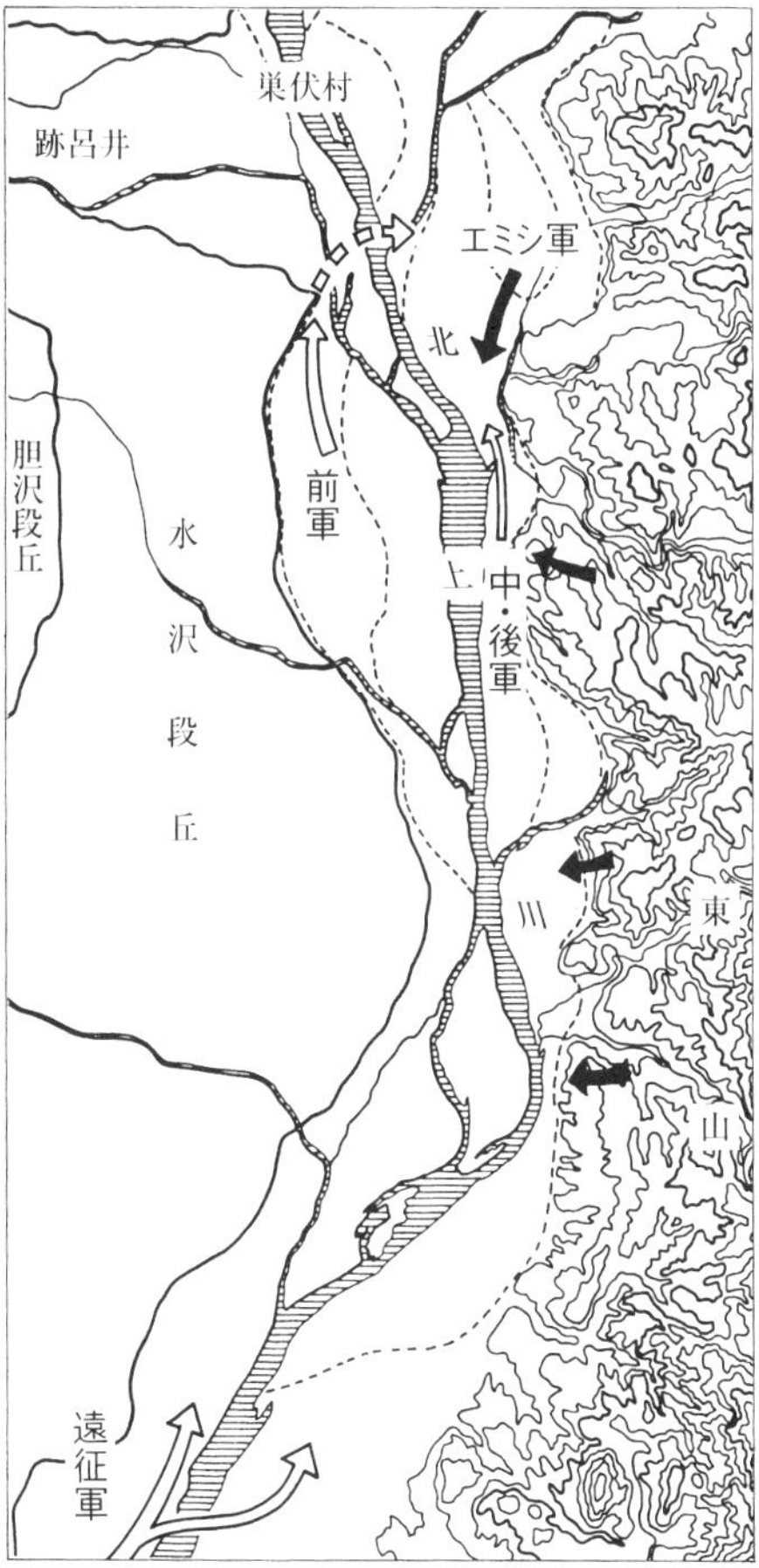

胆沢の合戦(巣伏の戦い)経路図　破線内は旧河道。

呂《ろ》、同副使に百済王《くだらおう》俊哲《しゅんてつ》・坂上田村麻呂ら四人が任命された。エミシ遠征の局面で、田村麻呂がはじめて幹部として登場してきた。三四歳であった。

胆沢の合戦のことは、北上川流域のエミシ村落に知れわたった。また遠征の対象が、胆沢の次は和我《わが》・志波地方であるのも明らかになった。国家への帰服をめぐってエミシ間にしだいに動揺が広がってきた。ことに連合不参加のエミシにそれは顕著であった。元来がエミシ集団は割拠性が強く、大きな連合体は形成されていない。延暦十一年の斯波《しわ》（志波）村のエミシ胆沢公阿奴志己《いさわのきみあぬしこ》らによる国家帰服申請は、エミシ集団が個別に行動をとる例である。

延暦十三年正月、征夷大将軍大伴弟麻呂に遠征命令が下った。だが実質的指揮官は、同副将軍坂上田村麻呂であった。田村麻呂三七歳、前回の二倍近い兵一〇万人で胆沢に発った。迎えるアテルイは四〇代にはいったか。六月には実戦隊の田村麻呂から、遠征軍勝利の報告が都に届いた。戦果は斬首四五七級、捕虜一五〇人、捕獲の馬八五疋《ひき》、焼亡村落七五村という。エミシ側の損害は、前回にくらべても甚大である。これは今回の合戦が、前回の北上川左岸から、右岸一帯におよんだことを示している。

報告で注目できるのがエミシ特産の馬である。当時の諸国二七牧からの年間貢上数一〇五疋を考えると、胆沢で獲得した馬数の多さと、その価値が推定できる。だが、胆沢はまだ落ちない。

延暦十五年、第三回遠征計画がはじまり、田村麻呂は軍事・行政の全権を統轄する陸奥《むつ》出羽《でわ》按察使《あぜち》兼陸《む》奥守《つのかみ》兼鎮守《ちんじゅ》将軍の三官兼任となった。同二十年二月、四四歳の征夷大将軍田村麻呂に胆沢遠征命令がでた。軍士は前回の半分以下の四万人。アテルイらは、二度の合戦でエミシ戦士の大半を失い、加えて水田・陸田の広がる胆沢平野も荒廃し、食糧難に陥り、疲弊の度をきわめていた。戦闘は一方的であったのか、九月末「夷賊《いぞく》を討伏《とうぶく》せり」(『日本紀略』)の報告が都に届いた。このときの遠征軍は、胆沢をへて閉伊《へい》地方まで攻撃している。

翌延暦二十一年正月、田村麻呂は胆沢の地に胆沢城(奥州市)を造営した。もはやアテルイらは、抵抗の術《すべ》を失ったのである。同年四月、造営中の胆沢城にアテルイとモレが、エミシ戦士五〇〇余人を率いて降ってきた。田村麻呂は二人に対して丁重に応対したようである。

同二十一年七月、田村麻呂は二人をしたがえて上京し、公卿《くぎょう》(今の閣僚に相当)らに胆沢の安定には彼らの協力が必要であり、国家反逆の罪を不問にしてほしいと訴えた。しかし、公卿たちは「(二虜《にりょ》を)縦《ほしい》ままに申請によりて奥地に放還《ほうかん》せらば、所謂《いわゆる》虎を養いて患《わずらい》を遺《のこ》すなり」(『日本紀略』)として却下、八月、河内国椙山《すぎやま》(杜山《もりやま》)で斬刑《ざんけい》に処した。

初老のアテルイであったか。

3章

鎮守府と奥六郡の世界

胆沢城跡出土軒瓦(八葉単弁蓮花文鐙瓦と連珠文宇瓦)

1 鎮守府胆沢城

胆沢城の造営●

延暦二十一（八〇二）年、造胆沢城使《ぞういさわじょうし》として改めて胆沢へ赴いた坂上田村麻呂《さかのうえのたむらまろ》は、胆沢地方北部（奥州市西郊）の北上川と胆沢川の合流付近右岸上に胆沢城を造営し、同時に東国から浪人四〇〇〇人をここに移配した。この地は、奈良時代前期の拠点的集落があったところである。同二十三年には胆沢郡名がみえるので、胆沢城の造営後まもなく胆沢三郡（磐井《いわい》・江刺《えさし》・胆沢郡）が立郡されたとみられる。大同《だいどう》三（八〇八）年には鎮守府《ちんじゅふ》が国府多賀城《たがじょう》から分離し胆沢城へ移された。ここに鎮守府胆沢城が成立する。これは胆沢地方を統治・支配するため、鎮守府の官制を独立させ、鎮守府官人を胆沢城と後述の志波《しわ》城の城司《じょうし》とする体制の創出であった。城柵に派遣される城司の職掌は、「饗給《きょうごう》、征討《せいとう》、斥候《せっこう》」にもとづくエミシ（蝦夷）支配と、柵戸《さくこ》移配や郡郷《ぐんごう》制施行による公民支配である。鎮守府は大同三年を画期として大きく在地支配へ変化していく。

城は、方六七五メートルの築地《ついじ》で画される外郭《がいかく》線と、その内側中央南寄りに方九〇メートルの大垣《おおがき》で区画された政庁《せいちょう》域からなる（口絵参照）。遺構は、政庁跡を基準にⅠ期＝九世紀前半代、Ⅱ期＝同後半、Ⅲ期＝九世紀末〜十世紀中葉前後に大別され、外郭線の変遷も同様である。

外郭外周には、幅五メートルの大溝が、内周には幅三メートルの内溝がめぐり、築地の各面には門や櫓《やぐら》が付設される。櫓は築地をまたぐ構造である。築地は幅三メートルで、黒土と褐色土を互層《ごそう》に突き固めた版築《はんちく》工法でつくられている。

外郭南門は南面築地中央に開く正面五間《ま》×奥行《おくゆき》三間（一四・八×七・二メートル）の五間一戸《ごけんいっこ》（中央に扉が一つ）、瓦葺《かわらぶ》き重層構造の十二脚門《きゃくもん》である。ここの大溝は正面幅四三メートル、奥行一〇メートルの規模でコの字形に南へ張り出し、その中央には幅三・五メートルの橋が架かる。橋からは、東西側溝に画された幅一二メートルの南大路がまっすぐ南へ延びている。

外郭築地中央にある北門は八脚門で、掘立柱《ほったてばしら》からⅢ期には礎石建《そせきだち》となるが、瓦葺きではない。ここの大溝も北側へ張り出すが、その規模は南門地区の約二分の一である。中央には橋が架かるが、北大路《きたおおじ》は未

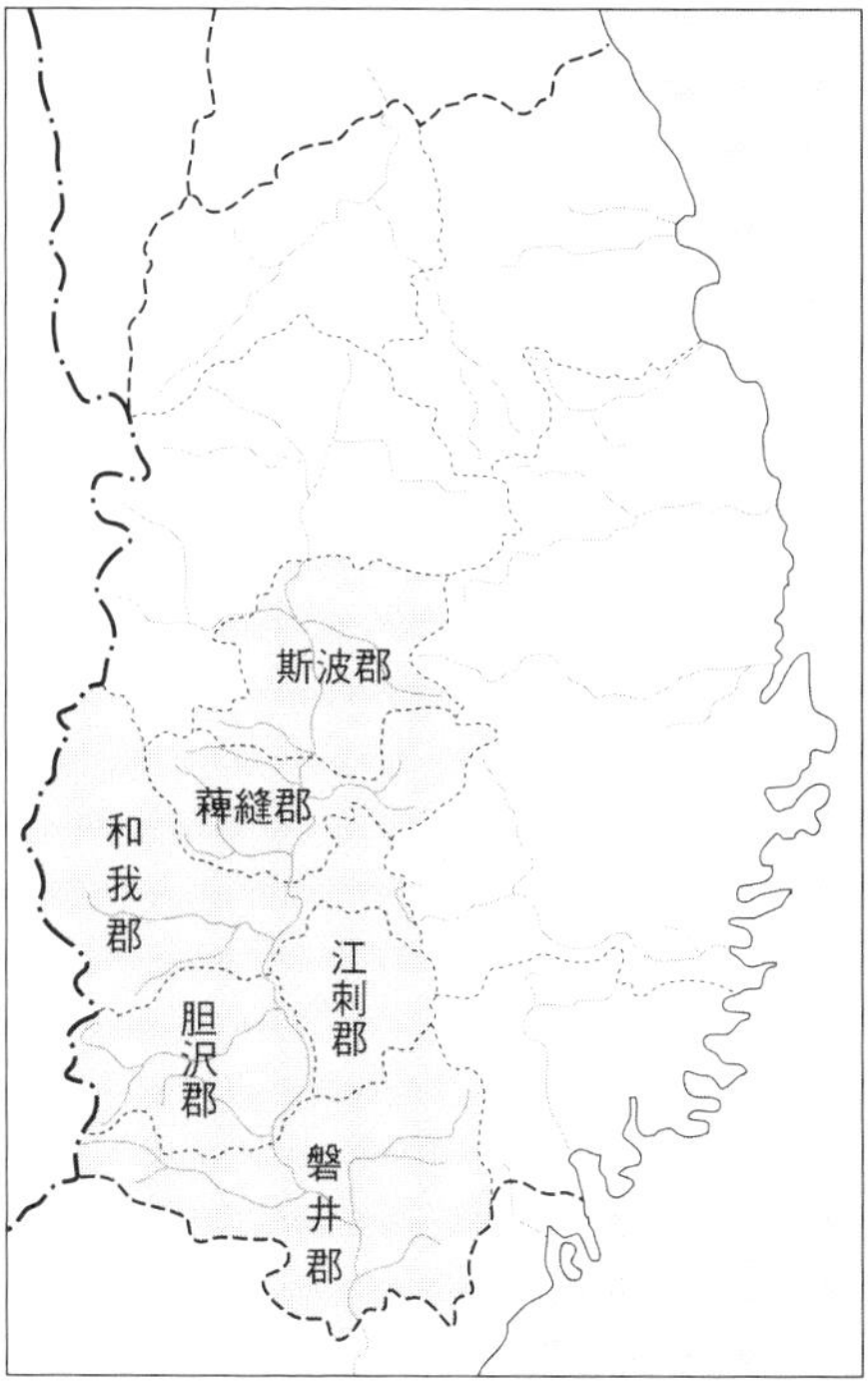

令制六郡の成立

確認である。

櫓のうち、西面築地中央櫓は、一間×一間からII・III期に東西一間×南北二間（三・七×四メートル）になる掘立柱建物で、他の櫓も同様である。この部分でも大溝はコの字形に外側へ張り出し、外郭線の設計および施工が門・櫓・大溝と一体的になされたことがわかる。

城の中枢部の政庁域（鎮守府庁）は築地でなく、掘立柱による大垣で区画される。I期はすべて掘立柱建物で、政庁正殿《せいでん》、その前方の脇殿《わきでん》を中心に、これを囲むように大垣が政庁域を画し、大垣東面と南面中央には門が開く。北辺には大垣柱列を棟通《むなどお》りとした北辺東西棟建物がとりつく。正殿の身舎《しんしゃ》は正面五間×奥行二間（一五×六メートル）の東西棟で、四周に土廂《どびさし》がつく。東脇殿は正面五間×奥行二間（一四・九×六・三メートル）の南北棟である。北辺建物は三棟が東西に並列する配置となる。東門と南門はともに間口《まぐち》三・七メートル前後の棟門《むなもん》で、II期以降も一貫して掘立柱建

胆沢城跡出土の土器　左上は高台杯，右下は長頸瓶と杯。

物である。

II期になると、正殿・脇殿・北辺建物が礎石建・瓦葺きとなる。正殿の身舎と脇殿はIII期まで同一規模だが、正殿は南面にあらたに廂《ひさし》が加わる。北辺建物は二棟の長大な建物に替わる。またII期以降は、大垣周辺も整備され、東門や南門も正面三間×奥行二間（七・七×四・八メートル、南門正面九メートル）の八脚門に改築される。さらに政庁南門の南三〇メートルに、正面五間×奥行二間（一二・四×五メートル）の五間一戸の中郭《ちゅうかく》南門があらたに造営される。III期の王朝国家期は、礎石建は残るが瓦葺きはなくなる。正殿は四面廂となり、さらに南孫廂《まごびさし》付となる。

胆沢城の瓦葺き建物は、正殿・脇殿・北辺建物・外郭南門があり、その時期は九世紀中葉以降である。中郭南門も同様と推定され、ほかに正殿廂周りを中心に建物規模が大きくなり、並行して大垣周辺も整備され、政庁東門や南門が八脚門に改築されるII期は、胆沢城にとって大きな画期といえる。

また、中郭南門は、外郭南門・政庁南門にかかる正面の基本構造の一要素としてII期に造営されるが、正殿前面に三重の門を配し、しかも南二門が大規模な十二脚門である点は、まさに鎮守府胆沢城特有の構造といえる。

志波城と徳丹城●

胆沢城を造営した坂上田村麻呂は、延暦二十一（八〇二）年、胆沢城の北約六〇キロの北上川と雫石《しずくいし》川が形成した沖積面右岸上に志波城（盛岡市西郊）をつくった。この地は、北上川沿いには南の胆沢と北の閉《へ》伊《い》・爾薩体《にさったい》方面を、雫石川沿いには出羽方面とを結ぶ要所にあたるため、翌年には城と胆沢郡とのあいだに一駅をおき、馬五匹《ひき》を配備している。弘仁二（八一一）年には志波三郡（和我《わが》・稗縫《ひえぬい》・斯波《しわ》郡）が立郡され、ここに鎮守府の支配領域が確定した。

城は方八四〇メートルの築地で画される外郭線と、城内中央南寄りに方一五〇メートルの築地で画された政庁域からなる東北最大の規模で、多賀城に匹敵する。政庁の面積も多賀城の一・八倍ある。発掘調査で、外郭北辺部が雫石川の氾濫で消失したことが判明し、『日本後紀《にほんこうき》』の「志波城は河浜《かひん》に近く、たびたび水害を被《こうむ》る」の記述を裏付けた。遺構は、政庁正殿など主要建物は建て替えのない単期で、すべてに柱抜き取りがある。瓦葺きはない。

外郭築地外周には、四五メートル離れて、一辺九三〇メートルの大溝がめぐる。築地幅は外郭・政庁ともに二・四メートルある。築地各面には門や櫓が付設され、櫓は築地をまたぐ。発掘調査では外郭南門が判明している。

外郭南門は、正面五間×奥行二間（一五×六メートル）の五間一戸、重層構造の十二脚門で、門からは幅一八メートルの南大路が南北にまっすぐ延びている。

志波城跡空中写真(南上空から)

櫓はすべて同規模の正面二間×奥行一間（六×四・二メートル）の掘立柱建物で、ことに南面築地の櫓は南門を中心にして、東西両翼に六〇メートル間隔で各七棟ずつが配置されている。

政庁は中央北寄りに正殿を、その前面左右に脇殿を配し、さらに後方東西に数棟の掘立柱建物を整然とおく。内部に行政機能を集約させた結果であろう。築地各面の中央には門が開く。正殿は正面五間×奥行二間（一五×六メートル）の東西棟で、四周に縁《えん》がつく。西脇殿は正殿と同規模の南北棟で、四周に溝がめぐる。南門と北門は正面三間×奥行二間（九×五メートル）の八脚門。北門は四脚門からの、西門は棟門から正面一間×奥行二間（約四×三・三メートル）の四脚門への改築である。

志波城の特徴の一つに、城内の三〇〇棟以上の竪穴《たてあな》住居跡がある。住居からは鉄器の出土が多く、なかでも武器の占める比率が高い。

大同三（八〇八）年、藤原緒嗣《ふじわらのおつぐ》が按察使《あぜち》となった。延暦二十四年、徳政相論《とくせいそうろん》で桓武《かんむ》天皇に「天下の苦しむ所は軍事（蝦夷遠征）と造作《ぞうさく》（造都）なり」と建議し、両事を中止させた人物である。按察使は国府《こくふ》と鎮守府の統轄官であり、緒嗣は以後、兵制を含めて鎮守府の改革・整備に着手していった。

弘仁元年、按察使は文室綿麻呂《ふんやのわたまろ》に代わった。彼は律令《りつりょう》制最後の軍事行動となる爾薩体・幣伊《へい》地方（岩手県北部）へ遠征し、宝亀五（七七四）年以来の三十八年戦争の終結を宣言した。そして緒嗣の政策を踏襲しながら兵士や鎮兵《ちんぺい》を段階的に削減していった。

一方、志波城は水害により城柵の維持が困難になっていた。城造営にともなう流域の樹木伐採も原因の一つであろう。弘仁三年、綿麻呂は志波城の南方一〇キロの北上川旧河道右岸上に城柵を移した。徳丹《とくたん》城（矢巾町）である。城は方三五〇メートルの丸太材列で画される外郭線（北辺のみが築地）と、城内中央に方約八〇メートルの大垣で画された政庁域からなる。面積は志波城の四分の一以下で、律令制最後の城柵として象徴的である。遺構は二時期に重複する政庁脇殿と官衙《かんが》建物の一部のほかは、単期で、造営工事の資材はおもに志波城で解体された材木を転用している。瓦葺きはない。終焉は九世紀中頃か。

外郭丸太材の外周には幅三メートルの大溝がめぐり、外郭各面には門や櫓がとりつく。門は四面中央部に正面三間×奥行二間の八脚門を開き、二間×二間の櫓は外郭線をまたぐ。櫓は七〇メートル間隔で一七棟が配され、大溝は門の位置でコの字形に外側へ張り出す。

外郭北門と東門は正面九メートル、奥行六メートル前後とほぼ同規模である。最近、東外郭線と重複して一辺一五〇メートル四方の造営庁区画線が発見され、注目される。

政庁は中央に正殿を、前面左右に脇殿を配し、大垣各面の中央には四脚門が開く。南門両翼には、大垣を南側柱とした南辺東西棟建物がとりつく。正殿の身舎

徳丹城跡空中写真(南上空から)

は正面五間×奥行二間（一五×六・六メートル）の東西棟で、四周に廂がつく。東西脇殿は正面五間×奥行二間（一五×六メートル）の南北棟で、掘立柱から礎石建に替わる。南辺建物は東西とも正面四間×奥行二間（一二×三・六メートル）。南門と西門は間口約三メートルの掘立柱建物である。

志波城の造営後、わずか一〇年足らずでその主要施設は徳丹に遷城《せんじょう》し、徳丹城もまた半世紀をへずに機能は衰退してしまった。これ以後、志波三郡以北の統治権も鎮守府に集約されていく。胆沢城におけるII期の画期の背景をここにみることができよう。

開発される岩手●

平安時代の初め、岩手県内に胆沢城・志波城（徳丹城）が造営され、これを基軸に胆沢・志波三郡が立郡された。令制《りょうせい》にもとづく郡郷《ぐんごう》制の成立である。立郡後の城柵には数郡をたばねる広域行政府としての機能があった。また立郡の前段階には、柵戸《さくこ》移配による体制の整備が必要であった。延暦二十一（八〇二）年に甲斐《かい》・上総《かずさ》・下総《しもうさ》・常陸《ひたち》・信濃《しなの》・下野《しもつけ》などの浪人四〇〇〇人を胆沢城に配したのは、柵戸といわれる東国移民の最後の事例だが、これは胆沢城と志波城の在地基盤を整備するための措置であった。二城の城《じょう》司《し》（将軍・副将軍・軍監《ぐんげん》＝のち副将軍は廃止）は、一方ではエミシ支配を行ない、他方では郡郷制にもとづく公民支配も行なう職掌が課せられており、これは辺境に対する律令国家の意図でもあった。

『和名抄《わみょうしょう》』によれば、磐井郡に五郷（丈部《はせつかべ》・山田・沙沢《ますざわ》・仲村・磐井）、江刺郡に四郷（大井・信濃・甲斐・橋井）、胆沢郡に五郷（白河・下野・常石《ときわ》・上総・白鳥）がおかれている。いずれも下郡《げぐん》で、郡司定員は大領《だいりょう》・少領《しょうりょう》・主帳《しゅちょう》各一人の規模である。丈部郷（下野国河内・芳賀《はが》両郡下の郷名）を除く磐井郡が自然地名的郷名が多いのに対し、江刺・胆沢郡の信濃・甲斐・下野・上総郷は明らかに先の東国移民たちの本国名にもとづく命名である。胆沢郡の常石郷も常陸国那賀《なか》郡の郷名にあり、移民の出身郷名にもとづいている。白河郷も陸奥国南端の白河郡にちなむものであろう。このことから胆沢城下の江刺・胆沢二郡の大半の郷は東国浪人を主体にした移民によって編制されたといえる。

一方、志波三郡はどうだろうか。実はこの三郡は『和名抄』にも『延喜式《えんぎしき》』にも記載がない。『延喜式』の国郡名は民部省所管であり、省の性格上、律令制が機能している郡名が対象である。とすれば胆沢三郡は令制が施行され、完全ではないにしても律令的収取体系（徴税が可能なこと）が整っていたと推定できるのに対し、志波三郡は郡が存在したにもかかわらず、必ずしもそうした状況になかったことになる。事実、『延喜式』でも神祇官《じんぎかん》が掌握している神社（延喜式内社《しきないしゃ》）名には、斯波《しわ》郡に志賀理和気《しがりわけ》神社一座が登載されており、これもまた神祇官の性格を反映しているといえる。つまり、志波三郡はこれまでの定説のように権郡《ごんぐん》（権《か》りの郡）などではなく、本来、郡郷制をめざして正規の郡として立郡されたが、民部省が認識する律令的収取体系が実現しなかった地域と理解したい。郡の規模や郡司の定員も胆沢三郡と同様と考えてよい。

胆沢城周辺の開発は、この郡郷制を基軸に進展していった。移配された柵戸は、必ずしも城柵内だけに住むわけではなく、実際はその周辺に出身地別に分散居住させられ、彼らはそこで城柵に上番《じょうばん》するかたわら、班給《はんきゅう》された田畠の耕作や荒蕪《こうぶ》地《ち》の開墾に従事していた。はじめは、百姓・浪人の開発した水田は、国司の公験《くげん》（開発者の権利を保証する文書）がなければ収公されていたが、これが在地で混乱を招く原因となったことから、弘仁二（八一一）年、農民の開田した土地は公験がなくても収公しないことを認めた。この施策が以後、彼らによる土地の開発に大きな転機となっていく。

❖コラム

「大同屋敷」物語成立の背景

延暦《えんりゃく》二十一（八〇二）年、坂上田村麻呂は胆沢城を造営し、あわせて坂東《ばんどう》から四〇〇〇人の浪人を移して、胆沢三郡を立てた。

郡司《ぐんじ》や郷長《さとおさ》にはこのなかの有力者を任じ、大同元《だいどう》（八〇六）年には、定員外の郡司や軍毅《ぐんき》（軍団役人）の任用と、在地有力者を村長《むらおさ》に任ずることも認めた。大同三年、鎮守府《ちんじゅふ》が国府《こくふ》から分離し、胆沢城鎮守府体制が成立する。これを画期に、鎮守府は大きく在地支配へと変化していった。

ところで柳田国男の『遠野《とおの》物語』には、「大同」にまつわる話が六話ほどある。〔二四話〕――村々の旧家を大同というは、大同元年に甲斐《かい》国より移り来たる家なればかくいうとのことなり。大同は田村将軍征討の時代なり。甲斐は南部家の本国なり。二つの伝説を混じたるに非《あら》ざるか。〔一四話〕――部落《ぶらく》には必ず一戸の旧家《きゅうか》ありて、（中略）その家をば大同という。

右の二話は、そのうちの典型である。遠野の各地区（部落）には、大同という草分け的存在の屋敷があり、出自は甲斐国で、始源については平安初期のエミシ遠征期と、江戸初期の遠野南部氏入部期の二つが交錯する。

ただ柳田は、大同は大洞《おおほら》かもしれず、洞《ほら》とは家門や族の意であると注記しているが。大同の問題については、赤坂憲雄『遠野／物語考』による歴史の始まりの象徴とする指摘があるが、いま一つ、県内の田村麻呂創建伝承にかかわる社寺九六のうち、大同年間とする社寺が三五もある（瀬川司男編『坂上田村麻呂』）ことに注目する必要がある。冒頭でのべた大同年間の画期が、意外に大きな意味をもって在地で記憶された可能性がある。

胆沢・江刺地方に移された柵戸について、発掘調査の成果によって推定すると、胆沢郡は弥生～奈良時代までの遺跡が立地する水沢段丘（低位段丘）と、平安時代以降の遺跡が立地する胆沢段丘（中位段丘）の遺跡群に、江刺郡では北上川左岸の沖積地の自然堤防上に分布する遺跡群に相当する。ことに胆沢平野の中位段丘である胆沢段丘の開発が平安時代にはじまることは注目できる。ことに鋤《すき》・斧《おの》・鎌《かま》などの鉄器所有が多くなる遺跡が目立ちはじめる。これらの遺跡群は胆沢城主導のもとに成立した集落とみられるが、その様相は一様でない。

集落の性格は胆沢城を基点に遠近の差に現れ、分岐点は五キロメートル前後にある。四キロ圏内の集落は、胆沢城と強い結合関係を示す集落が多い。たとえば武器所有が顕著、律令的土器様式（一定法量の須《す》恵《え》器《き》・墨書《ぼくしょ》土器の大量出土）が典型、集落構成に竪穴《たてあな》住居のほかに掘立柱《ほったてばしら》建物・井戸がみられる、さらに律令官人が帯びた銙帯《かたい》（石帯《せきたい》）の出土などがこれである。公的側面がうかがえる集落といえよう。

一方、城からの距離が五・五キロ以遠の集落は、前述の様相が希薄かまったくみられない、一般農民的集落が多い。これは柵戸の計画的配置に際し、胆沢城周辺に優先的に配置されるべき集落の性格を如実に物語るものといえよう。

2　王朝国家期の辺境

王朝国家期の古代城柵●

古代国家の支配体制は、九世紀までの律令《りつりょう》国家から王朝国家体制に転換した。古代の転換期としての十世紀である。地方の国郡支配は受領《ずりょう》（国司《こくし》）を頂点とすることに変わりはないが、従来の在地首長としての郡司《ぐんじ》を媒介とした間接支配から、受領による直接的国内支配へ変わり、国衙《こくが》に権限が集中していった。郡司制度が動揺し、在地秩序も変化していった時期でもある。

支配体制の転換は東北の古代城柵《じょうさく》においても現れた。律令国家が七世紀後半から九世紀までに造営した城柵は二〇余りあるが、このうち、十世紀代まで存続した城柵は多賀城《たがじょう》（宮城県）、胆沢《いさわ》城（岩手県）、城輪柵《きのわのさく》（山形県）、秋田城（秋田県）、払田《ほった》柵（同）である。王朝国家期の東北支配体制の根幹は、この五城柵に集約されたといえる。多賀城と城輪柵はおのおの陸奥・出羽《でわ》の国府《こくふ》なので、長官の受領がおり、胆沢城には鎮守府《ちんじゅふ》将軍が、秋田城には城介《じょうのすけ》（出羽城介）が受領と同様の扱いをうける特別受領官として派遣された。払田柵はその比定地に多少異論があるが、文献にみえる出羽国雄勝《おがち》城的役割をになったことは確かであり、王朝国家が十世紀にも維持を図った背景には、他の四城柵と同様の比重が占められていたからである。

つまり、この布陣は明らかに東北北部を含めた北方支配を意図したものであり、王朝国家が律令国家期に達成した遺産を発展的に整理・継承したものといえよう。そして、鎮守府将軍や出羽城介には、北方支配（東夷成敗《とういせいばいけん》権の原形）の実権が与えられていく。

岩手県においては、志波《しわ》城・徳丹《とくたん》城の諸機能がひとり胆沢城に集約されていく時期でもある。これにより、胆沢三郡・志波三郡として立郡された律令期の六郡は、鎮守府領六郡として再編されていった。この過程で、かつて志波城・徳丹城のあった斯波《しわ》郡の領域が南遷し、その北に斯波郡の一部を含んで岩手郡が成立し、一方の磐井《いわい》郡は多賀城のある国府領に編入されていった。ここに鎮守府と国府相互の領域が定まり、あわせて鎮守府領下の六郡、いわゆるのちの「奥六郡《おくろくぐん》」が成立する。

十世紀の胆沢城は、正殿《せいでん》や脇殿《わきでん》のある政庁《せいちょう》地区とその周辺の官衙《かんが》（役所）地区が整備・拡充されてくる。官衙の整備はこの時期、他の城柵遺跡においても同様で、共通した現象を示す。たとえば胆沢城では、十世紀の正殿は南廂《みなみびさし》を広げてさらに孫廂をつけ、廂の間《ま》を充実することで正殿の機能拡大を図っている。正殿は重要な政務や儀式を行なう場だが、これなどはのちの寝殿造《しんでんづくり》にみられる廂の間の使われ方の先行形態ともいえよう。

王朝国家期のもう一つの変化は手工業生産に端的に現れる。九世紀までの律令的土器様式の基本は、国

奥六郡の成立

家が須恵器《すえき》生産を掌握し、須恵器は土師器《はじき》とともに律令官人の食膳具としての構成要素をなしていた。しかし、十世紀になると国家はこれを放棄し、須恵器生産は急激に衰退していった。体制の転換とともに東北地方でも土器生産体制は再編され、このなかから須恵系土器が現れてくる。はじめはまだ須恵器と土師器がいくらかまじるが、ほどなくしてほとんど須恵系土器のみの単一種となる。王朝国家的土器様式の成立である。この状況は国家が直接経営に関与した城柵、とくに前述の五城柵の遺跡に明瞭にみられる。これらの遺跡では須恵系土器の型式変化が基本的に同一であり、器種構成も坏《つき》・高台坏《こうだいつき》・皿・高台皿・托《たく》・台付托・甕《かめ》と比較的限定されたものとなる。これに食膳具として、木器の椀《わん》・皿が加わったのであろう。

県内では、九世紀末頃には約二〇〇基を数える奥州市瀬谷子《せやご》窯が須恵器生産をほぼ終える。その後、奥州市洗田《あらいだ》窯、紫波町星川窯など十世紀前後に小規模な地域窯が各地に成立するが、まもなく消滅し、あらたに瀬谷子窯を中心に須恵系土器生産に転換していく。

安倍氏と奥六郡の経営●

十世紀になると、これまで県内各地域で勢威のあった在地首長層に大きな変化が現れた。胆沢・江刺地方の郡司層上毛野胆沢公《かみつけぬのいさわのきみ》氏、同じく斯波地方の有力者物部斯波連《もののべのしわのむらじ》氏、磐井地方を本貫地《ほんがんち》(出身地)とした陸奥磐井臣《むつのいわいのおみ》氏、さらには和賀《わが》地方では奈良時代からの譜代《ふだい》の首長層和我君《わがのきみ》(九世紀後半には連《むらじ》に上昇)氏らは、この段階に至るや史上より消息を絶ってしまう。

郡司制の変質はもはやさけがたく、彼らの伝統的な支配基盤自体もゆらぎはじめていた。旧来の在地首長層の没落と連動して在地の支配秩序も変わっていった。一方、鎮守府胆沢城の権威を背景に、周辺の開発を進めあらたな勢力を形成していった新興首長層もおり、その代表が安倍《あべ》氏であった。また同様に、国府との関係を背景に気仙《けせん》地方（南三陸海岸）に勢力を築いていったのが金《きん》氏一族であり、金氏は西隣の岩井郡にまで勢力を拡大していた。

新旧勢力の転換期、これが鎮守府・国府領における十世紀岩手県の政治状況であった。十一世紀は在地勢力を再編した安倍氏が、鎮守府領の奥六郡下で在地領主として政治的台頭をとげ、国務対捍《たいかん》（公務をさぼること）を契機に国府と緊張関係にはいっていくことからはじまる。

実は安倍氏の政治権力の形成過程は、彼らの出自とあわせて、いわれるほど明確ではない。ただ、安倍氏のルーツがある時点から鎮守府を在地で代表する立場、すなわち在庁官人《ざいちょうかんじん》であったことは確かである。そこではじめに、安倍氏の動向を知るうえで、ほとんど唯一の史料である『陸奥話記《むつわき》』（以下『話記』と略す）からみていく。

『話記』冒頭には、前九年《ぜんくねん》合戦前の在地における安倍氏の動向が記してある。

①六箇郡《ろっかぐん》の内《うち》に、安倍頼良《よりよし》という者あり。是《こ》れ同忠良《ただよし》が子なり。②父祖倶《とも》に果敢《かかん》にして、自ら酋長《しゅうちょう》を称す。威権《いけん》甚《はなは》だしく、村落をして皆服《したが》へしめ、③六郡に横行して庶士《しょし》を凶俘《とりこ》にす。驕暴滋蔓《きょうぼうじまん》にして、漸《ようや》く衣川の外に出づ。④賦貢《ぶこう》を輸《いた》さず、徭役《ようえき》を勤むることなし。代々、己《おのれ》を恣《ほしい》ままにし蔑《ないがしろ》にすといえども、上《かみ》これを制すること能《あた》わず。

冒頭の原文は七〇字余りの漢文体。諸本で字句の異同が著しい部分でもある。一般に流布しているのは『群書類従《ぐんしょるいじゅう》』本だが、ここでは原形に近いといわれる『尊経閣《そんけいかく》』本から引用した。

①の「六箇郡の内」は『群書類従』本には「六箇郡之司《つかさ》」と記され、従来より安倍氏が六郡内の郡司職にあるとされてきた個所である。しかし①から安倍氏にそれをうかがうことはできない。

②も父祖の代より酋長（の地位）を自称し、管下の村落を支配していたことを記すが、それが官職にもとづかない支配権であることは明らかである。③の六郡が、律令期立郡の六郡を前提に成立したのちの「奥六郡」、すなわち伊沢・和賀・江刺・稗抜《ひえぬき》・志和《しわ》・岩手であることは前項でのべたが、実は「奥六郡」の呼称は『奥州後三年記《おうしゅうごさんねんき》』が初出である。『話記』は続けて六郡の領域について、南は衣川《ころもがわ》、東は隣接する気仙郡司金氏一族と対立し、北には「鉋屋《かなや》・仁土呂志《にとろし》・宇曽利《うそり》」の三地域を支配し、六郡とは一線を画するもう一つの安倍氏勢力があることを記す。

安倍氏の六郡とは、このような歴史的・政治的状況にあった。そして頼良の代に至って③六郡の南限である衣川をこえ、国府領岩井郡の支配に着手し、同時に④国務である官物輸納《かんもつゆのう》や労役勤仕をサボタージュした。これらは国家を軽視する振舞だが、国府ではこれを規制できなかった、というのが本旨である。

一方、④より安倍氏の基本的性格に六郡内の徴税《ちょうぜい》を

鳥海柵跡(金ケ崎町)

請け負う役割があったことがわかる。つまり、鎮守府の権威を背景に、同領内の徴税を請け負い、一定額の税の貢上が安倍氏の仕事であった。父祖および父忠良の代までは、鎮守府を在地で代表する立場から、中央に忠実に輸納や労役の割り当ても実行に移され、国府多賀城とも摩擦がなかった。本来、六郡内の支配権はこのようななかから形成されたものだが、安倍氏側ではこれを在地における支配権――酋長権――として正当化していった。

安倍氏の支配権は、具体的には北上平野一帯に柵《さく》を造営し、柵主《さくしゅ》に兄弟・子息のほか、一門の在地有力者、下向《げこう》官人などをあて、地域支配の拠点とすることで強化されていった。

諸柵は、自然地形を利用して立地され、磐井川（一関市）、胆沢川（胆沢地方）、雫石《しずくいし》川（盛岡市）などいずれも北上川支流の河口付近にあり、諸柵のネットワークは北上川を基軸にした水運にあった。柵の名は『話記』に一二柵がみえる。このうち県南部に小松柵《こまつのさく》（一関市）、鳥海《とのみ》柵（金ケ崎町）など七柵が集中し、安倍氏支配の拠点がどこにあるかは明らかである。

清原氏と秋田・山北郡●

安倍氏が北上川中流域の奥六郡を支配していた頃、和賀・胆沢郡の西端にそびえ立つ山々をこえた横手《よこて》盆地（秋田県内陸部）一帯では、清原《きよはら》氏一族が山本・平鹿《ひらか》・雄勝《おがち》の山北《せんぼく》三郡を中心に支配を行なっていた。古来から、北上平野と山北平野の東西路はつうじていた。

清原氏は「出羽《でわ》山北《せんぼく》俘囚《ふしゅう》主《しゅ》清原真人《きよはらのまひと》」（『話記』）、「出羽国山北の住人」（『奥州後三年記』）とあるように、山北地方にあって真人姓《まひとのかばね》を名乗ることから、その出自については安倍氏よりは具体的検討が可能だが、やはり清原を名乗った経緯は不明である。

山北地方には、九世紀に律令国家が造営し、王朝国家期に継続した払田柵《ほった》官衙遺跡（秋田県大仙市）がある。遺跡の構造・性格は、胆沢城・秋田城などと同じで、雄勝城に比定する説をはじめ諸説ある。その役割はすでにのべたように、特別受領官が派遣される胆沢城（鎮守府将軍）などの城柵と本質的に変わらない。清原氏もおそらく、安倍氏が歩んだ道と同様に、はじめに払田柵と関係し、しだいに城柵を在地で代表する筆頭在庁《ざいちょう》に成長したと考えられる。

清原氏はこの機関の権威を背景に、徴税機構などをつうじて支配を強化する一方、同族的結合も深めながら戦力を増強させていった。

清原氏一族は『話記』によれば、宗家《そうけ》の本拠地山本郡を中心に、同族清原氏、有力一門の吉彦《きみこ》氏・橘《たちばな》氏・吉美候《きみこ》氏などが、それぞれ雄勝郡、山本郡西部、秋田郡北部、同東部地域を領有する形態をとっていた。そして一門の配下に深江《ふかえ》氏・大伴《おおとも》氏・丸子《まるこ》氏など武将クラスが属していた。彼らは相互に姻戚関係をつうじて「子弟」（『話記』）の結合を図り、子弟は兵を率いていた。その頂点にあったのが「出羽山北俘囚主」とよばれた清原氏だが、その在庁での官職の有無は安倍氏と同様不明である。

また、その支配領域は「山北三郡」にとどまらず、秋田城のある秋田郡や河辺《かわべ》郡地方におよび、実態は現在の秋田県の平野部一帯を支配していたことになり、安倍氏の支配につうじるものがある。その一部は秋田城に関係して、勢力基盤を築いたことも想像にかたくない。

ところで清原宗家の支配関係をいまみたが、実はそのスタートにおいて清原氏はたんなる同族の一派でしかなかった。のちに後三年合戦の発端となる「朱盤《しゅばん》打ち捨て」（『奥州後三年記』）事件をおこした吉彦秀《ひで》武《たけ》は、清原宗家と同じく山本郡荒川《あらかわ》（秋田県大仙市）を本貫《ほんがん》とする本流意識が強い人物で、彼の言動は明らかに清原氏における元来の主流が吉彦氏にあることを示している。つまり、のちの「山北俘囚主」清原氏を形成したのは別の吉彦氏一派であり、彼らが払田柵などに関係しつつ勢力を拡大していったのである。清原氏のルーツは吉彦氏にあり、さらに吉美侯氏にさかのぼる可能性がある。

3　辺境の争乱――平泉藤原氏への道

鎮守府と秋田城●

十世紀の王朝国家期になると、城柵自体に大きな変化が現れてきたことは、官衙《かんが》遺跡を例に前節でのべた。このことは制度上からもうかがうことができる。

九世紀までの陸奥・出羽両国の国司《こくし》は、俘囚《ふしゅう》エミシへの叙位権《じょいけん》(エミシに位《くらい》を与え、饗宴を行なうこと)をもっていた。しかし延喜《えんぎ》五(九〇五)年、国司による授与権は中央政府に没収され、かつて令《りょう》に規定された陸奥・出羽両国の守《かみ》の職掌――饗給《きょうごう》・征討《せいとう》・斥候《せっこう》――の一つ饗給という外交儀礼による俘囚エミシ支配は、ここに変化していくこととなった。

延喜十四・十五年頃には鎮守府《ちんじゅふ》将軍が現地の任に赴く際、宮中で罷申《まかりもうし》を行ない、禄《ろく》(餞別のこと。衣服・酒肴・馬などが与えられた)を給うことが通例化していた。罷申は、元来は諸国の受領官《ずりょうのかん》(国司)が現地に赴任する際の儀式だが、この頃には出羽城介《でわじょうのすけ》とともに「受領官にあらざるも」(『新儀式』巻五)受領と同様の扱いをうけ、現地赴任が原則であった。将軍藤原利仁《としひと》が鎮守府赴任の際、宮中に召されるが、ここで軍事的任務の重要性が政府によって指摘されている。

天慶《てんぎょう》二（九三九）年、出羽国秋田城下に北の鹿角《かづの》・比内《ひない》・能代《のしろ》地方のエミシが攻め入り、稲を奪い、百《ひゃく》姓《せい》の財産を焼き打ちする事件が発生した。陸奥では天暦《てんりゃく》元（九四七）年、鎮守府傘下でエミシ坂丸《さかまる》の乱がおき、一三人が殺された。

二つの乱の原因は不明だが、政府側ではいずれにも有効な手を打てなかった。むしろ、俘囚《ふしゅう》・狄《てき》とよばれたエミシ陣営の動向に注目すべきである。天慶の乱は、鹿角から能代にわたる米代《よねしろ》川流域のエミシの蜂起だが、さらにその奥の津軽地方のエミシのバックアップをえての行動であり、その広域的統合性に彼らの政治的社会の成長が認められる。のちに山北《せんぼく》地方に清原氏に連なる広域的・政治的社会を形成する在地勢力と、拮抗した関係となっていくことは確実であろう。この図式は年代がやや降るが、陸奥の奥六郡の北で絶屋《かなや》から宇曽利《うそり》地域を統合していた安倍富忠《あべのとみただ》と安倍頼良《よりよし》勢力との対立関係に酷似する。

陸奥の坂丸の乱では、彼らが兵士徴発のシステムをもっていたことを示している。この時期、国内兵士制は十分な動員力に欠け、兵士動員の骨格は在地領主層の支配力に依存しており、在地有力者層に兵力が統合されていく契機となった。

国家による有力在地領主層への警察・軍事権の事実上の委任は、在地での緊張関係を微妙なバランスのうえに保たせる結果となった。天暦元年の坂丸の乱を最後に、エミシによる争乱は十一世紀半ばの前九年合戦までみられなくなる。

一方、陸奥・出羽両国の受領官らによる権力闘争も熾烈化していた。その背景には、彼らが両国の特産物である馬・絹などを摂関家《せっかんけ》（受領任命などの人事権をにぎっていた）への貢進物や在任中の自身の蓄財とするための強引なまでの行動がからんでいた。『今昔《こんじゃく》物語集』にはしばしば現任国司と前司《さきのつかさ》・権守《ごんのかみ》との対立が語られるが、鎮守府や秋田城においても事情は同じであった。

長保《ちょうほう》年間（九九九〜一〇〇四）、出羽守《でわのかみ》藤原義理《よしまさ》（義雅）はその任期中、頻繁に貢馬《くめ》・交易絹などを京進していた。特産物の徴収には、秋田城も関与させられていたが、両者にあるトラブルが発生し、長保三年義理は出羽城介信正《のぶまさ》を殺害してしまう。寛仁《かんにん》二（一〇一八）年、こんどは陸奥守藤原貞仲《さだなか》と鎮守府将軍平維吉《これよし》（維良）が雑事《ぞうじ》をめぐって合戦におよぶ事態となり、裁定は太政官にもちこまれた。鎮守府将軍の権限の強さを示す事件ではあるが、彼らの軍事的衝突はまだ在地権力をまきこむほどに発展してはいない。

在地社会では、もう一つの権力が在地領主層を基軸に、静かに育まれていた。

前九年合戦●

十世紀後半頃に鎮守府在庁の系譜を形成しつつあった安倍氏は、武装エミシを俘軍《ふぐん》に組織することで武士化し、軍事力を背景に勢力基盤を拡大していった。あわせて陸奥国への下向《げこう》官人や在地有力氏族たちと姻戚関係を結び、基盤の安定化を図った。そのなかには、安倍頼良《よりよし》の女婿となった平永衡《たいらのながひら》と藤原経清《つねきよ》、気仙《けせん》地方から磐井郡に進出していた金《きん》氏一族の一部などがいる。

平永衡は十一世紀中頃、陸奥守藤原登任《なりとう》の郎従《ろうじゅう》（有力な従者）として下向し、そのまま伊具《いぐ》郡（宮城県）に土着し、前九年合戦の当初は安倍方に属して戦った人物である。藤原経清も同じく登任にしたがい、亘《わた》理《り》郡（宮城県）に拠点を構えて亘理権太夫《わたりのごんのたいふ》とよばれていた。経清は永承二（一〇四七）年の五位以上の藤原氏交名《きょうみょう》（人名一覧）を記した『造興福寺記《ぞうこうふくじき》』のなかに、現役受領《ずりょう》の登任や後述の阿久利河《あくりがわ》事件にかかわる藤原時貞《ときさだ》とともに「六奥《むつ》」の五位として記されている。経清らは陸奥国衙《こくが》に高級官僚として下向した権守《ごんのかみ》であったのである。

安倍氏がこのような国衙勢力とも関係を結んでいった背景には、彼らが国衙の有力者というほかに、五位＝太夫《たいふ》という貴種性をもつことにある。このようななかから、頼良の長男貞任《さだとう》の嫁に権守藤原説貞《ときさだ》(時貞)の娘を欲した件も、安倍氏の戦略としてさらなる政治勢力安定のための行動であったことがわかる。

一方、在地有力者と結ばれることは、永衡や経清にとってもみずから在地領主化していくうえで必要な条件であった。

永承六年登任は、秋田城介平重成《しげなり》(繁成)軍を動員して、安倍氏の国府領への伸張阻止のため頼良を攻撃した。だが、安倍方は玉造《たまつくり》郡鬼切部《おにきりべ》(宮城県大崎市)でこれを迎撃、大勝した。前九年合戦、別名「奥州十二年合戦」の始まりである。

同六年、朝廷は陸奥守に軍事貴族の源頼義《よりよし》を任じ、天喜元(一〇五三)年には九世紀初めの鎮官別任《ちんかんべつにん》制以来の慣例を破って、鎮守府将軍を兼任させた。出羽ではこれを境に——重成を最後に——城介任命は中世まで中絶してしまう。これ以降、陸奥・出羽の軍事徴発権は鎮守府に吸収されていくが、反面では秋田城および払田《ほった》柵における在庁官人清原氏の勢威をさらに増大させることとなった。

源頼義の着任早々、天下に大赦《たいしゃ》があり、安倍頼良も反乱の罪を許された。これを機に頼良は頼時《よりとき》(以下、頼時)と改名し、将軍頼義にしたがった。

天喜《てんぎ》四(一〇五六)年、守の任期の終わる年、頼義は将軍として鎮守府の公務を行なうため、長男義家《よしいえ》以下、直属の騎兵や国衙官人たちをしたがえて胆沢城に赴いた。数十日間の滞在中、頼時は鎮守府の在庁を代表して、「三日厨《みっかくりや》」にあたる饗応儀礼に努めた。発掘調査では、十一世紀中頃の胆沢城の遺構は未確認であり、また安倍氏拠点の一つ鳥海柵《とのみのさく》へ将軍たちを案内した形跡もない。今のところ実際の饗応の場は不明である。

こうして将軍頼義が公務を終え、多賀国府への帰途、一行が阿久利河《あくり》(宮城県北か、不詳)に夜営中、権守子息の幕舎が何者かに襲われる事件がおこった。犯人は頼時の長男貞任《さだとう》らしい。動機は権守の娘への求婚を、家柄を理由に断られたことへの報復だという。ただちに逮捕命令がでた。しかしこれを聞いた頼時は、棟梁《とうりょう》として貞任を差し出すことをこばみ、衣川関《ころもがわのせき》(不詳)を閉じ、道を絶ってしまった。合戦の再開である。

この時点まで将軍方に随行していた者に、前述の平永衡と藤原経清がいる。二人は国軍内でもいずれは安倍側に走るとみられていたらしく、銀の冑《かぶと》を着るなど異様な行動が疑われた永衡は味方に殺されてしまう。同じ立場の経清は、安倍頼時が国府を襲うという流言を放ち、陣内の動揺をついて私兵八〇〇余人と安倍側に走った。

天喜五年秋、重任《ちょうにん》された将軍頼義は戦局の打開を図り、奥六郡の北の支配者安倍富忠《とみただ》軍を味方につけるため気仙郡司《けせんぐんじ》の金為時《きんのためとき》らを派遣して工作を行なった。金氏は三陸沿岸で海人《あま》的生業と山民的生業の双方をいとなむ技能集団と考えられ、金氏派遣には海岸沿いに北航して奥六郡の北に上陸し、すみやかに富忠軍と接触する水夫的役割があったと推定される。内陸部の北上川中流域は安倍頼時軍の掌中にあったからである。また、沿岸部に古代の製鉄遺跡が多いことは考古学的にも明らかにされている。

工作は成功した。頼時もあわてて手勢を率いて富忠への説明に赴いたが、すでに遅かった。富忠側は伏兵を配して待ち、頼時は二日間の戦いのなかで矢傷を負い、胆沢郡の鳥海柵に帰って死んだ。

つぎに将軍は、安倍余党の攻撃と称して諸国に兵士と兵糧《ひょうろう》の徴発を行なった。だが、現実は「諸国の兵糧兵士、徴発の名ありといへども、到来の実《じつ》なし」(『話記』)で、あまつさえ、膝下の農民たちも兵役忌避のため隣国へ逃亡し、出羽守《でわのかみ》も協力的でなかった。そのなかで、坂東兵士のほかに北陸道から礪波郡司《となみぐんじ》が押領使《おうりょうし》として兵を動員していることは注目してよい。

頼時の死後、安倍方の陣営は子の貞任を中心とした集団指導体制に変わった。貞任の精兵と将軍らによる黄海《きのみ》(一関市)の戦いは、前九年合戦の前半のヤマ場だが、この戦いで国軍は完膚なきまでに敗れ、残ったのは将軍ほか六騎のみであった。

その後の数年間は、安倍方の主導権で推移していく。安倍方は磐井郡以南にも進出し、経清の指揮でここから官物《かんもつ》(租税)の徴集を行なった。朝廷は非難したが、徴税に際して文書を発給したのは、それが略奪でなく鎮守府領で安倍氏が獲得していた権利(徴税請負権)の行使の一環であったからである。その象徴が国印《こくいん》(赤符)のない白符《はくふ》の使用であった。安倍氏の支配のおよぶ地域は、すべて所当賦課《しょとう》の対象地とする論理である。

将軍は現有兵力の限界から、出羽山北《せんぼく》の清原氏に援軍を求めた。康平五(一〇六二)年七月、清原氏は武則《たけのり》を名代として兵一万余人を派遣してきた。この時点で戦いの趨勢は決まったといってよい。国軍は七陣に編成され、第五陣を除くと他陣は清原軍が押領使となった。八月中旬、玉造郡から北上し、磐井郡に到着、安倍宗任《むねとう》と叔父良昭《りょうしょう》の守る小松《こまつ》柵(一関市)から攻防戦がはじまった。安倍精鋭軍の奮戦もおよばず、柵は落ち宗任らは敗走した。

しかし、まだ他の諸柵は守備されており、その間には玉造・栗原の諸郡において、国軍の物資輸送の妨害など安倍方による後方攪乱が行なわれていた。九月にはいり、国軍がこれらの対策に兵をさいている隙をついて、貞任の精兵が国軍陣営に奇襲をかけてきた。兵糧不足の国軍は長期戦をさけたかったので、時機到来とみて、徹底的に応戦し、貞任らが退却すると追撃をはじめた。将軍麾下の奇襲作戦も奏功し、貞任の拠る石坂《いしさか》柵、続いて衣川関、藤原業近《なりちか》柵と落ち、これを転機に貞任軍はなだれを打って敗走していった。

国軍はその後、瀬原《せわら》柵などを攻撃、十一日には有名な鳥海柵に到着した。かつて将軍は胆沢城にきたが、指呼の間の当柵をこのときはじめてみたという。頼時生前のしたたかさがうかがえる。

誰もいない鳥海柵をあとに国軍は十五日夕、安倍軍が集結する厨川《くりやがわ》柵・嫗戸《うばど》柵（盛岡市）に至り、これを包囲した。柵は自然地形の浸食谷を利用した堀に囲まれ、そのうえ楼櫓《やぐら》を構えて精鋭を配するという要害であった。柵攻めは翌朝より開始され、終日、弓矢や石弾が飛び交った。戦線の膠着を破るため、十七日午後、将軍は火攻めを決行、風にあおられた火炎はたちまち柵をおおい、内部は焦熱地獄と化した。たえかねた安倍軍の決死隊数百人が国軍に突進してきたが、ことごとく討たれてしまった。鉾《ほこ》で重傷を負った貞任は経清とともにとらえられ斬首、投降した宗任・家任《いえとう》らは伊予国に流された。また経清の妻（頼時の娘）は七歳の子息を連れて清原武則の長男武貞《たけさだ》に再嫁させられた。この連れ子こそそのちの藤原清衡《きよひら》である。

後三年合戦●

前九年合戦は、清原氏参戦を機に国軍の勝利に終わった。康平六（一〇六三）年、合戦の論功があり清原武《たけ》則《のり》は従五位上に叙せられ、俘囚《ふしゅう》初の鎮守府将軍となった。清原氏は安倍氏遺領と本貫地をあわせた支配権と、陸奥・出羽の軍事徴発権を公認されたのである。

清原氏への官位授与は、一族内部においても将軍職に連なる嫡流意識が形成されていく動機となった。

その流れは武則—武貞《たけさだ》に継がれ、あらたに宗家《そうけ》では武貞と清衡《きよひら》の母のあいだに家衡《いえひら》が生まれたが、出羽にはすでに嫡男真衡《さねひら》がいた。藤原経清の遺子清衡は、家衡とともに清原氏の一員として成長していくが、家《か》督《とく》権は真衡に継承された。真衡の権勢のさまを『奥州後三年記』は「威勢父祖にすぐれ、国中に肩をならぶるものなし」とのべ、かつての清原氏における同族的連合体制は、すでに嫡宗《ちゃくそう》独裁体制に転換しつつあった。

宗家の本貫地は山北《せんぼく》山本郡だが、真衡は鎮守府将軍として、永保年間（一〇八一～八四）に本所《ほんじょ》を奥六郡に移し、伊沢郡白鳥《しろとり》村（奥州市）の近くに館《たち》を構えた。同時に清衡・家衡兄弟も移住してきた。ところで真衡には嫡男がなく、海道平氏《かいどうへいし》（福島県いわき地方）から養子成衡《なりひら》を迎えた。それは同族に対しみずからの高貴性を強調するための演出であった。このため、本流意識の強い吉彦《きみこ》氏ら同族の反感をかう結果となった。

永保三年、成衡の祝儀のため一族郎等《ろうとう》は、金銀・絹布・馬鞍などを真衡館に運んでいた。吉彦秀武《ひでたけ》も山北から金や酒飯を届けにきていた。彼は先の合戦では三陣の押領使をつとめ、字《あざな》を真衡の父と同じ荒川太郎といい、ともに山本郡荒川（秋田県大仙市）を本貫とし、山北留守所《るすどころ》では責任ある立場にあった。

秀武は館の前庭で金を盛った朱盤《しゅばん》を目上にささげて、じっとひざまずいていた。それが従者の礼儀だった。目の前では主人真衡と護持僧《ごじそう》が囲碁《いご》に興じ、秀武には一瞥もくれない。老齢の身にこの姿勢は苦痛だ。ついに主従の振舞にも限界がきた。突然、秀武はすべてをそこに打ち捨て、武装した郎等を率い出羽に引きあげてしまった。おだやかな奥六郡に衝撃が走った。

家督の面目をつぶされた真衡は激怒し、ただちに諸郡の兵を集め、出羽攻撃にたった。後三年《ごさんねん》合戦の始まりである。

清原宗家を敵にした秀武は劣勢だった。そこで陸奥の清衡・家衡に加勢を乞い、真衡のいない館を襲うよう頼んだ。真衡の振舞に閉口していた二人はこれに応じ、館の経済的基盤である白鳥村在家《ざいけ》四〇〇余家を焼き払った。この村は胆沢城時代から交易の中心として栄えた村であった。

二人の謀反に真衡は急ぎ伊沢に引き返したが、すでに清衡らは本所に引きあげていた。内外不穏のまま真衡は館を固め、あらためて秀武攻撃の兵を練った。

同年秋、源頼義の長男義家《よしいえ》が陸奥守となって下向してきた。義家は先の合戦の行賞で出羽守になったが、清原氏の将軍補任が不満で越中国に転任を願い出た男である。

真衡はこの新任の義家を三日厨で饗応したのち、館は養子成衡にまかせて出羽攻撃にむかった。その留守に清衡らは真衡館を攻めはじめた。折から国府より郡の検問使《けんもんし》がきており、郡使《ぐんし》は成衡に助勢した。ここに国軍介入の口実が整い、義家が兵を率いて参戦してきた。清原氏の内紛に源氏が武力で干渉してきたのである。

豊田館跡(奥州市)　清衡館跡と伝える。

ところが、出羽進攻中の真衡が急死したことから、にわかに義家と清衡らとのあいだに停戦が成立した。義家は六郡を二つにわけ、清衡と家衡に与えた。本来、真衡の跡は養子成衡が襲うはずであったが、嫡宗の地位を失った成衡は陸奥を去り、義家の保護のもと下野国塩谷郡方面に移され、のちに殺されてしまう。

一方、家衡は清衡のみを遇する義家に不満だった。ある晩、清衡館（奥州市）に同宿したのを機に不満をいっきに爆発させた。館を焼き、清衡の妻子一族を殺害し、出羽の沼《ぬま》柵（秋田県横手市）に引き籠ったのである。一人助かった清衡は、義家・吉彦秀武らと家衡攻撃を開始した。家衡は一族の武衡《たけひら》の勧めで要害の金沢《かねざわ》柵（秋田県横手市）に移った。義家が草むらにひそむ敵の伏兵を知る有名な「雁《かり》の乱れ」の話は、この金沢柵包囲戦の最中のことである。攻撃は長期戦となったが、寛治元（一〇八七）年十一月、ついに落城、武衡は斬首、家衡は逃亡ののち戦死し、ここに清原氏の主流は滅んだ。

合戦は周知のように、源義家の私戦とみなされ、朝廷からの恩賞はなかった。義家が去ったあと、奥羽には安倍・清原両氏唯一の生き残りとして、その遺領を継承した清衡が残った。両合戦の最後の勝者である。

4章

北からの中世

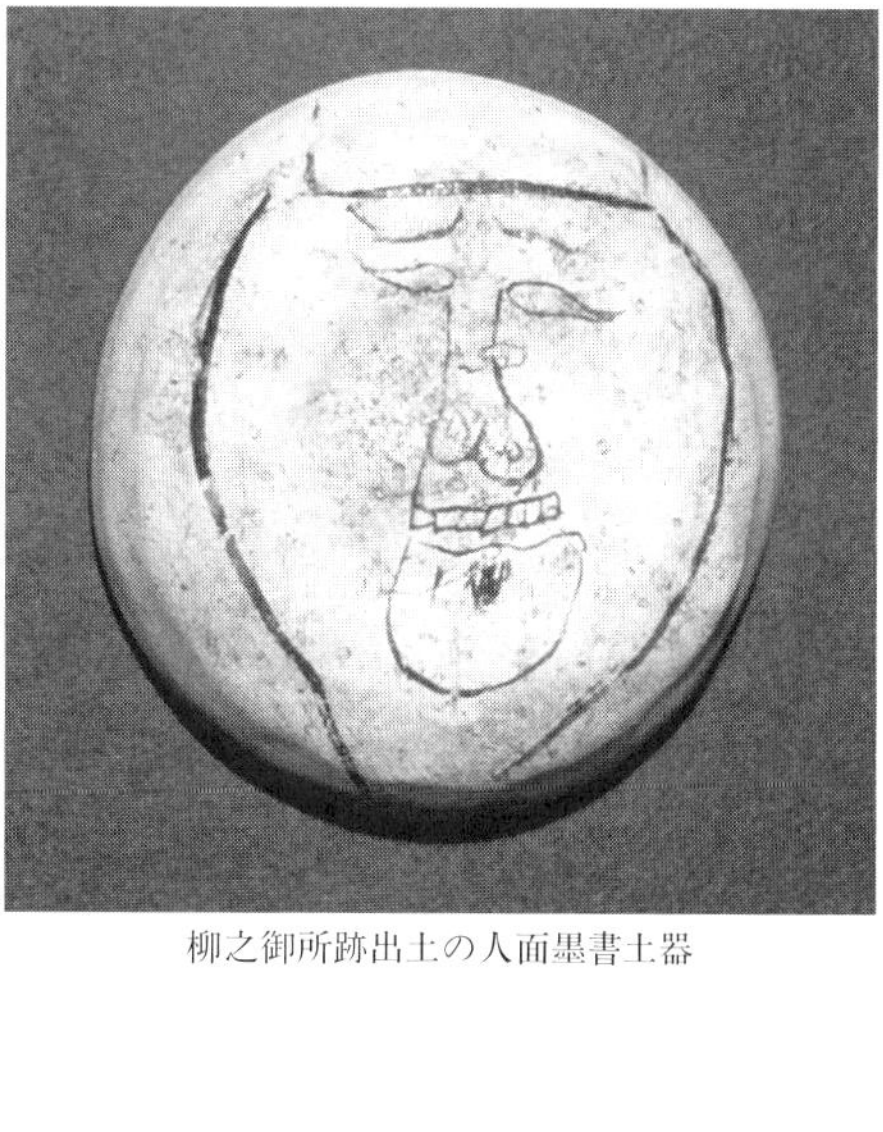

柳之御所跡出土の人面墨書土器

東北地方の歴史というと、ふつう奥州藤原氏は古代の最後をかざるものとされている。しかし本書はこの時代をもって、中世の幕開けとしている。

日本列島の大部分を占める地域が古代から中世へと移行したのは、十一〜十二世紀のこととするのが現在の通説だろう。奥州藤原氏が平泉《ひらいずみ》を本拠として勢力をふるうようになったのは、ちょうどこの頃である。しかも奥州藤原氏は、中世国家がその仕組みを整えるうえで少なくない役割をはたしたのである。

後三年《ごさんねん》合戦などの戦乱を勝ち抜いた初代清衡《きよひら》（一〇五六〜一一二八）は、本拠を平泉に定めて繁栄の基礎を築いた。その子二代基衡《もとひら》（?〜一一五七?）は、壮麗な浄土《じょうど》庭園を擁する毛越《もうつう》寺を建立したことで知られる。三代秀衡《ひでひら》（一一二二〜八七）が鎮守府《ちんじゅふ》将軍・陸奥守《むつのかみ》となって全盛期を迎え、奥羽《おうう》二国を支配下においたが、四代泰衡《やすひら》（一一五五〜八九）に至って源頼朝《みなもとのよりとも》の大軍に攻められ、藤原氏の時代は終わる。

この八〇余年の栄華については早くからさまざまに論じられてきたが、本章ではとくにめざましい進展をみせた近年の研究に学びつつ、この時代を通史的に描くことにしよう。

1　北方支配の変容

北奥羽五〇年戦争●

奥州藤原氏の初代清衡は、いかにしてその勢力の礎を築いたのか。この点を考えるためには、前章と少し重複するが、十一世紀後半の奥羽の情勢にふれておこう。

この時期のできごとというと、すぐに前九年《ぜんくねん》・後三年合戦が思いおこされる。しかし、前九年合戦の発端となった永承六（一〇五一）年の安倍頼時《あべのよりとき》（はじめ頼良《よりよし》）と陸奥守藤原登任《なりとう》との衝突以降、ほぼ半世紀のあいだ、奥羽に戦乱の絶えることはなかった。一連の戦争の背後には、北方エミシ社会のあらたな動向とこれへの対応を模索する政府の姿があり、その過程で武士団の成長がうながされていく。

前九年合戦については、良質な史料である『陸奥話記《むつわき》』が残されており、すでにさまざまな研究があるが、ここでは『今昔《こんじゃく》物語集』（巻三十一「陸奥国の安倍頼時胡国《ここく》に行きて空しく返りし語」）の記事に注目したい。それによると安倍氏の挙兵以前に、さらに「奥地」に住むエミシが反乱をおこし、安倍氏ははからずもこれに巻きこまれたというのである。合戦の背後には、「奥地」での不穏な情勢があった。残念ながら、それを具体的に知る手がかりはまだ十分ではない。しかし東北北部にとどまらず、北海道・サハリン・沿海州などの諸民族のあらたな活動があったことは疑いなかろう。

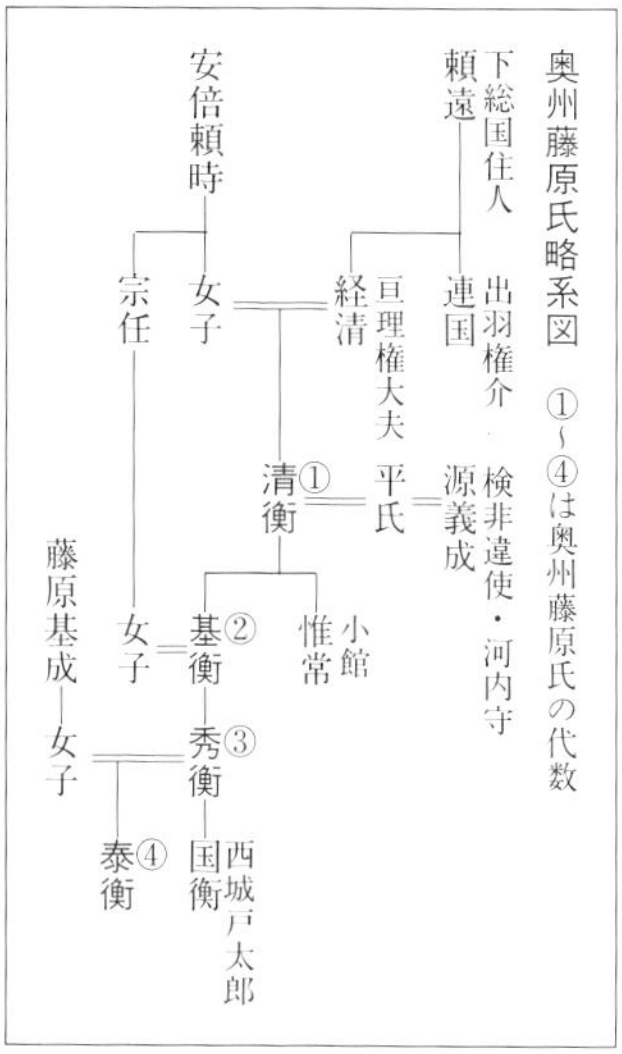

だからこそ、合戦が終結して間もない延久年間（一〇六九〜七四）に、政府は大規模な北方遠征を敢行しなければならなかったのである。この遠征は、あの坂上田村麻呂《さかのうえのたむらまろ》らが活躍する平安初期の戦争を彷彿とさせる規模だった。政府軍が「衣曾別島《えぞのわけしま》」（北海道）にまで進駐したことは、安倍氏の背後にあったエミシ世界の広がりを如実に物語る。遠征によって、それまで政府の支配領域の外に位置するエミシの村だった東北北部が占領され、当時全国的に形成されつつあった荘園公領制的な秩序のもとで再編さ

れるようになり、後述するように新しい郡《ぐん》がつくられる基礎が固められた。

政府が遠征の責任者としたのは清和源氏《せいわげんじ》の一方の名門である大和《やまと》源氏の源頼俊《よりとし》で、彼は陸奥守兼鎮守府将軍に任じられた。しかし、実際にこの遠征を可能にしたのは、安倍氏に代わって奥羽の覇権を掌握した清原真衡《きよはらのさねひら》（実衡）の軍事力である。遠藤巌氏が明らかにしたように、前九年合戦後、それまで日本海側の北方対策の拠点であった出羽国秋田城の機能が陸奥国の鎮守府に統合され、征夷《せいい》、すなわち北方への備えにあたる機関が鎮守府に一本化された。この強化された鎮守府の在庁官人《ざいちょうかんじん》の筆頭が清原氏であり、陸奥守が清原氏を下請けにして北方政策にあたるという体制のもとで、遠征が遂行されたのである。

事態の急激な進展は清原氏の内部に深刻な軋轢《あつれき》をもたらし、後三年合戦をひきおこす。清原真衡の病死後、陸奥守源義家《よしいえ》は藤原清衡《きよひら》・清原家衡《いえひら》の両人で奥六郡を三郡ずつにわけて相続するよう命じたが、家衡がこれにしたがわなかったために合戦が本格化した。奥六郡は鎮守府の膝元であると同時に、当時は北への主要な陸路としていっそう重要性が増していたところで、これを二分することは北方に対する権益の分割を意味した。家衡がこれを拒否したのは当然だが、そのことで陸奥守が清原氏を指揮する体制そのものが動揺しはじめるのである。義家はかろうじて清原氏を滅ぼすが、せっかくできた北方支配の体制は動揺し、北奥の緊張は続いた。そのただなかにいたのが、奥羽最強の武士団の棟梁《とうりょう》に成長していた清衡である。

寛治七（一〇九三）年に、出羽国で平師妙《たいらのもろたえ》が国司《こくし》の館を焼き討ちした。師妙は清衡の一族だろう。その前年には、陸奥国より清衡が国司の制止をふりきって合戦をくわだてているとの報告があった。鎌倉時代の説話集には、この頃の緊迫した状況を伝えるエピソードが記されている。

この時期に長く国政の枢要に参画していた、源俊明《としあきら》という公卿《くぎょう》がいた。彼が丈六《じょうろく》の仏像をつくろうとしたとき、求めもしないのに清衡が金箔の料として砂金を贈ってきた。しかし俊明は、「清衡は王地を多く押領《おうりょう》して、政府に対して謀反をおこそうとしている。そのときは自分は追討使《ついとうし》を派遣すべき立場にある」という理由で送り返した、という。

まさに、藤原清衡は国家への反逆者として追討される瀬戸際に立たされていた。政府でも、北方政策を立て直すために、かつて安倍氏を滅ぼしたように清衡を討伐することが検討されたであろう。しかし政府はまったく逆の方策を選択した。清衡を政府の北方政策の責任者として「登用」したのである。

中世国家の形成と清衡

康和元（一〇九九）年に藤原実宗《さねむね》が、同五年二月には藤原基頼《もとより》が陸奥守兼鎮守府将軍として国府多賀《たが》城に着任した。基頼の任期は二期八年におよぶ。遠藤巌氏をはじめとする近年の研究によれば、この時期に政府は藤原清衡を北方支配の責任者に「登用」した。清衡は江刺郡豊田館《とよだのたち》から奥六郡の南界衣川《ころもがわ》をこえた磐井郡平泉に本拠を移し、その職務にいそしむこととなった。

政府が清衡に課した最大の仕事は、延久年間の大遠征以来継続していたエミシの地の開拓を完成させることである。岩手県域でいえば、北上川流域に位置する奥六郡の東および北に、閉伊《へい》・久慈《くじ》・糠部《ぬかのぶ》郡というあらたな郡が設けられた。出羽国北部のエミシの地は陸奥国の管轄下となり、鹿角《かづの》・比内《ひない》郡がおかれ、青森県域の東側は糠部郡に属し、西側は津軽《つがる》諸郡が設置された。本州にエミシの地は消滅し、その北端までが政府の支配地域のなかに編入された。これらのあらたな郡は、この当時全国的に形成されつつあった荘園公領制的な秩序に組み込まれることになる。

公領や荘園から政府や権門《けんもん》（貴族・大寺社など）が年貢《ねんぐ》・公事《くじ》などの租税を収取するシステムを荘園公領制とよぶが、これが中世をつうじての土地所有・租税制度の大枠である。中世の年貢は田地を単位に賦課されるが、近世とは異なってその品目は米に限定されず、政府や権門が必要とした各地の特産品がいわば適地適作の原則で定められていた。このシステムの本質は北奥の新設の郡では、依るべき先例がなかったためにいっそう端的に現れた。

たとえば糠部郡では、入間田宣夫氏が指摘したように、田地九反につき一疋《ぴき》などと史料にみられ、馬が年貢だった。こうした年貢収取を円滑にするため、郡内には「九戸四門《くのへしもん》」の制という馬牧の編成にもとづく独特な行政区分が設けられた。一戸《いちのへ》から九戸までの地名の多くが現在でも残されている。糠部はその後も名馬の産地として全国的に評判が高い。政府や権門は、かつてはエミシとの交易というややもすれば不安定な方法で手に入れていた良馬を、年貢として恒常的に収取することができるようになった。荘園公領制がこの地域までおよぼされた意味は、きわめて大きい。

北奥諸郡の設置は国境線の確定でもあった。国境線が津軽海峡に引かれ、それまではエミシの地として漠然と東北北部の延長だった北海道が、完全に異域とみなされることになった。実際には、津軽海峡をはさんだ交流は以前にもまして盛んになる傾向にあった。政府としても、北方交易はむしろ奨励すべきことがらだった。しかし観念の世界では、津軽海峡以北を異域とし、そこに住む人々をエゾと称する時代に移り変わっていく。遠藤巌氏が明らかにした通りである。そしてこの国境線は、十六世紀末に蠣崎《かきざき》（松前《まつまえ》）氏が豊臣政権の大名に認定されるまで、中世をつうじて一貫して固定された。少なくも北方——当時の観念では東方——についてみるかぎり、中世国家の領域はこのときに確定されたということができる。

このように荘園公領制の波及、国境線の確定という点から、北奥諸郡の設置は中世というあらたな時代の到来にとってきわめて大きな意味をもっていた。これを成しとげた藤原清衡は、これらのあらたな郡に対する広範な行政権を認定された。安倍・清原氏からうけついだ奥六郡・仙北《せんぼく》三郡をあわせると、清衡の支配領域は現在の秋田・岩手両県の大半と青森県全域にわたる広大な地域におよんだ。

ここを拠点に、彼は北方支配の職務にあたった。そもそも清衡以前の北方支配の責任者は、律令《りつりょう》制以来一貫して陸奥守や鎮守府将軍という中央派遣の貴族だった。十世紀に国家の仕組みがいわゆる王朝国家体制に転換してもこの点は変わらず、むしろのちに中世武士の祖となるような軍事貴族が国守《こくしゅ》や将軍に選任され、安倍氏ら現地の武士はその下請けの地位に甘んじなければならなかった。しかし清衡は、こと北方政策に関するかぎり、陸奥守から相対的に自立し、中央政府に直属する地位をえたのである。斉藤利男氏が「奥羽新体制」と表現したような画期的なできごとだった。こうして清衡は、政府に対して北方諸郡よりの租税やさらに北からの交易物の貢納を義務づけられる代わりに、北の異域に対する外交・軍事・交易の権限を独占することができた。遠藤氏はこれを東夷成敗権《とういせいばいけん》とよんだが、それは奥州藤原氏の滅亡後は鎌倉幕府に引き継がれる。他の地方武士には類をみない強大な権限である。

それにしても、北方支配は政府が責任をもつべき国家の機能の一部である。一地方武士に請け負わせるのは前例がない。請負体制への移行の背景に、そもそも国家そのものが古代から中世的な体制への大きな転換をとげつつあったことを考えなくてはならない。中世国家とはなにか、それはいつ成立したのか。さまざまな議論があるが、院政期にその骨格ができあがったこと、分権的な傾向をもち、国家機能・権限の分掌あるいは請負のシステムがさまざまな局面で機能していることなどについては、学界で共通認識となっている。こうした国家の仕組みの転換のなかで、清衡は北方支配を請け負うべきものとして政府から「登用」されたが、この「登用」は清衡がそれに応えるだけの強大な武士団に成長していたからこそ実現したものであり、清衡の立場からいえば十一世紀後半の戦乱をくぐりぬけて勝ちとった地位でもあった。

これによって北方支配は、古代的な征夷から中世的な東夷成敗の時代となる。征夷の機関である鎮守府も最終的に解体する。奥州藤原氏はしばしば鎮守府の後継者とよばれるが、それはあくまでも系譜としてそのようにいえるのであって、制度としての鎮守府はここに完全に解体した。

大治元(一一二六)年三月、藤原清衡は中尊《ちゅうそん》寺に一五〇〇人もの僧侶を集め大規模な法会《ほうえ》をいとなんだ。中尊寺の造営は以前からはじまっていたが、この法要は特別な意味をもっていた。

「中尊寺文書」天治3(大治元＝1126)年3月24日藤原清衡願文（北畠顕家写本，部分）　この願文にみえる法会は，中尊寺ではなく毛越寺（正確にいえば原毛越寺）で挙行されたとの説もある。願文にみえる堂舎などと毛越寺の発掘成果を比較すると，そのように考えられるというのである。しかし，清衡時代の中尊寺の伽藍配置や景観は今なおほとんど未解明であって，比較は慎重にされねばならない。願文が中尊寺に伝来し，中尊寺に重きをなした経蔵別当関係の古文書が願文と密接な関係をもって作成されていることなどを勘案すると，なお通説に分があるように思われる。

「東夷の遠酋《えんしゅう》」「俘囚《ふしゅう》の上頭」と自称した清衡の著名な願文が残されているが、そのなかで彼は自分の職掌を政府への「歳貢」をつとめる「貢職」と表現した。北奥諸郡や北の異域の産物を年貢などとして貢納する役割だが、すでにのべたようにその見返りとして十分すぎるほどの権益をえていた。だからこそ、清衡は政府の主催者である白河上皇《しらかわじょうこう》の「乾憐」（帝王の恩）を感謝し、これに報いるために鎮護国家の寺院として中尊寺を造営したとのべているのである。三〇年ほど前は、反逆者として追討される寸前にいた清衡が、である。そして、政府もこの清衡をしかるべく遇している。願文が読み上げられた法会に勅使として名を連ねている藤原顕隆《あきたか》は、白河上皇の寵臣の随一だった。鳥羽《とば》上皇には誕生以来近侍し、ちょうどこの時期には権力の絶頂期にあった。ただの地方寺院に対する扱いではない。白河上皇の清衡へのなみなみならぬ期待が表明されている。この大法要は、平泉と京都であい呼応して、前九年合戦以来の戦乱の終息、北方政策の一応の成功とあらたな時代の到来を謳う式典だった。

2　奥州藤原氏と国衙

基衡と国司と権門と●

大治三（一一二八）年に藤原清衡《きよひら》が七三歳で死去すると、相続をめぐって長男惟常《これつね》と弟基衡《もとひら》とのあいだできびしい対立がくり広げられる。ついに翌年、惟常は基衡の襲撃をのがれていったんは「国館《くにのたち》」に避難、やがて越後国をさして船に乗り込んだが難風にあって戻ったところを、基衡の軍勢によって討たれてしまう。

この内紛を鳥羽上皇《とばじょうこう》に語ったのは、清衡の妻だった。川島茂裕氏によれば、彼女こそは保安三（一一二二）年の中尊寺棟札《むなふだ》に「女檀平氏」と記された清衡の正室で、一族の争いのなかで清衡後家としての地位をすて、上洛して検非違使《けびいし》源義成《よしなり》と再婚した人物である。平泉からずいぶんと「珍宝」を持参し、これを新しい夫の出世のために投じたらしい。もっとも源義成は後三年合戦のときの源義家の曾孫にあたり、従五位上河内守《かわちのかみ》まで進んでいる。再婚相手としては申し分ない。

それはともかく、惟常が逃げこんだ「国館」とはなにか。すでに指摘されているように「館」は「庁」とも書き、たんなる邸宅ではなくしかるべき役所でもあるような建物で、どこにでもあるものではない。もちろん平泉には清衡が北方支配をするうえで拠点とした館がれっきとして存在していたが、その主は清衡亡きあとは「御曹司《おんぞうし》」とよばれた基衡である。とすれば「国館」は陸奥国府多賀城以外には考えられない。基衡はおそらく国府を遠巻きにして威嚇《いかく》し、たえきれなくなった惟常が国府を抜けだしたのをねらって追い、討ち取ったのだろう。惟常が国府に籠もっているあいだは、いかに基衡といえども迂闊には手をだせない。とはいえ、この事件で平泉と国府のあいだに一触即発の緊張した事態がもたらされたことは、

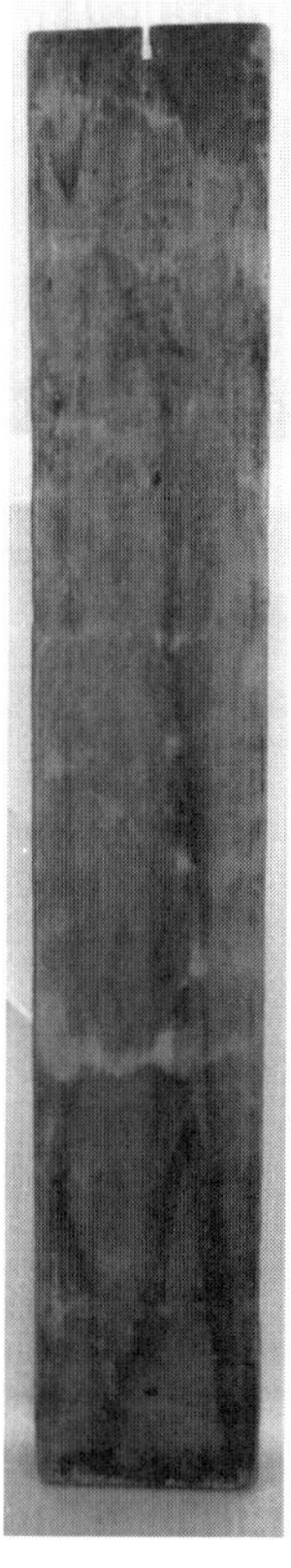

中尊寺保安3（1122）年棟札　年代のわかる棟札としては最古のもの。近年，岩手県立博物館が赤外線テレビカメラを用いて調査した結果，「藤原清衡」などの文字が解読された。

想像にかたくない。

奥州藤原氏というと、初代の清衡《きよひら》以来奥羽の主として君臨していたように考えられがちだが、大石直正氏が指摘したように、一国規模での政治の中心は国司《こくし》の役所である国衙《こくが》でありつづけた。北方に対する広範な権限を政府から与えられた藤原氏だが、平泉以南の、従来より国府多賀城の管轄地域であった陸奥国中・南部に対しては、さほどの公的な権限をもっていたとは思われず、国司の命にしたがわなければならない。国府に影響力をおよぼし、陸奥国全域に勢力を扶植すること、これが藤原氏の発展のつぎのステップだった。そのことを基衡は家督相続の最初に身をもって知ったに相違ない。

藤原師綱《もろつな》が陸奥守として下向した当初のことというから、保延六（一一四〇）年頃だろうか。国内の検注《けんちゅう》を実施しようとした師綱に対し、基衡は信夫《しのぶ》郡（福島市）の大庄司《おおしょうじ》佐藤季春《すえはる》にひそかに命じて、これを妨害させた。その結果、季春と国衙の役人との武力衝突という椿事がもちあがる。激怒した師綱は基衡に季春の逮捕を命じ、基衡はやむをえずこれに服するしかなかった。季春を惜しんだ基衡は、師綱に砂金一万両をはじめさまざまの財宝を贈って助命を嘆願したが、廉直の国守師綱はついに季春を斬罪に処したという。

やはり『古事談《こじだん》』や『十訓抄《じっきんしょう》』にみえる説話だが、事実に近いものだろう。忠実な家臣季春が信夫郡を本拠としたことからもうかがわれるように、基衡は主従制の網の目を陸奥国南部まで拡大していた。『古事談』には、基衡は「国を押領して国司の威無きが如し」とある。しかし陸奥国中・南部においては、制度上では基衡は国司に服従しなければならなかったのである。

こうした限界を打ち破る方策の一つは、国司をこえる中央の権門と直接にむすびつき、その権威をかりることだった。

すでに清衡の時代から、奥州藤原氏は摂関家《せっかんけ》に定期的に馬を貢進していた。また奥羽の摂関家領荘園を管理していたこともよく知られている。基衡は、平治《へいじ》の乱をおこした悪左府藤原頼長《よりなが》、関白藤原忠実《ただざね》と、陸奥国磐井郡高鞍《たかくら》荘（花泉町）、同本吉郡本良《もとよし》荘（宮城県北部海岸部）、出羽国飽海《あくみ》郡遊佐《ゆざ》荘（山形県遊佐町）、同最上郡大曾禰《おおそね》荘（同村山地方）、同置賜郡屋代《やしろ》荘（同置賜地方）の五荘の年貢額をめぐって交渉している。年貢は金・布・鷲羽・馬・水豹《あざらし》皮などで、藤原氏が北方との交易によって入手したものまでが含まれていた。

藤原氏が国司から自立して支配できる奥六郡・仙北三郡以北の地域には、荘園はほとんどなく、公領ばかりである。しかしその南の地域には、十一世紀から荘園が立てられるようになり、十二世紀にはいると立荘ブームがおこる。清衡・基衡はこうした時代の流れをつかんで、摂関家との関係を濃密にしていったのだろう。

基衡が京都の仏師雲慶《うんけい》に注文した毛越寺本尊薬師《やくし》如来《にょらい》像はあまりに見事なもので、鳥羽上皇はこれを京都の外にだすことを禁じた。悲嘆した基衡は関白藤原忠通《ただみち》を頼り、忠通の説得によってようやく平泉に運ぶことが許されたという。また毛越寺金堂《こんどう》の額は忠通自筆という。基衡と摂関家との浅からぬつきあいを示している。

中央の権門とのむすびつきは、摂関家にかぎらない。清衡は日吉《ひえ》社使に協力して比叡《ひえい》山の千僧供養《せんそうくよう》のために七〇〇町もの保《ほ》を立てたという。大治二（一一二七）年に陸奥守藤原良兼《よしかね》と日吉社とのあいだで紛争があり、政府が両者の主張を裁定した際にこのことが明らかになったのだが、立保は承徳年間（一〇九七

～九九）にさかのぼるらしい。清衡が平泉に本拠を移すか移さないかというころである。

清衡が院政のもとで北方支配権を請け負い、基衡が国司と張り合うほどの威勢をみせたのも、これら権門とのつながりがあったからだろう。とはいえ、そのような私的な縁故では、陸奥国の行政府である国衙に確かな足がかりを獲得するには十分でなかったことも事実である。

藤原基成●

康治二（一一四三）年、藤原基成《もとなり》が陸奥守兼鎮守府将軍として下向した。基成は父の代から鳥羽院の近臣で、鳥羽・後白河に近侍し平治の乱をおこしたあの藤原信頼《のぶより》は異母弟にあたる。当時の受領《ずりょう》で院近臣は多いが、基成の一族はとりわけて上皇と濃密な関係をもっていた。陸奥守の在任期間は三期一〇年の長きにわたったが、藤原基衡はこの機会をのがさなかった。基衡の嫡子秀衡《ひでひら》はすでに妻がおり、国衡《くにひら》をもうけていたが、基衡は秀衡の正室に国守基成の女をもらいうけ、久寿二（一一五五）年に泰衡《やすひら》が誕生する。

毛越寺復元模型（復元設計・監修は東京大学名誉教授藤島亥治郎，平泉文化史館蔵）

基成は仁平三（一一五三）年に守を辞したのち民部少輔《みんぶのしょう》に昇進したが、後任の陸奥守は藤原隆親《たかちか》（基成甥）・同信説《のぶとき》（同弟）・同雅隆《まさたか》（同叔父）・源国雅《くにまさ》（同従兄弟）と続き、一一六〇年代初めまで基成一族が独占したことが明らかにされている。しかも当の基成は、平治の乱で首謀者の信頼に縁座して陸奥国に配流となったが、奥州藤原氏三代目を継いだ秀衡は衣川館に岳父を迎え入れ、一族の後見としてあつく遇したのである。

基成との縁組み、基成一族の陸奥守歴任、基成の平泉居住といった一連のできごとは、奥州藤原氏と国府多賀城との関係を大きく変えるものだったろう。ともすれば対立することもあった両者の関係に終止符がうたれ、藤原氏の影響力が国府に浸透し、事実上国府を支配する基礎がつくられたのである。

それ以上に大きな成果は、当時政権の主宰者であった上皇との結びつきがいっそう強まったことである。上皇とのつながりは以前よりあったと思われるが、その近臣基成の一族と濃密で継続的な関係をもつことで、上皇とのパイプはいっそう太いものになったはずである。藤原氏の奥羽全土への勢力の拡大は、院政権の暗黙の了解をえていたにちがいない。

その意味で、基衡の晩年は藤原氏の勢力拡大にとって第二の画期となった。本拠の平泉が都市らしい構成と景観を備えるようになったのも、この時期である。

清衡時代の平泉のようすは、詳らかではない。文献によるかぎり、当時の平泉には中尊寺以外に大きな建物は確認されないし、考古学上も清衡時代と断定できる遺跡はまだ発見されていない。基衡の時代になって、彼が建立した毛越寺の周辺には平泉市街地が形成される。『吾妻鏡《あずまかがみ》』文治五（一一八九）年九月十七日条には、「観自在王院の南大門の南北の路、東西に数十町に及びて倉町を造り並ぶ。また数十宇の高屋を建つ。同院の西面の南北に数十宇の車宿あり」とあって、ここが交通の要衝であり、目抜き通りであったことがうかがわれる。清衡はおそらく中尊寺周辺に館を構えたのだろうが、毛越寺地区の建設によってここが平泉の政治・経済の中心となり、中尊寺周辺は純粋に宗教的な場となった。そこは鳥羽上皇の御《ご》願《がん》寺《じ》という国家的な祈願の場であると同時に、清衡の神聖な遺体を納めた寺院であるという意味で藤原氏武士団の聖域でもある。このように平泉のなかでそれぞれの地域の使い分けがうまれ、都市としての体裁が整ってきた。秀衡はのちに本拠である平泉館《ひらいずみのたち》をより北上川に近い現在の柳之御所《やなぎのごしょ》跡に移し、これと隣接して無量光《むりょうこう》院・加羅《から》御所をいとなんであらたな一角を建設したが、それでも商業・交通の中心街としての毛越寺門前の役割は変わらなかったようである。

3　内乱のなかで

鎮守府将軍秀衡と平泉館●

嘉応二（一一七〇）年五月、藤原秀衡《ひでひら》は従五位下に叙せられ鎮守府《ちんじゅふ》将軍に任じられた。すでにのべたように征夷《せいい》の役所としての鎮守府はもはやない。鎮守府将軍は陸奥守《むつのかみ》が名目的に兼任するのが例となって久しい。しかし秀衡の将軍就任は、菅野成寛氏がいうように、これとは別の意味をもっていた。

秀衡のつぎの鎮守府将軍は陸奥守藤原範季《のりすえ》で、安元二（一一七六）年に鎮守府将軍を兼任しており、制度上は秀衡はこの職を退いたことになるが、政府はその後も彼を鎮守府将軍としてあつかった。とくに寿永二（一一八三）年にだされた院庁下文《いんのちょうくだしぶみ》は興味深い（『吉記《きっき》』同年十二月十五日条）。平家が都落ちしたのち木曾義仲《よしなか》と源頼朝《よりとも》との対立が表面化すると、京都を掌握していた義仲は後白河《ごしらかわ》上皇を強要して頼朝追討の院庁下文をださせた。宛先は「鎮守府将軍秀衡」で、「早く左馬頭《さまのかみ》源義仲と相共に陸奥出羽両国軍兵を率い、前兵衛佐《ひょうえのすけ》頼朝を追討すべし」と書かれていた。奥羽両国の軍兵を指揮して南進するのが、征夷になう鎮守府将軍の本来の職務であろうはずはない。そのようなかつてないものだった。藤原氏の軍事力は一七万騎といわれる。そのすべてが藤原氏の家臣というわけではなく、鎮守府将軍の軍事指揮権に服すべき奥羽二国の武士全体だったろう。秀衡の将軍補任は、彼に奥羽二国の軍事指揮権を公認するものだった。清衡は陸奥国押領使《おうりょうし》、基衡は六郡押領使・出羽押領使に任じられ、そのことで藤原氏は軍事指揮権をえたとするのが通説である。しかし、これらは一国単位の国衙《こくが》職制上の地位で、それによって二国にまたがる権限は保証されない。鎮守府将軍補任によって、奥羽における軍事指揮権が政府から公認されたとすべきだろう。奥州藤原氏は秀衡の時代に、たしかに最盛期を迎えるのである。

秀衡が両国にそのような強大な権限をもちえた背景には、後白河上皇との深い結びつきがある。上皇の厩《うまや》には「(秀衡)秀平栗毛駮《くりげぶち》」の馬が納められていたが、もちろんこれは一例で、さまざまな財物が贈られていたに相違ない。

そして、これもすでに指摘されていることだが、平泉には天皇の落胤《らくいん》らしき女性までいた。藤原氏滅亡後、源頼朝は彼女の処遇に困って後白河上皇に報告した(『吾妻鏡』建久元〈一一九〇〉年六月二十三日条)。さすがに後白河は否定したものの、平泉における彼女の待遇を考えれば、落胤であった可能性は高い。そのような人物の存在にも、上皇やその周辺と秀衡の密接な関係をうかがうことができる。

「人々給絹日記」 柳之御所跡より出土した墨書折敷板。秀衡の子息と思われる人名とならんで「橘」の文字が読める。

柳之御所跡の発掘(平泉町)

秀衡が平泉館を現在の柳之御所遺跡の場所に移築したのは、この鎮守府将軍就任が契機であったかもしれない。平泉館は、かつては清衡が建設した居館が延々と使われたように思われていたが、昭和六十三（一九八八）年からはじまった柳之御所跡の大規模な調査により秀衡以降の施設であったことが明らかになっている。

そこには奥羽両国の「省帳《しょうちょう》・田文《たぶみ》」をはじめとする、さまざまな行政文書が保管されていた。本来は両国の国衙に保管されているはずのものである。国衙の原本の写しだろうが、それにしても二国の行政文書が一堂に収められていたことからすれば、それなりに規模の大きな役所である。実務官僚も多数いなくてはならない。

藤原氏滅亡直後に、清原実俊《さねとし》・実昌《さねまさ》兄弟が源頼朝の前に召し出され、焼失したこれらの文書の内容を細かに説明したという。感心した頼朝はその場で二人を召し抱えることとし、兄実俊はのちに公事奉行人《くじぶぎょうにん》として幕府政治の実務にたずさわった。大石直正・入間田宣夫両氏によれば、彼らはもともと和賀《わが》郡立花（橘とも、現在の北上市立花）を名字《みょうじ》の地とする藤原氏の家臣で、柳之御所跡から出土した墨書折敷《おしき》板にも秀衡子息などとならんで「橘藤□」「橘□」とその名がみえる。すでに清衡の時代、太政官外記局《だじょうかんげききょく》の史良俊《しよしとし》が招聘されたことがある。また散位道俊《さんいみちとし》は京都から平泉に下り、「筆墨を以て」仕えたという。こうした蓄積のうえに、奥羽二国の行政を処理できる官僚集団が形成されたのだろう。

治承・寿永の内乱と秀衡●

治承四（一一八〇）年、後白河上皇の子以仁王《もちひとおう》の挙兵に端を発し、各地の武士が反平家の旗を揚げて蜂起し内乱がはじまる。これには現体制に不満をもつ多くの武士が参加し、全国的な反体制運動となった。しかしそのなかで、後白河とも、また平家とも深いつながりのあった奥州藤原氏はいわば体制側の存在だった。

平家は、藤原秀衡をはじめ越後の城《じょう》氏や常陸の佐竹氏らに、反乱の鎮圧を期待した。この年から翌年にかけて、秀衡が源頼朝追討を平家に約したなどの噂が京都の貴族のあいだでささやかれた。頼朝もまた秀衡の南進を危惧した。養和二（一一八二）年四月に鎌倉の近く江《え》ノ島に弁財天《べんざいてん》を勧請し、「鎮守府将軍藤原秀衡を調伏《ちょうぶく》」する法会《ほうえ》を挙行している。

前年の養和元年八月、秀衡は平家の強い後押しによってついに陸奥守に任じられた。同じときに城助職《すけもと》も越後守《えちごのかみ》となった。地方武士が国守《こくしゅ》になった例はなく、公卿の九条兼実《かねざね》は「天下の恥、何事かこれに如《し》かんや。悲しむべし」となげいたが、秀衡については「件《くだん》の国、素《もと》より大略虜略、然《しか》れば拝任何事かあらんや」とものべている。陸奥国はすでに事実上秀衡のものになっている、というのである。

平家が内乱のなかで近国に惣官《そうかん》や惣下司《そうげし》などを設置し、地域的な軍事政権をつくりあげようとしたことはよく知られているが、奥州藤原氏はこうした動向を利用して奥羽における権限を極限まで拡大していた。鎮守府将軍として奥羽両国の軍事指揮権を手に入れた秀衡は、この段階で奥羽二国をさながら半独立国的に支配するに至ったといってよい。

寿永二（一一八三）年の木曾義仲の入京、翌年の義仲の敗死、文治元（一一八五）年の平家の滅亡、そしてこれに続く源義経《よしつね》と源頼朝の対立など、情況はあわただしく転換する。この過程で頼朝は寿永二年十月宣旨《せんじ》によって東国行政権を公認され、いわゆる文治元年の勅許《ちょっきょ》で平家や義経残党の捜索を名目に全国的な軍事警察権獲得の足がかりを築いた。幕府の骨格が形づくられるのである。

こうした内乱の推移を、秀衡は平泉からじっとみつめていた。平家からは何度も出陣の要請があったと思われるが、ついに兵を動かすことはしなかった。鎌倉とまったくつながりがなかったわけでもなかろう。みずから養育した義経に佐藤継信《つぐのぶ》・忠信《ただのぶ》らの家臣をつけて送りだしているのである。秀衡とすれば、平家とも頼朝とも等距離の立場をとろうとしたのかもしれない。

文治元年の末か翌年早々、秀衡は頼朝からはじめての公式な書状をうけとるが、それは秀衡に重要な決断を迫るものだった（『吾妻鏡』文治二年四月二十四日条）。

御館《みたち》は奥六郡の主、予は東海道の惣官《そうかん》なり。もっとも魚水の思を成すべきなり。ただし行程を隔て信を通ぜんとするに所無し。また貢馬・貢金の如くんば、国の土貢として、予いかでか管領せざらんや。当年より早く予伝進すべし。且は勅定の趣を守る所なり。

秀衡を「奥六郡の主」とよんだ有名な史料だが、問題は頼朝が自称する「東海道の惣官」である。これは、寿永二年十月宣旨によって認められた東国の主としての地位を表現したものとされている。頼朝は秀衡の奥羽に対する支配を一応は認めつつも、それを自己の東国行政権の下に位置づけようとしたのだろう。これに前後して頼朝は、陸奥国好島《よしま》荘（福島県）と陸奥への通り道である常陸国真壁《まかべ》荘（茨城県）を関東《かんとう》御領《ごりょう》とした。平家没官領《もっかん》としてやはり関東御領となった陸奥国白河領（福島県）とともに、大石直正氏の指摘するように、頼朝は陸奥国への入り口に確かな楔《くさび》を打ちこんだのである。そのうえでの秀衡との交渉だった。

秀衡は頼朝の要請を形のうえでは受けいれ、陸奥から朝廷への公式の貢納物である貢馬・貢金を頼朝経由で送り届けたが、その数量は規定を大きく下回っていた。事実上のサボタージュである。頼朝の心は秀衡討伐に大きく傾いたことだろう。

そしてまた、義経問題があった。義経が平泉にかくまわれていたことを頼朝がいつ知ったのか、詳らかではない。しかし秀衡は、いずれ頼朝がこれを口実に奥羽に攻めこむことを予想していたのだろう。文治三年十月二十九日、秀衡は死にのぞんで国衡・泰衡兄弟と義経の三人をよび、家督を泰衡にゆずること、異母兄の国衡には自分の正妻で泰衡の母（藤原基成息女）をめとらせること、兄弟一致して義経を主君とし、先手を打って鎌倉を攻めるべきことを命じ、三人にそれぞれ誓いを立てさせたという。鎌倉との全面対決を遺言したのである。

文治五年奥州合戦●

文治五（一一八九）年閏四月三十日、藤原泰衡は一〇〇騎をしたがえて源義経の住む衣川館《ころもがわのたち》を急襲した。最期を悟った義経は、妻と四歳の女子を殺したのち自害したという。六月には、泰衡らは弟でありながら義経に与《くみ》した泉三郎忠衡《ただひら》をも殺している。

秀衡の死去より一年半は、泰衡・国衡にとって苦悩の日々だったに相違ない。父の遺言にしたがうか、あるいは別の方策を模索するか。義経を討つことで、彼らは鎌倉との宥和・共存路線に踏み切ったことになる。入間田宣夫氏が指摘したとおりである。もちろん泰衡らにしても、義経を討てばそれで鎌倉との関係がすぐに好転するとは考えていなかったろう。

しかしこれで、源頼朝にとって平泉討伐の大義名分がなくなったことも事実である。義経は国家的犯罪人であり、それをかくまった泰衡らもその共犯である、というのが表向きの討伐の理由だったからである。それに、これまで築きあげてきた院政権との連携の実績がある。後白河上皇や京都の貴族勢力のとりなしがあれば、鎌倉との共存も可能かもしれない。泰衡らの思惑はそのように想像される。

事実、後白河上皇は文治五年六月以後、頼朝にはっきりと奥州出陣の猶予を求めている。義経はすでに死んだ、伊勢神宮の遷宮《せんぐう》や東大寺大仏造営のことなど国家の重要事が目白押しだから、今年ばかりは見合わせよ、と鎌倉に言い送っている。確かな史料はないが、背後に平泉と京都との緊密な連携を読みとることができるかもしれない。

頼朝は再三にわたって藤原氏討伐の許可を求めたが、後白河上皇らは一貫していた。とはいえ、鎌倉ではすでに遠征は決定済みだった。故実《こじつ》につうじた大庭景義《おおばかげよし》がいった「軍中将軍の令を聞き、天子の詔《みことのり》を

山屋館経塚と樋爪氏

平成七（一九九五）年六月、紫波町山屋《やまや》字山口の山屋館跡から経塚《きょうづか》遺跡が発見された。経塚は平安時代後期から浄土教《じょうどきょう》の流行を背景に、現世安穏・後生善処などを祈念して全国的に造営されたが、ここの経塚は誰がつくったものか。そこで想起されるのが樋爪《ひづめ》氏である。奥州藤原氏滅亡の際に、樋爪俊衡《としひら》は一族を率いて降伏した。源頼朝は、彼が深く「法華経」に帰依していたことからその罪を許したという。「法華経」は経塚に埋納される教典としてはもっとも一般的である。経塚は四基あり、十二世紀半ばから後半にかけて順次いとなまれたらしい。あたかも藤原氏四代の当主の菩提を弔うように。

俊衡は藤原基衡《もとひら》の子、あるいは清衡《きよひら》の子息亘《わたり》（亘理）十郎清綱《きよつな》の子ともいう。奥州藤原氏の分家としては最有力者だが、奥六郡の北端に近い比爪館《ひづめのたち》（同町南日詰字箱清水）に拠って、北の押さえ

としての役割をはたしたのだろうか。

遺跡は道路改良工事のために破壊されたが、この貴重な遺跡を惜しんだ町民のねばり強い運動と町の理解によって、二基が近くに移築され、その際には供養の法会《ほうえ》も行なわれた。北上川の対岸東根山にかかる荘厳な夕日をあびて、樋爪氏の祈りは今もうけつがれている。

4号経塚遺構

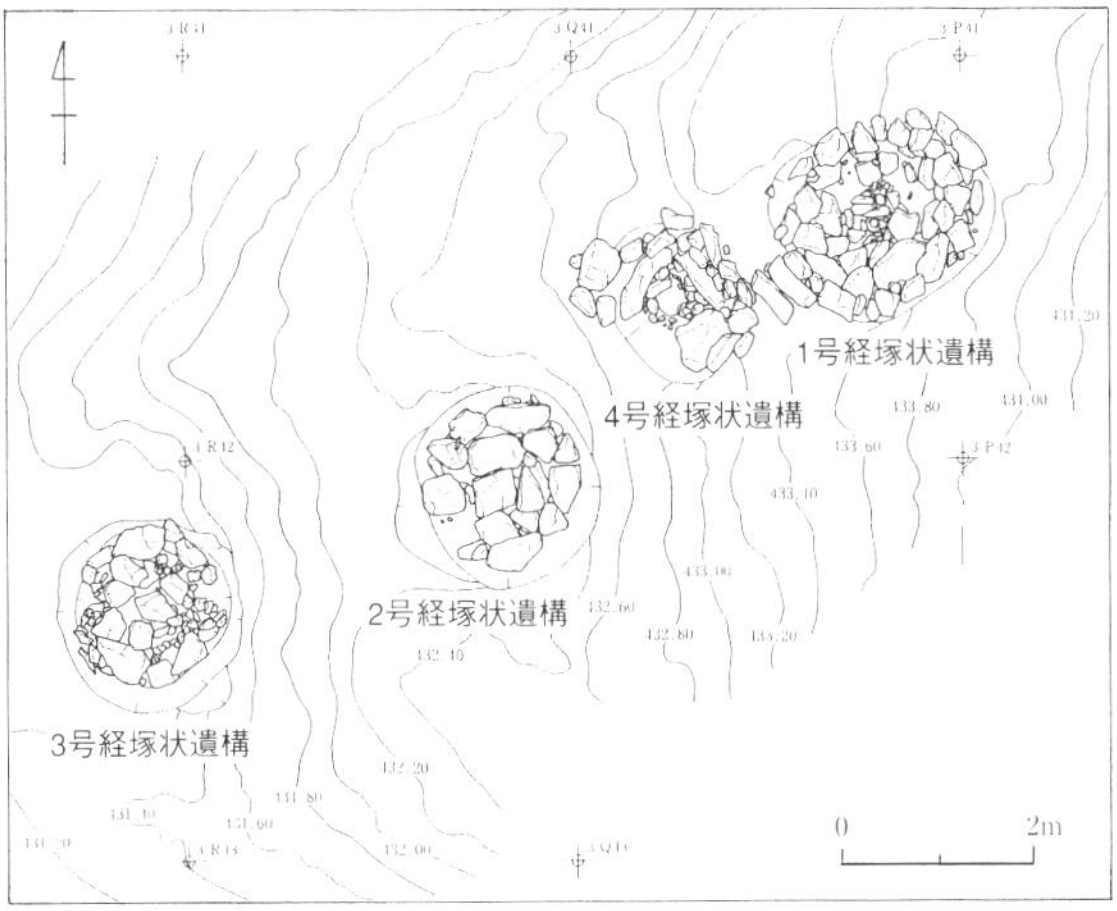

経塚遺構配置図（『岩手県文化振興事業団埋蔵文化財調査報告書第255集　山屋館経塚・山屋館跡発掘調査報告書』による）

聞かず」という言葉もある。ついに七月十九日、頼朝は鎌倉を出陣した。

頼朝を擁する大手の軍勢は、七月二十九日に白河関をこえて陸奥国に入り、翌月八日に伊達郡阿津賀志《あつかし》山（福島県国見町）で奥州藤原氏の最大の抵抗にあう。藤原氏はここに二重の堀を構えた堅固な要塞を築き、泰衡の異母兄国衡が防衛にあたっていた。三日間におよぶ激戦の末、鎌倉軍はついにここを落とし、国衡も出羽にのがれる途中壮絶な最期をとげる。国府に近い国分原鞭楯《こくぶはらむちだて》（宮城県仙台市）に布陣した泰衡は敗北の報をうけて退却し、やがて平泉を捨てることを決意し、八月二十一日に平泉館に火をかけ蝦夷島《えぞがしま》をめざして逃亡する。これより先、鎌倉軍は国府多賀城で常陸方面より海岸部を北上していた千葉常胤《つねたね》らの軍をあわせ、二十二日に平泉に進駐した。数日間の逗留ののち、九月二日にさらに岩手郡厨川《くりやがわ》（盛岡市）をめざして行軍を再開する。四日に志和郡陣岡《じんがおか》（紫波町）に到着。ここで出羽方面から攻め入った部隊と合流し、二八万四〇〇〇騎が勢揃いする。その前日、泰衡は比内《ひない》郡贄柵《にえのさく》で譜代《ふだい》の家臣河田次郎の手によって殺害され、奥州藤原氏は滅亡した。九日には奥州追討の大義名分を与える口宣案《くぜんあん》も京都より届き、すべての懸案を解決した頼朝は、十一日に軍を最後の目的地厨川柵に進めた。

この事件は、かつては『吾妻鏡』の記述そのままに「奥州征伐」と称されていた。しかし、入間田宣夫氏はともすれば一種の価値判断を含むこの呼称をやめ、当時の古文書の表現をもとに「文治五年奥州合戦」と称すべきとし、現在ではこれが歴史用語として定着している。この奥州合戦は、鎌倉幕府が成立するうえできわめて大きな意味をもっていた。

第一に、それは内乱をつうじて頼朝が築きあげてきた、日本全国に軍事的権限をふるうことができるという地位を確認する最大の機会となった。入間田氏がいうように、頼朝の動員令は九州の武士にまで発せられ、文字どおり全国の武士に参陣が命じられた。

また、近年川合康氏や大矢邦宣氏によって指摘されたことだが、頼朝の祖先頼義《よりよし》の前九年合戦が強く意識されたことに注目する必要がある。泰衡の死後も頼朝があえて厨川に進軍し、そこで戦勝の垸飯《おうばん》（饗宴）を催したこと、泰衡の首は頼義が安倍貞任《さだとう》の首を懸けたときと同じ作法で懸けられたことなど、枚挙にいとまがない。これによって頼朝は全国の武士に、みずからが源氏の嫡流にして武家の棟梁《とうりょう》にもっともふさわしいことを強烈に印象づけた。

そしてなによりも、やはり奥州藤原氏そのものが、鎌倉幕府成立の根幹にかかわって邪魔な存在だった。再三のべたように、藤原氏は強大な武士団というにとどまるものではなかった。清衡の段階で手にしていた北方支配の請負＝東夷成敗権は、古代国家が直接にになっていた征夷の権限を分掌したもので、当然のことながら軍事的な権限が含まれる。全国的な軍事・警察の府になろうとする幕府にとって黙視できない。基衡・秀衡が上皇や平家の黙認と支援のもとでうち立てた奥羽二国への自立的な支配権は、東国政権としての幕府の存立と相容れない。頼朝が幕府という新しい権力を築きあげるためには、奥州藤原氏はどうしても滅ぼされなければならなかったのである。

5章

幕府政治と動乱

葛西氏領の板碑　これは黄海保内にあたる一関市最明寺のもので，建長8（1256）年の銘がある。

1　鎌倉幕府のもとで

奥州惣奉行葛西清重

奥州より鎌倉に帰って一月半ほどたった文治五（一一八九）年十二月六日、源頼朝《みなもとのよりとも》は後白河《ごしらかわ》上皇への返書に「奥州羽州地下管領《じげかんりょう》の間のこと、明春御沙汰あるべきか」としたためた。公家政権に認めさせたこの地下管領権は、国司《こくし》や知行国主《ちぎょうこくしゅ》よりもはるかに強力な権限だった。頼朝は奥羽を直接支配することで、幕府存立の基盤である「東国」を完成させたのである。

これより三月ほど前に、源頼朝は葛西清重《かさいきよしげ》に陸奥国御家人《ごけにん》のことを奉行《ぶぎょう》し、平泉郡内検非違使所《けびいしどころ》を管領させた。奥州惣奉行《そうぶぎょう》の始まりである。奥州藤原氏に代わる平泉の主として、奥州の軍事・警察権を一手にひきうける要職だった。

清重は武蔵国豊島《としま》郡を本拠とした豊島氏の一族で、父清元《きよもと》が伊勢神宮領の下総国葛西御厨《かさいのみくりや》（東京都・千葉県）に移り葛西氏を称した（『石巻の歴史』六）。頼朝の挙兵以来の功臣で、このとき二三歳。のちには右兵衛尉《うひょうえのじょう》・壱岐守《いきのかみ》に任官するなど昇進を重ね、幕府の重鎮となった人物である。

葛西清重は広大な所領を給与された。県南の磐井《いわい》・気仙《けせん》・胆沢《いさわ》・江刺《えさし》の四郡、興田《おきた》（一関市）・黄海《きのみ》（一関市）の二保《ほ》、そして宮城県域の牡鹿《おしか》郡で、のちに「葛西本所《ほんじょ》五郡二保」と称される。奥州合戦の論功行賞のなかでも、これだけまとまった領域を一括して与えられた例はめずらしい。牡鹿郡が与えられたのは、北上川の水運の重要性を考慮してのことだろう。

幕府が諸国に守護《しゅご》をおいたのは周知のことだが、陸奥国には守護の代わりにこの奥州惣奉行が設置された。ただし体制が整うのは翌建久元（一一九〇）年三月、大河兼任《おおかわかねとう》の乱後、伊沢家景《いさわいえかげ》が陸奥国留守職《るすしき》に補任されてからである。これは家景の子孫に世襲され、留守氏を名乗るようになる。家景は武芸よりは文筆に堪能で、九条大納言光頼《だいなごんみつより》に仕えた経験をもつ。生粋の東国御家人で武勇の誉れの高い葛西清重が平泉で軍事にかかわることを扱い、京都生活が長く行政実務に精通した伊沢家景が国府多賀城《たがじょう》で庶政をになう。この制度は、前代に陸奥国の政治の中心として、国府多賀城と平泉が並び立っていた情況を前提にしていた（大石直正「中世の黎明」、入間田宣夫「鎌倉幕府と奥羽両国」『中世奥羽の世界』など）。

守護・地頭《じとう》制度は治承《ちしょう》・寿永《じゅえい》の内乱の過程で形成されたものだが（川合康『源平内乱の虚像を剝ぐ』）、奥州藤原氏の滅亡によって広大な闕所地《けっしょち》となった陸奥国では、もっとも先進的なかたちでこのシステムが導入されたという（前掲・入間田論文）。たしかにその通りであろう。しかし、源頼朝が公家政権から獲得した奥羽の地下管領権は、前章でのべたように内乱の過程で奥州藤原氏が確立したものの継承である（菅野成寛「藤原秀衡・泰衡期における陸奥国衙と惣社」『岩手史学研究』七八、七海雅人「鎌倉幕府の陸奥国掌握過程」『中世の杜』）。幕府の対奥羽政策の一方の基調が「（藤原）秀衡《ひでひら》・泰衡《やすひら》の先例」の遵守であったことは、すでに強調されている通りである。奥州藤原氏を滅ぼし、その家臣からかつての地位を根こそぎ奪いつつ、同時に奥州藤原氏が築き上げたものをそのまま引き継いで、陸奥国の鎌倉時代がはじまるのである。

関東御家人の地頭●

奥州藤原氏の家臣たちはその所領を奪われ、関東の御家人たちが地頭としてあらたな支配者となった。順をおってみていこう。

磐井・気仙・胆沢・江刺郡が葛西氏所領となったことはすでにのべたが、その北の和賀《わが》郡の地頭となったのが和賀氏である。もともとは小野姓で、武蔵七党のなかでも有力な横山党の一族であり、幕府草創期に活躍した義勝房成尋《じょうじん》(中条兼綱《ちゅうじょうかねつな》)が武蔵国幡羅《はら》郡中条保《ちゅうじょうほ》(埼玉県)を本領としたのにはじまる。近世以降の系譜類は、奥州合戦の賞として地頭となったと伝えるが確証はない。成尋の子義季《よしすえ》は苅田《かりた》三郎左衛門尉と名乗り、刈田郡(宮城県)の地頭職を有したようである。義季の子義行《よしゆき》も当初は苅田を名乗っていたが、のち和賀を名字《みょうじ》とした。彼は仁治二(一二四一)年に死去したと伝えられるが、彼の代で和賀郡の

鎌倉時代の地頭

地頭職を手に入れたとする説が妥当か。なお、苅田義季のときに幕府の重臣和田義盛《よしもり》の養子となったため、和賀氏の本姓は桓武平氏である。

義勝房成尋のもう一人の子息の中条家長《いえなが》は、隣の稗貫《ひえぬき》郡の地頭となった。これはたしかに奥州合戦の恩賞として補任されたらしい。家長は幕府に評定衆の制度が発足した当初よりその一員となるなど、幕政の枢要に参画した人物である。幕府の宿老で宇都宮氏出身の八田知家《はったともいえ》の養子となり、藤原姓となる。家長の子息のうち光家《みついえ》は、中条出羽四郎左衛門尉と称し（家長は出羽守に任じられた）、康元元（一二五六）年に幕府より陸奥国を縦貫する奥大道《おくだいどう》の警固を命じられているが、その子孫が地頭職を相伝して稗貫氏を称した。こうして和賀・稗貫郡はくしくも同族によって相伝されることになる。

志和《しわ》郡も鎌倉初期に足利義兼《あしかがよしかね》に与えられたらしい。義兼は清和源氏の一方の名門で、下野国足利を名字とした義康《よしやす》の子である。母は源頼朝の叔母にあたり、また頼朝の命でその妻北条政子の妹を娶るなど、頼朝の側近の大物だった。足利氏は北条氏とも濃密な縁戚関係を結び、鎌倉時代をつうじて最有力の御家人でありつづけ、やがて室町幕府をおこす尊氏《たかうじ》に続く。志和郡地頭職も義兼の子孫に相伝されたが、鎌倉中期の家氏《いえうじ》は嫡流より分家して当郡を名字の地として斯波《しば》氏をおこした。高水寺《こうすいじ》城（紫波町）に本拠を構えたとの伝承がある（『続群書類従』奥州斯波系図）。

文治五（一一八九）年九月十二日、源頼朝は岩手郡厨川《くりやがわ》にあらたに建てた館で、奥州合戦の勝利を祝って埦飯《おうばん》の儀を挙行したが、これを執り行なったのが工藤小次郎行光《ゆきみつ》である。それは行光が岩手郡を拝領したためだと『吾妻鏡《あずまかがみ》』にある。行光はしばしば伊豆国の御家人とされるが、正確には甲斐国が本領だったらしい。工藤氏は南家藤原氏の流れで、平安後期に伊豆国押領使《おうりょうし》となった維職《これもと》の系統は伊豆国を本拠としたが、維職の弟景任《かげとう》は甲斐に移った（『尊卑分脈』・『続群書類従』工藤二階堂系図）。行光はこの系統から出ており、源頼朝挙兵の当初は甲斐源氏と行動をともにしている。

以上は古代の郡に系譜を引く中世的所領だが、奥州藤原氏の時代にあらたに形成された所領もある。磐井郡の一部が分離した黄海・興田・奥玉《おくたま》（一関市）の三保がそれである。国衙《こくが》領の保は国府周辺に在庁官人の所領として立てられるのがふつうだが、この三保は平泉に近く、もともとは藤原氏一族・近臣の支配地と想定される。砂金・砂鉄・馬の産地であり、これらを年貢《ねんぐ》・公事《くじ》として収取するために設けられたと説かれる。黄海・興田保は葛西氏領となるが、奥玉保は鎌倉中期と推定される史料によれば、幕府の文官として名高い二階堂氏の所領だった（二階堂文書）。二階堂氏の祖行政《ゆきまさ》は、奥州合戦に供奉し、『吾妻鏡』の奥州合戦関連記事は二階堂氏に伝えられた文書類をもとに書かれたとの説もあるから、行政以来の所領だろう。

現在の遠野《とおの》市一帯にあたる遠野保も、右の三保と前後して立てられたと推定され、和賀郡の東半分から独立したのだろう（『講座日本荘園史』五）。近世の史書『阿曽沼《あそぬま》興廃記』などは、阿曽沼広綱《ひろつな》が奥州合戦の勲功の賞として地頭職をえたとする。広綱は下野国安蘇郡阿曽沼（栃木県）を名字の地とする御家人で、秀郷《ひでさと》流藤原氏、足利七郎有綱《ありつな》の子とも有綱子息佐野太郎基綱《もとつな》の子ともいう。

沿岸および北部の閉伊《へい》・久慈《くじ》・糠部《ぬかのぶ》三郡が、十一世紀後半より十二世紀初めにかけて「開発」されたことは前章でのべた。閉伊・久慈郡は、三陸沿岸を北上するかたちで開発されたようである。久慈郡（現久慈市一帯）の建郡にあたっては、清原氏とかかわりの深い関東平氏のうちでも常陸国久慈郡に盤踞した一族の軍事力が動員され、郡名もこれに由来するとの指摘がある。鎌倉時代の末には幕府執権《しっけん》を世襲する北条氏の所領となっていた。

鎌倉時代の閉伊郡の中心は、閉伊川河口付近、現在の宮古市周辺の比較的狭い範囲であったと思われる。近世の史書は保元《ほうげん》の乱で伊豆国大島に配流された源為朝《ためとも》（頼朝の叔父にあたる）の子息閉伊十郎が祖で、鎌倉にのぼって佐々木高綱《たかつな》の養子となり、源頼朝より閉伊郡を与えられたと伝える。源姓佐々木氏流閉伊氏が地頭だったことは田鎖《たくさり》文書などからも確実だが、閉伊郡全体の地頭職をもっていたか否か、にわかには判断できない。為朝伝説はおそらく後世の付会だろうが、同氏が太平洋海運とかかわりのある一族であることを思わせて興味深い。

全国的にもまれな大郡である糠部郡の地頭は、北条氏である。寛元四（一二四六）年に北条時頼《ときより》が平盛時《たいらのもりとき》を五戸《ごのへ》（青森県）の地頭代に任命した文書が残されている（宇都宮文書）。西に接する津軽では鎌倉前期からやはり北条氏が地頭であることが確認され（新渡戸文書など）、糠部もこれとならんで早くから北条氏の手にはいったものと思われる。久慈郡の地頭職も同時期にえたのかもしれない。北条氏は伊豆国在庁官人の庶流より出たとされるが、源頼朝の舅北条時政《ときまさ》とその嫡子義時《よしとき》は頼朝の死後急速に幕府内での地位を向上させ、幕府執権としての地位を固める。この時期に、津軽・糠部・久慈の陸奥北部一円を手に入れ、北方へいくルートを掌握したのかもしれない。なお、時期は明らかでないが、岩手郡ものちに北条氏所領となる。奥玉保も二階堂氏の手を放れ、鎌倉末期には北条氏の手にはいっており、閉伊郡の閉伊氏は弘安年間（一二七八〜八八）には北条氏の被官となっていた（遠野南部家文書・『宝翰類聚』）。

地付きの武士たち●

一般に鎌倉時代の御家人の所領は各地に散在しており、本領から遠くはなれた所領には代官を派遣して経営にあたらせ、自身は東国の本領と鎌倉を往復する生活を送っていた。これまでのべてきた地頭にしても例外ではない。

糠部郡の場合、一戸《いちのへ》に工藤氏・浅野氏、南門《みなみのかど》に横溝《よこみぞ》氏など、多くの北条氏被官が地頭代《じとうだい》となっていた。葛西氏では「中尊寺文書」などに井沢七郎左衛門尉時重《ときしげ》・牧沢《まきさわ》伊豆入道・太郎左衛門尉光長《みつなが》などの名がみえる。井沢時重は清重の三男でその名字は胆沢郡の郡名により、牧沢伊豆入道は清重の次男伊豆守の系統で胆沢郡牧沢を領したとの指摘がある。また室町・戦国期の葛西領には、千葉氏の末裔と称する諸氏が多い。胆沢郡の百岡《ももおか》氏、磐井郡の長坂・大原・摺沢《すりさわ》・薄衣《うすぎぬ》・星山氏、気仙郡の矢作《やはぎ》・高田・浜田氏らである。入間田宣夫氏が指摘するように、葛西氏が千葉氏の庶流のある部分を被官にして、地頭代として派遣するというようなことがあったのではなかろうか（『図説岩手県の歴史』）。伝承によれば、遠野保を給された阿曽沼広綱《ひろつな》が代官として宇夫方《うぶかた》氏を遣わしたというが、ありそうなことである。

これら地頭代にしても関東の武士であり、現地に土着するようになるのは鎌倉後期のことである。彼らの指揮のもとで日常的な所領の経営にあたっていたのは、奥州藤原氏時代以来それぞれの地域に勢力をもっていた旧領主の一族ではなかったか。たしかに彼らはかつての地位を失ったが、根絶やしにされてしまったわけではなかろう。そして、たまさかに史料に姿を現すこともある。

金頼清《こんよりきよ》なる人物が糠部郡奉行南部師行《なんぶもろゆき》に宛てた書状が残されている。書状のならいで年号を欠くが、建武元（一三三四）年のものである。これによると、頼清は「しらかわ《(白河)》のミかわとの《(三河殿)》」、すなわち結城親朝《ちかとも》の「御状」を奉行に提出した。「御状」には国府が頼清に所領を給付したことが書かれていたのだろう。糠部郡奉行所はその手続きのため頼清の出頭を要請したが、ちょうど下向してきた「当郡の地頭」中島弥太郎にも呼び出されているため、すぐには行けない。そのため代理に遣わしたので、よろしく所領を渡していただきたい、というのである。

この金頼清は、平安後期に気仙・磐井郡に勢力をふるった金氏の一族に相違ない。前九年合戦を描いた『陸奥話記《むつわき》』に、源頼義《よりよし》にしたがった気仙郡司金為時《ためとき》、安倍氏についた磐井郡河崎《かわさき》柵の金為行《ためゆき》の名がみえ、奥州藤原氏の時代になっても有力国衙在庁官人として活躍している（『古事談』）。また藤原清衡《きよひら》の近臣に金清廉《きよかど》がいた（中尊寺経蔵文書）。奥州合戦では「泰衡郎従」の「大将軍」として金十郎が奮戦している（『吾妻鏡』）。安倍氏に匹敵する歴史をもつ武士である。

残念なことに、頼清が打渡《うちわたし》を求めた「かのところ」「当郡」は不明である。糠部郡奉行所の管轄範囲や当時の状況を勘案すると閉伊郡のあたりと考えたいが、決め手はない。しかし、本県沿岸部のどこかであることは間違いなかろう。中島弥太郎のその後の動静も史料を欠き、なんらかの理由で「当郡」はふたたび闕所《けっしょ》になり別人に与えられたのだろう。

いささか想像をたくましくすれば、金氏は先祖以来の地で

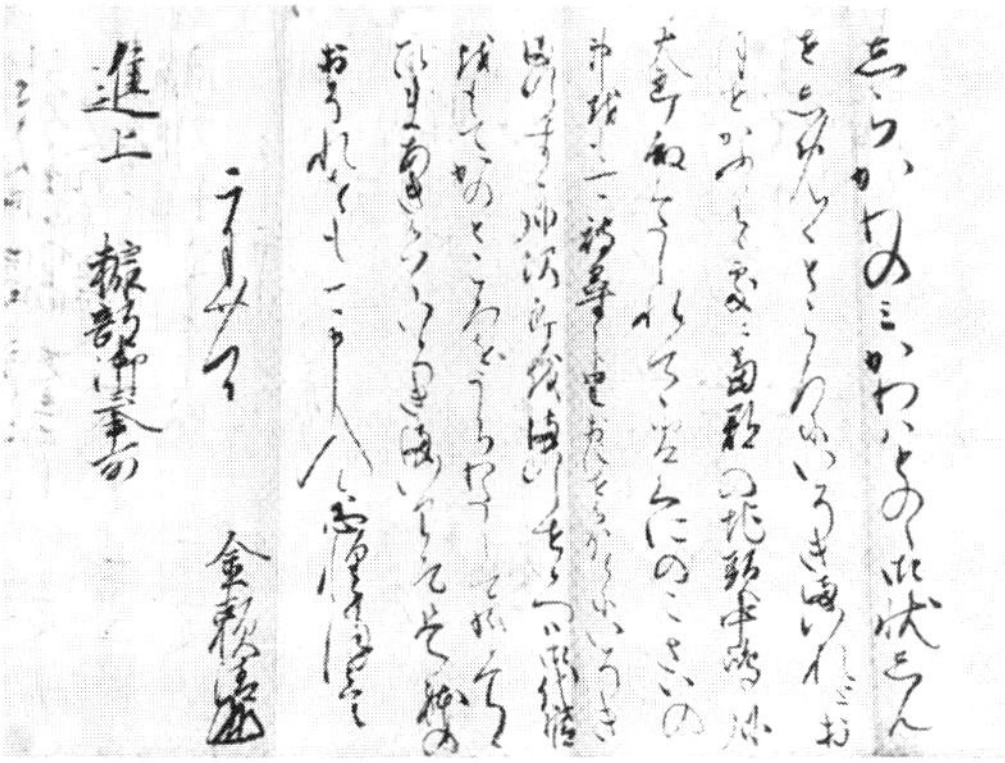

「宮崎文書」年欠２月21日金頼清書状

ある気仙・磐井郡で葛西氏の又代官《まただいかん》として生き残り、頼清の代に至って幕府滅亡とともに新政権に協力して所領をえようとしたのではないか。『岩手県史』二巻が紹介する一関市金野氏所蔵「金野系図」(寛永三〈一六二六〉年書写の奥書があるという)によれば、葛西清重の被官里見義綱《さとみよしつな》なるものが磐井郡に所領を与えられ、その母の姓によって金氏と称したという。義綱は流布している里見氏の系図類にはみえず、架空の人物だろうが、いかにもありそうな事情である。

頼清のその後の消息は不明だが、永徳四(一三八四)年の熊野御師《くまのおし》の譲《ゆずりじょう》状に奥州の檀那《だんな》として金氏一族がみえ(米良文書)、また戦国期に成立した『余目氏旧記《あまるめしきゅうき》』にも「金・若生・安倍・佐藤一流」と名族の一つに数えられている。金氏は中世をつうじてその命脈をたもったのである。金氏の姓に由来する今野・昆野などの苗字《みょうじ》が、現在でも本県南部に多いのは偶然《ぐうぜん》ではない。

金氏が平安時代以来の姓をもちつづけたことはたしかにまれな例だが、そのあり方は在来の奥州武士としては決してめずらしいものではなかろう。やはり『岩手県史』所載の近世の系図によれば、黒沢尻の安

名馬の伝統

名馬の産地で知られる奥州でも、本県域はその中心だった。糠部《ぬかのぶ》郡が牧をもとにして成立したことはすでに前章でものべたが、源平合戦で活躍した権太栗毛《ごんたくりげ》は一戸の産で、西楼《さいろう》は二戸の牧に育った。『吾妻鏡』の文治五(一一八九)年奥州合戦の記事をみると、藤原国衡《くにひら》の愛馬高楯黒《たかたてぐろ》は「奥州第一の駿馬」、金剛別当秀綱《こんごうべっとうひでつな》の子息で一三歳の若武者秀方《ひでかた》は黒駮《くろぶち》の馬に乗って奮戦したとあるが、鎌倉方の武士の馬についてはは記載がない。関東武士にとって藤原氏方の武士の馬がよほどにうらやま

❖コラム

しかったのだろう。

糠部郡ばかりではない。鎌倉時代の和賀《わが》氏所領に偵《ものみ》野馬・桜岳野馬・須々孫《すすまご》野馬・黒沢尻《くろさわじり》野馬などの牧があったし、閉伊《へい》郡の大沢《おおさわ》村御牧は本文でもふれた。久慈《くじ》郡も全国に知られた駿馬の産地だった。こうした事情については入間田宣夫氏の研究に詳しく、つけ加えることはほとんどない。(「糠部の駿馬」『東北古代史の研究』、「久慈・閉伊の悍馬」『中世東国史の研究』)。氏が検討した「永正五年馬焼印図」(『古今要覧稿』)は、馬産に限らず中世の本県の状況を活写する好材料である。

応永二十五(一四一八)年に南部氏が上洛したとき、一〇〇疋の馬を将軍に献上したことは本文の通りだが、寛正六(一四六五)年に南部右馬助《うまのすけ》は幕府より馬の進上を命じられている。南部氏からの馬の貢進は当時すでに半ば恒例のもので、あるいはこれが江戸時代の公儀《こうぎ》馬買につながるのかもしれない。

馬印とその使用例　一戸城跡から出土した雀紋印の馬印である。

倍氏は百岡千葉氏との姻戚関係から平姓千葉氏を名乗るようになったという（黒沢尻阿部系図）。新参の関東武士は在来の武士を圧迫しつつも、同時に被官としたり、婚姻関係などをつうじてこれを取り込んでいく。そのような過程が進行していたのではなかろうか。

2　動乱のなかで

陸奥国府の新体制●

元弘三（一三三三）年五月に鎌倉幕府は倒れ、六月には後醍醐《ごだいご》天皇が京都にはいって新政権を樹立する。いわゆる建武《けんむ》の新政である。すでに十四世紀にはいってまもなく、津軽では郡地頭《ぐんじとう》北条氏の蝦夷《えみし》代官安藤氏一族の内紛があり、これとからんでエミシが蜂起するという状況が続いた。陸奥北部でも、不穏な状況が慢性化していたのである。

新政権はあらたな施策をつぎつぎとうちだしたが、なかでも陸奥国府《むつこくふ》の新体制は本県域の人々にも大きな衝撃だった。北畠顕家《きたばたけあきいえ》が陸奥守に任じられ、この年の暮れには国府多賀城に着任する。ただの国司《こくし》ではない。後醍醐の寵愛する義良《のりよし》親王（のちの後村上天皇）を奉じ、後見役の父親房《ちかふさ》をはじめ一門の貴族、家人《けにん》らをともなっての下向だった。翌建武元（一三三四）年正月に発表された国府の新組織は、これらの人々と陸奥に所領をもつ有力武士や旧幕府の吏僚で構成された特別のものだった。研究者はこの新生国府をしばしば奥州小幕府などとよぶが（佐藤進一『南北朝の動乱』）、新政府が奥州に拠点を据えようとしたのである。

もっとも奥州に進出するという点では、足利尊氏《たかうじ》のほうが早かった。新政権誕生の最大の功労者である尊氏は鎮守府《ちんじゅふ》将軍に任じられ、陸奥国外浜《そとがはま》・糠部《ぬかのぶ》郡地頭職をはじめとする多くの北条氏旧領（元弘没収地）を宛て行なわれ、それを背景に奥州での勢力拡張をはかった。後醍醐が一極集中的な専制体制の理想に反してまで、あえて陸奥に地方的な拠点をおくことを許した背後には、足利方のこうした動きがあるという（遠藤巌「南北朝内乱のなかで」『中世奥羽の世界』）。さらに、これに対抗して尊氏の弟直義《ただよし》が、成良《なりよし》親王を奉じて鎌倉におもむくことになったのは周知の通りである。

北畠顕家は奥州の各地に郡奉行を設置してさまざまな仕事にあたらせた。本県北部以北の糠部郡の奉行となったのが南部師行《もろゆき》である。その管轄範囲は糠部郡にとどまらず、鹿角《かづの》・比内《ひない》郡などにもおよんでいた。鹿角の場合は地頭の成田氏がおり、建武二年十月に国府は師行に成田泰次《やすつぐ》と談合すべきことを命じており、同四年の史料に成田氏が「鹿角郡国代《こくだい》」（国代はここでは郡奉行に同じ）とみえるから、師行が担当したのはごくわずかの時期かもしれない。

久慈《くじ》郡・閉伊《へい》郡・遠野保《とおののほ》と沿岸部も、糠部郡奉行所の管轄だった。元弘没収地の久慈郡はともかく、閉伊氏（田鎖《たくさり》氏）の閉伊郡、阿曽沼《あそぬま》氏の遠野保までを所管としたところに、糠部郡奉行がいかに国府から大きな権限を与えられたかがわかる。

ただ、それより以南の地には郡奉行がおかれた形跡は乏しい。岩手郡の場合、建武元年に岩手郡仁王《におう》郷（盛岡市）三分の二が後藤基泰《もとやす》に給されたとき、国府より打渡《うちわたし》を命じられたのは左衛門六郎清時《きよとき》なる武士だった。清時の打渡が遅れたため、国府はあらためて新田《にった》孫五郎に打渡を命じている（大石寺文書）。所領の打渡は郡奉行の重要な仕事の一つだから、そこから考えれば清時と新田孫五郎があいついで岩手郡奉行だったことになろう。清時は葛西氏一族の可能性が高く（『石巻の歴史』八）、新田氏は登米《とよま》郡新田村を本拠とする地頭であった。しかし、ともにその後の活動は不明で、短期間の臨時の郡奉行とすべきだろう。

志和《しわ》郡は鎌倉時代以来、陸奥北部における足利氏の拠点である。北畠氏と足利氏のきびしい緊張関係を思えば、国府派遣の郡奉行がみあたらないのは当然である。

稗貫《ひえぬき》郡では鎌倉末に中条時長《ちゅうじょうときなが》が武蔵国の中条惣領《そうりょう》家より分家の稗貫氏に入嗣し、稗貫郡地頭職《じとうしき》を継いだことが明らかにされている（吉井功児「小野系中条氏研究へのアプローチ」『ヒストリア』一一八）。時長は北畠顕家の先駆となって当初より糠部・津軽に派遣され、はなばなしく活動していた。隣接する和賀《わが》郡の場合、建武二年五月十三日付の下文《くだしぶみ》で、顕家は和賀教義《のりよし》に和賀郡新堰《あらぜき》村を宛て行なっている（鬼柳《おにやなぎ》文書）が、打渡はときの和賀氏惣領によってなされたのだろう。県南の雄族葛西氏の所領も、葛西氏惣領が国府と直結するかたちとなっていたようである。

糠部郡奉行南部師行

南部氏は清和源氏義光流で、いわゆる甲斐源氏の一族である。鎌倉幕府草創期の光行《みつゆき》が甲斐国巨摩《こま》郡南部郷（山梨県）を名字の地としたのにはじまる。南部師行は光行の曾孫政行《まさゆき》の子で、同国巨摩郡波木井《はきい》郷を領した庶流の実長《さねなが》の養嗣子となった。実長は、鎌倉後期に日蓮《にちれん》を身延山《みのぶさん》に招いたことで知られる。

師行が糠部郡奉行に任じられたのは、地頭北条氏の代官として郡内に所領をもっていたからとするのが通説である。鎌倉幕府滅亡の際に、北条高時《たかとき》の弟慧性《えしょう》は奥州の案内者の南部太郎・伊達六郎をともなって陸奥国に落ちのびており（『参考太平記』）、また一族の南部武行《たけゆき》は内管領《うちかんれい》長崎氏の聟となるなど、得宗《とくそう》と深い結びつきをもっていた。師行の弟政長《まさなが》も奥州より馳せ参じて倒幕軍に加わっている（遠野南部家文書）。

南部氏が奥州に所領を有したのは間違いない。しかし、それが糠部郡である確証はなく、師行自身は北畠氏の家人《けにん》として下向したとの説もある。戦国期に書かれた『余目氏旧記《あまるめしきゅうき》』が、留守《るす》氏や伊達《だて》氏が陸奥に下ってから一六代目であるのに、南部氏は甲斐より下って六代目だと記すのも意味深長である。いずれにせよ、やがて糠部を代表する武士となる南部氏の活躍が、たしかな史料に現れるのはこの時期からのことである。

糠部郡奉行の第一の役割は、当然のことながら、北条氏残党の捜索・討伐である。郡内の制圧は比較的容易にすんだようで、北畠顕家は建武元（一三三四）年六月に師行に御教書《みぎょうしょ》を宛てて、「先ず以て静謐《せいひつ》の条、併《しかしなが》ら奉行の高名に候」と賞賛している。津軽では名越時如《なごえときゆき》・安達高景《たかかげ》らが抵抗していたが、糠部の北条氏残党もこれに合流したのだろう。顕家は津軽の兵乱を鎮圧するためみずから出陣するが、「糠部郡内宿々御雑事用意」は師行の担当だった。乱は十一月頃にはほぼおさまり、十二月十四日付で降伏した北条氏残党のリストが作成されたが、その作成者は国府から派遣された多田貞綱《さだつな》と南部師行だろう。

また国府は北条氏被官《ひかん》であっても、新政権にしたがうものはそのまま従来の権利を認めていたが、北条氏残党の所領はもちろん没収され、新政権側の武士の恩賞となった。糠部郡南門《みなみのかど》内の横溝弥五郎入道跡は同族の横溝祐貞《すけさだ》に、糠部郡一戸は稗貫時長《ときなが》に与えられたが、現地で実際に所領を渡す作業は南部師行の仕事である。これは一筋縄の仕事ではなかった。

たとえば、伊達五郎は糠部郡南門内の中里《なかさと》村（葛巻町内）を宛て行なわれたものの入部《にゅうぶ》できず、辞退してしまった。背後に在地住人相互の利害対立があったらしい。伊達五郎が辞退したあとを、横溝重頼《しげより》と前述の横溝祐貞とが同じところをともに給与されたのである。表面的には国府奉行人《こくふぶぎょうにん》の事務上のミスが原因だが、重頼は同族の孫二郎入道・六郎が北条氏残党に加わっていることを告げた功績で中里村をえた人物である。南門の横溝氏一族内部の確執と複雑な利害関係をうかがうことができよう。二階堂行朝《ゆきとも》が久慈郡を与えられながらも結局代官を入部させられず、辞退してしまったのも、同様の事態があったと推測される。

郡地頭北条氏という重石がとれ、また鎌倉幕府体制というタガがはずれたことで、地頭代・又代官クラスの在地の小領主が一斉に権利を主張し、たがいに対立をあらわにする。これこそが、この時期の特質であり、さまざまなトラブルがおこるのはむしろ当然のことだった。

閉伊郡内大沢村（山田町）の御牧（国府直営の牧か）で牧馬の殺害・追捕があり、師行が調査を命じられた。事件を国府に訴えたのは石見左近大夫有資《ありすけ》なる人物だが、彼も村地頭職に相当する権利をえてあらたにこの地に入部したのだろう。犯人とされたのは山田六郎で、閉伊郡山田を名字《みょうじ》とする鎌倉時代以来の地頭代か又代官クラスの地元の武士とみられる。新参の給主《きゅうしゅ》と在来の小領主との紛争である。

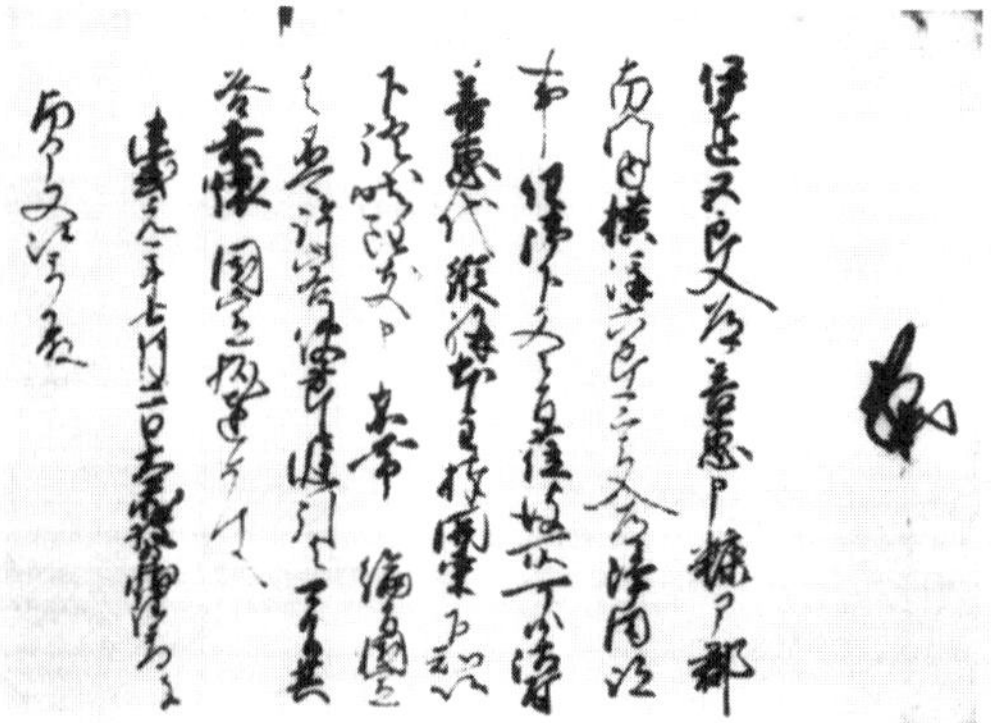

「遠野南部家文書」建武元(1334)年7月2日陸奥国宣

阿曽沼氏が地頭であった遠野保でも、面懸左衛門尉らが押妨《おうぼう》をはたらくという事件があり、師行が調査を命じられている。「南部家文書」に面懸とあるのは、すでに指摘されているように江刺郡角掛郷《つのかけ》（奥州市江刺区）を本拠とし、葛西氏麾下の武士である角掛氏のことだろう。事件の背景には遠野保と江刺郡との以前からの堺相論があり、鎌倉幕府体制が崩壊したことでそれがいっそう激しくなったに相違ない。

動乱の経過

後醍醐政権と足利尊氏の対立は建武二（一三三五）年末には決定的なものとなり、翌年正月、尊氏は京都を占領する。北畠顕家は十二月末に多賀城を出陣、南部師行・葛西清貞《きよさだ》ら多数の奥州武士を率いて京都に到着し、粟田口《あわたぐち》の合戦で尊氏を破り、これを九州に追った。このとき葛西清貞は、顕家の側近結城宗広《ゆうきむねひろ》とともに奮戦したようで、後醍醐天皇は顕家に「なかんずく道忠（結城宗広）・清貞已下無二の忠を致し候趣、奏達のごとくんば、感じ思《おぼ》し食《め》すところなり」と書き送っている（結城文書）。

ひとまず後醍醐が京都を回復したのをみとどけると、顕家は三月にはふたたび陸奥に下向をはじめる。このとき彼は鎮守（府）大将軍の称号をえるが、それは陸奥を拠点に後醍醐政権の東国・奥羽支配をになうべき職務だったと指摘されている。八月六日に顕家はこの称号を用いて師行の弟南部政長《まさなが》に御教書をだし、糠部郡の郡内の治安に専念すべきことを命じている。

しかし、奥州もすでに北畠氏一辺倒ではなくなっていた。前年の建武二年八月に尊氏は斯波家長《しばいえなが》を奥州総大将に任じていた。家長は、本県の志和郡を名字の地とする足利氏庶流斯波高経《たかつね》の嫡子である。尊氏の子足利義詮《よしあきら》を補佐する鎌倉府執事《しつじ》を兼任し、関東・奥羽での勢力拡大を命じられていた。家長の軍勢催促に応じる武士も増えていった。陸奥北部では建武三年正月に比内郡の浅利清連《あさりきよつら》が足利方で挙兵し、津軽に進軍して曽我《そが》貞光《さだみつ》と合流、南部政長やその子新田《にいだ》政持《まさもち》、鹿角《かづの》郡国代の成田頼時《よりとき》らと激戦をくり広げるようになっていた。

その間にも、尊氏は九州より攻めのぼって京都を制圧、後醍醐を退けて光明《こうみょう》天皇を立て、十一月には建武式目《しきもく》を制定する。後醍醐は十二月に京都をすてて吉野に逃れ、いわゆる南北朝時代がはじまるのである。

延元二（建武四＝一三三七）年八月、北畠顕家は京都奪還のため再度出陣する。南部師行をはじめ多くの武士が従軍したが、前回ほどの勢いはなかった。足利方はこの年二月にあらたに石塔義房《いしどうよしふさ》を奥州総大将として派遣し、対奥州政策を増強していたからである。顕家軍は十二月に鎌倉を襲って斯波家長を自害させ、翌延元三年正月には美濃で高師冬《こうのもろふゆ》の率いる足利軍を破るが、五月に和泉国大鳥郡石津《いしづ》の合戦に敗死する。南部師行もこのとき討死したらしい。

顕家の死が奥州南朝勢に与えた影響は大きかった。南朝ではすぐに顕家の弟顕信《あきのぶ》を陸奥介兼鎮守府将軍に任じ、義良《のりよし》親王を戴き北畠親房《ちかふさ》を副えて伊勢より奥州に遣わしたが、難船して目的をはたせなかった。葛西清貞は常陸に到着した親房に、「大将（顕信）御下向なく候はばこと行き難し」と申し送っている（白河文書）。他方、石塔義房は閉伊《へい》郡の閉伊左衛門三郎や、南部政長にまで味方に付くようよびかけており（遠野南部家文書）、積極的に奥州武士の取り込みをはかっていた。

興国元（暦応三＝一三四〇）年に北畠顕信が陸奥にはいり国府攻略作戦を開始すると、両勢力の激戦がはじまる。翌年五月頃には糠部の南部政長が岩手郡の滴石《しずくいし》氏、志和《しわ》郡の河村四郎（弥四郎？）・同六郎左衛門らとともに岩手郡を制圧し、西根《にしね》（雫石町）に要害《ようがい》を設けた。さらに南下して、岩手郡の厨川《くりやがわ》氏、稗《ひえ》貫《ぬき》郡の稗貫出羽権守と戦ってこれを討ち取り、和賀氏内部の南朝方もあわせ、葛西氏の軍勢と合流、栗原郡に至った。南からも伊達・石川ら南朝方諸氏が押し寄せ、石塔義房の指揮する足利方と戦いをくり広げる。しかし、興国三（康永元）年十月頃には足利方が勝利し、北畠顕信は滴石氏のもとでしばらく逗留するが、義房が糠部まで北上する動きをみせたため出羽に逃れた（白河文書・遠野南部家文書・鬼柳文書など）。ここに足利方の優位は確立したといってよい。翌年には陸奥国南部の南朝方の雄であった結城氏が足利方に降伏し、北畠親房も常陸にとどまっていられず吉野に帰った。

興国六（貞和元）年、奥州総大将を解任された石塔義房に代わって、畠山国氏《くにうじ》・吉良貞家《きらさだいえ》の二人が奥州管領《かんれい》として入部する。多賀の国府を拠点とした彼らは、正平三（貞和四＝一三四八）年には平泉まで北上するなど戦闘が続いたようだが、事態が急転するのはいわゆる観応《かんのう》の擾乱《じょうらん》のときである。

足利尊氏と弟直義《ただよし》の対立は、正平七（観応三）年正月に尊氏派の勝利に終わったが、足利方武将を二派にわけたこの事件は、奥州では尊氏派の畠山国氏と直義派の吉良貞家の両管領の争いとなった。和賀氏は正平六（観応二）年正月に吉良貞家よりの軍勢催促をうけ、惣領の基義《もとよし》に率いられて国府に参陣し、留守《るす》氏・宮城《みやぎ》氏らを味方につけた畠山国氏の軍勢と戦ったらしい。戦いは、中央とは逆に直義派の吉良氏が勝利し、二月に岩切《いわきり》城（宮城県）で国氏は討たれてしまう。

この混乱に乗じて奥州でも南朝勢力が最後の攻勢にでる。北畠顕信が南部信濃守・同伊予守、葛西伯耆《ほうきの》守《かみ》らの武士を糾合し、再度国府を奪回した（鬼柳文書・大石寺文書）。しかし、すでに弱体化していた南朝勢力に国府を維持できるすべもなく、態勢を立て直した吉良貞家の攻撃にたえられず、正平八（文和二）年正月には拠点をすべて失い、南部伊予守が投降、顕信は逃亡する。

その後も小競り合いはあったようで、たとえば正平六(観応二)年の合戦で畠山国氏とともに討たれた留守氏の遺児は糠部の南部氏のもとで育てられ、六年後に南部氏は三〇〇〇騎の軍勢で留守氏の本領に押し入り、この遺児を留守氏の家督に据えたという(『余目氏旧記』)。しかし、もはや南北両朝の大規模な戦闘は、全国的にもまた奥州でもみられなくなる。

新しい動き●

本節をまとめる意味で、内乱がもたらしたものがなんであるか整理してみよう。

第一に、本県の政治地図が塗り代わったことである。糠部郡奉行南部氏の登場はその最たるものだろう。すでにのべたように、南部氏が以前より糠部郡に盤踞していた可能性はあるが、建武南北朝期にその地位を飛躍的に高めたことは間違いない。

志和郡は、内乱のなかで地政学的な重みを増した。足利氏にとって陸奥北部の最大の拠点である。斯波家長の家督は、家長の弟義将が継いでやがて室町幕府管領を世襲する

斯波御所の居城高水寺城跡(紫波町)

ようになるが、志和郡高水寺城《こうすいじ》には家長の養子詮経《あきつね》が入部したらしい。

一方、葛西氏は、この時代に本拠を平泉から牡鹿郡《おしか》石巻《いしのまき》に移した。内乱の過程で多賀の国府はかつてのような陸奥国の政治の中心としての役割を低下させたが、平泉もまた然りであった。

ところで、葛西清貞が当初より南朝方の中心的武将だったことは再三のべたが、その甥遠江守は足利方に与《くみ》したため清貞に討たれている。興国三（康永元＝一三四二）年、石塔義房は江刺・柏山《かしやま》氏を誘っての参陣を鬼柳氏に要請しているが、両氏は江刺郡、磐井郡による葛西氏被官である。広大な領域の所々に有力な家臣が登場し、それらが葛西氏惣領家の統制に必ずしもしたがわない状況がうまれてきた。鎌倉時代の郡地頭の配下にあった小領主が成長し、惣領・主家に対する自立の傾向が顕著になることが、この時期の第二の特徴といえよう。

和賀氏も同様である。ふつうは和賀氏も初期より足利氏に属したとされるが、そのことを示す確実な史料は興国元（暦応三）年の石塔氏の書状が初見で、このとき和賀氏庶流の鬼柳清義《おにやなぎきよよし》は同族の須々孫《すすまご》氏と戦って感状をえている。少し後の暦応・康永年間（一三三八～四五）の、南朝勢力による国府奪回作戦の際の北畠顕信の発給文書に、「葛西以下和賀・滴石の輩一手と成り」とか「和賀郡に着き葛西勢と一手と成り」などの文言がみえる。一族のなかで惣領に反して南朝方につくものがおり、しかもそれが相当の勢力をもっていた。

志和郡の河村氏、岩手郡の厨川氏・滴石氏らも、この時期に歴史の表舞台に登場する中規模の武士だろう。河村氏は後世の系譜類に鎌倉初期に当郡に入部したと伝えられるが、近世の史書『祐清私記《ゆうせいしき》』によれば、「太平記の頃」に上方《かみがた》より志和郡大萱生《おおがゆう》に下向した河村飛騨三郎が祖であるとも伝える。あるいはこちらが事実に近いのかもしれない。こうした新興の中小領主たちによって、次の時代が築かれていくのである。

6章

室町の秩序と戦国の争乱

天正16(1588)年5月28日付の志和稲荷神社棟札　大檀那として斯波詮直の名がみえる。

1　国人と探題

国人一揆と京都御扶持衆●

南部氏の一族七戸《しちのへ》氏が、元中元（至徳元＝一三八四）年八月に藤原守綱《もりつな》なる人物と取り交わした文書が残されている。冒頭に「一揆契状《いっきけいじょう》の事」とあり、「向後においては大小の事に就き、見継《みつ》ぎ見継がれ申すべく候」と対等な立場で協力しあうことが謳われる。そして「不思議の凶害出で来り候わば、相互に申し披《ひら》くべく候」と外部の勢力に対して共同して対処すること、「此の中の沙汰《さた》においては、理非《りひ》に依り申し談じ、相計らうべく候」と、内部での利害調整は理非により協議することが定められている。これはいわゆる国人一揆《こくじんいっき》にほかならない。差出人の守綱を鹿角《かづの》郡の成田氏とする見解もあるが、南部氏と関係の深い糠《ぬか》部《のぶ》郡の工藤氏の可能性も捨てきれない。いずれにせよ、糠部郡内または周辺の武士であることは確かだろう。

人々が主従制というタテの関係だけでなく、一揆というヨコの関係でも結びつくのが中世社会の特色である。内乱が終息にむかうこの時代、国人一揆の形成は全国的な動向だった。陸奥国南部でも、応永十一（一四〇四）年の安積《あさか》郡を中心とした仙道《せんどう》一揆、同十七年の岩崎・相馬《そうま》氏らによる海道《かいどう》五郡一揆など、類例に事欠かない（伊藤喜良「国人の連合と角逐の時代」『中世奥羽の世界』）。

糠部郡にはほかにも、弘和二（永徳二＝一三八二）年と元中四（至徳四）年の南部氏宛ての一揆契状が知られる。もちろん現存するのはごく一部であって、一揆契状は郡内のさまざまの諸氏に取り交わされたろう。いや糠部一郡にとどまらない。おそらく久慈《くじ》・鹿角、さらに津軽・閉伊《へい》の領主にも、それは交換されたに相違ない。こうして南部氏を中心とする諸氏のあいだに、ある種のネットワーク、地域的な領主間秩序ともいうべきものが形成されるのである。

和賀《わが》郡でも、和賀氏の庶流鬼柳《おにやなぎ》・黒沢尻《くろさわじり》氏との所領争いが、一揆を結んだ武士たちによって解決されている。「鬼柳文書」永徳二（一三八二）年七月十七日付の一揆契状には、「黒沢尻殿に口入《くにゅう》仕り候て」鬼柳五郎の権利を保証し、公私にわたって五郎を「一揆同心」に見継ぐことが明記されていた。差出人六人の署判は一揆特有の平等の精神を表明する傘連判《からかされんぱん》で、彼らの素性は、「壱岐守清頼（花《か》押《おう》）」が相去《あいさり》氏であることがわかるほかは不明だが、近隣の葛西《かさい》氏一族が少なくないらしい（『石巻の歴史』八）。和賀氏一族内部の紛争が、地域の領主間の共同の秩序によって解決されようとしているのがうかがえる。

室町幕府の体制は、彼らのような内乱のなかで地域に根ざして成長してきた国人たちを一つの基礎としていた。

「鬼柳文書」永徳2（1382）年7月17日一揆契状

南部氏は応永二十五(一四一八)年八月に上洛し、馬一〇〇疋、金一〇〇〇両を将軍に献上した。糠部郡は駿馬の産地として知られていたから馬の献上は大いに喜ばれ、もちろん謁見《えっけん》もしただろう(「看聞日記」)。寛正六(一四六五)年にも将軍は南部氏に馬の献上を求めている(「蜷川親元日記」)。献上物をもって上洛し、将軍に謁見して地元の情報を伝える。遠藤巌氏によれば、このような権利をもつ有力国人が京都御扶持衆《おふちしゅう》とよばれ、奥州探題《たんだい》の指揮のもとで幕府の奥州支配を支えるものと期待されていた(「京都御扶持衆小野寺氏」『日本歴史』第四八五号など)。葛西氏も、幕府と古河公方足利成氏《こがくぼうあしかがしげうじ》(持氏《もちうじ》の子)との対立にはじまる享徳《きょうとく》の乱で、将軍足利義政《よしまさ》より御内書《ごないしょ》を宛てられ、探題に属して従軍すべきことを命じられており(御内書案)、京都御扶持衆だったことは間違いない。南部・葛西氏ばかりではない。十五世紀の史料では明確ではないものの、和賀・稗貫《ひえぬき》・阿曽沼《あそぬま》以下の諸氏もその地位をえていたはずである。

奥州探題と斯波御所●

ところで室町幕府は元中八(明徳二=一三九一)年、奥州を鎌倉府《かまくらふ》の管轄とした。鎌倉公方足利満兼《みつかね》は応永六(一三九九)年に弟の満直《みつただ》・満貞《みつさだ》を篠川《ささがわ》・稲村《いなむら》公方として下向させた。ところが翌七年、幕府は大崎詮持《あきもち》を奥州における出先機関である探題に任じる。奥州探題大崎氏の始まりである。永亨《えいきょう》の乱で鎌倉公方が滅び、翌永享十二(一四四〇)年篠川公方が横死するが、伊藤喜良氏によれば、この前後から奥州探題が室町幕府体制の唯一の体現者となる。奥州の国人たちの身分秩序は、大崎氏を頂点として編成されるが、そのことを如実に示す『余目氏旧記《あまるめしきゅうき》』の有名なくだりがある。諸氏が大崎氏の館《たち》に祗候するときの席次は、「伊達・葛西・南部三人ハ何事も同輩御座ス」とあって、南部・葛西の両氏は伊達氏と並んで最上席だった。留守《るす》氏はかつては上座だったが、観応《かんのう》の擾乱《じょうらん》で敗れてから「一間半」ほど下座になった。和賀・稗貫氏は「二間口さがり」、「伊達・葛西の一族」はさらに末席であったという。実際には諸氏が志田郡郡山《こおりやま》（宮城県）の大崎氏の館に祇候することはなかったようだが、奥州武士の家格《かかく》の秩序が鮮明に描かれている。葛西の一族とは江刺《えさし》郡江刺氏、胆沢《いさわ》郡柏山《かしやま》氏、磐井郡薄衣《うすぎぬ》氏などだろう。

右に列挙されたのは大崎氏にとって目下にあたる武士たちだが、少数ながらも大崎氏と対等につきあえる武士がいた。本県の志和《しわ》郡斯波《しば》氏はその筆頭で、『余目氏旧記』の書札礼《しょさつれい》を記した箇所に、「奥之斯波殿」とは対等な謹上書の礼をとることがみえる。志和郡には前章でふれたように南北朝初期に奥州総大将斯波家長《いえなが》の養子詮経《あきつね》が入部し、本家筋にあたる幕府管領《かんれい》の斯波氏や越前守護《えちぜんしゅご》斯波氏との一族関係を保ちつつ、高水寺《こうすいじ》城（紫波町）に拠って勢力を誇っていた。「奥州の大崎・斯波両所」（米良《めら》文書）などと大崎氏と並び称され、高い地位を自他ともに認められていた。

それでは、探題大崎氏や斯波御所は具体的にどのような役割をはたしていたのだろうか。探題の権限としてしばしばあげられるのが、段銭《たんせん》徴収権と官途《かんと》推挙権である。大崎教兼《のりかね》は享徳元（一四五二）年頃に造《ぞう》内裏役《だいりやく》の段銭を南部氏に催促し、また長禄元（一四五七）年に南部氏一族二〇人あまりに出雲守《いずものかみ》以下の官途を推挙したことなどが知られている（遠野南部家文書）。

ただ、本来もっとも重要だったはずの軍事指揮権については、どちらかというと従来の評価は消極的なものだったように思われる。たとえば、永享四年に南部氏が津軽を争ってついに下国《しものくに》安藤氏を蝦夷島《えぞがしま》へ敗走させたとき、幕府は両者の和睦をはかるが成功しなかった。当然大崎氏も和平のために尽力したろうが、功を奏さなかったのである。寛正六（一四六五）年にも、「奥口、南部と小野寺の確執により通路なし」という事態になったが、探題はこれを解決できなかった。とはいえ、探題や斯波御所の軍事権限を名目的なものと決めつけることはできない。斯波御所の役割や権限は不明なことが多いが、絶え間ない合戦のなかで、やはり探題・斯波御所は奥州の政治秩序の中心でありつづけたとすべきだろう。そのことを鮮明に見てとれるのが、十五世紀に本県であいついでおこった大規模な戦乱である。

稗貫状と薄衣状●

江戸時代の史書『聞老遺事《もんろういじ》』は、永享七（一四三五）年に和賀・稗貫郡を中心におこった戦乱のようすを描いた「稗貫状」を収める。後世の潤色がはなはだしいため、信頼すべき研究の素材とはみなされてこなかった。しかし近年遠藤巌氏の研究により、その原型は十五世紀にさかのぼり、それなりに当時の実状を伝えるものであることが明らかにされている（「いわゆる稗貫状について」『第二回大崎氏シンポジウム報告集』）。以下「稗貫状」から、この事件のようすを垣間見てみよう。

発端は和賀氏の一族争いだった。永享七年五月、和賀氏惣領《そうりょう》の小次郎《こじろう》と庶流の須々孫《すすまご》氏とのあいだで紛争がおこった。これは南部遠州《えんしゅう》の調停で、和賀小次郎が須々孫氏を許して一段落する。南部遠州を『聞老遺事』は義政《よしまさ》とするが、遠藤氏の指摘するように八戸南部氏の遠江守長安《とおとうみのかみながやす》である。彼が調停に奔走したのは、第三者が紛争を仲裁するという当時の国人の作法によったのだろう。いわゆる中人《ちゅうにん》制である。

ところが今度は、やはり和賀氏庶流の黒沢尻氏が稗貫羽州《うしゅう》をたのみ、十一月に和賀小次郎の飯士肥城（北上市）を襲った。稗貫氏は前章でのべた出羽守時長《ときなが》が南北朝期に活躍し、その子孫が出羽守の官途《かんと》を得て磐石の勢力を保持していたらしい。窮地に立った小次郎は、事態を南部氏に報告し援軍を要請した。

長安は国人一揆の作法にしたがって「生得嫡々」「弓箭《きゅうせん》の理運」という道理にまかせ、小次郎に加勢するため十二月に岩手郡に出陣する。

長安はここに二カ月ほど逗留するが、その間に「糠部・久慈・閉伊・鹿角・比内《ひない》・津軽三郡・両河北・由利《ゆり》・仙北《せんぼく》・秋田・雄勝《おがち》・油川・横手・滴石《しずくいし》諸郡之勢、二、三万騎」が馳せ参じたという。北奥羽の武士が総動員されたことになってしまうから、もちろん誇張はあろう。しかし、この記述に多少とも真実味があるのは、軍勢の大将が南部長安ではなく、「大将軍斯波之西御所五条殿御子息」とあるように斯波《しば》御所《ご》だったからである。この争乱をつうじて南部氏の軍事力が大きな役割をはたしたことは確実だが、総大将は斯波御所だった。南部氏が指揮をとっていたかのように書かれているのは、盛岡藩政時代の潤色だろう。乱の後半には「大崎之探題御勢御発向」とあるように、奥州探題の大崎氏自身も出陣する。和賀氏の内紛は、ここに至って探題―斯波御所が鎮圧すべき稗貫氏の乱に発展したのである。

永享八年三月、斯波御所軍は稗貫郡寺林《てらばやし》城（花巻市）を攻略、さらに稗貫氏の本城である瀬川十八沢《せがわさかりがさわ》城（花巻市）に襲来し、五月より激戦がくり広げられる。南部治部大輔《じぶたいふ》一戸《いちのへ》実俊《さねとし》は五人張十五束の強弓をよくつかったという。一戸南部氏の活躍を示す早い史料である。また、稗貫氏の家宰《かさい》八重畑《やえはた》豊前守《ぶぜんのかみ》は美々しい甲冑をまとい田鎖本牧《たくさりほんまき》の駿馬に駕し、「其の誉軍中隠れ無し」という有様だった。

この頃になると薄衣美濃守は鳥谷崎《とやがさき》に陣を張り、江刺氏は和賀氏の和賀郡二子《ふたご》城（北上市）の警備をするなど葛西氏領の諸氏も参陣し、探題自身も出陣する体制を整えた。その後の経過は不明だが、おそらくは稗貫氏が敗れて乱は鎮圧されたのだろう。稗貫氏はこの事件によって往年の勢力を失ったように思われる。

この事件には探題自身も登場するが、斯波御所が南部・久慈・閉伊氏など北方の武士を指揮して乱を鎮圧したことが注目される。安積郡篠川（福島県）にはまだ足利満直がおり、探題大崎氏の政治的立場が微妙な時期だったということもあろう。しかしまた、和賀・稗貫郡以北については、探題の了解のもとで斯波御所がある程度これに代わるような役割をはたしていたことを示すのではあるまいか。奥州探題制下において、斯波御所は陸奥北部（津軽を除く）を管轄する立場にあったのではなかろうか。

　永享の戦乱より三〇年あまり後の応仁・文明年間（一四六七〜八七）に、今度は本県南部から宮城県にかけての地域でふたたび大乱がおこる。その経緯を記す薄衣美濃入道《にゅうどう》の申状《もうしじょう》、いわゆる「薄衣状」は、これまで『伊達正統世次考』にしたがって明応八（一四九九）年に作成され、伊達成宗《なりむね》に宛てられたものとされてきた。しかし近年の研究により文明元（一四六九）年のもので、宛所も奥州探題大崎教兼《のりかね》配下の奉行所《ぶぎょうしょ》であることが明らかにされている（『石巻の歴史』八、遠藤・前掲論文）。

　これによると、上形《うわかた》氏と富沢河内守が二迫《にのはさま》彦二郎を切腹に追いこんだ。探題大崎教兼は両氏を処罰しようとしたが、教兼の子息古川殿の奔走により河内守は赦免された。これを不服とした柏山伊予守重朝《しげとも》や黒沢氏・金成《かんなり》氏は富沢河内守を殺してしまう。探題はこれを無念としたが、一〇年あまりそのまますぎた。

　ところが、探題の家臣である氏家《うじいえ》三河守入道・同安芸守が主家にそむいて兵を挙げ、柏山氏らがこれに同心したため、大崎・葛西氏領の全域をまきこんでの戦乱となった。探題の子息百々《どうどう》左近大夫《さこんたいふ》高詮《たかあき》は「闇夜に火の消え、流に棹を失う風情」で落ちのびたという。薄衣美濃入道は江刺三河守とともに探題の命をうけて、応仁二（一四六八）年閏十月十五日ついに出陣する。しかしその直後に美濃入道の弟が反し、さらに十二月八日に葛西氏惣領の満重《みつしげ》が大軍を率いて薄衣を襲い、美濃入道は一時は死を覚悟したがからくもこれを撃退した。

翌文明元年二月に、柏山伊予守が新田・黒沼二城に押し寄せ、美濃入道も奮戦したが公方＝探題の軍勢は多く討死した。その後も激戦が続いて今に至っている。来年二月には、探題大崎氏自身が佐沼《さぬま》辺に出陣する。江刺弾正大弼《だんじょうだいひつ》は、「糠部三千騎」および斯波・稗貫・遠野・和賀・須々孫氏の軍勢をともなって、柏山氏の本城胆沢郡大林《おおばやし》城（金ケ崎町）を攻撃する予定である。さらに仙北・由利・秋田の軍勢も加わる。こうなればいかに柏山伊予守が勇猛であっても、勝利は間違いない。ついては伊達成宗にも探題の味方に加わるよう依頼する、との言葉で「薄衣状」は結ばれている。

要するに葛西氏領内の有力武士相互の紛争が、大崎氏家臣団の反乱を誘発して拡大した事件だった。探題大崎氏の立場は、永享の戦乱と異なり反乱の鎮圧者というよりは、抜き差しならぬ状況に追いこまれた紛争の当事者である。しかも、永享のときには斯波御所は南部氏という強力な軍事力をもっていたが、ここでは大崎氏が本来たのむべき葛西氏惣領が敵側に回り、大崎氏領内の武士も含めて多くの武士が葛西氏にしたがっている。たがいに境を接する大崎・葛西両氏のあいだに、所領の利害関係をめぐって微妙な問題があり、これが戦国末まで続く両氏の不和の始まりなのかもしれない。しかも、中央では室町幕府の権威を失墜させたあの応仁・文明の乱の最中で、探題の政治的権威に翳《かげ》りがみえてきているのは否めない。永享の戦乱よりはるかに長期化したのは、そのためだろう。とはいえ、最終的には探題は糠部＝南部氏、斯波御所、稗貫・和賀・遠野《とおの》氏らを動員することができたのであって、なおも室町幕府体制の体現者としての地位は健在だったのである。

2　戦乱と新時代の模索

南部氏の戦国●

明応二（一四九三）年、細川政元《まさもと》は将軍を実力で交代させて幕府の実権を掌握した。それまでの室町幕府の秩序がくずれ、本格的な戦国争乱が到来するのは、この前後からとするのが通説である。降って大永二（一五二二）年に、伊達稙宗《たねむね》が陸奥国守護職《しゅごしき》に補任された。これによって奥州探題《たんだい》制が名実ともに廃され、大崎氏を頂点とする室町的秩序は過去のものとなった。奥州の武士たちは、もはやこぞって戦国の世に足を踏み入れていた（小林清治「大名権力の形成」『中世奥羽の世界』など）。その様相を、まずは北部の糠《ぬか》部《のぶ》・久慈《くじ》郡からみていこう。

この地域の武士たちが一揆《いっき》として結びついており、このネットワークは鹿角《かづの》・津軽までおよんでいたことはすでにのべた。その盟主ともいうべき地位にいたのが南部氏である。江戸時代の史書・系図類は、当初より嫡流の三戸《さんのへ》南部氏が、一戸《いちのへ》・八戸《はちのへ》・九戸《くのへ》氏らの庶流や周辺諸氏を統率していたと記す。そうした所伝はすでに批判的に検討されているものの、大筋では現在でもうけいれられているといってよい。南部師《もろ》行《ゆき》の弟政長《まさなが》の子孫である八戸南部氏は、南北朝期こそ糠部郡奉行（国代《こくだい》）の跡を継いで優勢だったが、南朝の凋落と運命をともにし、先んじて室町幕府側についた三戸南部氏が優位に立ったとされている。近年はこうした通説への疑問が提示される一方（吉井功児「中世南部氏の世界」『地方史研究』二〇五号）、史料の厳密な読解にもとづいて通説を裏付ける作業も進んでいる（遠藤巌「室町期三戸南部氏研究ノート」『新しい世界認識の総合的研究』)。三戸・八戸両南部氏の関係については、今後の研究の進展が楽しみである。

ただし三戸南部氏が十五世紀末以降、系図に二三代とされる安信《やすのぶ》とその子晴政《はるまさ》の時代に急速に発展し、この地域の最有力の武将となったことは確実である。のちに盛岡藩の重臣となる北・南・東《ひがし》・石亀《いしがめ》・毛馬《けま》内《ない》・楢山《ならやま》氏らの一族が出揃い、彼らと直属の家臣団で構成される家中《かちゅう》の組織が拡大する。盛岡藩祖信直《のぶなお》の父で、安信の弟とも子ともいわれる石川高信《たかのぶ》が津軽に進出し、また岩手郡に勢力を拡大したのもこの時代である。

天文八(一五三九)年は、三戸南部氏にとって特別に重要な年だった。「奥州南部彦三郎」が将軍足利義晴《よしはる》の偏諱《へんき》を拝領し、晴政と名乗った。奥州の有力武士が将軍の偏諱をもらうことは、この時代さほど珍しいことではないが、南部氏は少しく途絶えていたらしい。幕府内談衆《ないだんしゅう》で故実に通暁していた大館常興《おおだてじょうこう》は、幕閣より南部氏についてたずねられ、「もともとより南部の事承り候、御馬など進上候て一段の輩と見え候」と、過去にさかのぼってその由緒を説明している(「大館常興日記」)。将軍偏諱の拝領は、三戸南部氏が幕府よりこの地域を代表する大名と認定されたことを物語るできごとだった。

この年にはもう一つ、本城聖寿寺館《しょうじゅじたち》(本三戸城・青森県南部町)の大火があった。『祐清私記《ゆうせいしき》』などは家臣赤沼備中《びっちゅう》が遊色にふける晴政を怨んで放火したとするが、晴政が直属家臣団の拡大・強化を強引に進め、その過程に生じた軋轢《あつれき》が背景にあろう。これを機に本城は三戸城(青森県三戸町)に移るが、それは普通いわれるような城下の移転ではなかったらしい。というのは代々の墓所や菩提寺《ぼだいじ》、崇敬あつい八幡社などはそのままで、聖寿寺館自体も廃城となった形跡はないとされるからである。三戸城の築城は城下の再編・拡大と理解すべきだろう。三戸南部氏は確かな足どりで、戦国大名にむかって進みはじめたのである。

そのような動向はひとり三戸南部氏だけではなかった。九戸氏もまた然《しか》りである。九戸氏は南部氏の祖光行《みつゆき》の五男行連《ゆきつら》の流れとされるが、出自については検討の余地があろう（森嘉兵衛『九戸地方史』）。名字《みょうじ》の地である糠部郡九戸熊野館《くまのたて》（九戸村）から二戸に進出して九戸城を築いたのは、「系胤譜考《けいいんふこう》」などによれば室町時代の光政《みつまさ》の代とされる。一戸の古刹実相寺の由緒書によると、明応年間より二戸地域は九戸氏の支配下にあったことがうかがわれ、系図類の記載と符合する。

早くから婚姻などをつうじて浄法寺《じょうぼうじ》氏、八戸氏支族の新田《にいだ》氏、七戸氏、岩手郡不来方《こずかた》福士《ふくし》氏らと結び、とくに九戸に近い久慈郡の領主久慈氏とは、ほとんど同族といってよいほどの濃密な縁戚関係を重ねていた。天正十九（一五九一）年の乱で知られる九戸政実《まさざね》の曾祖父連康《つらやす》（康連《やすつら》とも）の妹は久慈治義《はるよし》に嫁し、連康の娘も治義の嫡子久慈信義《のぶよし》に嫁している。弘前藩祖となった大浦《おおうら》（津軽）為信《ためのぶ》の出自についても、実はこの久慈信義の弟とする説が有力である。

こうして九戸氏は連康から政実までの四代にあいだに勢力を拡大し、三戸南部氏に対抗するだけの実力を蓄えていったらしい。永禄六年の「光源院殿御代当参衆並足軽以下衆覚」（『後鑑』）は、将軍足利義輝《よしてる》時代の全国の大名《だいみょう》・国人《こくじん》を列挙したものだが、そのなかに「関東衆」として葛西氏と「南部大膳亮《だいぜんのすけ》・九戸五郎」の名がみえる。南部大膳亮は三戸晴政、九戸五郎は政実と推定されるが、幕府は九戸氏の立場を三戸南部氏と並ぶものと認識していたのである。

三戸・九戸両氏の台頭のはざまで、一戸・八戸・久慈氏らの諸氏はなお自立した領主としての地位を保っていた。永禄から天正年間（一五七三〜九二）にかけて三戸南部氏の内部で晴政と養嗣子信直との相続争いがあり、三戸家中だけでなく諸氏をまきこんで大乱となった。このとき双方の和平を斡旋したのが一戸南部氏と久慈氏で、彼らは三戸南部氏からも「諸事一戸ニ申し合され候」、「一戸より、久慈へ仰せ合され候て、三戸へ和談之儀御取合あるべきの由」と中人としての活躍を期待されていた（南部家文書）。一戸氏は前節の「稗貫状《ひえぬきじょう》」に南部治部大輔一戸実俊《さねとし》がみえるが、代々一戸城（一戸町）に拠り、その支流は沿岸部に野田・千徳《せんとく》・八木沢・津軽石・江繋《えつなぎ》氏、さらに岩手郡に荒木田・平館《たいらだて》・堀切・寄木《よりき》氏が蟠踞するなど、糠部以南にも一大勢力圏を築いていた。

また八戸南部氏は、十六世紀初めの家督の夭折と一族の内紛で衰えたものの、やはり糠部郡内の有力者だった。天正元年に晴政と九戸政実が対立したとき、八戸南部政栄《まさよし》が中人となって調停し、政実の弟を三戸に人質として差し出す代わりに、晴政の「姫たちの内にても寵愛甚し」き二の姫を政実の嫡弟実親《さねちか》に嫁すことで和平がなったという（『祐清私記』）。これは平等な人質交換で、三戸・九戸両氏の立場をよく伝えているが、同時に中人となった八戸南部

一戸町月舘の宝篋印塔　南部氏の蟠踞した糠部郡では多くの宝篋印塔がつくられた。

氏も自立した領主だったことがわかる。

糠部・久慈を中心とする地域では、三戸南部氏と九戸氏の台頭が従来の秩序を突き崩し、この地域を戦国時代に突入させる原動力となっていた。しかし、一戸・久慈・八戸氏(これに浄法寺氏も加えることができよう)らはなお独立した領主として並び立っており、彼らによる従来の一揆的な結びつきは依然として鞏固だった。この結びつきは「郡中《ぐんちゅう》」とよばれることもあったが(南部家文書)、この場合の「郡」は糠部・久慈といった中世的な郡の枠組みをこえた戦国期特有の領域をさす言葉で、「郡中」の成立はこの地域の諸氏の結びつきがあらたな段階にはいったことを示しているように思われる。三戸南部氏と九戸氏との対立も、さしあたりはこの「郡中」の内部での主導権争いだった。

斯波御所《しばごしょ》と諸氏●

斯波御所と御所の尊称を冠してよばれた志和《しわ》郡斯波氏は、奥州探題大崎氏の威勢が凋落した時期でも、室町時代以来の高い家格とそれなりの勢力を維持していた。残念ながら当時の斯波氏に関するたしかな手がかりはきわめて少なく、滅亡寸前の天正十六(一五八八)年五月二十八日付の志和稲荷神社棟札《むなふだ》に「大檀那源朝臣志和孫三郎詮直、本領当国住」とあるのみである(章扉写真参照)。それでも、永禄年間(一五五八~七〇)の三戸南部晴政の書状に「斯波殿」がみえ、「殿」の敬称を付されているところに、斯波氏の威勢のほどをしのぶことができる(南部家文書)。

系図などによれば、斯波氏は岩清水《いわしみず》・簗田《やなだ》氏をはじめとして郡内の諸氏をほぼ完全に家臣としていたらしい。なかでも有力な大萱生《おおがゆう》氏は「太平記の頃」に志和郡大萱生に移住したといわれ、大萱生・栃内《とちない》氏の祖の河村飛驒三郎は斯波御所(家長か)に属して下向したとも伝える(『祐清私記』『奥南旧指録』)。河村氏が南北朝期に南朝方で活躍したことはすでにのべたが、複雑な政治情勢のもとで、一族のなかには早くから足利方で斯波御所の祖にあたる斯波家長にしたがったものがあったのだろう。斯波氏の勢力が岩手郡におよぶのは、その一族が雫石《しずくいし》と猪去《いさり》に居館を構えた天文年中（一五三二〜五五）とされるが、あるいはもっと早くからかもしれない。ともあれ、十六世紀前半の岩手郡は、岩手山を境に北に一戸氏を中心とする南部氏の勢力と、南に斯波氏の家臣が対峙していたことになる。

注目すべきは、斯波氏が近隣諸氏と深い関係を維持していたことである。和賀氏の庶流が斯波氏の家臣となって岩手郡大釜館《おおがま》（滝沢村）に拠り、大釜氏を称している。斯波御所にしたがって志和郡太田に住した太田氏も、和賀氏一族の達曽部《たっそべ》氏の出身である（『奥南落穂集』など）。さらに十六世紀半ばから後半の稗貫氏の当主大和守《やまとのかみ》は斯波御所の弟で、稗貫氏に入嗣したのちも「斯波御前」と称されたという（仙台稗貫系図）。

遠野阿曽沼《あそぬま》氏の一族で、惣領家と対立するほどの有力者の鱒沢《ますざわ》氏は、御所の女子を正室に迎え、そのとき御所の家臣松田某が付き人として遠野に移ったという（『阿曽沼興廃記』）。これは鱒沢氏にとって惣領家に対抗する格好の材料となったに相違ない。九戸政実の弟直康《なおやす》（康実《やすざね》・直実《なおざね》とも、のち中野を名乗る）が御所の女婿となり、志和郡高田に所領を与えられて高田吉兵衛《きちべえ》と名乗ったことはよく知られている。直康は結局御所にそむいてその滅亡のきっかけをつくるが、当初は遠野における鱒沢氏と同様に、九戸氏が三戸南部氏より優位に立つために婚姻関係を利用したものとも考えられる。

「稗貫状」の時代、斯波御所は室町幕府と奥州探題の権威を背景に、陸奥国北部で然るべき地位にあった。そして幕府の権威が衰え、大崎氏が凋落したこの時期にも、入嗣や婚姻などをつうじて近隣諸氏との結びつきをいっそう強め、したたかにこの地域の盟主たる地位を保持していたようにみえる。

それでは、斯波氏とむすんだ諸氏の動向はどのようなものだったか。和賀氏は鎌倉時代の中条《ちゅうじょう》（苅田）義季《よしすえ》が和田義盛の養子となって以来、平姓を本姓としていた。和賀郡丹内山《たんないさん》神社（花巻市）には応永二十二（一四一五）年から戦国期に至る数点の棟札があるが、その施主はすべて平姓の武士で、和賀氏の一族だろう。明応元（一四九二）年七月に鬼柳義継《おにやなぎよしつぐ》は右京少進より伊賀守に昇進したが、そのときの口宣案《くぜんあん》に「平義継」とある（鬼柳文書）。ところが『南部根元記』に「和賀の本領主多田又次郎」などとあるように、江戸時代の史書や系譜類はすべて和賀氏を清和源氏多田流としている。平姓から源姓への転換についてはすでに詳細な考察があるが（司東真雄『岩手の歴史論集』、『和賀町史』）、十五世紀中に和賀氏が多田の名字《みょうじ》を称した形跡はなく、平姓を改めるのは十六世紀にはいってからのことだろう。室町時代の和賀氏惣領が一族をはじめとする郡内諸氏の統制に苦しんだことは「稗貫状」にみられるとおりだが、戦国期にはいると郡内の状況はいっそう複雑なものとなり、惣領家に大きな変化があったのは間違いない。詳細は不明だが、和賀氏もあらたな時代にはいったことを象徴的に表現するできごとである。

稗貫大和守は天文二十四年に上洛して将軍足利義輝《よしてる》に黄金一〇両を献上し、偏諱を拝領して輝時《てるとき》と名乗った（蜷川家文書）。斯波御所の子息はこの人物だろうか。上洛は、当時京都と奥州を往復し奥州大名と幕府との連絡役となっていた坂東屋が斡旋したもので、輝時だけでなく葛西領の大原氏なども同行している。ただ、輝時は家臣十二町目下野守・栃内出雲守・万丁目《まんちょうめ》某・湯口大蔵丞《ゆぐちおおくらのじょう》を引きつれており、鷹の進上を約すなど特別の待遇をうけたらしい。もっとも領内がおだやかならざることは和賀氏などと同じく、元亀元（一五七〇）年に「稗貫郡破壊」と記されるような争乱がおこり、所領を接する葛西晴胤《かさいはるたね》が出陣の用意をしたほどだった（『正法寺年代記』・伊達家文書）。

遠野阿曽沼氏は、系譜に一二代とされる広郷《ひろさと》が、天正初年の頃に本拠の横田《よこた》城をそれまでの護摩堂《ごまどう》城（遠野市）から南方の鍋倉《なべくら》城（同上）に移したという。猿ケ石《さるがいし》川の氾濫をさけるためというが、九戸氏や三戸南部氏と同様、城下の再編・拡大によって新時代を乗り切ろうとしたのだろう。天正七年に織田信長に使者を遣わして鷹を献上、信長よりの返書に雪のように白い見事な鷹だったとある（『阿曽沼興廃記』）。領内では鱒沢氏との対立が深刻だった。広郷は子息広長《ひろなが》の正室を葛西領の世田米《せたまい》氏より迎えているが、葛西氏との関係を強めることで、鱒沢氏を押さえこもうとしたのだろうか。

葛西氏の動向

葛西氏についてはこれまでの研究の蓄積も少なくなく、また近年石田悦男氏の研究（『石巻の歴史』六）もあり、戦国期の状況についてある程度明瞭なイメージをもつことができる。先学の研究を紹介しつつ、葛西氏の戦国期をたどってみよう。

十六世紀前半の葛西氏惣領は宗清《むねきよ》。永正初年とされる熊野速玉《くまのはやたま》神社奉加帳《ほうがちょう》には、領内の諸氏の名が列挙されているが、冒頭にひときわ大きく「前武蔵守宗清」の名と花押《かおう》がしたためられて、一族・家臣をしたがえる惣領の姿が彷彿とされる。

宗清は伊達成宗《なりむね》の子で、葛西氏に入嗣すると積極的に支配領域の拡大をはかった。牡鹿《おしか》郡を本拠とする有力家臣末永《すえなが》氏の離反を逆手にとって桃生《ものう》郡の山内首藤《やまのうちすどう》氏と戦い、これを相馬に奔らせ（山内首藤家家譜）、前後して登米《とよま》郡も手に入れた。戦国争乱の時代に対応して、鎌倉以来の本領五郡二保《ほ》の枠を破りあらたな版図の拡大をはじめたのである。

宗清の跡はその子晴重《はるしげ》が継ぐが、晴重のつぎに家督を継承したのは、やはり伊達稙宗《たねむね》の子牛猿丸《うしさるまる》であった。このときも末永氏の抵抗があったが、稙宗は強引に牛猿丸の入嗣を実現した。天文十五（一五四六）年、牛猿丸は将軍足利義晴《よしはる》の偏諱を下されて晴胤《はるたね》と名乗る（盛岡葛西文書）。本城を牡鹿郡石巻《いしのまき》から登米郡寺池《てらいけ》城に移したのは天文末年の頃とされるが、戦国大名への道を歩んだ他の諸氏と同様、あらたな支配領域にみあった新城下を建設したのである。

こうして宗清から晴胤にかけての時期に、葛西氏は大きな変貌をとげる。とくに二代にわたる入嗣をへて、伊達氏の影響力が飛躍的に増大したことは特筆すべきだろう。

それをみせつけるような事件が、伊達氏天文の乱である。天文十一年、伊達稙宗が嫡子晴宗《はるむね》によって幽閉されたことに端を発するこの父子の争いは、伊達家中のみならず、南奥羽の諸氏をまきこんだ大乱となった。葛西晴胤は当初は父の稙宗方に付いて「粉骨の働き」をしたが（色部文書）、もともと自立性の高い葛西領内の諸氏が一致して惣領にしたがうことはなかった。そのことは伊達氏も十分承知し、むしろ晴宗はこれを利用して胆沢郡柏山氏や、磐井郡大原氏・千厩《せんまや》氏、三迫の富沢氏を個別に自陣にとりこんでいる（留守家文書・『伊達正統世次考』など）。争乱は天文十七年に晴宗方の勝利に終わるが、これより少し前に晴胤は稙宗・晴宗の和平を画策するようになる。この頃に薄衣《うすぎぬ》刑部《ぎょうぶ》大輔《たいふ》に宛てた書状に「家中の輩一統」とのべたのは（『宝翰類聚』）、ようやく領内諸氏と足並みをそろえられるようになったことを吐露したものだろう。伊達家中の二派がそれぞれ葛西領内の諸氏を直接に自派にとりこんだところに、伊達氏の影響力がいかに浸透していたかをみることができる。

もっとも、葛西氏は領内の統制のために伊達氏との連合を利用したとの指摘もある。葛西氏が戦国大名として成長するうえで、有力家臣を押さえこむことが最大の課題だったのはいうまでもない。なかでも胆沢郡の柏山氏は、しばしば惣領にそむく危険な存在だった。天文末年頃の晴胤の江刺氏宛書状に、大崎氏との合戦のため「胆沢郡の仕合」はしばらく棚上げするとある。所領を接する大崎氏は戦国期の葛西氏にとって「当方古敵の儀、遠近その隠れなく候か」という対立関係にあったが、逆にいえばこうした外征も、家臣の離反にあって頓挫することが少なくなかっただろう（江刺市菊池文書）。晴胤の近親葛西六郎が反旗をひるがえしたのも、柏山伊勢守の後援があったからである。晴胤は江刺氏に柏山氏追討を命じるとともに、遠野阿曾沼氏にまで協力を依頼している（『阿曾沼興廃記』）。本吉郡の元吉《もとよし》氏など、惣領家にそむく家臣はほかにも多くいたが、「薄衣状」の時代以来、柏山氏の動向は葛西氏をおびやかした最大の要因の一つであった。

中世の終焉と新秩序の模索●

天正十六（一五八八）年から翌年にかけて、戦国争乱に終止符を打つような事件がおこる。南部氏が志和郡斯波氏を滅ぼし、岩手・志和郡を手に入れたのである。本県の中世はすでに幕を閉じつつあった。

南部氏では、天正十年に三戸南部の家督を信直《のぶなお》が継いだことであらたな段階にはいった。晴政と嗣子晴継があいついで死去すると、三戸家中は恐慌状態となる。家中には晴政の女婿で九戸政実の弟実親《さねちか》を家督に立てようとするものが少なくなかった。長年対立していた九戸氏との同盟で危機を乗り切ろうとしたのである。一方、一族の重鎮北信愛《きたのぶちか》・南信義《みなみのぶよし》（長義）は強引に信直を擁立し、信愛は「すぐりたる侍百人・鉄砲廿挺何れも物具堅め、田子《たっこ》におはします九郎信直公」を三戸城に迎えたという。北・南氏による軍事クーデタだった（『南部根元記』など）。三戸南部氏と九戸氏との対決はさけられなくなった。

その前年、名門一戸氏嫡流の滅亡という椿事《ちんじ》がおこっている。一戸城主兵部大輔《ひょうぶたいふ》政連《まさつら》が、弟で岩手郡の平舘《たいらだて》氏を継いでいた一戸信州《しんしゅう》に斬殺されたのである。事件の黒幕は九戸政実で、政連が自派に与《くみ》しなかったため、信州をあざむいて討たせたとされる（『祐清私記』）。もちろん逆に、三戸氏から一戸氏への働きかけもあったろう。三戸・九戸の激しい政争の犠牲になったというのが真相ではなかろうか。

家督相続後の信直の活動は目を見張るものがあった。その最たるものは豊臣政権への接近だが、これは後述することにして、見逃せないのは閉伊郡方面への進出である。天正十六年に、側近の桜庭《さくらば》安房《あわ》・楢山帯刀《ならやまたてわき》左衛門尉《さえもんのじょう》を閉伊郡沿岸に派遣し、田鎖《たくさり》氏をはじめとする諸氏を三戸南部氏の麾下に属させている。南部氏を中心とする領主の連合＝「郡中」のなかで、これ以前に閉伊郡方面の対策をになっていたのは地

一戸城跡の航空写真(一戸町)　城は馬淵川の河岸段丘を利用して築かれた。

の利のある久慈氏だった。三戸南部安信《やすのぶ》の頃、久慈信義《くじのぶよし》が出陣して閉伊郡の諸氏をしたがえたという（「系胤譜考」）。信直が側近の一族をあえて派遣したのは、九戸氏と昵懇の久慈氏を牽制する意味もあっただろう。

そして岩手・志和郡の攻略である。まず信直は岩手郡雫石城を攻撃し、斯波御所の一族雫石御所を滅ぼした。天正十四年のことで、横手城主小野寺輝道《てるみち》はこれを祝した書状を信直に送っている（『宝翰類聚』）。九戸政実の弟で斯波御所の女婿となっていた中野直康《なおやす》は、これを機に御所のもとを出奔し岩手郡中野館（盛岡市）に居住して、簗田《やなだ》・岩清水《いわしみず》・大萱生《おおがゆう》氏ら斯波氏家臣を南部氏の側にとりこむために画策する。直康が石清水右京《うきょう》を離反させるのに成功すると、天正十六年七月、南部信直は志和郡に進軍して斯波御所の高水寺《こうすいじ》城（紫波町）を落とした。岩手・志和郡は完全に南部氏の支配地域となったのである。

出羽国仙北山本郡（秋田県）の本堂伊勢守道親《ほんどういせのかみみちちか》が早速に信直に慶賀の書状を送っているように（『宝翰類聚』）、斯波御所の滅亡は北奥羽の政治世界にとって大きな衝撃だった。とくに和賀・稗貫・遠野阿曽沼氏など、斯波氏と深い結びつきをもっていた近隣の諸氏にとって、地域の大黒柱を失ったともいえる。中世的な秩序が崩れ去り、あらたな秩序が模索されなければならなかった。葛西晴信《かさいはるのぶ》も新秩序を求めて奔走した一人である。

晴信は晴胤《はるたね》の子で、夭折した兄義重《よししげ》に代わって葛西氏惣領の座についた。それは、ちょうど信直が三戸南部氏を相続したのと同じ頃だろう。彼は信直の志和郡進発を祝す書状で、双方の本拠の中間で会談する計画をのべている。「はたまた半途においてご対顔の段、御理《おんことわ》りに及ばれ候」とあることからすれば、会談は信直の発案だったらしいが、その眼目は「遠野の進退」だった（盛岡南部家文書）。遠野保《とおのほ》では、阿曽沼氏と鱒沢氏との確執が泥沼化しており、阿曽沼氏が鱒沢氏を殺害するため晴信に援軍を依頼するほどだった（『宝翰類聚』）。会談が実現すれば、阿曽沼氏の内紛を如何に処理するかということが第一に話し合われただろうが、また和賀・稗貫・閉伊郡などの動向についても意見の調整がはかられたことだろう。斯波御所亡き後の本県中央部を葛西・南部両氏の合意によって再編する、そのようなことが実現したかもしれない。

当時、奥州南部では伊達政宗《まさむね》が新秩序建設の立て役者となっていた。この年初めの大崎攻めには失敗したものの、翌天正十七年四月にはこれを服属させ、五月には相馬氏を攻撃、六月には摺上原《すりあげはら》の合戦で蘆名《あしな》氏を破り会津を手に入れることとなる。すでに伊達氏の傘下にはいっていた葛西晴信は、これら一連の合戦に援軍を送るとともに、天正十五年より政宗と会談を行なうことを何度か計画している（『政宗君治家記録引証記』・秋田藩家蔵文書）。もし晴信と政宗、晴信と信直の会談が実現したなら、奥州の南北にまたがる新秩序が構想されたことだろう。ただし、葛西氏と伊達氏との関係からすれば、それは伊達氏主導の新秩序だったに相違ない。しかし彼らの会見ははたされなかった。

晴信の外交が徒労に終わったのは、彼自身が戦国大名として領内を統制しきれなかったことが一因である。天正十五年に気仙《けせん》郡の浜田氏・今泉氏が、磐井郡の横沢氏と談合して本吉郡に乱入するという事件があり（石川甚兵衛氏所蔵文書）、江刺氏も再三晴信にそむいていた。信直との会談場所ははじめ江刺郡に予定されていたが、遠野に変更せざるをえないほどだった。

葛西晴信が伊達氏を背景に新秩序を模索したのに対して、南部信直は新秩序の源泉をいちはやく豊臣政権に求めていた。時流をみるに聡《さと》かったというだけではない。むしろ九戸政実をはじめとする多くの反信

❖コラム

中世的郡・保のゆくえ

中世の行政単位である郡《ぐん》・保《ほ》は、そこを所領とする自立した領主あってのものだから、領主の盛衰と運命をともにする。奥州藤原氏の時代に本県域を構成する諸郡・保が出揃って以来、郡・保の区画に基本的な変化はなかった。変化するのは戦国末から近世にかけてで、その最たるものは久慈《くじ》郡《ぐん》と遠野保《とおのほ》の消滅である。

久慈郡はおよそ現在の久慈市域にあたるが、久慈氏が南北朝の動乱のなかでここを所領とする。久慈氏は南部氏などと一揆《いっき》的な結びつきを強め、とくに戦国期に久慈氏が九戸《くのへ》氏と濃密な婚姻関係をつうじて半ば同族化するようになると、久慈郡は糠部《ぬかのぶ》郡の一部とみなされるようになったと思われる。しかし、久慈郡が最終的に独立した郡ではなくなり、糠部郡の一地域になるのは、久慈氏の嫡流が九戸政実《まさざね》の乱に加担して滅び、三戸《さんのへ》南部氏の支配がおよんだからだろう。

遠野保も同様である。国衙《こくが》領内の特殊地域である保としての意味は戦国期には忘却され、「遠野郡」などとよばれることもあったが（盛岡南部家文書）、閉伊《へい》郡をはじめ諸郡とならぶ行政単位として存続していた。ところが、領主阿曽沼《あそぬま》氏が天正十八（一五九〇）年の奥羽仕置《しおき》で南部氏の麾下《きか》に属することとなって独立性が失われると、南部氏支配下の閉伊郡のうちに編入されてしまう。

久慈郡を含みこんだはずの糠部郡も、近世初期に二戸《にのへ》・九戸郡などに分割され、平安末以来の郡名は消滅するが、これは盛岡藩政の確立によるものだろう。ともかくも、中世的な地名がこうして消えていくのである。

直派の存在が、中央の強大な権力に接近させたのである。信直を三戸の家督にすえた老臣北信愛は、天正十四年みずから前田利家《としいえ》のもとを訪れ、豊臣秀吉《とよとみひでよし》との接触をはかった。翌年六月には利家は信直と血判《けっぱん》起請文《きしょうもん》を交わし、「関白《かんぱく》様へ御取成《おんとりなし》の儀、毛頭疎略あるまじく候」と約した。秀吉が有名な関東・奥羽両国惣無事令《そうぶじれい》をだす半年ほど前のことである。翌年には秀吉より上洛の許可をもらうとともに、前田利家から早くも天正十八年に実現する奥羽仕置《おううしおき》の情報を入手している。この段階で豊臣政権は信直を大名として認定し、九戸氏以下はその家中としてあつかっている。「郡中」の一揆的な結びつきは、信直の家臣団に強引に再編されつつあった。

伊達氏を背景に地域の武士による新秩序を模索した葛西晴信と、豊臣政権に服従することで生き延びようとする南部信直とは、好対照をなしている。いずれが賢明だったかを論じるのは歴史研究の分限をこえている。ただ、この二つの選択肢は晴信や信直のみならず、多かれ少なかれ奥州武士に共通するものだったことだけは確かであろう。

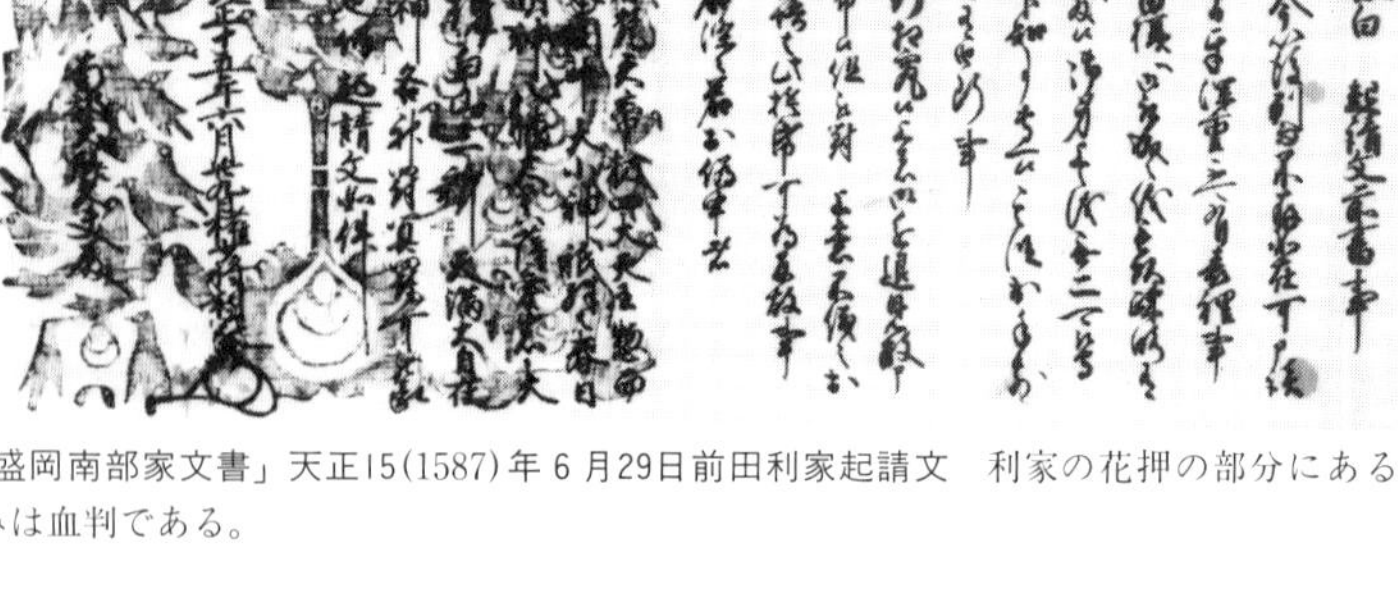

「盛岡南部家文書」天正15(1587)年6月29日前田利家起請文　利家の花押の部分にあるしみは血判である。

7章

近世社会の成立

上の橋の擬宝珠(盛岡市)

1　南部氏と盛岡

奥羽仕置と南部氏●

豊臣秀吉《とよとみひでよし》は天正十八（一五九〇）年七月五日、最後まで服属を拒否していた小田原の北条氏を滅亡させ、同十七日、奥羽《おうう》仕置《しおき》（奥羽の諸大名の成敗）のために小田原を出発し、同二十六日宇都宮に到着した。ここで、小田原攻めに参陣しなかった和賀義忠《わがよしただ》・稗貫広忠《ひえぬきひろただ》らの改易《かいえき》（所領没収）を決定した。ついで八月六日白河、同九日に会津黒川（会津若松）に到着し、同じ理由で葛西晴信《かさいはるのぶ》・大崎義隆《よしたか》・石川昭光《あきみつ》・白川義《よし》親《ちか》・田村宗顕《むねあき》らの所領を没収した。代わって、東北の要地としての会津には蒲生氏郷《がもううじさと》、旧葛西・大崎領には木村吉清《よしきよ》・清久《きよひさ》父子、鳥谷ケ崎《とやがさき》（花巻市）には浅野長吉《ながよし》（長政《ながまさ》）が配置された。

八月十日、秀吉は陸奥・出羽両国に対して、奥羽仕置の施行原則ともいうべき太閤検地《たいこうけんち》の条目と定書をだした。ついで同十二日、秀吉は検地奉行《ぶぎょう》の浅野長政に対して、いわゆる「なでぎり（撫切り）」令をだして京都への帰路についた。その指令書では、秀吉の命令によく服従しない者は「一人も残し置かず、なでぎり」にすること、「たとえ亡所」になっても差し支えないから、「山のおく、海ハろかい（艪櫂）」のつづくかぎり入念に行なうことを命じている。秀吉が文禄元（一五九二）年の朝鮮出兵を目前に控えて、天下統一の総仕上げである奥羽仕置に対し、いかに重大な決意をもって臨んでいたかを読みとることができよう。

一方、鷹匠《たかじょう》と伝えられているが、実は山師であったと考えられる田中清六《せいろく》（のち江戸幕府の佐渡金山奉行）のもたらす情報をもとに、たえず中央の政治情勢に注意していた南部信直《なんぶのぶなお》は、苦悩の末に小田原参陣を決定した。天正十八年四月、一族の八戸政栄《はちのへまさよし》に留守を託して三戸《さんのへ》城下を出発し、小田原の秀吉のもとに参陣した。そして信直は、七月二十七日付の豊臣秀吉朱印状《しゅいんじょう》（口絵参照）により「南部内七郡」からなる本領の安堵《あんど》をうけることに成功した。その朱印状には、本領南部七郡の安堵のほか、信直妻子の京都在留、太閤検地による蔵入地《くらいりち》確定とそれにもとづく在京の賄いの確保、家臣の諸城破却とその妻子の城下三戸への集住などが厳命されていた。こうして南部氏は、豊臣大名としての存在が公認され、ついで天正十八年八月の奥羽仕置の結果、完全に秀吉政権下に組み込まれることになった。

ところで、「南部内七郡」の解釈については諸説があるが、最近では、①糠部《ぬかのぶ》・鹿角《かづの》・閉伊《へい》・岩手・志《し》和《わ》・稗貫《ひえぬき》・和賀《わが》、②糠部・鹿角・閉伊・岩手・志和・久慈《くじ》・遠野《とおの》、の二説が有力である。②説はおもに東北地方在住の中世史家が主張しているものであるが、久慈と遠野を入れているところに問題があるので、①説でいう七郡とみるべきであろう。なお七郡中の糠部郡は、寛永十（一六三三）年六月から同十一年八月のあいだに北《きた》・三戸・二戸《にのへ》・九戸《くのへ》の四郡に分割されている（「系胤譜考」）。

奥羽仕置軍が帰還すると、天正十八年十月、没落した大名の旧臣や農民たちがいっせいに蜂起した。葛西・大崎一揆、和賀・稗貫一揆などがそれ

南部信直像

である。ついで翌十九年正月、南部一族の九戸政実《まさざね》が三戸城の南部信直に対して公然と反意を示し、三月には九戸城（宮野城《みやの》）に拠って挙兵した。この反乱を自力で鎮定できなかった信直は秀吉に注進し、奥州再仕置軍の下向を待った。秀吉の発した動員令にもとづく再仕置軍は豊臣秀次《ひでつぐ》を総大将とし、蒲生氏郷・堀尾吉晴《よしはる》・浅野長政・石田三成《みつなり》・井伊直政《いいなおまさ》らの諸勢力に、奥羽の加勢を加えると五万とも六万ともいわれる大軍であった。これを迎え撃つ九戸勢はわずかに五〇〇〇余人にすぎなかった。中央政権に対して反抗を企てた九戸政実は衆寡敵しがたくついに敗れ去った。時に天正十九年九月四日のことであった。この政実について、『奥羽永慶軍記』は「東夷の愚鈍」ときめつけているが、それはあまりにも酷であろう。

この九戸合戦は、南部信直と九戸政実という、二人の武将のとった歴史的適応・対処の相違によるもので、前者は天下人《てんかびと》としての秀吉の中央政権に完全に組み込まれ、しかも、時代の大転換をはっきりと自覚していたのに対して、後者にはその自覚がなかった。しかも、生産力の高い三戸地方を領有し、早くから中央政権との連絡に努めながら自己変革を進めてきた新興勢力としての南部氏と、二戸地方という後進性の強い経済的基盤に立って、古い権力と妥協しながら構築された伝統的勢力としての九戸氏とのあいだには、大きな懸隔があったといわざるをえない。南部領における宗主権の確立をめぐって、新旧二大勢力がくり広げた戦いであった。織田信長と武田勝頼とが戦った長篠《ながしの》合戦と同様に、豊臣政権の強力な後援をうけた南部信直と九戸政実との戦いは、まさに〝鉄砲と刀の戦い〟であったといってよい。

南部氏は慶長五（一六〇〇）年、関ケ原の戦いで覇権を確立した徳川家康《いえやす》からもそのまま所領が安堵され、寛永十一年八月には、徳川家光《いえみつ》から「陸奥国北郡、三戸、二戸、九戸、鹿角、閉伊、岩手、志和、稗貫、和賀十郡、都合拾万石」の領有が公認された。こうして近世大名としての南部氏の基礎は確固たるものとなり、その後約二五〇年間、その支配領域は変わることがなかった。なお、一〇郡を現在の県別でみると、北・三戸両郡は青森県、鹿角郡は秋田県、そのほかの諸郡は岩手県に属している。また、岩手県南に位置する気仙《けせん》・東磐井《いわい》・西磐井・胆沢《いさわ》・江刺《えさし》の五郡は仙台藩領であった。

盛岡城の建設●

戦国時代に南部氏が支配していた津軽地方は、豊臣秀吉によって大浦《おおうら》（津軽）為信《ためのぶ》の所領と公認され、完全に南部氏の支配下から離れることになった。そのため、これまで居城としていた三戸の位置は領内の北部に片寄ってしまい、地理的にみても南部氏の治府としては不適当なものとなった。そこで九戸合戦後、信直は九戸城に移ってこれを福岡城と改称し、さらに居城を南進させることにした。

その結果、北上川の水運を利用できる交通の要衝で、しかもその流域が穀倉地帯である岩手郡仁王郷《におうごう》不来方《こずかた》の地が新しい城地として選ばれた。この地は、もともと南部氏の被官であった福士《ふくし》氏が居を構えていたところであり、北方の渋民《しぶたみ》（盛岡市）や沼宮内《ぬまくない》（岩手町）などを経由して九戸城に達する街道沿いの要衝でもあった。そのうえ、天正十九（一五九一）年九月、九戸政実の反乱を鎮圧しての帰途に、浅野長政や蒲生氏郷などからも築城を勧められていたところであり、しかも北上川と中津川に挟まれた花崗岩台地からなる天然の要害《ようがい》でもあった。

盛岡城下の建設と築城のための基礎的な整地作業は、秀吉から内々の許可をえて文禄元（一五九二）年より着手されたが、まだ正式な築城認可はおりていなかった。この築城開始の年代については諸書まちまちで、文禄元年、同二年、同三年、慶長二（一五九七）年、同三年などの諸説があって、かならずしも一様ではない。一般に流布してきたのは慶長二年説であるが、これはとり入れがたい。当時京都の伏見《ふしみ》にいた南部信直は、国元にいた娘の八戸千代子に宛てて頻繁に手紙をだしていた。それらの書状から考えると、慶長三年に築城が開始されたとみるのが妥当である。信直は築城のための正式な認可書である朱印状を獲得するための政治工作を、慶長三年正月から積極的に開始した。とくに三月二十一日付の書状が注目される。

　此十五日にだいご(醍醐)と云う所にて御花見候、おびたゞしき御もよほし(催し)に候、其に御まぎれ候て、利家さま、われら御ふしん(普請)の御朱印御とりなく候、昨日としいへ(利家)へ参候へば、今明日中ニ御朱印御取りあるべしと仰せられ候

史料にみえる醍醐の花見とは、慶長三年三月十五日に秀吉が主催した史上有名な花見のことである。前田利家はその花見の雑踏にまぎれてしまい、秀吉から築城認可の朱印状をとりそこなってしまった。しかし、口頭での承認はえたようであり、三月二十日の段階では、一両日中にも築城認可の朱印状がでるところまできていることがわかる。しかし、その朱印状が現存していないため、はたして築城認可の朱印状が交付されたのかどうか、現在のところ不明といわざるをえない。ただし、醍醐の花見の折に、前田利

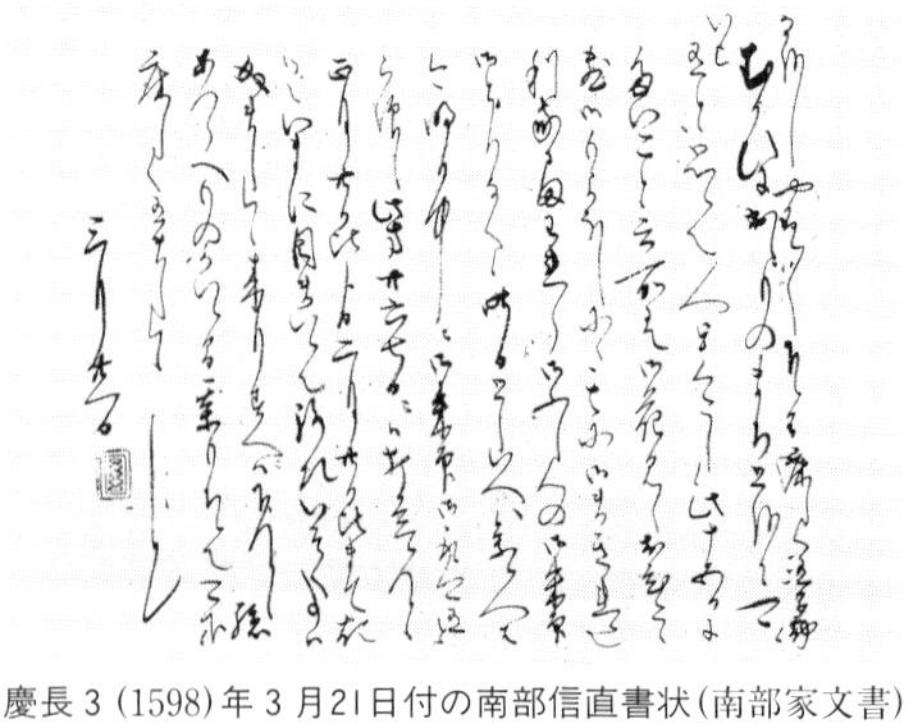

慶長3(1598)年3月21日付の南部信直書状(南部家文書)

家の斡旋によって口頭にせよ正式に築城が認可されたことは事実とみてほぼ間違いないであろう。

盛岡城の築城は、信直の指示をうけた嫡子利直《としなお》が内堀《うちぼり》伊《い》豆《ず》と相談し、その実際の指揮・監督のもとで、慶長三年から開始されたものと考えてよい。そして慶長三年の秀吉、同四年の信直のあいつぐ死去による中断、さらに地形上からみても土木工事の困難なところである点、厳寒期における工事の中断などによって遅滞もあったが、慶長年間中頃までには一応の完成をみたようである。しかし、その後もしばしば洪水による被害をうけ、そのつど居城は福岡（二戸市）や郡山《こおりやま》（紫波町）に移された。寛永十（一六三三）年、盛岡城が本格的に完成すると、三代藩主重直《しげなお》は江戸から帰国入城して居城と定めた。寛永十一年、本丸の焼失により一時福岡城を居城としたこともあったが、翌年盛岡城の修復が完了すると、その時以来明治維新まで、南部氏の居城として定着することになった。

築城開始から完成まで、実に三六年の歳月を要したことになる。その規模は正保四（一六四七）年の幕府への書上げによると、本丸（東西三三間〈一間＝約一・八二メートル〉、南北三六間）、二の丸（本丸より一間下、東西二八間、南北三八間）、三の丸（二の丸より二間下、東西三三間、南北三五間）などからなり、城廻り土手の総間数は一一六二間（約二・一キロ）、その総坪数は九万坪であったという。近世初頭の城郭としてはそれほど大きなものではないが、花崗岩台地に構築された平山城《ひらやまじろ》としては代表的なものの一つであった。しかも、北上・中津の両川を外堀的に利用しており、南部氏一〇万石（文化五年から二〇万石）の居城としては、政治的・経済的・軍事的観点からみても申し分なかった。

城下の建設と発展●

城下町を建設するための基礎的な整地作業は、文禄元（一五九二）年から開始されたが、その頃の道筋は、

『篤焉家訓《とくえんかくん》』や『内史略《ないしりゃく》』（史料の表記は『内史畧』）などによると、まず上田沼（堤）の上から法泉寺下に進み、そこから報恩寺《ほうおんじ》前・下小路《したこうじ》をへて春木場で中津川を渡り、さらに妙泉寺の下から八幡《はちまん》横丁・松尾大明神前・上小路《うわこうじ》・神子田《みこだ》へと進み、舟渡しで仙北丁《せんぼくちょう》の枡形の辺りにでて向中野へ進み、東根山麓を山つづきに花巻道へと通じていた。したがって、藩政時代に幹線道路としての役割をはたしていた奥州道中（街道）筋は、三代重直の時代に切り替えられた新道ということになる。

このように、当時の道路が北東部の山際を迂回していたのは、上田沼から名須川にかけての現在の市街地部分が湿地帯であったためである。そこで、比較的台地をなしている上田地帯から市街化を進めた。まず聖寿寺《しょうじゅ》前から三戸町にかけてあぜ道をつくり、三戸町から内丸にかけての埋め立てを行ない、さらに上田沼に堤防を築くことによって、下台と長町の一帯を市街化していった。こうして中津川以北（河北）の市街化が進むにつれて、河南の市街化も促進された。

盛岡城下の町割りについては、「五ノ字」型の街路とする政策が採用された。『祐清私記《ゆうせい》』や『篤焉家訓』などによると、この基本方針は重臣北信愛《きたのぶちか》の進言によって決定されたという。信愛の言にもあるように、中国筋のように諸侯の往来が頻繁な地方では、「一ノ字」型で「往来一筋ニ裏町を二筋ニもいたし」、町を細長くすれば旅人通行の余沢もあって市中は繁栄する。しかし、盛岡のように交通の少ないところでは、城を二重三重に取り囲んで侍町をつづけ、市中の平均した発達を図るためには、「五ノ字」型の町割りの城下町形成のほうが合理的であったわけである。

盛岡城下では「五ノ字」型の方針に沿って町割りが進められた。まず城を中心とした第一圏に五〇〇石以上の上級武士（高知《たかち》）を住まわせ、第二圏には商人や職人からなる町人を、第三圏には五〇〇石以下の一般の平侍を、そして城下から周辺の村々に通ずる街道のはずれに足軽《あしがる》（同心《どうしん》）をおいた。上田組丁・仙北組丁などがそれである。さらに城下北東の山麓には、防衛上の配慮から神社仏閣の移転と建立が行なわれた。

このような町割りが整然と行なわれるようになるのは、城下の整備が進んだ元和三（一六一七）年以降のことである。まず侍町・下小路・上衆小路などの侍街がつくられ、ついで北上川の改修工事を進めることで城下の拡大が図られた。もとの北上川は、古川端から御田屋《おたや》清水のところで直角に曲がって城の西麓を南流していた。そのため、しばしば氾濫したので、盛岡藩では寛文十三（一六七三）年、幕府の許可のもとに北上川を直進させる新川開削工事に着手し、延宝三（一六七五）年に完成させた。材木町裏から大沢《おおさわ》川原、さらに中津川の落ち合いにかけて大堤防が築かれ、現在の流れのような北上川に改修されたのである。ちょうど開運《かいうん》橋のあたりから雫石《しずくいし》川の落ち合いまでは、人工によってつくられた新しい北上川ということになる。ひきつづいて中津川の落ち合いから馬場町・大清水にかけて新規に北上川の堤防を構築し、その土留めのために杉を植えて杉

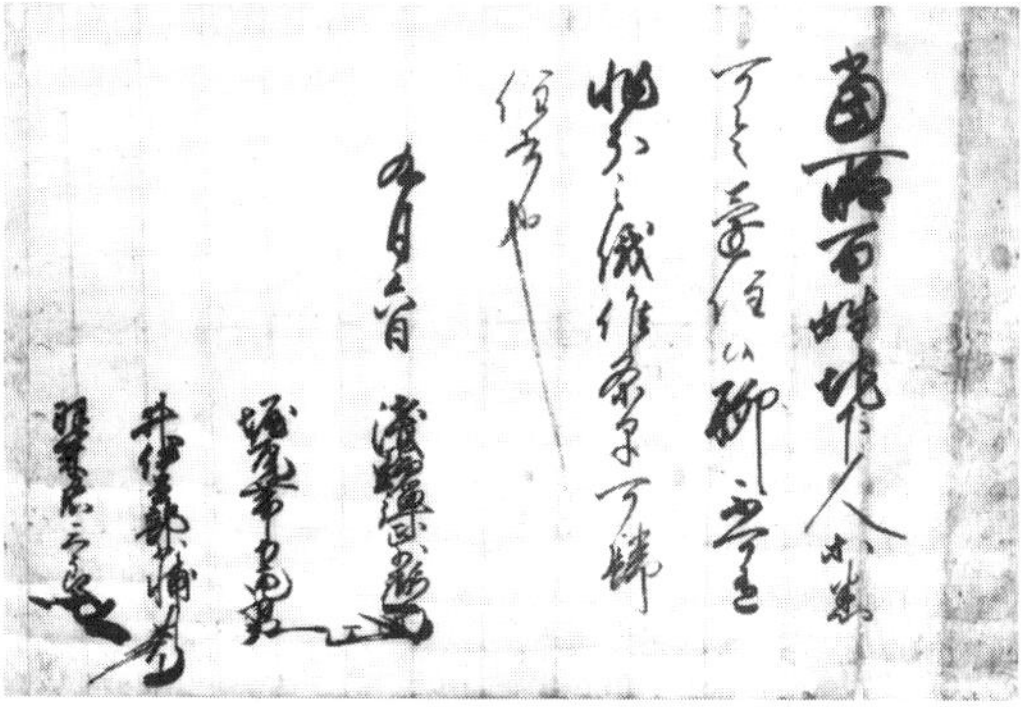

百姓還住令　天正19(1591)年9月6日発布。

土手をつくった。この治水工事の完成は、その後の盛岡の発展の基礎となったものであり、これによって現在の菜園地区と大沢川原の開発が進み、城下が拡大されることになった。延宝四年に侍街となったといわれる大沢川原のほか、帷子《かたびら》小路・平山小路などの侍街がそれである。

町人街はそれぞれの商人の出身地名を町名として、まず最初に元和三年、三戸からきた町人の町ができた。これが三戸町で、『盛岡砂子《すなご》』は「盛岡市町の始なり」と記している。ついで仙北郡からきた者の仙北町、津軽からきた者の津軽町などがつくられていった。その後、黒沢尻《くろさわじり》（北上市）を経由して仙台藩領石巻湊《いしのまき》に達する北上川水運が開発され、城下の商業がにぎわいをみせるようになった慶安四（一六五一）年には、磐手町を材木町に、また屋根葺《やねふき》町を葺手《ふくで》町に改めて「盛岡二十三町」が成立した（『雑書《ざっしょ》』）。

『邦内郷村志』によると、仙北町・鉈屋《なたや》町・川原《かわら》町・穀《こく》町・馬町・六日町・十三日町・八幡町・葺手町・肴《さかな》町・新町（文化九〈一八一二〉年呉服町と改称）・紺屋《こんや》町・鍛冶《かじ》町・紙町・油町・大工《だいく》町・本町・八日町・寺町・三戸町・長町（のち長イ町）・材木町・久慈町（のち茅《かや》町）が、幕府に届けられた城下二三町であった。これらの町の商業活動は、最初は三戸町を中心に主として定期市で行なわれていたが、しだいに店舗商いへと変わっていった。この店舗商業は北上川水運の発展にともなって新山舟橋《しんざんふなばし》を起点とし、川原町・穀町・六日町・呉服町・紺屋町・鍛冶町・紙町・本町・八日町・三戸町・長イ町・材木町・茅町から夕顔瀬《ゆうがおせ》橋に通じる線に沿って発達した。そして呉服町・紺屋町・鍛冶町が店舗商業の中心となり、多くの豪商が集住した。領内の陸上交通の起点も鍛冶町におかれていた。『盛岡砂子』によると、鍛冶町の中ほどに一里塚が築かれ、石の標杭が立てられていたという。

こうして寛文期になると、城下はようやく都市的景観を備えるようになった。そこで盛岡藩では、八幡《はちまん》宮《ぐう》を民衆信仰の中心にしようとする政策を背景に、志家《しけ》村の丘陵地に新しく八幡宮の造営を計画し、延宝七年から工事に着手した。『奥々風土記』によれば、当時の八幡宮はまだ城内の鳩森《はともり》八幡社の「御旅所《おたびしょ》」であったようであるが、すでに庶民の行楽の地として親しまれていた。延宝八年にはほぼ神社の形態を整え、翌年八月十五日に最初の祭礼が行なわれた。そして宝永六（一七〇九）年以降は、城下の氏子《うじこ》たちが練物《ねりもの》などをくりだして、八幡宮の祭礼をいっそう盛んにした。最初の祭礼が行なわれてから約三〇年間に、すっかり城下の民衆にとけこんで、もはや庶民の生活と切り離すことのできない祭りとなったのである。正徳三（一七一三）年からは山車《だし》や丁印《ちょうじるし》も運行されるようになった。『南田秘事記』に当時の祭礼のようすが伝えられ、神輿渡御《みこしとぎょ》と

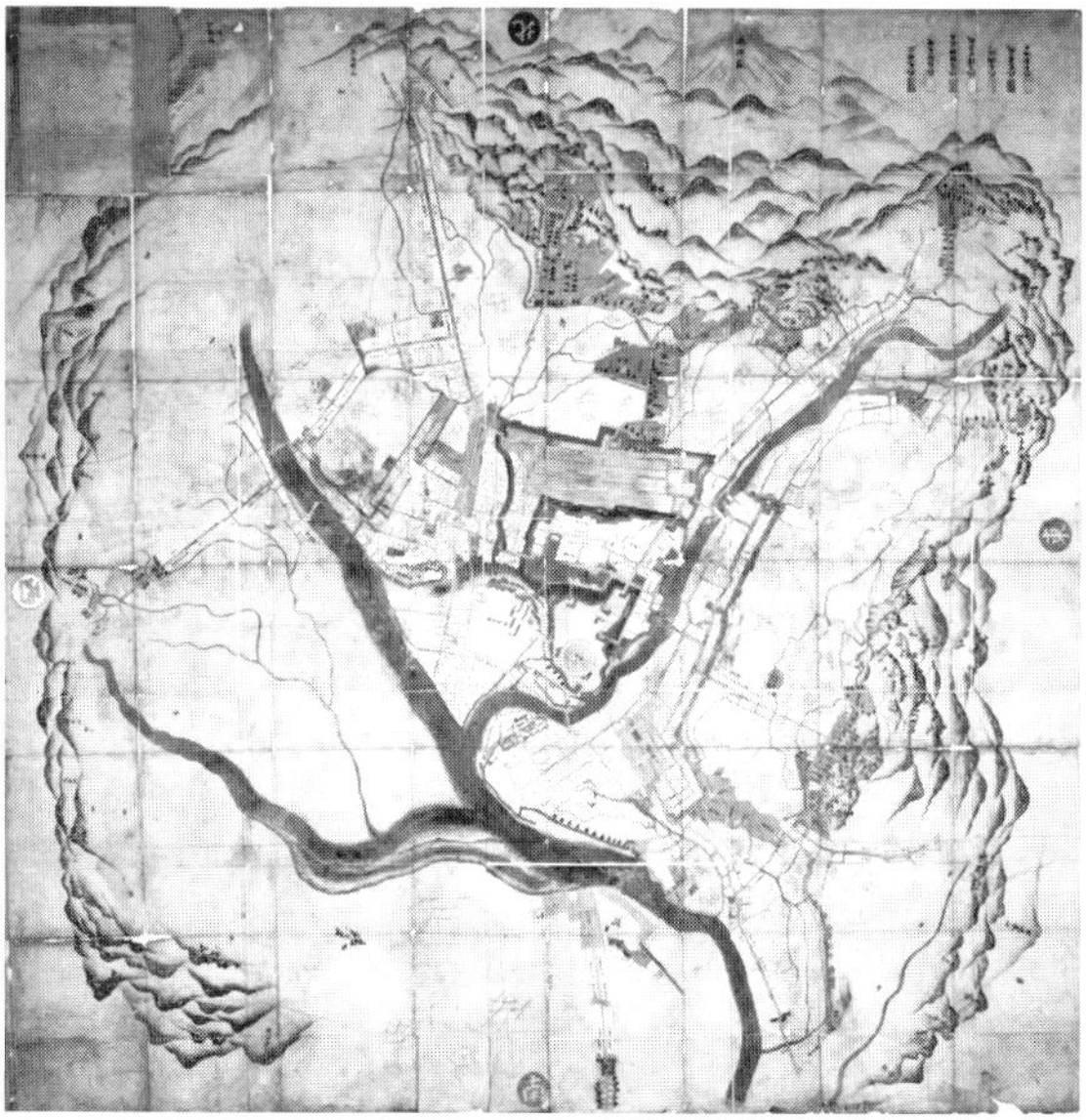

元文元(1736)年盛岡城下図

流鏑馬《やぶさめ》神事の二つを中心とする八幡宮の祭礼が格別のにぎわいを呈していたことがわかる。

城下町の発展にともなって人口も増加した。『雑書』によると、天和三（一六八三）年の領内総人口は一万三〇万六〇三二人（男一六万七八六九人、女一三万八一六三人）であり、このうち城下の商工業人口は一万二三二四人、武士人口は召使や足軽などを含めて二万一七四八人であった。さらに正徳二（一七一二）年には、領内総人口は三五万一一九三人（男一九万四八一人、女一六万七一二人）、このうち城下の商工業人口は一万四八二〇人、武士人口は三万一六〇一人であった。これらの数字からすると、領内総人口の約一一〜一三％が城下に集住していたことになる。しかもその六八〜六九％までが武士層であり、盛岡は武士中心の都市であったといえよう。

なお、寛延年間（一七四八〜五一）の盛岡城下図をみると、北上川以東の状況は現在の盛岡市とほとんど変わらない。盛岡市の基本的な都市計画は、すでに江戸中期にできあがっていたと考えてよい。

城下と在町と村の市

盛岡藩領では、城下・在町《ざいまち》・村などに三斎市《さんさいいち》や六斎市があいついで立てられ、商品経済の発展につれて市はしだいに活況を呈するようになっていった。まず城下では、元和三（一六一七）年の建設といわれる三戸町の定期市がもっとも早かった。藩の法令集である『御家被仰出《おいえおおせいだされ》』によれば、三戸町は毎月十八日だけの市であったが、正保三（一六四六）年からは一日市（一のつく日に市が立つ）の三斎市となり、煙草《たばこ》の専売権が与えられた。さらに南部氏は三戸町を特権町として、この定期市に集散する商人に前もって銭を貸与し、市を利用する際に返済を義務づけた。『雑書』はこれを「銭おろし」と表現している。市においては商人から市場税を徴収するのが慣例であるが、逆に盛岡藩ではそれを免除し、銭おろし政策を行なうことによって諸商人が市に集散する仕組みを編み出し、定期市の振興と発展を図ったのである。

明暦四（一六五八）年に開設された油町と新馬町の定期市は、まだ一斎市であったが、寛文十（一六七〇）年以降になると、安定した定期市が開設されるようになる。まず寛文十三年に六日町（六日市）と油町（市日不明）に三斎市が、ついで延宝三（一六七五）年には藩政期を通じて城下の中核的な町人街となる紺屋町に一日と九日の六斎市が開かれた。さらに天和二（一六八二）年に開設された長町（二日市）、寺町（四日市）、八幡町（五日市）、肴町（七日市）、鍛冶町（十日市）の三斎市には、屋外照明用の松明《たいまつ》の専売権が与えられた（『雑書』）。こうして商品流通がまだ十分に展開しない段階で、特権市あるいは一斎市の開設にとどまっていた城下町も、十七世紀後半には城下における廻り市の体制が確立するに至った。このような城下の定期市が店舗商業に変わるのは元禄期（一六八八～一七〇四）のことと考えられる。なお、この市日について『盛岡砂子』は、寛政七（一七九五）年になると、人々が市日の慣行を守らなくなったので自然とすたれていったという。

このほか、在町や村でも定期市が開かれた。在町とは城下町以外の領内の町場のことである。たとえば、北郡の田名部《たなぶ》・野辺地《のへじ》・五戸《ごのへ》、三戸郡の八戸・櫛引《くしびき》・三戸（以上青森県）、鹿角郡の花輪・毛馬内《けまない》・大湯《おおゆ》（秋田県）、二戸郡の福岡・一戸、九戸郡の久慈、閉伊郡の宮古・山田・大槌《おおつち》・釜石《かまいし》、岩手郡の沼宮内・渋民、志和郡の郡山、稗貫郡の花巻・大迫《おおはさま》、和賀郡の黒沢尻などである。これらの在町には定期市が立ち、その地方の商品流通の中心となっていた。

一方、村の市は城下町や在町の市より比較的早く開設され、すべて三斎市であった。開設地の地理的条件をみると、①主要な交通路に存在する市、②在町の脇市的に存在する市、③他の地域から隔絶された山村の市、に大別される。これらの市は農民の要求によって開設される場合もあったが、多くの場合は藩の「銭おろし」政策によって開設されたのである。

城下の川と橋

盛岡城の構築と並行して城下町の建設も進んだ。まず中津川以北（河北）の湿地帯を埋め立てて市街化を進め、ついで河南を開発する必要から中津川にも橋が架けられることになった。

『聞老遺事《もんろういじ》』によれば、上《かみ》の橋は文禄四（一五九五）年の架設といわれているが、それは工事用の仮橋程度のものだったと考えられる。青銅の擬宝珠《ぎぼし》をつけた本格的な上の橋と中の橋が完成するのは、それぞれ慶長十四（一六〇九）年と同十六年のことであった。また、最初から擬宝珠をつけなかった下の橋は同十七年に完成している。上の橋と中の橋の擬宝珠については、『内史略』がつぎのように伝えている。

十四世紀中頃の後光厳《ごこうごん》天皇（北朝）の時代に、南部家一二代と伝えられる政行《まさゆき》が、加茂川の橋（三条大橋）の擬宝珠にならって三戸城下熊原川の橋に擬宝珠をつけ、黄金《きがね》橋と称したことがあったが、利直はそれを模して、黄金橋の擬宝珠に銅を足して、慶長十四年と同十六年に新鋳したものという。なお現存する三六個の擬宝珠のうち、上の橋につけられている一八個は国の重要美術品に指定されている（章扉写真参照）。また、現在下の橋にある擬宝珠は上の橋と中の橋にあったものである。

このような中津川の三橋が完成したことは、河北・河南両地区の市街化が一段と進んだことを意味しているし、さらにいえば、城下町の建設が一応完成したことを記念して、擬宝珠をつけた本格的な橋が上の橋と中の橋に架設された、とみることはできないだろうか。

一方、北上川は中津川に比べて川幅が広く、水深もあったので、当時の土木技術では架橋が困難であり、中津川三橋の完成よりもだいぶ後のことであった。もともと仙北町・新山《しんざん》間と新田町・茅町間は舟渡しであったが、おそくとも明暦二(一六五六)年には後者に土橋が架けられた。これが夕顔瀬橋で、最初は中津川三橋の古材木を利用して架けられた。その後、夕顔瀬橋はしばしば洪水によって流失したので、藩では北西部の上田、下太田・厨川《くりやがわ》(栗谷川)・雫石・沢内《さわうち》・沼宮内・浄法寺《じょうぼうじ》・花輪・毛馬内の各通《とおり》(代官統治区域)から毎年八三駄余の橋料米を徴収し、橋の修理維持費にあてていた。明和二(一七六五)年になると、中島式架橋法が採用された。これは梅内《うめない》忠右衛門が設計し、坂牛《さこうし》新五左衛門(のち大向《おおむかい》伊織《いおり》と改姓)が改良を加えたもので、大石を用いて川中に中島を築き、橋桁《はしげた》を短く、かつ高くする工法であったから、多少の洪水にも耐えられるようになった。この架橋法は大河における架橋技術の一大進歩であったといってよい。

一方、仙北町・新山間は北上川水運の起点であると同時に、盛岡以南への陸上交通の要衝でもあった。しかしこの地点は、川幅が広く水量・水流ともに豊富かつ複雑であったから、架橋は困難で古くから舟渡しであった。寛文五(一六六五)年に土

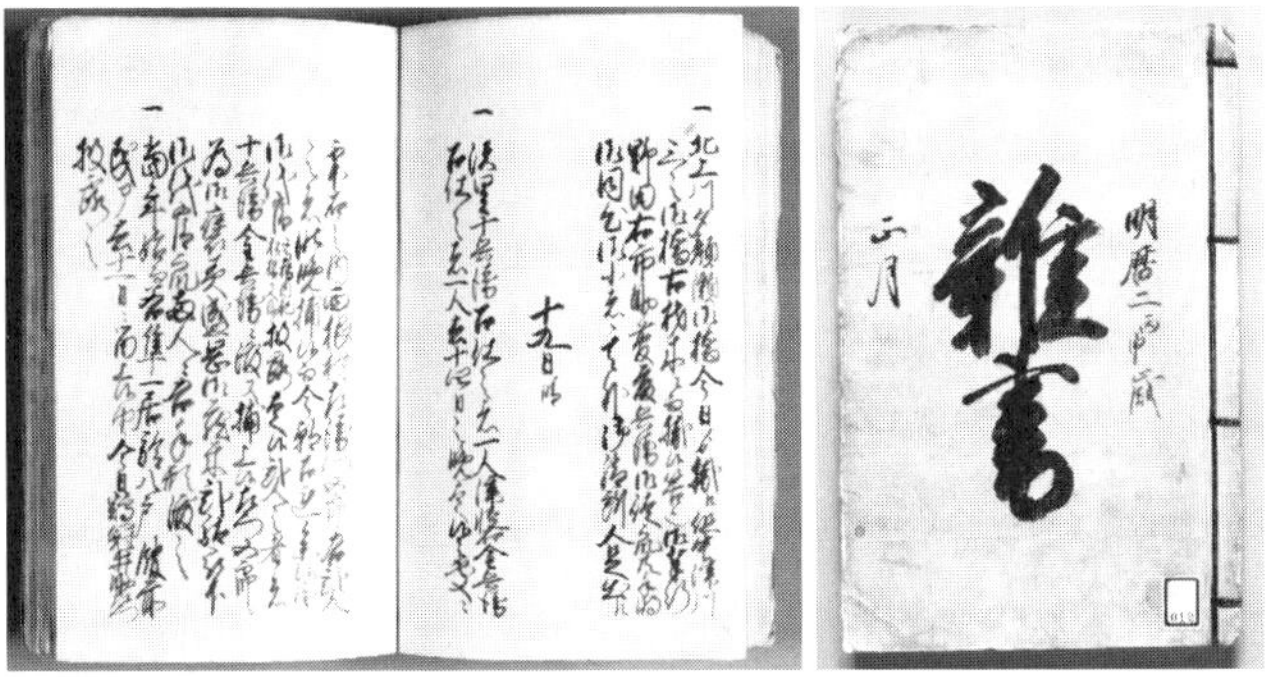

『雑書』　盛岡藩の家老席日誌で，明暦 2 (1656)年 7 月18日の夕顔瀬橋完成の記事がみられる。

橋が架けられたこともあったが、延宝八（一六八〇）年九月二十日からは舟橋となった。天和二（一六八二）年に舟橋を架け替えたときの見積書によると、総経費は二九六両で、大船一八艘と中船二艘を鎖でつなぎ、それを川岸の四本の大黒柱に結びつけ、船の上に長さ三間と二間半の敷板二九四枚を並べて舟橋としたものであった。

　これが越中富山の舟橋、越前福井の舟橋と並んで有名な新山舟橋であった。また、橋の維持費が巨額にのぼったため、盛岡以南の飯岡《いいおか》・見前《みるまえ》・向中野《むかいなかの》・徳田《とくた》・日詰《ひづめ》・伝法《でんぽう》寺《じ》・長岡・八幡《はちまん》・寺林・万丁目《まんちょうめ》・安俵《あひょう》・笹間・黒沢尻・鬼柳《おにやなぎ》・立花の一五の通からは、毎年五〇七駄余の橋料米を徴収していた。

　この舟橋はその後も土橋になったり、舟渡しになったり、また舟橋になったりしていたようである。寛延四（一七五一）年の『増補行程記』に「川幅百間余、舟数十艘、引つな鎖、大ふとう縄、無類の御堅め、且つ絶景なり」とあり、舟橋が彩色をもって描かれているので、往時の面影をしのぶことができる。また、菅江《すがえ》真澄《ますみ》は『けふのせばのの』天

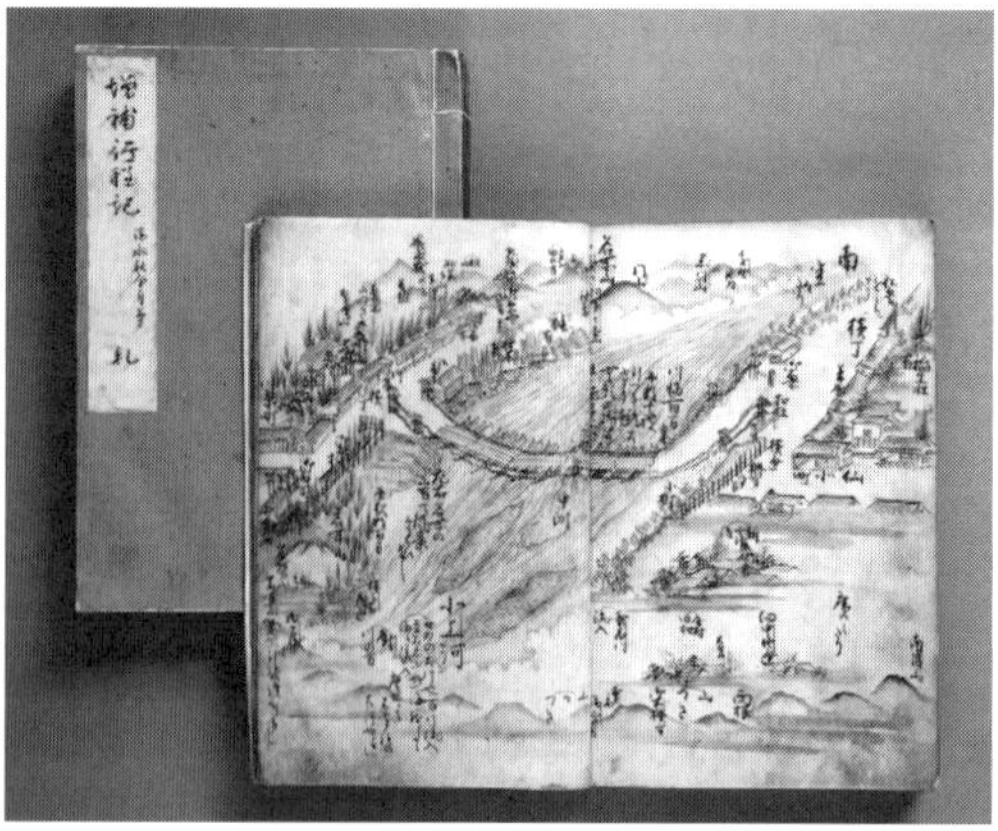

新山舟橋図（『増補行程記』）

明五（一七八五）年条で、「舟橋あり……はたつ計りも小舟をはや瀬にうかべ、中洲に柱たて、かなつなを引はえつなぎ板をしいて、うまも人もやすげにわたりぬ」と記している。高山彦九郎《ひこくろう》は『北行日記』寛政二（一七九〇）年条で、「北上川船橋なり、船二十五艘、川幅八十四間、今ま水の有る所は七十間ばかりなり。坤（南西方向）に渡る。……橋を渡りては仙北町という」と、するどい観察を残している。

2　藩政の展開

四つの藩政●

盛岡藩領は幕府からも「場広」「領分も広く」と指摘され、また「三日月の円くなるまで南部領」とうたわれたほど広大であって、北《きた》・三戸《さんのへ》・二戸《にのへ》・九戸《くのへ》・鹿角《かづの》・閉伊《へい》・岩手・志和《しわ》・稗貫《ひえぬき》・和賀《わが》の一〇郡からなっていた。北郡は今の下北・上北両郡にあたる。そして現在の岩手県は下北・上北・三戸の三郡を青森県に、鹿角郡を秋田県に分割した代わりに、県南に位置する旧仙台藩領の気仙《けせん》・東磐井《いわい》・西磐井・江刺《えさし》・胆沢《いさわ》の五郡を編入した。この県南五郡の石高《こくだか》はおおよそ一四万六四〇〇石余。また、仙台藩六二万石のうち三万石が一関《いちのせき》藩であった。盛岡藩は一〇万石、そのうちから二万石の八戸《はちのへ》藩が独立している。したがって岩手県の近世史は、盛岡・八戸・仙台・一関の四つの藩からなっていたことになる。

〈盛岡藩と八戸藩〉　盛岡藩は一〇万石（のち二〇万石）の外様《とざま》中藩（後期から大藩）で、国持大名南部氏が統治した。戦国期以降八戸南部氏に代わって、三戸地方を中心に勢力を拡大しながら盛岡に進出した南部氏（三戸南部氏）は、藩祖信直《のぶなお》のあと、利直《としなお》・重直《しげなお》・重信《しげのぶ》・行信《ゆきのぶ》・信恩《のぶおき》・利幹《としもと》・利視《としみ》・利雄《としかつ》・利《とし》正《まさ》・利敬《としたか》・利用《としもち》・利済《としただ》・利義《としとも》・利剛《としひさ》・利恭《としゆき》と一六代にわたって在封し、一年早い明治三（一八七〇）年に廃藩置県を断行した。

豊臣秀吉の奥羽《おうう》仕置《しおき》で没落した阿曽沼《あそぬま》氏の旧領遠野《とおの》地方は仙台藩領と境を接していたため、防衛上の要衝と考えた二代藩主利直は、寛永四（一六二七）年三月、一族の八戸直義《なおよし》を八戸根城《ねじょう》から遠野横田城に転封して固めとした。中世以来の名門八戸氏（根城南部氏）は、ここに至って遠野南部氏となり、一万二五〇〇石の大禄を食んで、陸奥《むつ》国代《こくだい》（郡奉行と検断を兼務）としての名誉を維持することになった。

寛永十一年、三代藩主重直のとき、徳川家光によって一〇郡、都合一〇万石の所領が公認された。その内高は同年の「覚《おぼえ》」によると、北郡一万三一〇石余、三戸郡三万六八五八石余、二戸郡一万二一九四石余、九戸郡一万三〇二六石余、鹿角郡一万四八八二石余、閉伊郡二万三三八四石余、岩手郡二万二七八〇石余、志和郡二万八三二三石余、稗貫郡二万三六八〇石余、和賀郡二万二〇二石余、計二〇万五五五四石五合であり、表高の約二倍であった。

寛文四（一六六四）年、重直が嗣子を定めず病死したため、遺領一〇万石は盛岡藩八万石（重直の弟重信）と八戸藩二万石（重信の弟直房《なおふさ》）に分割された。しかし天和三（一六八三）年には、二万石が加増され

南部利直像

て一〇万石に復した。この加増された二万石について、これまで新田開発による増加分が加増されたといわれてきたが、実はそうではなく、領内の各村高に一定の割合を乗じて算出した増加分であって、家格アップをねらって行なわれた、すこぶる政治的なものであった。

元禄七（一六九四）年、五代藩主行信は弟の政信《まさのぶ》に五〇〇〇石、同じく勝信《かつのぶ》に三〇〇〇石を分知し、それぞれを旗本として出仕させた。一一代藩主利敬のときの文化五（一八〇八）年、東西蝦夷地《えぞち》の警衛により、領域はそのままで二〇万石に格上げされ、明治維新を迎えることになった。なお、利敬は文政二（一八一九）年に、政信から五代目の信鄰《のぶちか》に蔵米六〇〇〇石を加増して一万一〇〇〇石の禄とし、大名に列せさせた。これが七戸藩のおこりである（厳密にいえば、七戸藩の成立は七戸城に藩庁を創設した明治二年とみるのがよい）。

盛岡・八戸両藩において、藩政期を通じてみられる特徴の第一は、「通《とおり》」という独特の代官統治区域を設けていたことである。盛岡藩領は広大ではあったが、そのほとんどが山林原野によって占められて耕地が少なく、生産力も乏しかった地方である。しかもそういう状況のなかに村落が点在していたわけであるから、他藩のように郡からただちに村を行政単位とするには不都合な面が多かった。そこで特別な地方行政組織「通」が考えだされた。この制度は、盛岡藩の場合、領内一〇郡五八七カ村を三三通に分割し、一通一代官所を原則として二五代官所としたという。通の数については時期によって異同があり、二五通、二五代官所に固定するのは寛政四（一七九二）年以降のことであった。それはつぎのようである。

上田通、厨川《くりやがわ》通、飯岡通、向中野《むかいなかの》見前《みるまえ》通、徳田《とくた》伝法寺《でんぽうじ》通、日詰《ひづめ》長岡通、雫石《しずくいし》通、沢内《さわうち》通、八幡《はちまん》寺林通、二子《ふたご》万丁目《まんちょうめ》通、安俵《あひょう》高木《たかぎ》通、鬼柳《おにやなぎ》黒沢尻《くろさわじり》通、大迫《おおはさま》通、大槌《おおつち》通、宮古《みやこ》通、野田通、沼宮内《ぬまくない》通、福岡通、三戸通、五戸通、七戸通、野辺地《のへじ》通、田名部《たなぶ》通、花輪通、毛馬内《けまない》通。

この二五通の代官は、文化元（一八〇四）年の書上《かきあげ》にみられる居城としての盛岡城、抱城としての花巻城、要害《ようがい》屋敷としての遠野城・花輪城・毛馬内城・七戸城・野辺地城などとともに、地方支配にあたった。このほかに遠野通があったが、ここは遠野南部氏に取り締まりを委任していたので代官の派遣はなかった。

そのほかの特徴としては、地方知行《じかたちぎょう》制の存在、凶作・飢饉、百姓一揆《いっき》の続発などが指摘される。『邦内《ほうない》貢賦記《こうふき》』によって天和年間（一六八一～八四）の給地《きゅうち》（藩士に給与された知行地）の割合をみると、総高二四万七六七六石余のうち、給地が三七・五％（九万二七八〇石余）を占めていた。この比率は幕末まで変わらなかった。飢饉は一六年に一度の割合で襲来した。なかでも元禄・宝暦・天明・天保の飢饉は被害が甚大で、盛岡藩四大飢饉といわれている。凶作・飢饉の続発は藩財政を圧迫し、重税とそれに反対する一揆がくり返され、とくに幕末の三閉伊《さんへい》地方を舞台にして、弘化四（一八四七）年と嘉永六（一八五三）年にひきおこされた百姓一揆はその典型的な例であった。

慶応四（一八六八）年の戊辰《ぼしん》戦争のとき、一五代藩主利剛は奥羽越列藩《おううえつれっぱん》同盟に加わったかどで領地没収のうえ、隠居差控《いんきょさしひかえ》を命じられ、利恭が家名相続を許されて旧仙台藩領白石一三万石に減転封された。明治二年盛岡復帰が認められた。

盛岡藩の行政組織は、一〇万石（のち二〇万石）の軍役遂行と領内統治という観点からつくられていた。中央の職制は幕府のそれをほぼ模倣し、藩主の下に家老《かろう》（老中《ろうじゅう》とも）のほか、近習頭《きんじゅうがしら》・留守居《るすい》・御用《ごよう》人《にん》・御側御用人・大目付《おおめつけ》・目付・勘定所元締《かんじょうしょもとじめ》・勘定奉行・北地御用大番頭《おおばんがしら》・御中丸御番頭・新丸御番頭などをおいた。臨時の職である大老が非常の際に設けられたこともあったが、常時は数人の家老の合議制によって大綱が決定された。御用人は藩主の秘書官的な存在で、藩主と家老との連絡にあたった。大番頭は軍政を担当し、大目付や目付は治安行政を主とした警察裁判、勘定奉行は財政をつかさどった。地方の組織では、前述の通という代官統治区域がおかれた。

近世の農村は、一般的には初期の検地《けんち》を通じて成立するとみられるが、盛岡藩領においては、いつから検地が実施されたかは必ずしも明らかではない。太閤《たいこう》検地の特色を示す石高《こくだか》表示は、稗貫・和賀の両郡に天正十八（一五九〇）年からみられるので、この両郡には太閤検地が実施されたとみることもできる。しかし、その頃はまだ領内の大半で、従来どおりの刈高《かりだか》制が採用されていたことを考えると、厳密な形での太閤検地はまだ実施されていなかったとみたほうがよかろう。『食貨志《しょっかし》』によれば、寛文二（一六六二）年に実施された志和郡の検地について「是公国検地の始めとす」といっているが、この説は誤りで、それ以前に検地が実施されていたことは確かである。なお、『雑書《ざっしょ》』延宝六（一六七八）年条には「寛文六年惣御検地の時分」とあるので、寛文六年に総検地が行なわれたことは事実とみてよかろう。

村は検地帳に登録された本百姓《ほんびゃくしょう》を中心に構成され、その本百姓が五人組を組織した。五人組は五人一組を原則とするが、必ずしもそれにとらわれずに八人一組の場合もあった。五人組を代表する組頭の重立を老名《おとな》と称し、その老名のなかから選ばれた肝煎《きもいり》（肝入、他藩の名主《なぬし》・庄屋《しょうや》に相当する）が藩政の末端機関として、代官の支配下にあって村政を担当していた。なお村方三役《むらかたさんやく》（名主・組頭《くみがしら》・百姓代）のうちの百姓代はなかった。このような五人組が村落共同体のなかの一単位としてよく機能していたことは、他藩の場合と同じである。たとえば訴訟・土地売買・質物奉公・諸請書などに、組頭がかならず連署しているのは、その現れであった。

八戸藩は二万石の外様大名で、南部氏が統治した。その創設は寛文四年十二月のことであり、盛岡藩領一〇万石のうち二万石が南部重信の弟直房に与えられたときにはじまる。翌年二月に領地の配分が行なわれた。『領地書上目録』によれば、三戸郡四一カ村で一万五八五石余、九戸郡三八カ村で六二二五石余、志和郡四カ村で三一九〇石余、計八三カ村で二万石、内高は四万石余であった。

藩祖直房のあと、直政《なおまさ》・通信《みちのぶ》・広信《ひろのぶ》・信興《のぶおき》・信依《のぶより》・信房《のぶふさ》・信真《のぶまさ》・信順《のぶゆき》と九代にわたって在封し、廃藩置県を迎えている。その間、二代藩主直政は貞享四（一六八七）年に譜代《ふだい》に列し、元禄元年には幕府側用人に栄進したが、翌年病気で辞職して外様に復している。八代藩主信真のとき、野村軍記《ぐんき》が主導した文政の藩政改革で財政再建に取り組んだが、天保五（一八三四）年の百姓一揆（世にいう稗三合《ひえさんごう》一揆）によって挫折し、薩摩藩から迎えた九代藩主信順のときに廃藩となった。

〈仙台藩と一関藩〉　仙台藩は六二万石の外様大藩で、国持大名伊達氏が統治した。慶長五（一六〇〇）年、仙台城普請の縄張りをはじめた伊達政宗《まさむね》は、同八年仙台に進出した。藩祖政宗のあと、忠宗《ただむね》・綱《つな》宗《むね》・綱村《つなむら》・吉村《よしむら》・宗村《むねむら》・重村《しげむら》・斉村《なりむら》・周宗《ちかむね》・斉宗《なりむね》・斉義《なりよし》・斉邦《なりくに》・慶邦《よしくに》・宗基《むねもと》・宗敦《むねあつ》と一五代にわたって在封し、廃藩置県を迎える。

現在の岩手県南に位置する気仙・東磐井・西磐井・胆沢、それに元江刺（現在は奥州市江刺区となって郡は消滅）の五郡は仙台藩領に属し、その石高は一四万六四〇〇石余に達していた。

一関藩は万治三（一六六〇）年、仙台藩初代藩主伊達政宗の末子宗勝《むねかつ》が仙台藩領六二万石のうちの三万石をもって立藩したが、寛文十一（一六七一）年四月の寛文事件（いわゆる伊達騒動）に関連して、土佐に配流されたので一時断絶した。その後、延宝九（一六八一）年三月、田村宗良《むねよし》の子建顕《たけあき》が名取郡岩沼三万石から一関三万石へ知行替えとなり、翌天和二（一六八二）年五月に入部して一関藩を再興した。三万石の領地は、磐井郡のうち西磐井一一カ村、流《ながれ》一三カ村、東山一一カ村、栗原郡三迫《さんのはさま》二カ村からなり、ほとんどが現在の東・西両磐井郡のなかにあった。藩祖建顕の父宗良は仙台藩二代藩主忠宗の三男で、田村の名跡を継いだ。この田村氏は中世仙道《せんどう》地方（福島県中央部）の雄族の一つで、伊達政宗の妻陽徳院《ようとくいん》は田村氏の出であった。

一関藩主は仙台藩主からみれば家臣であって、一門《いちもん》と同様に扱われていた。幕府の領地目録によれば、仙台藩六二万石「この内三万石、田村下総守分知」とあるので、幕府もこのことを認めていたことになる。しかし、一方では独立した大名として、本藩と同様に直参《じきさん》（将軍に直属する者）の扱いをうけていた。藩祖建顕のあと、誠顕《のぶあき》・村顕《むらあき》・村隆《むらたか》・村資《むらすけ》・宗顕《むねあき》・邦顕《くにあき》・邦行《くにみち》・通顕《ゆきあき》・邦栄《くによし》・崇顕《たかあき》と一一代にわたって在封し、廃藩置県を迎えた。その間、建顕の代の元禄十四年三月、高家吉良義央《きらよしなか》を江戸城中で斬った赤穂城主浅野長矩《ながのり》が江戸田村邸で切腹に処せられている。一関藩はつねに財政難にあえいでいたが、文化面では注目された。『民間備荒録』を著し、杉田玄白《げんぱく》とも交流のあった二代目建部清庵《たけべせいあん》由正、蘭学入門書の『蘭学階梯《かいてい》』を著した大槻玄沢《おおつきげんたく》、東北最初の人体解剖を行なった蘭医菊池崇徳《たかのり》などがおり、また関流和算《わさん》の中心地でもあった。

見直される重直●

盛岡藩の諸制度は、利直の跡を継いで三代藩主となった重直時代におおむね整備された。しかし、重直は歴代藩主のなかでもとくに評判が悪く、暴君といわれているが、それは見直すべきであろう。もっとも重直は短気のうえに気性がはげしい性格で、徹底して武断的独裁政治を行なったといわれている。この性格は、三三年におよぶ治政一般にも反映していた。家臣の意見に耳を傾けなかったばかりか、幕法をもたびたび無視し、みずからの主張を貫いた。寛永十三（一六三六）年には無届けでの新丸増築や参勤遅参がとがめられて逼塞を命じられ、あげくのはては万治二（一六五九）年、独断で幕府の重臣堀田正盛《まさもり》の末子《まっし》内蔵助《らのすけ》を嗣子に定めている（内蔵助は同年五月に一八歳で病死）。しかも家臣が諫言《かんげん》すれば、かえって家禄を没収するありさまであった。そのため「皆口を閉て一言申上げ候者」もいなくなり、家臣にさえ「無法非儀《ひぎ》の御方」といわれるほどであった（『祐清私記《ゆうせい》』）。

なかでも万治三年に行なったという譜代家臣の整理が、重直の悪行として有名である。『篤焉家訓《とくえんかくん》』をはじめ『内史略』や『聞老遺事《もんろういじ》』などによれば、家臣が余計だから暇をとらせようと考えた重直は、家老の毛馬内《けまない》九左衛門を新丸大書院によび、支配帳を持たせると、自身は目を閉じて筆をとり、五〇〇石から五〇石までの家臣の名前に墨をひき、その人々に暇をだしたという。こうして三日間で馘首《かくしゅ》された人は四二人、石高にして六四六三石に達した。この処分を世間では「盲点御暇《もうてんおひま》の人数」とか「墨引人数」などとよんだ。しかし、この万治三年と伝えられている事件は、実は翌年の寛文元（一六六一）年八月の出来事であった。この処分をもとにして、重直時代の処分者や依願離藩者などをも含め、さらにそれに尾鰭《おひれ》が付け加えられて、「盲点御暇の人数」などとよばれるようになったようである。いわば重直を批判するために捏造した偽説というのが真相のようである。

ともあれ、寛文元年に重直が家臣の整理を断行したことは事実である。このことが前後の出来事とあわされて、重直の武断的独裁政治と評されたのである。しかし、それはたんに彼の個人的性格のみに起因するものではなかった。むしろ盛岡藩政を確立させるための、歴史的必然性からうまれたものと理解すべきであろう。藩の成立過程をふりかえってみると、それは一門・一族に加えて、土豪《どごう》的な性格の強い譜代家臣層の協力のもとに推進されたという経緯があった。いぜんとして旧体制が温存されていたわけである。近世大名としての絶対権力を確立するためには、こうした旧体制の克服と排除がどうしても必要であった。

そこで重直は一門払いを断行し、彼らを藩政から切り離すことによって領主権力の確立を図り、これと直結した新参の腹心の家臣に藩政刷新を行なわせた。たとえば、家臣に対する家禄《かろく》の没収、減封、地方《じかた》知行《ぎょう》の蔵米《くらまい》取《ど》りへの変更などがそれである。とくに重直の時代には、先祖伝来の所領を容認（本領安堵《ほんりょうあんど》）していた利直の黒印状まで召し上げるなど、細心の注意を払っており、新恩給与に一本化しようとする積極的な政策が推進された。

こうして領主権力は一段と強化された。しかも、一門以下の家臣団の知行地が蔵入地化することによって、藩の財政基盤は強固になるとともに、家臣団に対しては新恩給与にもとづく知行宛行《あてがい》を可能にした。さらに、広大な没収地は知行替えの大きな地盤を提供することになった。家臣の知行替えが、主として本領安堵分を対象として断行された結果、従来みられた一村一給主（一村を一人の知行主が支配する）という原則がくずれ、知行地の分散形態、入組《いりくみ》支配の関係が生じることになった。このような知行替えはおもに家督相続を契機として、

南部重直像

「御用地に召上《めしあげ》」という名目のもとにかなり長期間にわたって実施された。

以上のような一連の政策のなかで、先の「盲点御暇の人数」と酷評された人員整理をみてみると、これも新恩給与を通じて領主権力の確立をめざすための処置であったと考えられよう。とくにその対象が五〇〇石から五〇〇石の家臣層にしぼられていたのは、この層の具体的な知行替えが困難をきわめ、政策推進の妨げとなったために、家禄没収という強硬手段をとらせたものと思われる。そういう点で重直という人物は、藩政の確立期において近世大名としての性格をいかんなく発揮した、典型的な藩主の一人であったと評価できよう。

八戸藩の創設●

盛岡藩政の確立をめざして武断的独裁政治を推進した南部重直《しげなお》は、寛文四(一六六四)年九月、嗣子を定めず江戸桜田邸で病死した。幕府の定法では、藩主が家督を決めないで死去した場合は取り潰しであった。そのうえ「山城守(重直)儀一生公儀の勤を軽んじ、上を蔑《ないがしろ》にし、継目の申立も仕《つかまつ》らず病死の段、言語同断の儀なり、これにより此度数代の領地召放さるべく候由、すでに公儀相究り、近日中隣国へ城請取の儀も仰せ付けらる筈の由、風聞」(『祐清私記』)であったので、盛岡藩はまさに断絶の危機に直面した。譜代の諸士は領地が没収されるのであれば、「城を枕として討死せんや、又は花巻まで打て出、境目において討死せんか、数代の領地おめおめと渡すべからずと各一致して評議紛々」(『内史略』)となった。

一方、幕府からは重直の遺領相続については考慮中であるので、その沙汰《さた》を待つように伝えられてはいたが、藩の首脳部は狼狽し善後策を協議した。その結果、嗣子を定めて幕府に相続の許可を願い出ることにした。しかし藩内には、①重直の弟で一族の七戸家を継いでいた隼人正《はやとのしょう》重信《しげのぶ》を擁立する古士派、②家中で一番の高禄を食む八戸弥六郎直義《やろくろうなおよし》を擁立する遠野派、③将軍家血筋から養子を迎え、それを擁立しようとする新参派、の三派が対立して騒然となった。そんなときにたまたま彗星が出現し、まさに盛岡藩の命運を暗示しているかのようにうけとめられた。

寛文四年十一月、重直の弟で七戸家を継いでいた隼人正重信と、同じく中里家を継いでいた数馬直房《かずまなおふさ》の兄弟に参府の幕命があり、翌十二月、老中酒井忠清《ただきよ》邸に参上したところ、幕閣列座のなかで台命が忠清から申し渡された。すなわち、新恩給与という形をとって重直の弟七戸重信に八万石を与えて盛岡藩を継がせ、同じく次弟の中里直房には二万石を与えて新たに八戸藩を創設させるというものであった。したがってこの時点で、盛岡・八戸両藩はあらたに容認されたということになる。

これまで一般には、『祐清私記』や『内史略』などの記事にもとづいて、そう論じられてきたが、それは改める必要がある。というのは、重直は死去する以前に自分の継嗣については幕府に願い出て、寛文二年九月三十日には将軍家綱の承諾を得ていた（『徳川実紀』）。さらに、徳川幕府の日記である『柳営日次《りゅうえいひなみ》記《き》』に、「山城守死去、弟両人これ有る段御聞に及び、同姓たるの間、遺領分け下さる」とあるように、新規取り立てではなく、重直の遺領を二人の弟が分割して相続することが認められたのである。したがって、重信にとっては新規取り立てではなく、ふつうの遺領相続であり、直房のほうは遺領のうちの二万石を相続することで大名に列したわけである。これが八戸藩二万石の創設で、寛文四年十二月のことであった。

家格問題と相馬大作事件●

盛岡藩の家格《かかく》問題は幕府の寛政の改革期からスタートする。それは松平定信《さだのぶ》によって構想された北国郡代《ほっこくぐんだい》設置計画が実施に移されていく過程で問題となった。定信は寛政四・五（一七九二・九三）年にかけて、陸奥湾沿岸地域を天領として北国郡代を設置しようと計画していた。盛岡藩では領内の田名部通《たなぶどおり》五〇〇〇石が上地《じょうち》（天領化）の対象となったので、この事件を「田名部一件」とか「田名部上地事件」などとよんでいる。このとき盛岡藩は、最初のうちは田名部上地に反対していたが、のちに反対陳情を撤回し、最大限家格の上昇をねらうように変更した。換言すれば、上地に応じる代わりに南部家の身分や格式の上昇を図ろうとしたのである。しかしこの運動は定信の失脚により、北国郡代構想が廃案となったので白紙にかえってしまった

このような背景をもとにして、天明四（一七八四）年、数え年三歳で一一代藩主となった利敬《としたか》は官位昇進運動を展開し、寛政八年の従《じゅ》五位下から文化元（一八〇四）年には四品《しほん》（四位）に昇進した。この運動に関連する史料のうち、寛政十二年六月のものとみられる利敬の四品昇進内願書案をみると、蝦夷地《えぞち》警衛への功績と藩政推進の助けとなるという二点をあげて、官位の昇進を願い出ていることがわかる。このような官位昇進運動を展開している過程で、文化二年五月十五日、従来から敵対関係にあった弘前藩（九代藩主津軽寧親《やすちか》）は四万六〇〇〇石から七万石に高直《たかなお》しされた。このことに不満をいだいた利敬は自藩の高直しのための運動を展開した。その結果、文化五年十二月十八日、盛岡藩は東西蝦夷地を永久に警衛する代わりに、領域はそのままで二〇万石に格上げされ、さらに利敬は侍従に任官した。同じ日に、弘前藩も蝦夷地警衛の功によって一〇万石に高直しされた。このときの格式をみると、津軽寧親のほうが南部利敬より上位であった。このことが、相馬大作《そうまだいさく》事件の引き金となった。

二〇万石に格上げされた盛岡藩は、石高に見合う付き合いと軍役《ぐんやく》を負担することになった。それにともなう出費は莫大で、その過重の負担はすべて庶民の双肩にかかっていたから、藩政への不満はつのるばか

りであった。

相馬大作事件は文政四（一八二一）年の四月におこった。下斗米秀之進《しもどまいひでのしん》による弘前藩主津軽寧親狙撃未遂事件のことを、世間ではそのように称したのである。秀之進は寛政元年、盛岡藩二戸郡福岡村（二戸市）に生まれた。幼名を来助、名は将真、字を子誠・形水と号した。文化三年、一八歳で江戸にでた彼は幕臣夏目長右衛門に師事、同五年には夏目の紹介で、当時、名剣士として名をはせた紀州藩士平山行蔵門下となり、四傑の一人といわれた。平山のもとで武道に精進するとともに、広く世界情勢を学んで帰国し、郷里の福岡に講武場兵聖閣を設けて平山流武術を教授した。さらに秀之進は、蝦夷地の視察をとおして北方警備の重要性を痛感していた。

そんな矢先の文政三年、藩主利敬が三九歳の若さで世を去った。弘前藩に対する積年の鬱憤が彼の死を早めたという。遺領を継いだ利用《としもち》はまだ一四歳で無位無官であった。それに対して、もともと家臣筋とみられていた弘前藩は、藩主寧親が従四位下侍従に叙任されていた。このことに不満をいだいた秀之進は、寧親に辞官隠居をすすめ、それが聞き入れられない場合には「登城前、地廻道中及び国内を選ばず、侮恥の怨を報じ申すべく候」と、暗殺を伝える隠居勧告文を作成して機会を窺っていた。

文政四年、江戸から帰国途中の寧親を秋田藩領白沢駅（秋田県大館市）付近で狙撃しようとしたが、同行した鍛治喜七・大吉両人の密告により未遂に終わった。秀之進は累を他に及ぼすことを避けるため、妻とともに出奔して江戸にのぼり、相馬大作と名を変えて道場を開いていたが、文政四年十月幕吏に捕らえられ、翌年八月、関良助とともに獄門に処せられた。この事件によって寧親は隠居においこまれたので、結果的には秀之進の目的は達せられたということになる。

当時、江戸市民は秀之進の行動に大いに感動した。事件は講談や小説の題材としてもてはやされ、とくに物語の導入部では盛岡藩の特産物である檜（檜山《ひやま》）にまつわる事件が創作されてもりこまれ、「檜山騒動」とよばれるようになった。創作部分の檜山事件を、正徳四（一七一四）年におきた盛岡・弘前両藩の境界論争と結びつける説もあるが、まったく関係はない。なお、水戸藩の藤田東湖《とうこ》は『下斗米将真伝』を著してその義烈をたたえ、長州藩の吉田松陰《しょういん》は長歌を詠じて彼を追慕している。

8章

近世の産業と交通

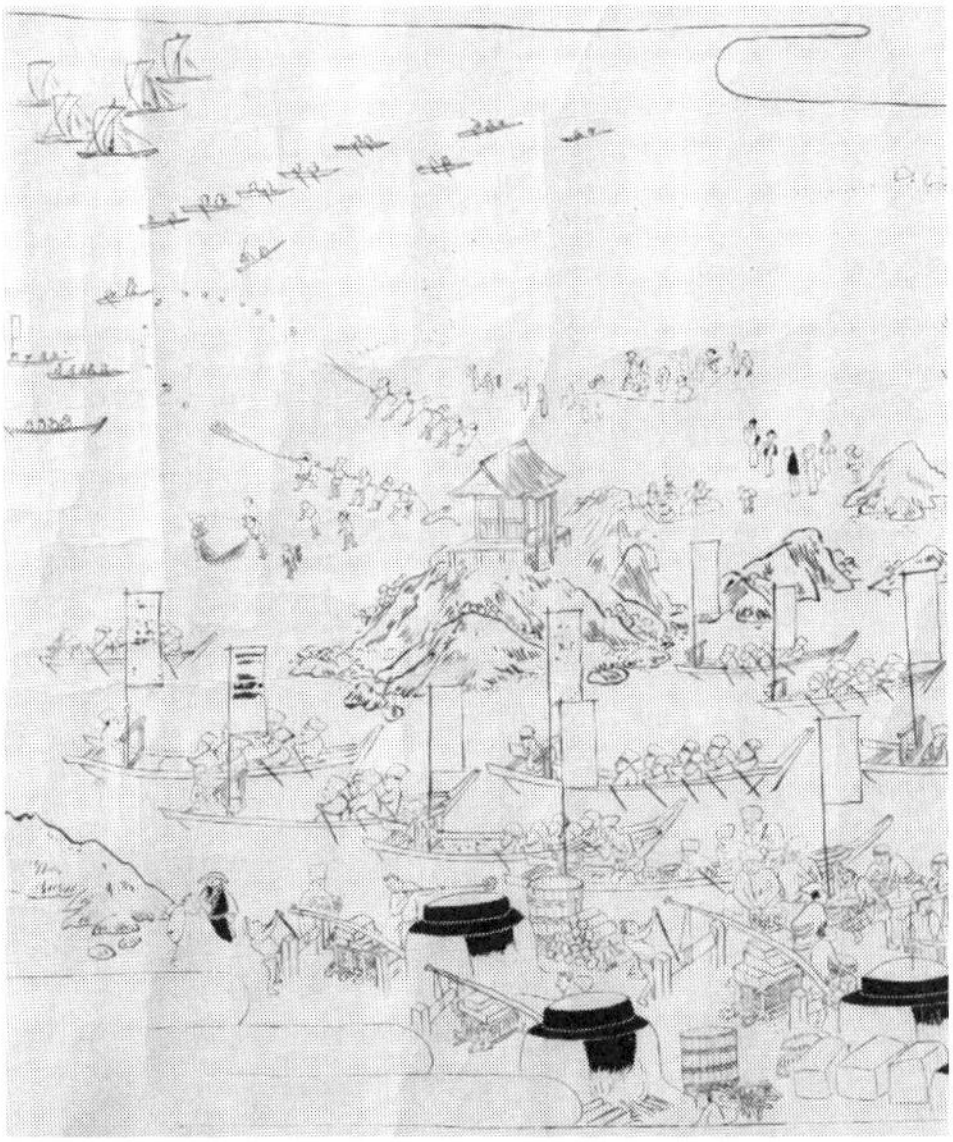

湊川口風景図（南部家文書）

1　三陸漁業と海商の活躍

漁業の発展●

江戸時代の都市の発達は、食用としての水産物の需要を飛躍的に増加させた。加えて、農業技術の進歩にともなって東海道地方の稲作や、近畿・中国地方の綿作などに必要な干鰯《ほしか》をはじめとする魚肥、あるいは瓜《うり》や煙草《たばこ》の栽培に効果的な魚油、さらには長崎貿易の重要な輸出品であった海産物の需要なども増大した。こうした需要に応じて、漁業技術も網漁業を中心に各分野で発展した。とくに江戸中期以降になると、魚網の発達がいちじるしく、わが国の沿岸漁業におけるほとんどすべての網漁業が、いちおう出揃ったといわれる。

建網《たてあみ》類は魚網を水中に定置しておくので定置網ともいう。定置網漁業の代表的なものの一つに東北系大網漁業があり、これは大謀《だいぼう》型定置網漁業のことである。仙台藩牡鹿《おしか》地方を中心に江戸中期以降飛躍的に発達し、おもに鮪《まぐろ》を捕獲した。その後、文化年間（一八〇四～一八）あるいは文政年間（一八一八～三〇）に、盛岡藩閉伊《へい》郡船越村（山田町）の田代角左衛門《たしろかくざえもん》が定置網に改良を加えて田代型大網をつくり、はじめて宮古《みやこ》浦に敷設した。以来、田代型大網は牡鹿地方はもとより下北《しもきた》地方にも普及し、幕末には蝦夷《えぞ》松前地方にまで伝播した。この漁撈には漁船四隻、漁夫三〇人内外を必要としたという。そのほか、海岸線が砂浜に恵まれた地方では地引網《じびきあみ》（章扉写真参照）による鰯《いわし》漁業が行なわれ、鰊《にしん》・鱈《たら》漁には刺網《さしあみ》が使用された。とくに、代表的な漁業生産地帯である盛岡藩閉伊地方から仙台藩気仙《けせん》地方にかけては、建網による鮪漁業、地引網や小舌網《こじた》による鰯漁業などが盛んであった。

　これらの魚網はもちろん手編みで、一般には漁業者の自製であった。しかも当時、網の材料には多く藁《わら》縄《なわ》が使用され、麻糸が一般に普及するのは江戸中期以降のことである。ある程度商品化された魚網の生産地としては、常陸の鹿島地方が知られていたが、この鹿島網は糸が太くて丈夫ではあるが、水切れが悪いという欠点があった。この鹿島網を改良したのが仙台藩水沢地方の魚網である。鹿島網が太糸であるのに対し、細糸の水沢網は水切れが早く、操業が軽快であった。そのため、江戸後期になると下北地方にまで進出していった。たとえば、盛岡藩閉伊郡吉里吉里《きりきり》村（大槌町）の前川善兵衛《ぜんべえ》家では、水沢の網問屋菊地屋養蔵《ようぞう》から大量の網を購入していたし、水沢の菱屋《ひしや》専治郎は宮古地方に出張して、網商売を行なっていた。

　さて、三陸地方の漁業生産は十七世紀後半以降、改良された網漁業や釣《つり》漁業といった漁業技術が先進地である上方《かみがた》から導入されたのを契機として、本格的に進展することになった。『雑書《ざっしょ》』によると、寛文十一（一六七一）年、盛岡藩では伊勢国から一〇人の漁師を招き、「両閉伊のうちにて勝手よき所」にさしおいて、鰹《かつお》釣と鰹節の製造にあたらせた。延宝六（一六七八）年には「鮭《さけ》、干鱈、棒鱈、熨斗《のし》、串鮑《くしあわび》、鰤《ぶり》、蛸《たこ》」の七品目が三陸沿岸の主要な海産物に指定され、他領へ移出された。さらに宝永期（一七〇四〜一一）以降になると、小舌網や地引網による鰯漁業の発達にともなって、鰯粕や魚油などの生産が進み、関東方面にも移出されるようになった。

　こうして三陸の海産物が他領へ移出されると、それにともなって、大都市江戸をはじめとした他領の商人が生産地へ進出してくるようになった。元文五（一七四〇）年、閉伊郡津軽石村（宮古市）の盛合《もりあい》家は江戸の問屋商人村田治兵衛から資金を導入し、小舌網を新調して鰯〆粕《しめかす》の増産を図っている。ここにみられるような都市商人による資本の融資は、当然のことであるが、より有利な条件で生産地から海産物を集荷することをねらったものであった。こうした生産地の動向に対し、盛岡藩自体も生産地からの買い上げを強化している。

長崎俵物と前川善兵衛●

鎖国下の対外貿易は、原則的には長崎の出島《でじま》を通じ、中国（清国）とオランダの二国を対象にして行なわれていた。この長崎貿易において中国向けの輸出品であった俵詰めの海産物のことを俵物《たわらもの》といい、長崎では「ひょうもつ」とも称した。いわゆる長崎俵物であり、三陸地方では「御用俵物」ともいっていた。長崎俵物とは「煎海鼠《いりこ》、干鮑《ほしあわび》、昆布《こんぶ》などの俵物」で、長崎に廻送された海産物一般をいう場合もあったが、厳密には、煎海鼠・干鮑の二品に、のちに鱶鰭《ふかのひれ》を加えた三品を「俵物」と称し、昆布・鯣《するめ》・天草《てんぐさ》などの海産物を「諸色《しょしき》」といって区別した。俵物という呼称は、諸色とちがって俵詰めにされたところから生じたのである。

　鎖国下の中国貿易は、はじめ金銀で決済されていたが、その流失防止のため、貞享二（一六八五）年、江戸幕府は貿易を制

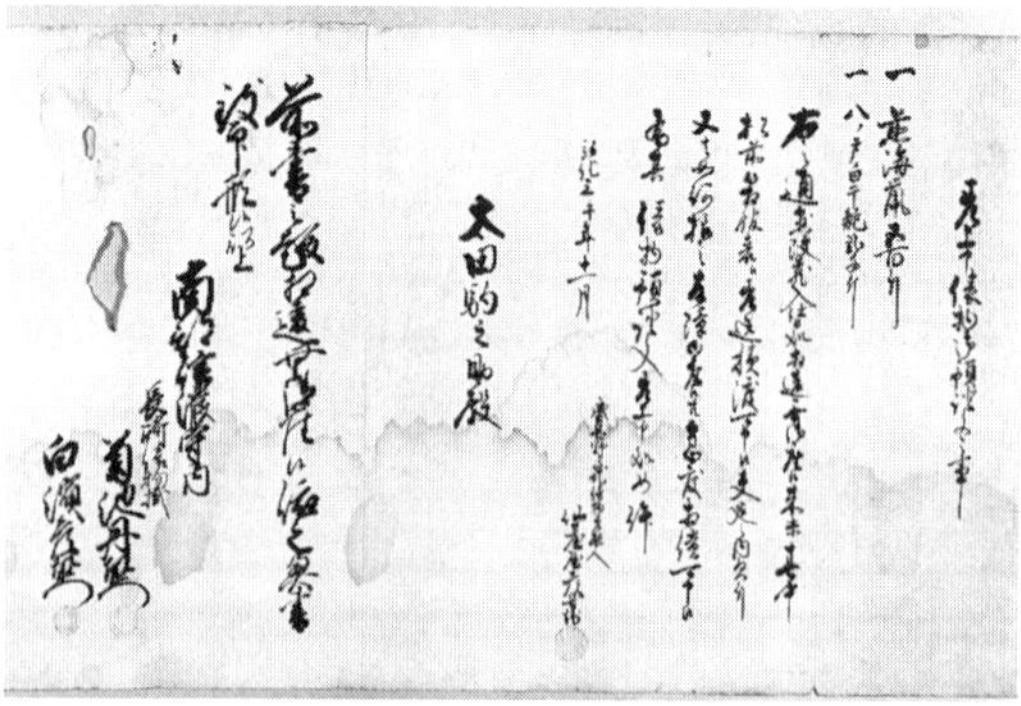

俵物預証文

限して銅を輸出することにした。元禄十一（一六九八）年には、銅による決済を条件とした貿易額銀八〇〇〇貫目のうち、二〇〇〇貫目が俵物・諸色によって決済されることになった。こうして俵物・諸色は中国向けの重要な輸出品となり、やがて銅を上回るようになった。延享元（一七四四）年になると、幕府は長崎の有力町人八人を俵物一手請方問屋《いってうけかたといや》に任命し、俵物を独占的に集荷する体制を確立させた。この一手請方問屋は長崎・大坂・下関に俵物会所《かいしょ》を設け、江戸と松前には指定問屋をおき、さらに各地にも下請問屋を指定して俵物の独占集荷にあたらせた。

盛岡藩領でも三陸沿岸の商人は、仙台藩領の商人と同様、江戸問屋鮫屋忠助《さめやちゅうすけ》を通じて俵物集荷組織に組み込まれていた。とくに吉里吉里村の前川善兵衛家は、明和期（一七六四～七二）にはいると長崎俵物方支配の岡太平治《たへいじ》や友永三治《さんじ》と組んで、八戸藩領と盛岡藩領の宮古・大槌《おおつち》両通の煎海鼠や干鮑を大量に買い集め、江戸や大坂に廻送していた。明和五年になると、病死の岡太平治に代わって俵物方支配人の黒木与平治《よへいじ》とのあいだに大規模な取引を進めたが、翌年には早くも俵物売上代金七〇〇両余の支払い延期問題が発生した。この事件を契機として前川家の経営はますます不振に陥り、天明元（一七八一）年には閉伊地方の長崎俵物買集方差配は前川家から鍬ケ崎《くわがさき》（宮古市）の和泉屋《いずみや》（豊島屋）へと交代した。

以上のようにして、幕府による俵物の独占集荷体制が推進されたが、それでも順調ではなかったため、幕府は天明五年に俵物一手請方制を廃止し、長崎会所の下に設けられた俵物役所が全国の俵物を直接仕入れるという体制に変更した。俵物役所による直接仕入制の断行である。こうして俵物役所は各地の下請問屋を直接掌握し、俵物の増産を奨励するとともに、密売買を厳重に取り締まることになり、ここに俵物の独占集荷体制が完成することになった。盛岡藩領の俵物のうち、三陸地方のものは江戸に集荷されたのちに長崎へ廻送され、下北地方のものは松前に集荷されてから、日本海経由で長崎に廻送された。
こうして、東北諸藩の俵物は幕府の独占集荷体制のもとに組み込まれ、流通も強力に統制されることになった。そのため、直接生産者である漁民との対立を激化させた。しかし慶応元（一八六五）年になると、欧米列強の要求によって俵物の自由売買が認められ、幕府による俵物独占集荷体制はついに廃止されることになった。

この長崎貿易に関連して煎海鼠や干鮑などの俵物を一手に買い入れ、自己所有の廻船《かいせん》を用いて直接江戸へ廻送するとともに、その他の海産物や南部銅の移出なども手掛け、しだいに巨大な商人に成長していったのが前川善兵衛である。『飢饉考』に「三都（江戸・大坂・京都）ニ名の聞得し善兵衛」とあるように、江戸中期の前川家は盛岡藩を代表する豪商として有名であった。同家が閉伊郡吉里吉里浦に移住したのは近世初頭のことで、生産地の商人として活躍しはじめるのは、初代甚右衛門《じんえもん》の晩年頃と考えられる。しかし、当時はさほど目立った存在ではなかった。ところが二代善兵衛富永《とみなが》の代になり、とくに元禄期（一六八八〜一七〇四）から廻船問屋として台頭すると、閉伊地方の魚類、魚粕類・塩・大豆《だいず》・小豆《あずき》などの他領移出を中心として商業経営を拡大するとともに、付近一帯の漁業権を掌握していった。しかも同家は、これらの商業活動とともに、名子《なご》労働力を中心とした漁業経営や酒・味噌《みそ》などの醸造業にも従事し、さらには盛岡藩の代表的な漁業生産地帯としての閉伊地方を背景として、釜石十分一役の取り立てをも請け負っていた。この十分一役とは十分一口銭《こうせん》ともいわれ、本来は商品を他領に移出する際に役人が出航前の廻船の積荷を検査して、その石数と禁制品の有無を改めたうえで、積荷価格の一〇分の一の税を課したものである。盛岡藩では、このような徴税機関を宮古と釜石に設けていた。

盛岡藩は三陸沿岸の漁業生産地帯に恒常的な御用金上納者を育成しようとしていたが、その政策に便乗しながら、生産地における中世的な土豪の系譜をひく瀬主を中核とした近世前期の御用商人に代わって、前川家が急激に特権御用商人化していった。同家は、四代善兵衛富昌《とみまさ》の延享（一七四四～四八）から宝暦（一七五一～六四）前半期が最盛期であった。それを可能にした経済的な上昇期は、藩権力との密接な結合関係にあった三代善兵衛助友《すけとも》の享保期（一七一六～三六）以降に求めることができる。

こうして、生産地における巨大な商人として名をとどろかせた前川家は、盛岡藩の日光山本坊の修復手伝に関連して、宝暦四年に七〇〇〇両の御用金を藩に上納したのを契機として、それ以降は藩の御用金徴収政策の犠牲と経営の不振とによって、急速に没落の一途を歩むことになった。

海産物流通と千田仁兵衛●

〈明和・安永期の海産物流通〉　仙台藩領気仙郡綾里村《りょうり》(大船渡市《おおふなと》)の千田《ちだ》家は、中世的な土豪の系譜をひく草分《くさわ》け百姓として、近世の初頭から綾里地方において大きな勢力をもっていた。とくに海産物流通の面からみると、気仙地方の海産物生産がよりいっそうの進展をみせる宝暦～天明期（一七五一～八九）に、千田家は従来の網主《あみぬし》的な漁業経営のほかに、付近一帯の海産物を集荷する商人として精力的に活躍しだすようになった。

海産物流通に関連して、気仙地方にいかなる商人が何人ぐらいいたのかは明らかではないが、明和・安永期（一七六四～八一）における海産物の流通機構を掌握していた者は、名子・水呑《みずのみ》などの多くの隷属者を所有し、農漁兼業の数名の村役人層であったと考えられる。ここでは千田家を主としてとりあげながら、海産物流通の具体的なあり方について考察することにしよう。

千田家は十八世紀にはいると、気仙地方の海産物を中心とする商品生産の発展を背景にして、従来の網主的な漁業経営のほか、付近一帯の海産物を集荷し、隔地間取引に活躍する商人の一人に成長した。そしてとくに明和五年四月になると、気仙郡広田村（陸前高田市）の造船主虎蔵《とらぞう》に半金二三〇切（五七両二分）をだして、一八〇石積みの弁財船《べざいぶね》を「合舟《あわせぶね》」として共有するようになった。「合舟」とは、船と諸道具一字の金額を造船主と均等にだしあい、船にかかる年貢諸上納をはじめ、すべての費用を折半して共有する船のことである。さらに、安永七（一七七八）年七月には金五一両をだして、釜石《かまいし》浦の松之助から最勝丸を買い入れ、ついで同年閏七月になると、さらに松之助から買い入れた明神《みょうじん》丸を釜石浦の甚之助に貸し出している。この甚之助とは、釜石浦で大和田屋を名乗った商人であるが、安永十年三月にはこの明神丸を用いて、延鉄一〇五俵、赤魚〆粕《あかうおしめかす》一〇三俵、魚油一五丁、鯣二五俵、鰹節一七箱を常陸那珂《ひたちなか》湊の桜井又八に登せている。

こうして安永期になると、弁財船や最勝丸・明神丸などを所有するようになった千田家は、綾里地方の海産物を手広く集荷し、それを気仙沼、あるいは遠く那珂湊・銚子《ちょうし》・江戸の各地へと移出するようになった。その場合、気仙沼までは直接手船（自己所有船）を用い、関東方面へは気仙沼の親船（廻船）などが利用されていた。

千田家は前貸支配の形態によって、村内および近村の漁民から直接漁獲物を集荷していた。たとえば、安永二年十二月に赤崎村長崎（大船渡市）の三郎太は、金三〇切余の融資を千田家からうけているが、その返済方法については、来年の鰹漁物をすべて渡すことを約束している。しかもこの実際の返済にあたっては、借用額分は「直段並に相場」より安く渡すという条件をつけている。このように生産地の商人と生産者漁民との貸借関係は、すこぶる不利な条件を後者におしつけて成立していた。

一方、生産地の商人としての千田家は小舌網や鰹船などを所有して、直接漁業生産にも従事していた。小舌網は大規模な旋網《まきあみ》で、主として鰯漁業に用いられていたが、鰹漁業とともにかなりの資本を必要とした。しかも、これらの漁業は多くの労働力を必要としたから、当然、家内ならびに下人労働力を投じていたことはいうまでもなく、さらには前貸支配の形態をとおして村内はもちろん、周辺の農漁村からも水主《かこ》労働力を確保していた。

明和・安永期における千田家は、みずからも漁業経営に従事するとともに、前貸支配の形態をとおして、綾里村を中心とした気仙地方で海産物の集荷にあたっていた。こうして集荷された海産物には、赤魚粕・同頭粕・同〆粕、鮪頭粕・同〆粕、鰹頭粕、鰯〆粕、白子粕《しらこかす》などからなる魚粕類と、布海苔《ふのり》・塩鰹・鰹節・魚油などがあった。そしてこれらの海産物はそのほとんどが本吉郡気仙沼に小廻しされ、その一部は同地で売却されたものもあったが、多くの場合は本船に積み合わせ、気仙沼の清水屋の手を通じて、遠く関東の銚子・江戸方面へ移出されていた。その場合、千田家からは「白判紙並に手板送状」のみを送付し、それにもとづいて、清水屋の「思召し次第《おぼしめ》」で「御見込の問屋」が決定されていた。

このように、千田家による海産物の他領移出は、気仙沼の商人を介した間接的な委託取引が中心であった。このことは、当時の千田家が清水屋の前貸支配下に組みこまれていたためである。なお、安永七年三月の送状をみると、魚粕七八俵と布海苔一九俵（一一八貫三〇〇目）が千田家から銚子の江戸屋文治郎宛に送られているが、この荷物は江戸屋が改めたうえで、江戸南茅場《かやば》町の粕問屋である橋本小四郎に廻送された。しかも、これらの海産物は安永七年三月以前に橋本から融資をうけた千田家の引当荷物であった。

つまり、都市の問屋商人から生産地の商人に対して、海産物で相殺することを前提に前金が渡されていたのである。したがって、在地商人としての千田家は、当時すでに江戸の問屋商人の前貸制下に組みこまれていたことがわかる。このような江戸の問屋商人の前貸制にもとづく直接取引は、千田家が手船の明神丸を用いて、海産物の関東江戸登せに活躍する寛政期（一七八九〜一八〇一）以降に顕著となってくる。

〈天明・寛政期の海産物流通〉　千田家は隔地間取引に従事しながら、しだいに気仙地方を代表するような商人に成長していったわけであるが、その過程において、安永期から他領商人との取引に従事する一方、天明元（一七八一）年には仙台藩の国産仕法替《しほうがえ》にともなって、八代仁兵衛《にへえ》が「御直き御登せ五十集《いさば》海草加入商人」となっていた。

寛政三年五月になると、千田家は明神丸の造船費および諸道具金として、半額にあたる金一九五切八厘一毛（約四九両）をだし、綾里村の義兵衛と六右衛門の両人とのあいだに、「明神丸合舟」の契約を結んだ。しかし、義兵衛・六右衛門両人の経営は思わしくなく、合舟始末の条件である半金一九五切八厘一毛を出資することができなかった。そのため三年後の寛政六年八月に至り、舟諸道具ともに金一五〇切（三七両二分）で千田家に売却することになった。しかもこの両人は、合舟始末の金額からこの売却金を差し引いた残金四五切八厘一毛を、あらたに畑二カ所を抵当にして借用するに至っている。

ここでいう明神丸とは、安永期にみられたものとは別の船である。この寛政期の明神丸もどのくらいの船であったかは不明であるが、寛政三年「合舟始末」の条件から考えて、おそらく一八〇石積み前後の弁財船かと思われる。なお廻船というと、われわれはすぐ千石船《せんごくぶね》のような大型船を想像するが、藩政時代にあっては一〇〇石積みの船でも廻船と称していた。

こうして寛政期には、あらたに明神丸を所有するようになった千田家は、綾里地方の海産物を集荷し、明神丸や他の手船を用いて、遠く那珂湊・銚子・江戸の各地へと移出した。海産物の集荷は、明和・安永期の場合と同じように、前貸支配の形態によって直接千田家が行なっていた。

千田家から他領に登された海産物は、多くの場合、問屋送状にもとづき船頭の手をへて各問屋に渡された。江戸への荷物についてみると、たとえば、寛政三年に千田家が明神丸でいったん銚子の問屋に積み登せた海産物一四四俵のうち、布海苔と魚油を除いた魚粕類一二九俵は、さらに江戸の粕問屋橋本小四郎へと廻送されていた。しかもこれらの荷物は、一〇〇両という前貸し金の引当荷物であったのである。

この寛政期には、千田家は広く集荷した海産物を直接手船の明神丸によって、関東方面へと送り出すようになったのであるが、そこで注意されることは、その頃から気仙沼の商人に代わって、あらたに都市商人の進出が顕著となってくることである。すなわち、江戸の魚粕問屋が直接千田

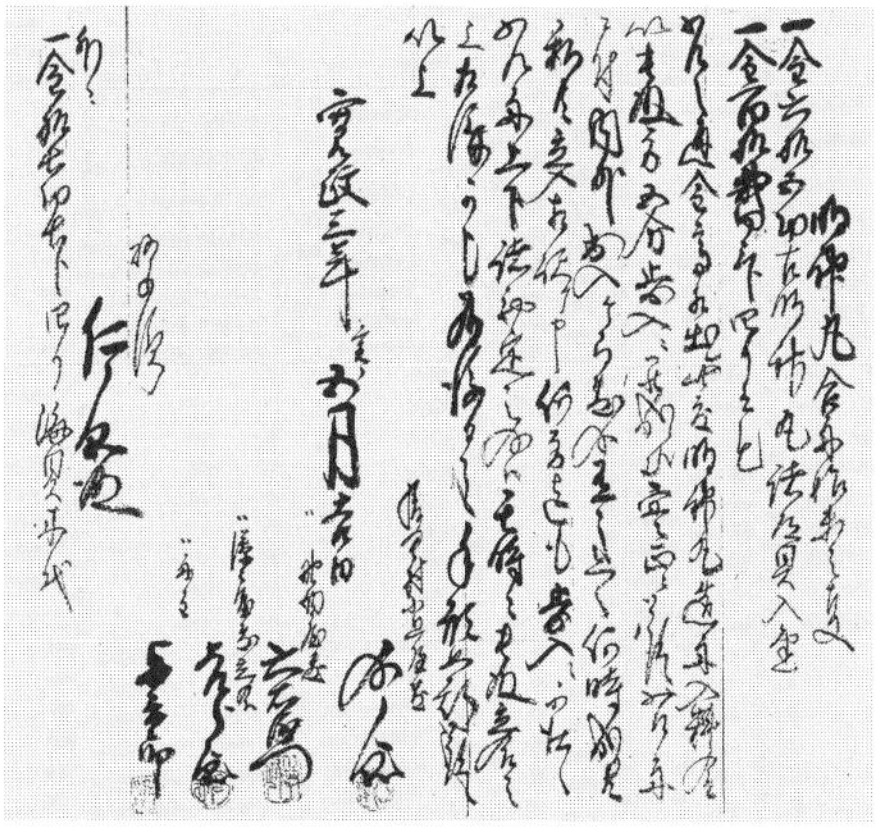

明神丸合舟始末(千田家文書)

家に前貸し金を投下し、代わりに海産物を一手に買い入れるという形態をとるようになった。安永期にみられた気仙沼商人による中間搾取的な形態が排除されたのである。このことは、海産物の流通過程から吸い上げる千田家の利潤を、さらに増加させるに至ったものと考えられる。したがってここに、三陸沿岸の綾里地方を中心とする海産物流通機構を独占的に掌握していた、千田家のさらに発展した姿、換言すれば、同家の全盛時代をみることができる。しかしその反面、江戸の問屋商人の前貸制下に完全に組み込まれ、彼らへの従属性をよりいっそう深めていく時期でもあった。

〈文化・文政期の海産物流通〉　寛政期を頂点として、以後商業経営をしだいに縮小しつつあった千田家は、化政期（一八〇四〜三〇）になると、猪川《いかわ》村（大船渡市）鈴木与治右衛門《よじえもん》や大船渡村新沼平蔵《にいぬまへいぞう》とあらたに貸借関係を結ぶに至った。たとえば、文化十一（一八一四）年十月に、千田家は猪川村の鈴木家から四八〇切（一二〇両）という多額の融資をうけている。千田家は多額の融資によって、商人として自己の再生産を維持する一方で、直接生産者をはじめ漁業経営者にも資金の前貸しを行なっていた。さらに文政七（一八二四）年十二月になると、千田家は来年の鰹船の諸仕入金に行き当たったので、金七二切五歩を大船渡村の新沼家から借用した。しかもその返済については、来年の鰹船による漁獲物のすべてを渡すことを約束しているのである。

新沼家の全盛期とみられる文政期に、頻繁に融資をうけた千田家は、さらに資金を生産者へ前貸しすることによって、みずからもまた、綾里地方一帯の海産物をより有利に集荷していた。同時に、小規模な五十集商人にも融資をしていた。たとえば文政十年十二月に、「五十集仕入金」として金五切を千田家から借用した伊蔵《いぞう》は、綾里村小石浜の「嘉右衛門弟」であった。このように十九世紀にはいると、伊蔵のような本百姓家族に包摂されていた者のなかにも、しだいに生産者的小商人としての役割を担うものが現れるようになった。さらに注目されることは、借金の返済に難渋した場合の担保として、「頼母子《たのもし》（無尽《むじん》）」を入れていることである。これが頼母子担保金融である。

三陸地方の漁村の多くは耕地が狭隘であったうえに、きわめて生産力の低い土地柄であったから、一般の生産者漁民にとっては、直接中央市場から融資を期待することは不可能に近かった。したがって、零細な生産者漁民であればあるほど、地元で資金を調達する以外に道はなく、このことが必然的に頼母子という相互扶助的な金融方法をうみだしたのである。この頼母子金融という方法は、比較的小規模な掛金で大きな資金の調達が可能であったから、早くから生産資金的に利用され、漁業経営資金として重要な機能を発揮していた。ところが、この金融のもっとも致命的な欠点は、資金の需要と供給との関係が一致しない点にあったから、海産物の商品化の一段と進展した江戸中期以降になると、ますます資金の需給を急速に一致させる必要がおこった。

頼母子担保金融とは、まさにこの需給を一致させる一方法としてうみだされたのである。こうなると、すでに相互扶助的な色彩は払拭されて、生産資金や営業資金を獲得するための手段に利用されることになった。十八世紀後半になると、生産者的小商人のなかには、このような金融を大いに

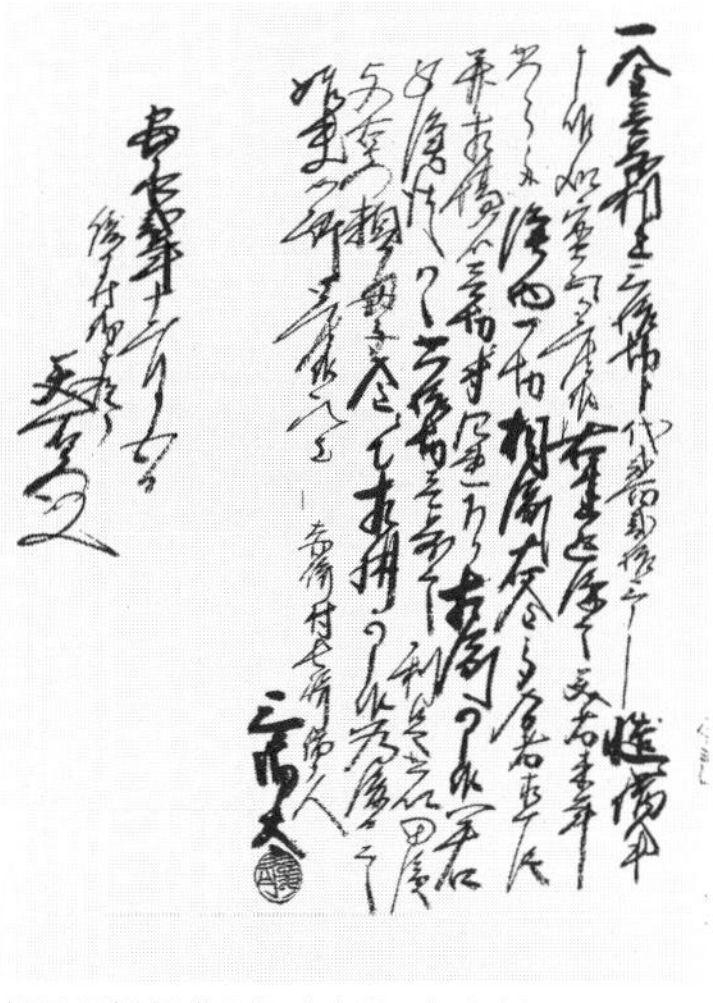
頼母子担保借用証文(千田家文書)

活用する者も現れた。さらに商人の前貸支配をうけていた生産者漁民のなかには、その融資をただたんに生活費にあてるだけではなく、自己を拡大再生産させるのに必要な生活資金や営業資金として、活用している者もいたわけである。このような点を強調すれば、やはり生産者漁民といえども、たえず自己の主体性を確立すべく努力していたのであって、必ずしも商人の前貸支配に一方的に屈していたわけではなかった。

以上みてきたように、綾里地方を中心に商人として成長した千田家は、寛政期を頂点とし、以後その経営をしだいに縮小していったとはいえ、まだ綾里地方では中心的な存在であった。その場合、千田家は生産地における海産物をより有利な条件のもとで集荷することをねらった、有力商人の前貸支配をうけるとともに、みずからもまた、頼母子金融や頼母子担保金融などによって、零細な生産者漁民を経済的に支配していたのであった。このような千田家が、海産物流通の側面から実質的に後退するのは、廻船を手放した幕末のことであり、それはとくに、綾里村肝入《きもいり》と御判肝入とを兼帯するようになった弘化二（一八四五）年以降のことであった。

2 鉱山業の展開

金山と銅山●

鹿角《かづの》（秋田県）の白根《しらね》金山の開発とともに歌われたという『からめ節（金山踊）』に、「田舎《いなか》なれども南部の国は、西も東も金の山」という一節がある。これは『南部牛追歌』にも取り入れられている。このような金山民謡からも知られるように、南部の地は古くから鉱山業が盛んで、とくに江戸時代初めには金山が繁栄した。盛岡藩領では鹿角郡の白根や尾去沢《おさりざわ》、志和郡の佐比内《さひない》、仙台藩領では磐井郡の東山《ひがしやま》（東磐井郡）や気仙郡竹駒の玉山金山などがその代表的なものである。

盛岡藩最大の金山であったと伝えられる佐比内の朴木《ほおのき》金山（紫波町）は、元和八（一六二二）年に京都の丹波《たんば》弥十郎《やじゅうろう》が請け負った山であるが、その落札金額（税金）は大判六五〇〇枚（六万五〇〇〇両）という巨額であった。それほど産金の豊かな山であったということであろう。このような産金が盛岡藩の財政を豊かにしており、『食貨志』は「公私とも封内富饒にして富、既《すで》に天下に甲《かん》たり」と記している。しかし、金山の繁栄も長くは続かず、鹿角地方の白根・尾去沢などの金山は、『雑書』によると、寛文年間（一六六一～七三）を境にして産金が衰えて銅山へと転換していった。

正徳五（一七一五）年になると、江戸幕府は海舶互市《かいはくごし》新例にもとづいて、長崎貿易で支払われる金銀の代わりに銅四五〇万斤を年間輸出高とした。鹿角地方の白根・立石《たていし》・尾去沢の銅山も生産が割り付けられ、年間六五万斤を大坂に廻送し、銅吹屋（精錬所）へ渡すように指令された。銅山の経営は不安定であったから、銅山請負業者の交代が著しく、やがて銅山は藩の経営するところとなった。尾去沢銅山は明和二（一七六五）年十一月から藩の直営となっている。生産された銅について、『雑書』から延宝期（一六七三～八一）を例にみると、多くの場合は鹿角街道を使って盛岡まで駄送し、新山河岸《しんざんかし》からは北上川水運によって仙台藩領の石巻《いしのまき》湊まで川下げし、そこから東廻り海運で大坂へ送られた。そのほかでは、米代《よねしろ》川水運で出羽国能代《のしろ》湊まで川下げしてから西廻り海運を用いて大坂へ運ばれた。そして藩が銅山を直接経営するようになってからは、花輪・大湯（以上秋田県）、田子《たっこ》・三戸・七戸（以上青森県）と駄送し、野辺地《のへじ》湊から大坂へと廻送するようになった。

製鉄業の展開●

北上高地における製鉄業の歴史は古いようであるが、中世までのようすはよくわからない。近世の製鉄は仙台藩磐井郡大籠《おおかご》村（一関市）からはじまったという。大籠の『首藤家文書』によると、つぎのように伝えられている。

永禄年間（一五五八〜七〇）に大籠村の古人であった対馬《つしま》・土佐・丹波・肥後・肥前・相模《さがみ》の六人が相談のうえ、土佐と対馬の両人が備中国の戸坂山に赴き、千松《せんまつ》大八郎・小八郎兄弟に弟子入りし、荒鉄吹き方、延鉄ならびに鍬《くわ》打ち方について伝授をうけ、さらに兄弟を大金で雇って帰国し、大籠で製鉄をはじめたという。この永禄という年代が正しいかどうかは別として、慶長三（一五九八）年の岩出山《いわでやま》御在城御用鉄一六〇〇貫目、同五年の仙台御用鉄二万貫目、同七年の仙台御城御用鉄五万貫目などの伝馬《てんま》史料が残されているので、遅くとも天正年間（一五七三〜九二）には大籠村で製鉄が開始されたものとみてよかろう。また、大籠村に隣接する馬籠《まごめ》村の佐藤十郎左衛門は、中国地方で製鉄技術を習得し、帰国後の慶長十年に同村で製鉄を開始したと伝えている。

このような仙台藩の製鉄技術が各地に伝播し、とくに北上高地の場合をみると、盛岡藩領では閉伊郡の田野畑《たのはた》村や普代《ふだい》村、九戸郡の山形村や大野村など、仙台藩領では磐井郡の大籠村や折壁《おりかべ》・津谷川《つやがわ》村（一関市）、そして気仙郡の世田米《せたまい》村（住田町）などの各地に製鉄業が成立した。とくに北上高地の北部に位置する九戸郡が盛岡藩の製鉄業の中心となった。そして十八世紀の中期以降になると、中国地方の進んだ製鉄技術が導入され、生産量も増加した。その結果、九戸地方の鉄山で生産された鉄は、これまでの販売先であった弘前藩や秋田藩のほかに、東廻り海運を利用して仙台藩領の石巻、中村（相馬）藩領の原釜《はらがま》・請戸《うけど》、棚倉藩領の平潟《ひらがた》、水戸藩領の那珂《なか》湊、さらには江戸といった遠隔地へも移出されるようになった。たとえば、平潟に陸揚げされた粗鉄は、棚倉藩領の北野村・川下村・前田村に送られ、そこで延鉄に加工されて商品化された。

こうして十八世紀後半以降になると、備中鉄との販売競争に打ち勝って、東日本の太平洋岸の市場をほぼ独占するようになった。その大きな要因は、中国地方よりも廻送距離が短く運賃が安かったということであろう。

近代製鉄業と大島高任●

〈近代製鉄業のメッカ〉　三陸沿岸の釜石《かまいし》と北上高地の真っただ中にある遠野《とおの》とは、昔は主として二つのルートによって結ばれていた。北の笛吹峠越えと南の仙人峠越えとがそれである。いずれも標高八五〇メートルをこす険しい峠であったが、沿岸部の海産物と内陸部の穀類は、このルートを介して交易されていた。この笛吹・仙人の両峠にはさまれた山岳地帯は、片羽山の雄岳を主

橋野高炉跡(釜石市，国史跡)

峰として、その前面には、西のほうから六角牛山《ろっこうし》・雌岳・大峰山・岩倉山など一〇〇〇メートル級の高峰が連なっており、良質な鉄鉱石に恵まれた地域である。

盛岡藩士大島高任《たかとう》によるわが国最初の溶鉱炉は、まず安政四（一八五七）年に、大槌通甲子《かっし》村（釜石市）を流れる甲子川上流の大橋に建設された。これが大橋高炉（溶鉱炉）である。ついでその翌年、栗林村を流れる橋野川の支流である青ノ木川上流の青ノ木に、橋野高炉が建設された（見返し写真参照）。こうして同藩内には慶応元（一八六五）年までのあいだに、大橋三、橋野三、佐比内《さひない》二、栗林一、砂子渡一、計一〇座（基）の溶鉱炉が建設され、年間一〇〇万貫（三七五〇トン）の銑鉄《せんてつ》の生産が計画された。このうち、大島高任によって直接建設された溶鉱炉は、大橋三、橋野一（三番高炉）の四座であり、ほかの六座は彼の指導をうけた門人によって築造されたものとみられている。

いずれにしても、良質な鉄鉱石をはじめ製炭原料としての森林資源、さらには、送風装置を動かす水車の動力源となる水流などに恵まれていた釜石地区は、溶鉱炉による鉄生産の先駆をなし、近代製鉄業のメッカとなった。

〈溶鉱炉づくりの背景〉　安政四年、大島高任をして大橋にわが国最初の溶鉱炉を建設させたのには、どのような背景があったのであろうか。

寛政四（一七九二）年、ロシアの使節ラクスマンの根室《ねむろ》来航を契機として、蝦夷地《えぞち》の警備と海防問題が重要な課題となった。こうしたなかで、幕府の対外政策は文化三（一八〇六）年の撫恤令《ぶじゅつれい》、文政八（一八二五）年の異国船打払令、天保十三（一八四二）年の薪水《しんすい》給与令と硬軟両様の対策がうちだされ、やがて嘉永六（一八五三）年を迎えることになった。この年は、まず六月にアメリカの使節ペリーが浦賀に、七月にはロシアの使節プチャーチンの長崎来航と続き、ますます海防問題が緊急性を帯びてきた。九月にはいると、幕府はこれまで禁止していた大船建造を許可したので、薩摩・長州・佐賀・水戸・仙台などの諸藩は、大船の建造に着手するとともに、大小の諸藩も競って大砲《おおづつ》の鋳造を試みるようになった。

とくに水戸藩は、天保年間から国防を厳重にし、「内憂」「外患」を主張した徳川斉昭《なりあき》の主唱のもとで、大砲の鋳造を計画し、まず、藤田東湖《とうこ》を介して三春《みはる》藩士熊田宗弘に適任者の推挙を求めた。嘉永六年のことである。『水戸藩史料』によると、熊田は当代の第一人者として「蘭書に通じ、反射炉の事をも研究し、その技」のある大島高任を薦めた。大島は友人の薩摩藩士竹下矩方の協力を求め、ここに大島・竹下・熊田の三者による共同研究が開始された。

こうして三人は、安政元年に正式に水戸藩に招聘された。そして同二年には、「強烈なる火力を以って銑鉄を溶解し、鉄製の大砲を鋳造すべき機械」である反射炉《はんしゃろ》を、同藩領の那珂湊に完成し、その翌年には、砂鉄を原料とした出雲《いずも》鉄三〇〇貫余をもって大砲の鋳造に成功した。三者の協力の結果である。大島は盛岡藩、竹下は薩摩藩、熊田は三春藩、ここにはもう藩の対抗意識はない。開明的な知識と科学技術を身につけたこれらの人々のなかには、もはや藩という枠の意識はなく、それを乗り越えて、水戸藩の、いな日本の近代化を推進しようとしていたのである。

ところで、大砲鋳造に使用した出雲鉄は、硬性であるために亀裂を生じやすく、実用をなさなかった。大砲を鋳造するには、すぐ練れて餅のようになる、いわゆる柔鉄がどうしても必要であった。『反射炉製造秘記』によれば、大島はすでに安政元年に、大砲鋳造に必要な柔鉄を生産するには、「一と通のタタラ抔《など》では参り申さず」、すなわち、普通のたたら（踏鞴）法による鉄ぐらいではだめであって、やはり西洋流の炉を新造してやらなければ成功しない、と強調していた。このため、釜石地区の良質な磁鉄鉱から柔鉄である銑鉄を製出すべく、甲子村の大橋に溶鉱炉を建設することになったのである。

〈記念すべき十二月一日〉　安政四年、大島高任は水戸藩の大砲鋳造に必要な柔鉄を生産するために、大橋に溶鉱炉を建設して精錬に苦心していたが、ついに磁鉄鉱から最初の銑鉄の生産に成功し、ここに溶鉱炉による製鉄法が完成した。ときに安政四年十二月一日のことであった。この日はわが国の産業史上、溶鉱炉がはじめて銑鉄を製出し、近代製鉄業の発展に大きな足跡を残した記念すべき日となった。今では、この十二月一日が「鉄の記念日」となっている。

このように、大島によって完成された高炉による製鉄法が、画期的なものとして評価されるゆえんは、どこにあるのであろうか。それは一言でいえば、わが国における製鉄法を一変したことにある。すなわち、従来の製法は砂鉄と木炭を原料とし、たたらを用いて行なう伝統的な和鉄精錬法によっていた。「たたら法」とか「たたらぶき」といわれていたものがそれである。しかし、この製法でつくられた鉄は硬性であるために、大砲のような高性能の武器用としては亀裂が生じやすく、かならず後年に「破裂の憂」があったので、実用には適さなかった。

従来の古い伝統的な鉄にかえて、質のよい近代的な鉄を大量につくりだすことが、当時は近代化のための急務と考えられていたのであるが、まさにそれに成功したわけである。こうして、わが国における製鉄業にとって、近代化のための決定的な礎石がおかれることになった。

〈日本と世界をみつめる〉　嘉永六（一八五三）年、藤田東湖は大島が『鉄熕《てっこう》鋳造篇』の著者であることを知って、反射炉や大砲鋳造について質問したことがある。これに対して大島は、「銑鉄には砂鉄か

❖コラム

大島の人となり

大島高任は盛岡藩の蘭医大島周意の長男として、文政九（一八二六）年盛岡に生まれた。彼は一七歳から二三歳までの青年時代に江戸と長崎に留学して各三年間蘭学を学んだが、とくに長崎留学中は医学よりもむしろ砲術・採鉱冶金《やきん》などを修め、かつて江戸の坪井信道《しんどう》の門にあって蘭学をともに学んだ長州藩出身の手塚律蔵《りつぞう》と共同して、オランダ人ヒュゲェーニン著『ゲシュキットギテレイ』を翻訳して『鉄熕鋳造篇』を著している。水戸藩における反射炉の完成と大砲鋳造の成功の裏には、この本があったのである。

安政元（一八五四）年、大島を招聘した水戸藩が、彼を直接藩士に召し抱えようとしたことがあった。そのとき水戸藩が盛岡藩の内意をうかがったところ、同藩では大島の知識と技術をまだ理解していなかったので、「いつにても御用次第差し上げ申し候間、表向き御懸け合いこれあるも苦しからず」と内諾を与えた。すなわち、そちらで必要な人物であれば、直接本人と交渉してもかまわない、というのである。返事をうけた水戸藩では、内心喜んだ反面、いささかあきれたようである。というのは、現代流にいえば人材の引き抜きであり、頭脳の他国流出である。それをあえてあっさりと容認したのであるから、盛岡藩のあまりにも無知なのにあきれたのも無理はなかろう。

一方、水戸藩から直接召し抱えについての交渉をうけた大島は、驚きのあまり顔色を変えて謝絶した。その理由は、自分の家は二〇〇年来南部家に仕えており、しかも「別して厚恩を受け、数年遊学」、すなわち、江戸・長崎に留学する機会さえ与えられたほどである。この御恩に報いたいというのであった。まことに義に篤い大島の一面がしのばれる。

ら製せる普通の生鉄は、その性質が脆弱なので使用に適さない。必ず磁石または岩鉄といわれる種類の鉄鉱石から製出したもの（柔鉄）でなければ、使用すべきではない」と答えている。そして砂鉄と柔鉄との性質を比較して、「砂鉄はたとえば並米のようなもので、どんなにしても粘り合わない。柔鉄は糯米のようなもので、どんな場合でもすぐ錬れて餅のようになるものである」と評し、さらに続けて、「北欧のスウェーデン、ノルウェー、ロシアなどの諸国は、みな磁鉄鉱から柔鉄を製出しているので、品位が世界最高である。しかも、このような鉄を用いて大砲を作っているので、性能がとくによくなっている。わが国でもそうしなければいけない」と主張した。

大島はそのようなことを念頭において、釜石で仕事をしながら、実は水戸藩で必要としていた柔鉄の精錬を行なっていたのである。大島の脳裏には、東北の片田舎での仕事がそのまま日本の仕事につながるという、そういった自覚が強く働いていたのである。

3　水陸交通の展開

街道と番所●

盛岡藩領を南北に縦貫する奥州道中《おうしゅうどうちゅう》は、中世の奥大道《おくだいどう》を大幅に改めて新しく開発されたものである。『祐清私記《ゆうせいしき》』によると、明暦三（一六五七）年、三代藩主南部重直《しげなお》は盛岡城下以南の街道を新道に改修させ、その両側に松を植え、「日光街道の様」にするよう命じている。こうして領内の街道はしだいに整備されていった。領内各地への里程の基点であった道路原標は、城下の鍛冶《かじ》町（現在は盛岡市紺屋町）一里《いちり》塚《づか》のところにあった。現在は説明板が立てられている。奥州道中からは秋田街道（雫石《しずくいし》街道）・鹿角《かづの》街道・宮古《みやこ》街道（閉《へ》伊《い》街道）・遠野街道（大槌《おおつち》街道・釜石《かまいし》街道）・野田街道などの脇街道が分岐していた。

幕府や諸藩は街道の両側に、松・杉・漆・柳などの並木を植えさせた。『雑書』によれば、延宝二（一六七四）年からむこう三年間、仙北町同心町（盛岡市）のはずれから鬼柳《おにやなぎ》舟場（北上市）までの奥州道中と、夕顔瀬《ゆうがおせ》より雫石町までの秋田街道の両側に、松でも漆の木でもよいから植えるように命じている。寛延四（一七五一）年の『増補行程記』をみると、鬼柳から盛岡までのあいだは松並木であったことがわかる。この並木とともに旅行者に多大な便宜を与えてくれたのが一里塚である。盛岡藩領の一里塚はまず慶長九（一六〇四）年に奥州道中筋のものが完成し、その他のおもな街道については同十五年までにほぼ築造されたと考えられる。

各藩では隣藩と境を接する交通の要衝に番所《ばんしょ》を設け、人馬・貨物の交通・交易を厳重に取り締まった。盛岡藩ではその北端の北郡馬門《まかど》（青森県）に境目番所をおいて、弘前藩の

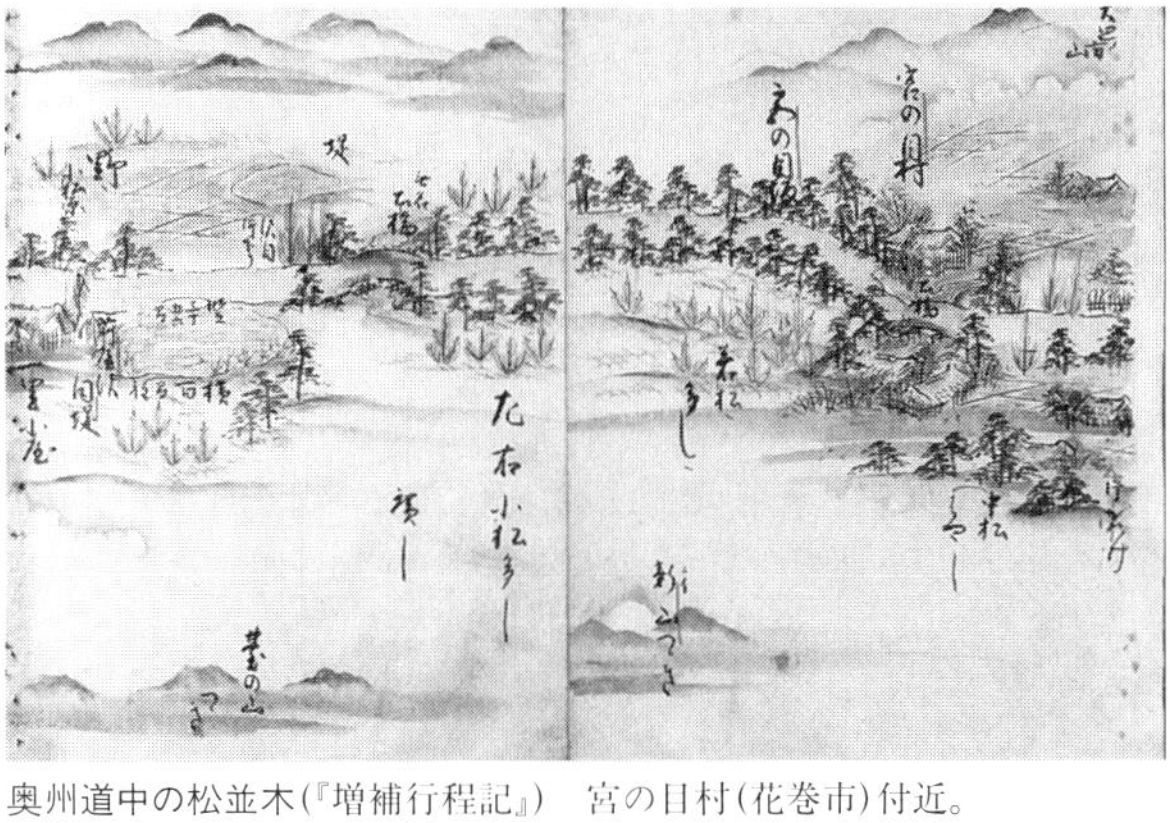

奥州道中の松並木(『増補行程記』)　宮の目村(花巻市)付近。

狩場沢《かりばさわ》番所とあい対峙する一方、南端の和賀郡鬼柳にも番所を設け、仙台藩北端の相去《あいさり》番所とわずか五町へだててこれまた対峙していた。

文化元（一八〇四）年の『郷村古実見聞記』によると、盛岡藩領には他領との交通交易を取り締まるための境目番所（口留《くちどめ》番所とも）が一八カ所、領内のそれを監視する物留番所と中番所がそれぞれ四カ所、あわせて二六カ所ほどあった。仙台藩領との境には前述の鬼柳番所を筆頭に、和賀郡の立花・黒岩・浮《うき》田・田《た》瀬《せ》・倉沢、閉伊郡の遊井名田・鮎貝《あゆかい》・赤羽根・平田《へいた》・荒屋などに境目番所がおかれた。秋田藩領との境には和賀郡越中畑、岩手郡橋場、鹿角郡の熊沢・土深井・松山に、弘前藩領に対しては鹿角郡濁川と北郡馬門に境目番所があった。物留番所は岩手郡繋《つなぎ》村の尾入《おいり》と和賀郡の岩崎・下中ノ島・黒沢尻に、中番所は和賀郡更木村野沢、鹿角郡田山村折壁、三戸郡夏山村夏坂、二戸郡小繋におかれていた。このうち尾入物留番所は雫石川の流木監視が任務であり、下中ノ島と黒沢尻のものはそれぞれ和賀川と北上川の水運を監視した物留番所であった。

一般に、幕藩領主は領内の自給自足を中心とする政策を推進したので、他領に移出される物資については、とくに取り締まりや制限を厳重にし、主要な物資は留物《とめもの》として他領に移出することを禁止した。盛岡藩が元禄十六（一七〇三）年に指定した他領出し禁制品は、「武具類、くろかね類、紅花《べにばな》、紫根《しこん》、黄蓮《おうれん》、蠟《ろう》、漆、油、綿、麻、からむし、紙布、箔椀《はくわん》、同木地、銅、鉛、硫黄《いおう》、塩硝、皮の類、男女、牛馬」などからなり、さらに明和六（一七六九）年になると、「男女、牛馬、武具類、金、銀、銅、鉄、鉛、米、雑穀、材木、硫黄、塩硝、真綿、紫根、麻糸、蠟、漆、塗り物箔椀、同木地、荏油、魚油、魚、鳥、海草、塩、紅花、菜種、煙草、薫陸香、布、藍《あい》、級、起炭、黄精、かたくり、薯蕷、皮類」などが他領出し禁制品に指定されている。

参勤交代と伊勢参宮●

大名が国元と江戸とのあいだを一年交代で往復する参勤交代は、元和元（一六一五）年の『武家諸法度《はっと》』にはじめて規定されたが、寛永六（一六二九）年には削除され、同十二年になって、「大名小名在江戸交替相定めるところなり、毎歳夏四月中に参勤致すべし」と明記され、毎年四月交代で江戸へ参勤することが正式に制度化された。これによって幕府の中央集権化が進む一方、大名は江戸と国元との二重生活をしいられて財政難に苦しむことになった。しかしその反面では、水陸交通の発達と江戸文化の地方伝播などを促進させた。

盛岡藩主も『武家諸法度』の規定にしたがって、隔年ごとに江戸と国元とを往復したのであるが、その場合には、かならず幕府の指示にもとづいて行動した。『雑書』によると、元禄十四（一七〇一）年の例であるが、五代藩主南部行信《ゆきのぶ》の参勤は三月二十五日に盛岡を出発し、「十二日振り（一一泊一二日）」で四月六日に江戸に到着している。盛岡藩が一〇万石（文化五年から二〇万石）の大名として参勤する場合、奥州道中筋の各宿場には人足五〇人、伝馬《てんま》一二〇疋が準備されていた。奥州道中の各宿場の常備人馬は二五人、二五疋の規定であったから、盛岡藩の場合は規定の二倍の人夫と約五倍の伝馬が用意されていたことになる。文政五（一八二二）年になると、盛岡藩士や組付の者などの江戸往来については、従来十二日振りと規定していたのを改めて、道路状態の悪い九月から二月までの期間は十三日振りとした。

このような武士層の往来のほかに商人や農民の旅もあり、とくに江戸中期以降になると、農民による社寺参詣や湯治《とうじ》も盛んになった。盛岡藩領の繋・鶯宿・台などの温泉は武士や農民の湯治場として栄えた。

こうした情勢のもとで農民のあいだには、一生に一度は伊勢参り（伊勢詣《もうで》）をしたいという通念が広まっていった。この伊勢神宮への参詣は多額の費用を要したので、伊勢講を結成して旅費を積み立て、講仲間が順番で数名連れ立ってでかけていくというのが一般的となった。そして当時は、熊野三山（熊野三社）や高野山《こうやさん》（金剛峰寺《こんごうぶ》）への参詣をあわせることによって、現当二世の福がえられると信じられていたようである。

文化九（一八一二）年には、閉伊郡田老村樫内《かしない》（宮古市）などの農民二九人が伊勢参りにでかけている。この一行は二月八日に村を旅立ったのち、松島から日光をへて鹿島神宮と香取神宮を参拝し、ちょうど一カ月後の三月八日に江戸に到着、市中や南部屋敷などを見物して三月十二日に江戸を出立している。それから鎌倉や江の島などを見物したのち東海道を上り、掛川から秋葉山《あきばさん》へとむかった。遠江・三河両国の山中を横断して鳳来寺《ほうらい》を参拝、東海道にもどって熱田神宮に参り、名古屋から伊勢にはいって、三月二十七日には外宮《げくう》に到着している。外宮・内宮を参拝して三月二十九日には伊勢を旅立ち熊野へとむかった。熊野三社を参拝してから高野山・大坂・奈良・比叡山・京都などを巡回したのち、西国三十三番の札所《ふだしょ》巡りをはじめている。五月四日は金比羅《こんぴら》に参り、さらに天《あま》の橋立《はしだて》から琵琶湖の竹生島《ちくぶ》をへて、五月十五日には美濃谷汲山《たにぐみ》で札打納めをした。そののち中山道から信州の善光寺に参り、越後から出羽にはいって羽黒山を参拝し、横手から沢内を経由して盛岡城下に到着したのは六月六日のことであった。実に四カ月におよぶ大旅行であった。

また、弘化四（一八四七）年の三閉伊一揆の指導者の一人であった安家村《あっか》（岩泉町）の俊作は、天保十三（一八四二）年と弘化二年の二度にわたって伊勢詣の旅にでかけている。彼は旅日記のなかに参拝した神社・仏閣・史跡・名勝などについて詳しく記すとともに、訪れた各都市の繁栄ぶりや物価の動静などにも注意を払っている。

このように伊勢参りとはいっても、純粋に信仰の旅とか物見遊山に終わる旅ばかりではなかった。参詣者にとっては、村人から託された買物や調査などもあったが、それにもまして、新しい情報や知識をとおして世の中の動向を知りうるなど、みずからの見聞を広めるのに大きく役立った。しかもそのような知見は、参詣者を介して村人に伝えられていった。修養のために大変な旅をした先人の苦労がしのばれよう。

水運と海運●

参勤交代制度によって江戸滞在を余儀なくされた諸大名は、江戸での日常消費物資をはじめ、蔵米《くらまい》その他の販売物資をも国元から運送するようになった。盛岡藩では北上川水運と東廻り海運を利用して江戸へ物資を廻送した。北上川は、元和・寛永期（一六一五～四四）に行なわれた川村孫兵衛《まごべえ》重吉《しげよし》の河川改修工事によって内陸水路が整備され、北上川水運と東廻り海運との結節点となった仙台藩領の石巻湊が繁栄することになった。

北上川水運を利用した盛岡藩の江戸廻米は、従来の三陸沿岸からの廻送に代わって、慶安期（一六四八～五二）から本格化した。『雑書』によると、その頃から北上川に就航する藩船の建造が行なわれている。その後、寛文四（一六六四）年に成立した八戸藩も盛岡藩領の郡山《こおりやま》（日詰《ひづめ》）河岸《かし》（紫波町）を利用して、北上川水運による江戸廻米を行なっている。盛岡の新山《しんざん》河岸と黒沢尻《くろさわじり》河岸（北上市）のあいだは小型の小繰船が往来し、それより下流は大型の艜《ひらた》船が石巻湊まで就航した。艜船は船底が平らで吃水の浅い細長い船で、最大幅二間半（四・五メートル）、全長が一〇～一一間（一八～二〇メートル）で、一艘当りの積載量はほぼ三五〇俵（一俵は四斗三升入）であった。小繰船は艜船より小型のもので、最大幅一間、長さが九間で、ほぼ一〇〇俵積みであった。

これらの船を河岸別にみると、盛岡藩の艜船は黒沢尻河岸だけに属し天和二（一六八二）年には四五艘であったが、しだいに増加して寛保三（一七四三）年に五二艘、明和七（一七七〇）年に五五艘となり、その後嘉永四（一八五一）年まで変化はなかった。小繰船は黒沢尻河岸に一四〜一七艘、花巻河岸に一〇〜一二艘、郡山河岸に三〜一〇艘、盛岡新山河岸に三〜六艘が係留されていた。

さらに嘉永七年の『石巻御定目《ごじょうもく》』をみると、「御艜壱艘へは三百五十俵積み御座候、四艘壱組ニシメて千四百俵」、「盛岡より石巻迄春八片道四日、冬八片道五日ニて往来仕り候」とあることから、従来は三五〇俵積みの艜船が四艘で一組となり、黒沢尻河岸から石巻湊まで春は四日、冬は五日で航行していたと説明されてきた。しかし宝暦十（一七六〇）年の黒沢尻河岸・石巻湊間の航行所要日数をみると、早い場合は三日、遅いときは一六日も要しており、平均しても約七日であったという報告もある。

盛岡藩の北上川水運による江戸廻米は、とくに北上川の水位が低下する渇水期になると、艜船は難所や瀬をそのままでは航行できなかったため、積荷を小型の艀《はしけ》船に積み替えて通過し、その後にふたたび艀船から艜船へと積み戻す必要があった。このように北上川の難所や瀬の存在と冬場の結氷などによって、航行日数に差が生じたものと考えられる。また黒沢尻河岸・石巻湊間の艜船についてみると、まず仙台藩の場合は一八〇石積みが一般的で、小さくとも一〇〇石積みぐらいであったという。艜船一艘当りの積載量をみると、冬場は三五〇俵、夏場は四〇〇俵であり、四艘一組の船団で航行するのが規定であった。これに対して盛岡藩の場合は三五〇俵積みであったが、必ずしも四艘一組の船団で航行はしていなかったようである。

明和二（一七六五）年には、盛岡の新・本両御蔵（藩庫）の米三七八六俵が新山河岸から石巻湊に廻送されたこともあったが、文化十三（一八一六）年冬以降は籾《もみ》一五〇～二〇〇俵を除くと、盛岡の藩庫米は移出されなかった。安政元（一八五四）年の北上川水運による廻送内容を具体的にみると、春には江戸登《のぼ》せ米《まい》四万俵、大豆《だいず》三〇〇〇俵、籾二〇〇俵、冬には登せ米三万俵、籾一五〇俵、小豆《あずき》七俵、糯米《もちごめ》六〇俵が盛岡・日詰・花巻・黒沢尻の各藩庫から積み出されている。ただし、この年の登せ米の総計七万俵は盛岡以外の藩庫からのものであった。このように、盛岡の藩庫米は藩および城下町の消費に回されており、江戸廻米には盛岡以南の北上川流域の穀倉地帯の米があてられていた。

さて、周囲が海に囲まれていた日本では、地方的な海運は古くからあったが、それが飛躍的に発達したのは近世にはいってからのことである。とくに寛文期に河村瑞賢《ずいけん》が東・西両廻りの航路を整備したので、東廻り海運と西廻り海運が刷新されることになった。東廻り海運は奥羽地方の太平洋沿岸を南下し、房総半島を迂回して江戸に至るものであり、西廻り海運は奥羽地方の日本海沿岸を西進し下関を経由して大坂に至り、さらに紀伊半島を迂回して江戸に達するものであった。

盛岡藩領最北の田名部《たなぶ》・野辺地《のへじ》・横浜（以上青森県）の各湊からは、西廻り海運を用いて木材が上方に積み出されていた。『雑書』によると、正保三（一六四六）年から延宝三（一六七五）年までの三〇年間に、上方船や松前船など約五〇〇〇艘が田名部に着岸していた。この田名部とは大畑・大間《おおま》・奥戸《おこっぺ》・大平・九《く》艘泊《そうどまり》の五カ湊と、川内・脇野沢・牛滝・佐井・易国間《いこくま》の五カ湊をあわせた総称であるから、この船数は以上の田名部諸湊に着岸した廻船の総数ということになる。田名部への廻船着岸数が最高となったのは寛文三年であって、上方船五九六艘、松前船三二七艘、越前新保船六艘の計九二九艘に達していた。このうちの上方船は田名部諸湊から木材を積み出す商船であった。このことは、近世初期における上方地方の土木建築の盛況にささえられた商品流通の特質に規定されていたのである。人の往来や日常消費物資の移入などは、秋田の土崎湊を経由して秋田街道を利用することも多かったが、宝暦期（一七五一～六四）以降になると、物資の移出入は田名部湊をはじめとする領内各湊を利用することに改められ、しだいに東廻り海運が主流を占めるようになった。

東廻り海運は奥羽諸藩の江戸廻米を中心に発達した。盛岡藩は慶長十九（一六一四）年に大槌湊（大槌町）から米と大豆を江戸に送っている。このように米・大豆・味噌などの江戸藩邸での日常消費物資は、八戸や閉伊沿岸の諸湊から藩船を用いて江戸へ廻送されていたのであるが、慶安期以降になると、江戸廻米などは北上川水運を利用して石巻湊まで川下げし、そこを中継基地として雇船が使用されて江戸へ廻送されるようになった。『雑書』延宝三年六月十七日条をみると、米一万八六一一俵、大豆九八九俵、小豆三三俵、銅五〇一三貫一三〇目を石巻湊で積んで江戸にむかった廻船二六艘は、雇船と仙台地船であった。雇船の数は不明であるが、天和二年の場合と同様に、江戸で雇い入れた廻船であったと考えられる。また、藩政中期以降になると、三陸沿岸の漁業生産の進展によって魚粕《さかなかす》を中心とした海産物の関東・江戸登せが盛んとなり、さらに大豆や延鉄などの他領移出も加わって、東廻り海運は一段と盛況を呈するようになった。

9章

社会の動揺と学問文化

流民之図(『民間備荒録』)

1　くり返す飢饉と一揆

周期化する凶作・飢饉●

東北地方の太平洋側では、初夏にヤマセとよばれる冷涼な北東風が毎年のように吹く。ヤマセは霧や霖雨をともなって、藩政時代にはしばしば凶作《きょうさく》・飢饉《ききん》をもたらした。明治期以降になっても、ヤマセによる冷害が凶作をひきおこしたことがある。この被害をうけた農民の実態を、詩人の宮沢賢治《けんじ》は『雨ニモマケズ』のなかで、「サムサノナツハ、オロオロアルキ」と表現した。

凶作の原因は霖雨・低温などによる冷害をはじめ、旱魃《かんばつ》・風水害・病虫害・霜害などの自然的な災害を中心として、ときには野獣による被害の場合もあった。凶作を契機にして、食料が欠乏し多数の飢人と餓死者をだす現象を飢饉という。下野《しもつけ》（栃木県）黒羽《くろばね》藩の家老鈴木正長《まさなが》は「き丶んは人間世界の大変なり」といって、貯穀の必要性を力説した。

盛岡藩領の不作は江戸時代に大小あわせて九二回発生している。実に三年に一度の割合で不作にあっていた。減作率が平年比五〇％以上の凶作年は、四年に一度の割合で発生し、さらに飢饉化した年は一七回を数える。これは一五年に一度の割合で大凶作・飢饉に襲われたということになる。「近ければ三、四十年の間にあり、遠くとも五、六十年の内には来るとおもうべし」（『農諭《のうゆ》』）と指摘されているように、一般に近世の飢饉は周期的に来襲した。ところが盛岡藩の場合は、それを上回って発生頻度数では国内最高を示し、それだけ餓死者も多かったということになる。

北奥に位置する盛岡藩は、領域は広大であっても、そのほとんどが山林原野に占められて耕地が少なく、生産力も低い状態にあった。しかも盛岡以北は水稲経営の限界といってもよい地帯であった。にもかかわらず、石高制《こくだか》にもとづく幕藩制社会はつねに財政的基盤を水稲生産力に求め、畑作より水田を中心とした水稲経営を強制したために、盛岡藩では気象条件に左右されて、畑作よりも田作を中心に凶作の発生率が高くなった。そのうえ、盛岡藩では剰余部分をすべて年貢《ねんぐ》として収奪しようとしたので、農民の生活は苦しく、そのために凶作の程度は軽くとも、つねに飢饉に転化する恐れをはらんでいた。

江戸時代の領主権力は、幕藩制的市場構造の特質に規定されて、飢餓移出ともいうべき領内米の江戸や上方《かみがた》への販売を余儀なくされていた。このことが飢饉をうみだす要因の一つでもあった。一方、凶作時に実施された大名領ごとの津留《つどめ》は、他領の飢饉をいっそう激化させた。また凶作や飢饉の対策にしても、それが領主単位で個別に行なわれたために、政策のいかんによって飢饉の程度も大きく異なっていた。これらのことを考えあわせると、飢饉は幕藩領主支配のあり方とも深くかかわっており、そういった意味で前近代社会における人為的災害であったともいえよう。

盛岡藩の四大飢饉●

盛岡藩の飢饉のうちでも、とくに元禄《げんろく》・宝暦《ほうりゃく》・天明《てんめい》・天保《てんぽう》の飢饉は被害が甚大で、四大飢饉と称されている。

〈元禄の飢饉〉　元禄年間（一六八八〜一七〇四）の盛岡藩は、元禄六年・十年・十一年・十六年の四カ年を除くと、あとは連年不作と凶作が続き、同八年と十五年はついに飢饉となった。『雑書《ざっしょ》』によると、元禄八年は夏中から冷気が強く小袖《こそで》を着用し、夏の土用《どよう》中に霜が降って北風が強いという、典型的な霖雨・早冷による冷害がもとで、ついに飢饉となった。これまでの年貢収納高は一四万俵（一俵三斗七升入り、五万一八〇〇石）であったが、この年はその二八・六％しかみこめず、一〇万俵（三万七〇〇〇石）の不足となった。

元禄八年十一月、藩では幕府に「領内不作の儀」について報告した結果、来春の参勤が免除され、その費用をもって飢饉対策に充当した。城下では寺院や富豪の協力をえて、長町梨子木《なしのき》丁出口辺と東顕《とうけん》寺門前の二カ所に救小屋《すくいごや》を設け、飢人の救済にあたった。翌年の六月末日までには三万四〇〇〇人にもおよぶ飢人を救済し、「餓死人御座無く候」（『雑書』）と幕府に報告している。これに対して『飢饉考』は、「御領分中餓死すでに五万に及ぶ」と伝えている。

元禄十五年も霖雨と大風で、年貢の不足は八万九三〇俵（二万九九四四石）となった。藩では酒造禁止、米の占買占売《しめがいしめうり》禁止、貯穀奨励などを行なったものの、二万五、六百人余の餓死者をだし、飢人の救済も五万一二五三人に達した。盛岡藩政をつうじて、この元禄期ほど誠意を尽くして飢饉対策にあたった時期は他に例がないという。

〈宝暦の飢饉〉　宝暦五（一七五五）年は五月から気候不順で連日降雨が続き、夏の土用にもなお寒気をおぼえるほどの典型的な冷害により被害を大きくした。損耗一九万九七〇〇石といわれた盛岡藩では、前年が大豊作であったので約一〇万石の江戸廻米《かいまい》を行なった結果、藩内に米が払底し、宝暦五年の大凶作を契機に大飢饉に発展した。同年十二月、城下の報恩《ほうおん》寺と久昌寺が飢人の救済を開始した。藩では領内の富豪からの御用金《ごようきん》を資金として、翌年正月、城下の永祥《えいしょう》院と円光《えんこう》寺に茅葺きの救小屋を建て、飢人の救済に乗り出した。しかし、そこでの施粥《せがゆ》は一升（約一・八リットル）の水に対し米八勺（約一四四グラム）

しかなく、あまりのひどさに飢人たちは「南無《なむ》カユ陀仏《だぶつ》、ウスイ菩薩《ぼさつ》」といいながら死んでいったという。こうして毎日五〇人前後の飢人が餓死あるいは凍死を余儀なくされた。その数は宝暦六年四月までに永祥院で四五〇〇人、円光寺で八〇〇〇人に達したと伝える。なお、宝暦六年の代官の報告書によると、同五年の餓死者四万九五九四人、空家が七〇四三軒にも達し、なかでも三戸郡五戸通《ごのへどおり》の餓死者は一万一九二七人と最高を示し、ついで雫石《しずくいし》通・福岡通・沼宮内《ぬまくない》通の被害がひどかった。

一方仙台藩では、現在の岩手県南に属する気仙《けせん》・胆沢《いさわ》・江刺《えさし》・東山《ひがしやま》などの奥筋諸郡の被害がとくにひどく、全領では五四万石余の減収となった。『仙台飢饉之巻』は、同年に気仙・上下胆沢・東山・加美《かみ》の諸郡の蔵入地《くらいりち》農民だけで、「二千八百人並に馬二千余も餓死仕り候」、「仙台は餓死三万人余といえり」と伝えている。

〈天明の飢饉〉　天明二（一七八二）年から同七年にかけて発生した全国的な大飢饉で、とくに奥羽地方は天明三年から被害が甚大とあった。毎年のように気候不順で霖雨が続き、夏の土用中にも綿入れを着るほどの典型的な冷害となった。天明三年の盛岡藩は、「五月中旬より雨繁々降り候て稲長じかね、土用入り候ても北風吹き、暑気これなく、不時の冷気にて不順に御座候故、田畑

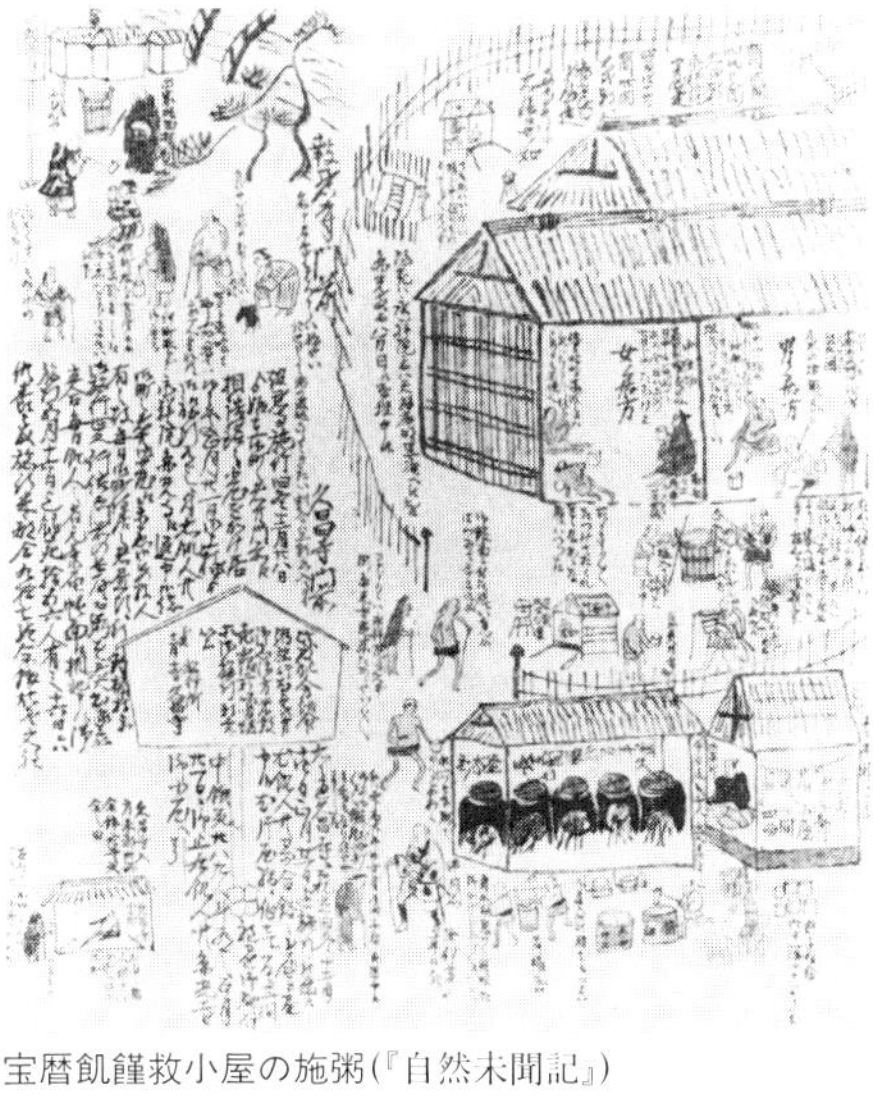

宝暦飢饉救小屋の施粥(『自然未聞記』)

不熟出穂あい後れ候上、八月十七日、十八日の両朝雪霜降り候場所もこれあり」（『雑書』）といわれ、一八万九二二〇石の減収となった。

盛岡藩では、城下の東顕寺と報恩寺に救小屋を設けて飢人の救済に乗り出したが、それも有名無実に近く、飢人はおびただしい数に達した。東顕寺境内には文化七（一八一〇）年建立の餓死者供養塔があるが、それには天明三年十一月から翌年三月までのあいだに、餓死者四九〇人を供養したと記されている。全領ではついに餓死者四万八五八人、病死者二万三八四〇人、空家一万五四五軒、他領への逃散《ちょうさん》者三三三〇人を数えるに至った。そのうえ火付け・盗賊・米騒動などが各地で発生し、牛馬の肉はおろか人間の肉まで食べるものさえでるありさまであった。天明五年と六年も霖雨・低温・大風雨が原因で、それぞれ約一九万石と一八万石の減収となって、大飢饉に発展した。江戸時代中期の紀行家としても有名な菅江真澄《すがえますみ》は、『そとが浜風』のなかで北奥の農民の逃散の状況を伝えている。

天明の餓死者供養塔(盛岡市東顕寺)

仙台藩も天明三年は霖雨・低温の日がつづき霜が降り、夏の土用中に綿入れを着るほどの冷害となって、損耗五六万五〇〇〇石余の大飢饉となった。『石越村史』によれば、「死セルモノ封内凡《およ》ソ六万七千人」といわれた。また『経世秘策《けいせいひさく》』に「癸卯（天明三年）以後三個年凶歳飢饉にして、奥州一個国の餓死人数凡二百万人余」とあるのは、やや誇張にすぎるようであるが、実際には、このような異常な数の死亡者がでたことだけは推察できる。

このような惨状は、程度の差こそあれ奥羽全般にみられ、それはただたんに気候不順という自然的災害だけに原因があるのではなく、農村に対する年貢収奪が限界をこえ、農業における再生産がもはや不可能に近かったことに起因していたといえよう。

〈天保の飢饉〉　天保三（一八三二）年から同九年にかけての盛岡藩は、霖雨・早冷という気象条件をおもな原因とし、さらに水害と虫害が加わって連年減作が続き、年平均一六万七七〇〇石余の減収となった。とくに減収が藩の表高二〇万石をこえた天保四年・六年・七年・九年は、いずれも大飢饉に発展した。

なかでも天保四年は全国的にも大凶作となり、盛岡藩では霖雨が続いて七月末には早くも霜が降るという冷害で、二二万三二五〇石の減収となった。このとき、盛岡藩領の農民が仙台藩領へ逃散することに関して、横川良助は『飢饉考』のなかで、仙台藩が飢饉に際して年貢免除の処置を講じていたことを指摘している。それに対して盛岡藩は、農民からあいかわらず規定どおりに年貢を徴収していた、とのべているのは好対照である。報恩寺の裏山にある餓死者供養塔には、天保四年・五年の「疫死四百八十三人の墓」と記されている。

天保七年は夏の土用中でも冷気が強く、植え付けた稲も青立ちとなって二三万二五〇〇石減、ついで天保九年も霖雨・早冷が原因で収穫皆無のところが多く、二三万八〇〇〇石の大減収となった。この天保の飢饉は、藩財政の窮乏による重税政策がその悲惨さを高めたといえる。

飢饉の惨状とその対策●

飢饉は農業生産力の低かった盛岡藩領の農村にとって、きわめて深刻な問題を投げかけた。天明の飢饉後の寛政二（一七九〇）年に、盛岡藩領を旅した尊王家高山彦九郎《ひこくろう》の『北行日記《ほっこう》』によれば、天明三（一七八三）年の飢饉時における城下の米価は、寛政二年時と比べると、二五倍にも高騰していた。八戸《はちのへ》藩領の久慈《くじ》八日町でも一二倍であったから、庶民がうけた打撃のいかに大きかったかが想像されよう。

『天明三、四年諸書留《かきどめ》』によれば、飢饉のもっともひどかった地方では、犬猫などを獲り尽くしてしまうと、死人はおろか生きている人間までも殺して、その肉を食べたといい、「扨々《さてさて》おそろしき次第なり。当代未聞の事」と書きとめている。さらに彦九郎は北上高地北部のある村について、「飢年に……庄屋《しょうや》と酒造家と二軒のみ人を食わず、其の余は皆ナ人を食らう」、「猪鹿狗猫牛馬を食い、又は人を食うものも有り、……煮ても焼いてもなまにても食う」と書きとめている。また人間を食った人は、「馬の味は猪鹿に勝り、人の味は馬に勝る」と語ったという。まさに生き地獄さながらの残酷悲惨な話が伝えられている。

ところが、武士階級の餓死者はわずかであったから、飢饉の惨状に拍車をかけた最大の要因は、まさに支配者と被支配者の生活条件の隔絶にあったといえよう。これが幕藩制下の飢饉の一つの特色でもあった。それゆえに『世事見聞録《せじ》』の著者をして、「此の窮民に仁政あらば、右体の天災も降るまじきか」といわしめたゆえんでもある。

飢饉の対策としては、古くは奈良時代に常平倉《じょうへいそう》をおいて米価の調節をはかったのをはじめ、近世にはいると、備荒貯蓄を目的とした社倉《しゃそう》・義倉《ぎそう》などが各地につくられた。盛岡藩でも備荒倉の設置、穀類の他領出し禁止と飢人への配布、穀類の払い下げ、酒造の制限あるいは禁止、救小屋の設置など、各種の対策を講じていた。また一方では、代用食の奨励とともに備荒作物の栽培法を教え、その調理法を周知させようと試みた人もいた。一関《いちのせき》藩医の建部清庵《たけべせいあん》は『民間備荒録』を著し、山野草のなかから救荒植物を選んで飢饉に対処するよう訴えた。洋学者の高野長英《たかのちょうえい》は『救荒二物考《にぶつこう》』のなかで、蕎麦《そば》とジャガイモの栽培とその調理法について詳述し、天保の飢饉に際しての救済法を説いていた。

そしてさらにいえば、凶作による飢饉化を阻止するためには、藩領域をこえた隔地間の交易を推進し、商品経済のよりいっそうの発展をうながす必要があった。しかし、江戸時代のように封鎖された社会にあっては、藩権力はそれを阻止しようとする。ここに凶作や飢饉の被害をまともにうけた農民と藩権力との対立が激化し、百姓一揆《ひゃくしょういっき》を頻発させることになる。盛岡藩の三閉伊《さんへい》（野田・宮古・大槌《おおつち》）地方を舞台にして、幕末の弘化・嘉永（一八四四〜五四）の再度にわたってひきおこされた一大百姓一揆は、まさにその典型的な例であったといってよい。

藩の財政難と百姓一揆●

盛岡藩の財政は、藩政初期のうちは金山の隆盛によって潤沢であった。しかし、寛文年間（一六六六〜七三）を境にして産金量が減少し、鉱山経営が金山から銅山へと転換することによって、財政はしだいに苦しくなっていった。とくに藩政中期以降になると、うちつづく凶作のほかに、元文元（一七三六）年の遠州大井《おおい》川の改修、宝暦三（一七五三）年からの日光山本坊《にっこうさん》の修復、明和七（一七七〇）年の京都仙洞御所《せんとうごしょ》の普請、天明元（一七八一）年の甲州川の改修など、幕府からのあいつぐ御手伝普請によって出費がかさみ、そのうえ、寛政五（一七九三）年からはじまった蝦夷地《えぞち》警衛にともなう支出が加わった。さらに文化五（一八〇八）年の二〇万石への格上げにともなう軍役《ぐんやく》の倍増と対外的支出の増大によって、藩の財政難は一段と進んだ。藩は商人や農民に対してよりいっそうの負担を強制し、さらに天保七（一八三六）年には七福神札《しちふくじんさつ》という藩札《はんさつ》を発行して財政をまかなおうとしたが、かえって物価騰貴を招いて経済を混乱させ、各地に百姓一揆を頻発させた。

盛岡藩領では、藩政期をつうじて約一四〇件の百姓一揆が発生した。ほぼ二年に一件の割合で一揆がおこった勘定になり、全国第一位の多発藩であった。これに対して、隣国の仙台藩はわずかに一四件にすぎなかった。おもな一揆をあげてみると、盛岡藩領では、享保十六（一七三一）年の鬼柳《おにやなぎどおり》通・大迫《おおはさま》通・大槌通の坪役銭《つぼやく》（宅地税）反対一揆、延享元（一七四四）年の黒沢尻《くろさわじり》通と鬼柳通の新田開発反対一揆などがあり、安永六（一七七七）年には二件の一揆が発生した。三月の遠野の六斎市口銭《ろくさいいちこうせん》請負反対一揆と六月の釜石《かまいし》地方の新地反対一揆である。寛政七年には、十一月八日から十二月二十五日までのあいだに一二件の百姓一揆が集中して発生した。遠野と日詰《ひづめ》・長岡通、大迫通、安俵《あひょう》・高木通、五戸《ごのへ》通、三戸《さんのへ》通、鹿角《かづの》通、雫石・沢内通、二子《ふたご》・万丁目《まんちょうめ》通などの御用金反対一揆、大迫通の増税反対一揆などがそれである。この時期の一揆はいずれも経済的要求を前面に押し出し、全藩的一揆の様相を示してきた点に特色がある。天保七年には高木通と大迫通の穀改《こくあらた》め反対一揆、翌年には鬼柳・黒沢尻・二子・万丁目・寺林の五通で重税反対一揆がおこった。

一方、仙台藩領では寛政九年三月、江刺郡伊手《いで》村（奥州市）など六カ村の農民一二〇〇〜一三〇〇人の蜂起が契機となって四方に波及し、胆沢・磐井・登米《とめ》・栗原・遠田・志田・玉造《たまつくり》など、仙台藩北部の八郡を席巻した一揆は、藩当局の心胆を寒からしめた未曾有の大事件であった。一揆は年貢先納の中止と借《かり》上《あげ》反対、夫役《ぶやく》・諸役の軽減、役人の減員と経費節減、農村の救済などを要求し、それが受理されない場合は「拾ケ年間御暇下し置かれたく願い奉り候」と、要求貫徹にむけて堅い決意のほどを明らかにした結果、藩は農民の要求をほとんどうけいれ、「郡村の潤助」と「民間の窕《くつろ》ぎ」のため、従来の民政方式に大改革を加えることになった。仙台藩の「寛政御転法《ごてんぽう》」といわれるものがそれである。

弘化・嘉永の大一揆●

財政難にあえぐ盛岡藩は、弘化四（一八四七）年十月、六万両の御用金を領内のすべての農民や商人にかけた。これが契機となって十一月十七日、野田通の安家《あっか》村（岩泉町）からおこった一揆は、周辺の村々をまきこんで、またたくまに数千人にふくれあがった。一揆は田野畑村の大芦野に集結し、隊伍を組んで小本《おもと》・田老《たろう》・宮古・山田・大槌と南下し、その途中で、村々を勧誘しながら各地の一揆と合流して人数を増し、鎮撫にあたる役人に対しては徹底的に不信感を表明した。この一揆は栗林村（釜石市）の一揆とも合流して笛吹峠をこえ、十一月二十九日に遠野の早瀬川原に集結した時点では、実に一万二〇〇〇余人に達していた。このような大集団にもかかわらず、小本村（岩泉町）の弥五兵衛ら六人の指導のもとに、隊伍を組んで秩序ある行動をとったので「古今稀なる強訴《ごうそ》」といわれた。

この一揆は、三閉伊通（野田・宮古・大槌の三通）の農民が藩政改革を求めて遠野に強訴したもので、遠野領主の尽力によって処分者もださず、具体的な要求二五カ条のうち一二カ条をうけいれさせることに成功した。この一揆の影響をうけて同年十二月一日に鬼柳・黒沢尻通に、同十五日には徳田・伝法寺通と八幡・寺林通にも一揆が発生したが、いずれも呼応した一揆であったため熱意がなく、当局の迅速な処置によって鎮圧された。

嘉永六（一八五三）年、ペリーが浦賀に来航した頃の盛岡藩は、南部利済《としただ》・利義《としとも》父子の対立を中心にして政治が紊乱し、経済的には参勤交代費と累積赤字に苦しんでいた。そのため増税、新税、御用金の賦課をくり返し、とくに三閉伊通では、六年前に弘化四年の一揆を経験したにもかかわらず、嘉永六年二月からふたたび郷割《ごうわり》御用金の徴収が強制された。このことを契機にして、同年五月二十日、野田通の田野畑（田野畑村）、羅賀《らが》（同）、黒崎（普代《ふだい》村）、普代（同）四カ村の農民が田野畑村の池奈良で密談し、それに沼袋村（田野畑村）と浜岩泉村（同）の農民が結集し、同月二十四日一斉に蜂起した。

　この一揆は、佐藤儀助が経営していた大披《おおびらき》鉄山の襲撃を皮切りに、岩泉・小本・田老・宮古と南下し、途中の村々を勧誘しながら、移出入税取立番所《とりたてばんしょ》や租税徴収所などを破却し、六月四日、大槌通に押し寄せたときには野田通五〇〇〇人、宮古通二〇〇〇人、大槌通六〇〇人、その他を加えると八〇〇〇余人に達し、翌五日に釜石に到着した時点では、実に一万六〇〇〇余人の大集団にふくらんでいた。ここで一揆は遠野に強訴するといいふらしながら、仙台藩領への越訴《おっそ》を画策し、盛岡藩領平田《へいた》番所から仙台藩領

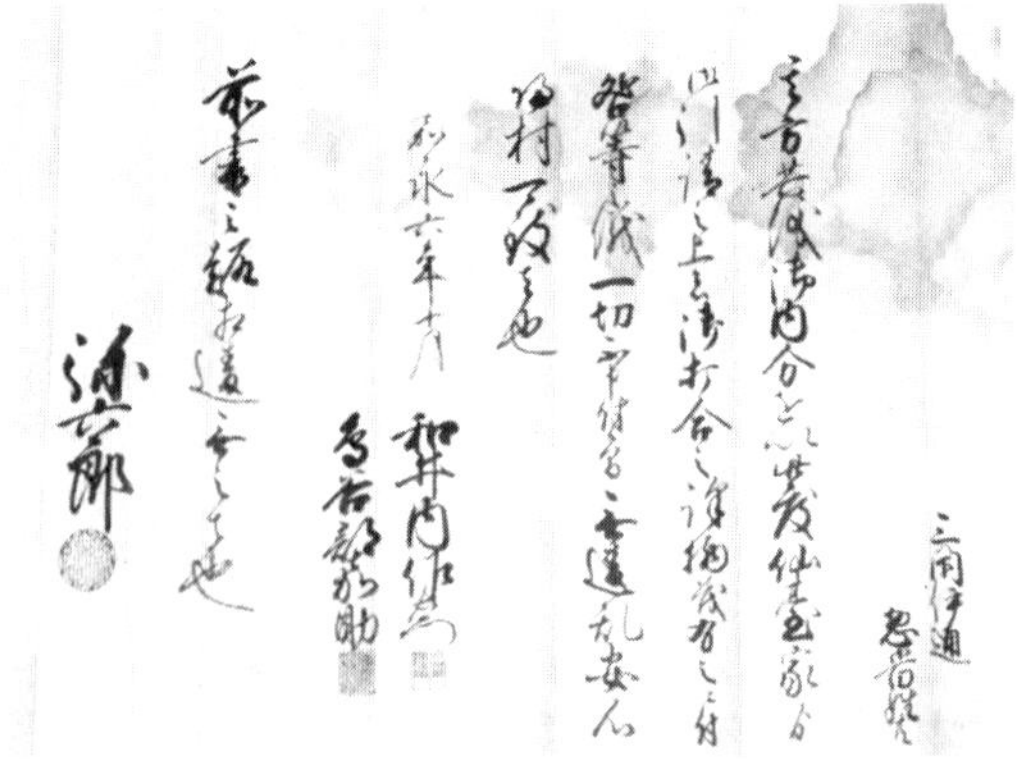

南部弥六郎奥書黒印状　一揆参加者に対するいっさいの処罰を行なわないことを一揆側は要求した。

唐丹《とうに》番所を押し通ろうとしたが、平田村（釜石市）肝入《きもいり》の巧言にだまされて間道を進み、大難所の篠倉峠をこえるルートを通った。この峠越えで落伍者や逃亡者がでて、実際に仙台藩領の気仙郡唐丹村（釜石市）に越訴した農民は八〇〇〇余人に減少していた。

この一揆は、まず藩主の更迭にともなう藩政改革、それが不可能ならば三閉伊通の幕領化、あるいは仙台藩領化を願い出たもので、ここに一揆の基本的な性格が示されている。具体的な要求四九カ条をみると、①諸役人の増加による負担反対、②専売制反対、③移出入税反対、④諸税の賦課と徴収方法に対する反対の四点からなり、大局的には、商品経済の発達によって賦課された重税に対する反対行動であった。

その指導者が田野畑村の畠山喜蔵・多助《たすけ》・与市《よいち》、栗林村（釜石市）の三浦命助《めいすけ》らであり、一揆の戦術、運営、交渉、主張にいたるまで首尾一貫していた。最大規模の全藩一揆にもかかわらず処分者もださず、藩首脳部を交代させ、要求項目のうち三九カ条をうけいれさせることに成功した。この一揆の影響をうけて、安政三（一八五六）年までのあいだに一七件の百姓一揆がおきている。なお、命助は藩の恨みをうけて脱藩したが、安政四年に捕らえられ、維新を目前にした元治元（一八六四）年、盛岡の牢舎で四五歳の生涯を閉じた。

2　学問と文化

儒学の振興と弾圧●

藩政初期に幕府から盛岡藩に預けられた人物として、栗山大膳《だいぜん》と無方規伯《きはく》（方《ほう》長老）の両人がよく知られている。大膳は福岡藩黒田家の家老として学徳兼備の人物であったが、黒田騒動の罪をえて寛永十（一六三三）年に預けられ、承応元（一六五二）年に没するまで盛岡にあること二〇年におよんだ。方長老は対馬《つしま》藩の高名な学僧であったが、国書改竄《こくしょかいざん》事件がとがめられて寛永十二年に盛岡に流され、万治元（一六五八）年にゆるされて江戸に帰るまでの二四年間在盛した。この二人は藩内の学問教養の向上に大きく貢献し、多大な影響を与えた。

幕府の預人による学問教養の向上という状況をふまえて、元禄期（一六八八～一七〇四）になると、藩内でも学問教育が重視されるようになった。時あたかも五代将軍徳川綱吉《つなよし》による儒学奨励の時代である。『雑書』によれば、元禄六年二月、江戸城の御座の間において、隠居の南部重信《しげのぶ》と五代藩主行信《ゆきのぶ》、それに嫡子実信の三人は綱吉の講義の拝聴が許可された。このように三人も招かれているということは、南部家と将軍家とのかかわりがいかに強かったかを示しており、さらに同八年三月にも、行信・実信父子が綱吉の易経《えききょう》講義を拝聴している。このような藩主層の好学の風潮によって、林信篤《のぶあつ》の門人である根市権四郎、本多与一郎、山口清六らが招聘され、城内において論語・孟子《もうし》・大学・小学・中庸などの講義が行なわれ、儒学振興の気運が高まった。

ところが元禄十六年になると、家老の北《きた》九兵衛をはじめ、北川新左衛門・木村久左衛門・奥瀬安左衛門・足沢左十郎らの好学の士が処分されるという事件が勃発した。その理由について、『雑書』は具体的なことについては明らかにしていないが、『内史略』をみると、久信（のちの信恩《のぶおき》）の六代藩主就任にかかわる問題があったようである。五代藩主行信の嫡子は実信であったが、彼は元禄十三年十二月に疱瘡《ほうそう》が原因で二五歳の若さで病死した。そこで弟の久信が嫡子となり、同十五年、父行信の病死によって六代藩主となった。この久信の藩主就任をめぐって、どうも儒者一派の反対があったようであり、それに対して藩主久信が権力を発動したというのが真相のようである。このような儒者弾圧事件を契機にして、盛岡藩の儒学振興の気運は急激に衰退するに至った。

明義堂と養賢堂●

文化二（一八〇五）年になると、江戸の朱子学《しゅしがく》派であった下田三蔵《さんぞう》が儒臣に登用され、日影門外小路の御稽古場で武芸各流派の稽古とともに、会日を定めて経書の講釈が開始された。これが藩校開設の基礎となり、儒学がますます藩士間に浸透していった。天保十一（一八四〇）年になると、御稽古場は明義堂《めいぎどう》とよばれて教官も充実された。これが藩校のおこりである。ところが嘉永二（一八四九）年には、藩主の相続問題に関与したかどで、東条派の儒者が排斥される事件がおこった。なお、そのなかには獄中で憤死した江幡春庵《えばたしゅんあん》がおり、弟の五郎通高《みちたか》（のち那珂悟楼《なかごろう》）は復讐の念に燃えていたという。

慶応元（一八六五）年に明義堂は作人館《さくじんかん》と改称され、文武医三科の独立教場をもつことになった。そして藩校教授となった江幡五郎は『学軌《がっき》』を著し、藩学の精神を「和漢一致、文武不岐」に求めて大改革を実行した。

仙台藩の学問所は、元文元（一七三六）年、儒学者高橋玉斎《ぎょくさい》の建議によって設けられた。宝暦十（一七六〇）年には学問所を北一番丁勾当台《こうとうだい》通りの一角（現在の宮城県議事堂の地）に移した。安永元（一七七二）年からは校名を養賢《ようけん》堂とし、安永九年には初代の学頭に田辺楽斎《らくさい》が就任した。養賢堂をささえた儒学者としては、磐井郡中里村（一関市）出身の大槻《おおつき》一族がおり、学頭を務めた平泉《へいせん》・習斎《しゅうさい》・磐渓《ばんけい》の三代が有名である。なかでも平泉は文化七年、江戸の昌平黌《しょうへいこう》から帰国して学頭となり、養賢堂の革新と振興に尽力した。一関藩では天明八（一七八八）年に藩校を教成《こうせい》館と命名した。

輩出する人材●

岩手県南の旧仙台藩領からは、学問や思想をとおして近代社会への道を切り開いた人々が現れた。磐井郡渋民《しぶたみ》村（一関市）の肝入《きもいり》の家に生まれた芦東山《あしとうざん》は、仙台藩の学問所開設時の教官であった。東山は藩政や藩校についての改革意見をしばしば進言し、藩首脳部と衝突した結果、二四年間におよぶ幽閉蟄居《ちっきょ》の生活を宮崎（宮城県加美町）と高清水（宮城県栗原市）の石母田《いしもだ》家で送った。その間に、師の室鳩巣《むろきゅうそう》の遺志を継承して刑事法典の編纂に没頭し、宝暦五（一七五五）年、「刑は刑無きを期す」と主張した『無刑《むけい》録』全一八巻の大著を完成させた。漢文体の『無刑録』は、明治十（一八七七）年元老院蔵版として刊行され、近代刑法、とくに禁固刑の執行について重要な参考資料となった。

一関藩では建部清庵《たけべせいあん》と、蘭学者を輩出した大槻家の人々がいる。宝暦五年の飢饉で困窮した民衆を救うために『民間備荒録』と『備荒草木録』を著した建部清庵は、蘭学の基礎を築いた人物の一人であった。彼は門弟の衣関甫軒《きぬどめほけん》を介して、かねて疑問としていた点を杉田玄白《げんぱく》に質問した。清庵と玄白とのあいだで交わされた医学問答の書簡は、『和蘭《オランダ》医事問答』としてまとめられた。この出会いがもとで、清庵の子由《ゆう》甫《ほ》は玄白の養子となった。一関藩医の家に生まれた大槻玄沢《げんたく》（磐水《ばんすい》）は、清庵門人から玄白に入門し、さ

芦東山

らに前野良沢《りょうたく》から蘭学を学んで学才を伸ばした。寛政元（一七八九）年には日本最初の蘭学塾である芝《し》蘭《らん》堂を江戸に開いて、門人の育成にあたるとともに、蘭学入門書である『蘭学階梯《らんがくかいてい》』を完成し、さらに師の『解体新書』を正誤した『重訂解体新書』を出版して、後世に大きく貢献した。玄沢の二男磐渓は養賢堂の学頭となった。玄沢の家とは別家の出で、代々西磐井の大肝入を務めた大槻家からは、養賢堂学頭として活躍した平泉がでている。

そのほかでは、水沢出身の高野長英《たかのちょうえい》と箕作省吾《みつくりしょうご》がいる。天保四（一八三三）年の飢饉の惨状を目のあたりにした長英は、『救荒二物考』を著してジャガイモと蕎麦の栽培を奨励した。また、天保八年におきた米船モリソン号事件を耳にした長英は、『戊戌《ぼじゅつ》夢物語』を著して幕府の対外政策を批判したため、幕府から弾圧と追及をうけて自殺した。省吾は日本最初の西洋地理書である『坤輿図識《こんよずしき》』や世界地図『新製輿《よ》

大槻玄沢(国重要文化財)

高野長英(国重要文化財)

地《ち》全図』などを著した。

盛岡藩からは、洋学校（私学校）である日新《にっしん》堂の設立に尽力した大島高任《たかとう》と八角高遠《やすみたかとお》がでている。大島は高炉による製鉄にはじめて成功し、近代製鉄の基礎をつくった人物として著名であり、八角は蘭方医新《しん》宮凉庭《ぐうりょうてい》の門人で、日新堂では西洋医学の教育を担当した。また、藩校作人館で活躍した人物に江幡五郎通高がいた。

3　旅芸人と文人墨客などの旅

旅芸人繁太夫の旅●

文人墨客や幕府要人の旅とは異なり、長い流浪の旅芸稼ぎの日々を送った人に、江戸深川仲町で富本節《とみもとぶし》を語る繁太夫《しげだゆう》がいた。彼は『筆満可勢《ふでまかせ》』という日記を残している。繁太夫はお供の松をしたがえ、文政十一（一八二八）年六月十二日に江戸を出立し、浦賀からの船便で仙台藩領の石巻《いしのまき》に着いた。同地の徳左衛門から、盛岡八幡宮の祭礼がことのほか盛況だということを聞き、それをめざして旅を続け、途中で浄瑠璃《じょうるり》語りや寄席《よせ》興行を行なったので、九月十二日に盛岡に着いたときには、すでに八幡宮の祭礼は終わっていた。そこで繁太夫は八幡町の丸屋和吉《わきち》方に草鞋《わらじ》を脱ぎ、南部弥太郎・漆戸石見・鍵屋茂兵衛《かぎやもへえ》などの武士や商人に招かれて、浄瑠璃語りなどの芸を披露しながら寄席も開いた。

当時の盛岡城下では他領者の滞留規則がきびしく、一〇日をもって一期としていたので、やむなく繁太夫らは盛岡をはなれて繋《つなぎ》温泉に移った。そこでも湯治中の城下武士たちから座敷がかかった。ふたたび城下に帰ってからは、芝居《しばい》小屋を使って一五日間寄席興行をすることが許され、十月二十日の初日には七九人、雨天や晦日、そして鳴物禁止期間などは休演し、十一月五日の一〇日目までには一〇三一人もはいるという盛況ぶりだった。盛岡城下の人々は武士も庶民も興行を楽しんでいた。繁太夫が記しているように、仙台城下で好評を博した出し物は盛岡でも評判となった。仙台での興行が価値判断の基準となっていたということは、仙台が奥羽地方における文化の中心的地位を占めていたことを示している。

繁太夫は文政十一年は盛岡で越年し、翌十二年は三月二十三日から七月五日まで宮古の鍬ケ崎《くわがさき》に滞在、ここでも商人や舟乗りたちから座敷がかかった。この鍬ケ崎では「器量より芸の克がよき女郎なり」と、芸事に熱心なのがよい遊女であった。そのため「女郎衆稽古致したきとて頼まれ」、彼は遊女たちに芸事を教えていた。鍬ケ崎の遊女は「舟頭の洗濯女」といわれ、彼女たちは近郷から金持ちが遊びにきても「尊く思わず」、「舟乗ならでは大切に致さず」、「舟頭衆一客なり」と、舟乗りを上客としていた。それに鍬ケ崎は「米不出来、高直の所」であった一面を、「松前舟など出帆なせば城下などへ皆稼ぎに行く。皆悪る口に米を食に出るという。尤《もっとも》城下よりかえり来る時はみな肥えふとり戻る」という。だから盛岡城下に「女郎数多あれども内証にて、是は鍬ケ崎といえるより来る」と書きとめているのである。鍬ケ崎からは七月十四日にふたたび盛岡城下にもどり、生姜《しょうが》町の神明社境内で寄席興行をし、九月三日の朝には盛岡をはなれて、秋田城下へとむかって旅立っている。

繁太夫の日記の特色は、巡歴した地方の言葉や習俗に強い関心を示している点である。その一端をみてみよう。まず言葉の違いについては、鍬ケ崎で遊女を抱いたときのことである。彼女は何度もくりかえして「縁づく々」とばかりいう。さては「我れに惚《ほれ》しなり」と繁太夫は解したが、実は「エヅイ」ということで、これは「せつないと申事《もうすこと》なり」と書きとめ、「縁づくと聞こえしは御身がうぬぼれ耳なり」と反省した。また盛岡城下では、話し言葉の末尾に「ナス、ナモ」をつけていっているが、「此二つ口ぐせにてうるさし」と批判している。しかしこの用法は、現在でも地元の高齢者の会話ではごく一般に用いられている。

「当国（盛岡藩）は正月なりといえども松飾《まつかざり》などせず」、城下近郊の津志田《つしだ》（盛岡市）では雑煮《ぞうに》や節会《せちえ》などもなかったという。さらに続けて、「当城下の女房四十歳に成りても五十歳になりても眉毛を剃《そ》らず」と記し、「若き夫婦は、江戸にていえる半元服故見よけれども、五十歳已上にて剃らずに居るは身苦しき物なり」と評している。谷文晁《たにぶんちょう》も『懐《ふところ》日記』で、「婦人ハ何歳ニ成テモ眉ヲ剃ルコトナシ。貴賤トモ同様ナリ」と記している。このように繁太夫や文晁らは、本来眉剃りは既婚の女性のすべきものであったので、盛岡の女性の多くが結婚しても眉を剃らないという風習を奇異に感じていた。

さらに繁太夫は、「南部国風《くにぶり》にて、大晦日を私大《わたくしだい》と名付て、小の月は大に直し、元日が大晦日なり。年明けて正月十九日に御上より、今日より二十日と御触出る」と記している。この私大の由来については、南部氏の先祖が甲州から奥州の糠部《ぬかのぶ》郡に入部したときが、十二月二十九日の小の月で、翌日が正月元日であった。糠部に到着したばかりなので、元日の祝賀の準備がまにあわなかった。そこで小の月を大に直し、翌日を大晦日として元日の儀式の支度を行なった。このときのことが例となって今に伝えられているのだという。また、盛岡城下の時宗教浄《きょうじょう》寺の本尊阿弥陀仏《あみだぶつ》のことを「黒仏と申して、皆裸参りをする。ことのほか参詣群衆する」と、教浄寺の裸参りがにぎやかであったこと、しかも現在とは異なって十二月十四日の行事であったことを伝えている。

文人墨客などの旅

みちのくの歌枕を訪ねての旅は、古くから都人の憧憬のまとであった。江戸時代になると、文人墨客《ぶんじんぼっきゃく》などのみちのくへの旅が盛んとなり、それは風流の旅でもあった。松尾芭蕉《ばしょう》は元禄二（一六八九）年三月下旬、江戸深川六間堀の芭蕉庵をあとにして、「奥の細道」の旅にでた。この年は文治五（一一八九）年の奥州合戦で平泉《ひらいずみ》の藤原氏が滅んでからちょうど五〇〇年目にあたっていた。現在の岩手県域に第一歩をしるしたのは五月十二日のことで、そこは仙台藩領西磐井の涌津《わくつ》村（一関市）であった。翌日には平泉を訪ね、「夏草や兵《つわもの》どもが夢の跡」「五月雨の降り残してや光堂《ひかりどう》」の名句を残している。そして十四日には栗原郡の岩ケ崎村へとむかっているので、県内での滞在はわずかに三日間にすぎなかった。

この芭蕉の「奥羽長途の行脚《あんぎゃ》」（『奥の細道』）が契機となり、その後、学者や文人墨客たちが盛岡藩領を訪れるようになった。医師で旅行家であった橘南谿《なんけい》、画家の谷文晁、紀行家で民俗学者でもあった菅江《すがえ》真《ま》澄《すみ》、幕府巡見使に随行した地理学者の古川古松軒《こしょうけん》、尊王家の高山彦九郎《ひこくろう》、測量家の伊能忠敬《ただたか》、幕末の志士吉田松陰《しょういん》、北方探検家で北海道の命名者でもあった松浦武四郎《まつうらたけしろう》、紀行家の肘付兼武など枚挙にいとまがない。

菅江真澄・古川古松軒・高山彦九郎の三人は、ほぼ時を同じくして、天明の飢饉直後に盛岡藩領を訪ねている。天明八（一七八八）年七月一日、菅江真澄は蝦夷地《えぞち》をめざして、盛岡城下北方の芋田（盛岡市）、川口（岩手町）の辺りを旅していた。そのとき幕府の巡見使を迎えるために、農民たちが炎天下で道普請にかりだされているのに遭遇した。彼は紀行文『岩手の山』の一節で、作業をしている農民の額には人改めの印の文字が書かれ、その墨が汗で流れ顔はますます黒くなって暑そうだと、やさしい心で村人を気づかっているのが印象的である。

約二カ月後の九月十日に巡見使一行がその道を通った。巡見使に随行した古川古松軒は『東遊雑記《とうゆうざっき》』のなかで、巻堀村《まきぼりむら》（盛岡市）の金勢宮《こんせいぐう》の神主について、「今の神主宗七郎というもの至っての愚物にして、御巡見使へ申し上ぐること埒《らち》もなきことのみなり。もっとも古の風俗かくもあるべきにや」と、ひややかに批判している。このような古松軒のうけとめ方は、「南部にては、下々の人は賤しきのみにあらずして案外に愚なり」、という酷評にも現れていた。これより先の九月七日に、巡見使一行は二戸郡の田山（八幡平市）に一泊した。「食事にはみなみな屈して（気がふさいで）、焼味噌に茶漬《ちゃづけ》を好めども、それも自由ならず」と、贅沢なことをいい、「この夜出せし菜を見れば、豆腐《とうふ》の油揚に大　鰌《どじょう》を二つ入れてあり。皆みな驚き入りしことなり。このことを以て諸事を察し知るべし」とも記している。天明の飢饉直後で食事にもこと欠く地元の人々の苦労を、まったく理解しようとしていなかった。真澄と彦九郎は、地元の人と同じ稗飯《ひえめし》や粟飯《あわめし》でも感謝して食べていたというのに。

彦九郎は天明三年の大飢饉のわずか七年後に、惨状の跡をつぶさに訪ね、人間相食む話や一村壊滅の村などを見聞し、苛酷な藩政を批判しているが、道中満足な食事もなく、夜には夜具もなく筵《むしろ》を着て寝ることもしばしばであった。彼はそんな状況を『北行日記』に詳しく書きとめているのに対して、古松軒の『東遊雑記』にはそのような記述はみあたらない。これではなんのための巡見であったのかといいたくなる。

寛政二（一七九〇）年九月二十九日、彦九郎は田山村の鍛冶屋《かじや》与助《よすけ》の家に宿泊した。主人の与助や阿部清助らと濁酒を飲みながらきびしく藩政批判を展開し、「語りて深更に及」んだという。さらに話題は飢饉時の藩政のことにおよび、年貢をきびしく徴収する虐政を非難している。そして農民たちは、巡見使から質問があったら、救済措置が講じられていると回答するよう、代官から申し付けられていたという。天明八年に巡見使から質問があったとしても、はたして農民たちは「救い有り」と回答したのだろうか。あるいは、もしそのように答えたとしても、飢饉の惨状を目のあたりにしてきたはずの巡見使たちは、真実を見通す眼力を失い、農民の言をただ鵜呑みにし満足して帰途についたのだろうか。もしそうだとしたら、意味のない通り一遍の巡見だったといわざるをえない。

幕末には松浦武四郎と吉田松陰が旅をしていた。武四郎は嘉永二（一八四九）年七月、蝦夷地からの帰途、盛岡にむかって鹿角《かづの》街道を南下していた。鹿角郡花輪の茶店でのことであるが、秋田藩領とわずかに柵をへだてているだけで、盛岡藩領では諸物価が倍になる。不思議に思って茶店の老女に質問したところ、井水のほかはすべてのものに税金がかかると自笑したと記し、盛岡藩政にするどい批判の目をむけている。また、武四郎は田山村の絵暦《えごよみ》と盛岡のものを比べて、「今また南部暦と申し盛岡より盲暦を出す。其は画もはなはだたくみにしておもしろけれども、かえって古を捨てしこと惜むに余りあり。実にここ田山にて鬻《ひさ》ぐものは古雅をのこして面白し」と、『鹿角日誌』に書きとめている。

吉田松陰は嘉永四年十二月十四日、肥後熊本の宮部鼎蔵《みやべていぞう》とともに、江戸から津軽をまわる旅にでた。この旅には盛岡藩の江幡《えばた》五郎（のち那珂悟楼《なかごろう》と改称）も同行した。兄を獄死させた田鎖左膳《たくさりさぜん》を討つ目的で、盛岡に潜行しようとしていた五郎のために、松陰は赤穂《あこう》浪士の討ち入りの日を出発日とした。盛岡に直行する五郎は、奥州の入口である白河で松陰と別れた。松陰は『東北遊日記』のなかで、「而して弥八（江幡五郎）は則ち直行す。宮部痛哭し、五蔵（五郎）、五蔵と呼ぶこと数声。余もまた嗚咽して言うあたわず。

五蔵顧みずして去る。注視すること久しく、見ることを得ざるに及んで去る」と、惜別の情を吐露している。

松陰は嘉永五年三月十一日に盛岡に到着した。彼は「南部の地、多く良馬を産し天下に名あり。而して其利は多く官に在りて民に在らず」と、馬産地である盛岡藩の馬政を批判的にとらえている。これに対して古松軒は、「南部の地、辺鄙ながら馬のよきには皆みな驚きしことにて、……南部立ての馬を以て海内第一と称せることもっとも道理なり」と、南部産の馬が「海内第一」だとだけ書きとめている。巡見使の随員と志士の視点の違いが、そんなところにも表れていよう。

その後、松陰は盛岡で江幡五郎の近親者とも会い、獄死した五郎の兄の墓参もすませたが、白河で別れたその後の五郎の消息をつかめぬまま、失望のうちに盛岡を旅立った。しかし、仙台南方の白石付近の路上で偶然にも五郎と出会い、宿で酒を酌みながら近況をいそがしく語り合った。『東北遊日記』には「酒を酌みて劇談し、愉快甚だし」と記されている。

10章

日本の近代化と岩手

岩手銀行中ノ橋支店　明治44年盛岡銀行本店として建てられた。

1　岩手県の成立

戊辰戦争●

慶応四（一八六八）年六月八日夜半、大坂は盛岡藩の仮屋敷で一人の武士が腹をかき切り、その血で行灯《あんどん》を「奸臣殺忠臣《かんしんちゅうしんをころす》」の五文字で染めあげた。武士の名は中島源蔵《げんぞう》。彼は死を賭して、家老楢山佐渡《ならやまさど》が反新政府側に藩を導くのを阻止しようとしたのであった。悲劇はどのようにしておきたのだろうか。

十九世紀にはいると、諸藩の財政難は幕藩体制をあやうくしており、ペリー来航にはじまる開国問題は、体制を決定的な危機に追い込んだ。危機は討幕運動をよび、勢力温存を図る徳川慶喜《よしのぶ》は、慶応三年十月十四日討幕派の先手をうって、朝廷に政権を返上した（大政奉還）。しかし討幕派は十二月九日王政復古の大号令を発し、慶喜に辞官《じかん》・納地《のうち》を命じたため、翌四年一月三日、両派は京都の鳥羽《とば》・伏見《ふしみ》で武力衝突し、戊辰《ぼしん》戦争がはじまった。

一月十日、朝廷より徳川慶喜追討の命がだされ、十五日には奥羽諸藩にも動員令が下った。続いて十七日、慶喜に与《くみ》した会津藩征討の命が仙台藩に下り、盛岡藩にも征討応援の命が下った。だが仙台藩は征討に消極的であったため、二月二十三日「早速会津を征伐せよ」との督促がきた。藩論はまとまらなかったが、米沢藩が会津に降伏勧告をすると知らされ、ようやく降伏勧告論に決し、三月十五日使者を派遣した。しかし会津藩には降伏する気はなかった。

一方、討幕派・新政府は四月十五日江戸城を無血開城し、この間に奥羽鎮撫総督府《おううちんぶそうとくふ》を設け、九条道孝《くじょうみちたか》総督以下五〇〇余人の兵が、三月二日松島湾の寒風沢《さぶさわ》に上陸、二十三日には仙台にはいった。このような状況のなかで、仙台藩も出兵せざるをえなくなっていった。

三月二十七日、登米《とよま》の伊達筑前《ちくぜん》の軍を先鋒に、つぎつぎに出征を開始した。武士だけでなく農民たちも動員されはじめた。仙台藩では一朝有事の際には、鉄砲持ちの山立猟師《やまだちりょうし》を動員する体制をとっていた。三月下旬「会津御追討御出陣え農兵八百人、御領分中山立猟師の内より召仕され候事」との命令がだされた。東山南方《ひがしやまみなみかた》（一関市南部）の村々から選ばれた者たちは、四月三日千厩《せんまや》の代官所前に集合し、五カ年間でたくわえた鉄砲玉五〇〇発ずつと酒料三〇〇文を与えられ、「四月五日仙台城下え引揃」えるようにただちに出発している。

盛岡藩では、二月十六日家臣に対し「出張の覚悟有るべき旨」の被仰出書《おおせいだされがき》で出動を内示し、三月には「会津御追討応援」のため、農民たちにも人足と牛馬の動員割当てがだされた。さらに閏四月には、「十七歳より三十五歳までの狄《またぎ》幷同子共」の調査が行なわれた。

仙台藩には会津を武力討伐する意志がなく、閏四月二日使者を送り、降伏と若松城開城をすすめている。そして十一日、松平容保《かたもり》の降伏依頼をうけ、奥羽諸藩の列藩会議が開かれた。その結果、会津藩に対し寛大な処分を求める嘆願書を鎮撫

楢山佐渡画像(狩野存信筆)　戊辰戦争での反逆首謀の罪を負い，明治2年6月に刎首された。

総督府に提出するが、うけいれられなかった。この頃から急速に奥羽諸藩は出兵を強要する総督府参謀への反感を強めており、二十日の仙台藩士による参謀世良修蔵《せらしゅうぞう》暗殺は、総督府との決裂を決定的にした。仙台・米沢両藩主の主唱による奥羽二五藩の重臣の白石城《しろいし》（宮城県）での会合をへて、五月三日、太政官《だじょうかん》への建白書と盟約書へ各藩代表が調印し、奥羽列藩同盟が成立、のちに北越の六藩も加わった。

この間に九条総督は仙台を脱出し盛岡にはいり、さらに六月二十四日秋田へむかった。秋田藩は総督を迎えて藩論を転換し、奥羽越列藩同盟を離脱した。福島方面で新政府軍と戦っていた仙台藩は、七月十一日庄内藩などとともに秋田領へ侵攻、一関藩も八月二日須《す》川をこえて秋田領へ侵攻した。岩谷堂《いわやどう》・水沢《みずさわ》・前沢《まえさわ》の各兵も出征し、同盟軍は横手《よこて》・刈和野《かりわの》を占領した。

盛岡藩は同盟に加わったものの、必ずしも藩論が一本化していたわけではなかった。上京していた保守派の家老楢山佐渡が、七月仙台で但木土佐《ただきとさ》とあってから帰国した。彼の帰国により藩論は決まった。七月二十七日、楢山佐渡・向井蔵人《むかいくらんど》を総大将とする諸隊は鹿角口《かづのぐち》に出陣、八月九日藩境をこえて秋田領へ侵攻を開始した。八月中に大館《おおだて》を占領、能代《のしろ》にもせまろうとする勢いであった。

戦いは、秋田口では同盟側が優勢であったが、大勢は新政府側が有利であった。秋田口でも海路増援隊が秋田に到着するにおよんで、攻守所を変え、九月にはいると、盛岡藩兵は総崩れとなって藩境まで後退した。九月十五日仙台藩が降伏し、会津・庄内もあいついで降伏した。二十一日盛岡藩は全軍に戦闘中止を指令したが、野辺地《のへじ》で弘前藩と小競り合いをおこしたため、最後の賊軍として九月二十五日に降伏した。

藩政の終焉●

東北地方にかつてない大混乱をおこした戊辰戦争は、仙台藩一二六〇人、会津藩二八四七人、盛岡藩一一二人、秋田藩三六一人などの戦死者をだして終わった。

敗戦の結果、盛岡藩は明治元（一八六八）年十月九日、藩主名代の嫡子南部彦太郎が横手の総督府に至り、降伏嘆願書を提出した。翌十日、秋田藩兵が占領軍として盛岡城下に進駐し、藩には七万両の賠償金が課せられた。藩は賠償金支払いのため、十月十四日付で領民に資金上納を課した。また謝罪謹慎中であった藩主南部利剛《としひさ》は、十一月十三日秋田藩兵に護られて東京へ送られた。仙台藩の場合も九月二十八日占領軍が仙台に入城し、謹慎中の伊達慶邦《よしくに》・宗敦《むねあつ》父子が、十月二十一日東京へ移送されていった。

奥羽列藩同盟の首謀者として仙台藩の但木土佐と坂英力《さかえいりき》が、盛岡藩では楢山佐渡がともに処刑された。また仙台・盛岡両藩は一度領地が没収され、そのうえで明治元年十二月改めて、仙台藩に二八万石、盛岡藩に一三万石が与えられた。仙台藩領であった現在の県南五郡の地は磐城平藩の転封のほか、沼田・前橋の諸藩、盛岡藩領は松本・松代《まつしろ》・黒羽《くろばね》の諸藩によって、政府の直轄地として管理・支配されることになった。

盛岡藩の場合、減封のうえ旧仙台領の白石への転封であった。この処分に対し国替え阻止・旧領復帰の嘆願運動が領内全体に広まり、東京へ陳情団も送られた。運動の背後に利害の大きな家臣団や御用商人らの策動があったことは、その嘆願書が大同小異なことからうかがわれるが、一般領民のなかにも旧領主に対する名残があったのも、また人情であろう。

これまで封建領主の支配を受け続けてきた一般庶民のあいだに、新しい事態を迎えて混乱と動揺がおこるのは当然であった。明治二年三月二十五日、郡山通《こおりやまどおり》（紫波町）一帯の農民二〇〇〇人が代官所役人の居宅を襲った。その四カ月前の明治元年十一月末、磐井郡赤荻《あこおぎ》村（一関市）など一四カ村の一六〇〇人ほどの一揆《いっき》勢が、大肝入《おおきもいり》宅へ押し寄せ乱闘となった。十二月にはいると東磐井の黄海《きのみ》村（一関市）、ついで曽慶《そげい》村（一関市）や周辺の村々に広がり、さらに江刺《えさし》郡の村々でも一揆がおきた。この動きは翌二年一月頃まで旧仙台領北部でつぎつぎにおこったもので、原因の多くは村役人の不正・不審行為にあった。

各地の騒然とした事態に対処するため、明治二年二月、政府は「奥羽人民告諭《おううじんみんこくゆ》」を発した。それは「一天ノ地、一人ノ人民モミナ」神より尊い存在の「天子様ノモノ」であり、「蝦夷《えぞ》松前ノ涯マデモ御撫恤《おんめぐみ》ノ行届候様ニト、日夜叡慮ヲ労《いたませ》ラレ」ているとして、不穏な形勢にある奥羽の人民に「返スガヘスモ騒ギ立申マジク事」を諭したものであった。

明治二年三月、南部彦太郎（利恭《としゆき》）は版（領地）籍（人民）を奉還した。八戸《はちのへ》藩主・一関藩主もまた版籍を奉還した。六月十七日南部彦太郎は白石藩知事になった。「藩」の名称が残り「藩知事」は世襲ではあるが、今までのような封建領主ではなく、中央政府の任命する地方行政官にすぎなくなっていた。

南部氏は家臣に五月末から八月までに白石移住を指令し、下級家臣を中心に三八五五人に永暇《ながのいとま》を下した。しかし旧領復帰運動が実ってか、七月二十二日七〇万両献金を条件に、盛岡復帰が許された。大参事東《ひがし》次郎は献金に反対であったが、大多数の家臣はただ盛岡に帰りたいの一心であった。あらたな盛岡藩は、岩手・紫波・稗貫《ひえぬき》・和賀《わが》の各郡で一三万石となった。新盛岡藩は東次郎

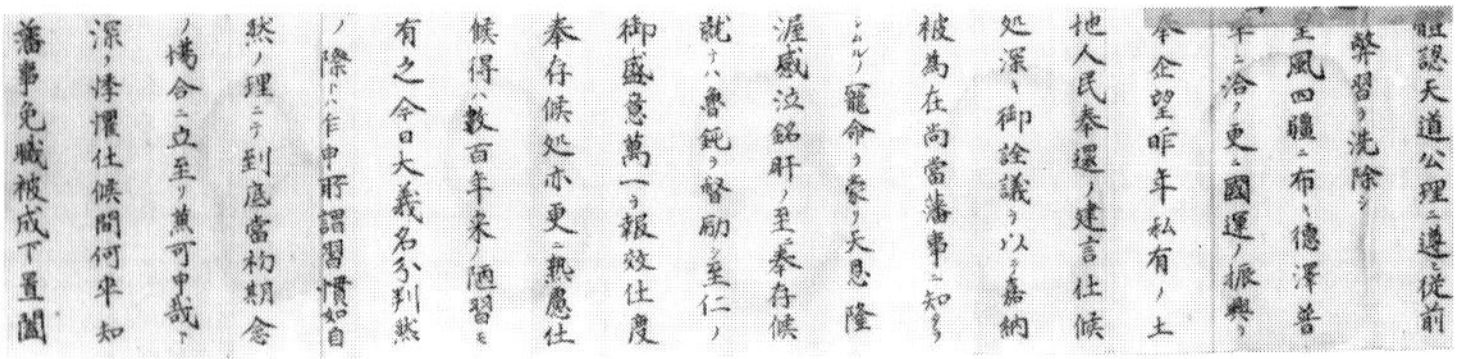

南部利恭提出の盛岡藩知事免職嘆願書(明治３年５月15日，部分)

を中心に、旧藩時代の革新系の人々によって新政が行なわれた。藩士の身分は士族・卒《そつ》族のみとなり、行政機構も三職五局制となり、明治三年二月には藩議院制度も施行された。しかし、明治二年度の財政収支は六九俵の赤字であり、七〇万両献金は藩にとって重い負担となった。

盛岡藩内では戊辰戦争敗北後も、守旧派がなおも力をもっていた。そのため明治二年二月、政府の支持をえて藩政に参画した勤王派の目時隆之進《めときたかのしん》が、守旧派から国を売る者との非難をうけ、進退きわまって自決した。こうした事態に対し東北統轄機関の按察府《あんさつふ》は、藩内の旧態依然とした姿を見逃さなかった。七〇万両献金に対し政府はきびしく督促していたが、それは按察使が糾弾を加える格好の材料であった。献金未納分の代償として、三万五〇〇〇石を差し出すように要求してきたのである。二〇万石から一三万石に削減され、さらに三万五〇〇〇石の減石では、藩がもたなくなる。東次郎は廃藩を決意した。明治三年五月、盛岡藩知事南部利恭は、免職願を上表した。願は七月に受理され、利恭は東京在住を命じられ、正税・雑税の一〇分の一を家禄として与えられた。こうして一足早い廃藩置県の結果、あらたに盛岡県がおかれた。

一関藩・八戸藩、それに現二戸《にのへ》市の一部を領土に含んでいた斗南《となみ》藩も、明治四年七月の廃藩置県により、それぞれ一関県・八戸県・斗南県となった。「藩」は永久に姿を消した。

一新された諸制度

明治維新以降、人々の目にふれるもの、生活に直接かかわるものの多くが新しくなった。明治五・六（一八七二・七三）年頃には駕籠《かご》にかわって盛岡にも人力車《じんりきしゃ》が出現した。街には洋装がみられはじめ、明治九年七月には『巌手《いわて》新聞紙』が発刊され、翌年には県庁前にガス灯が点された。

村の組織も変わった。江刺県では明治三年十二月、郡長・村長・副村長・市長・副市長・百姓代《ひゃくしょうだい》という新しい郷村役職制の実施を布告した。旧仙台領や旧盛岡領でも、使い慣れていた肝入《きもいり》などの呼称が村から消えた。公用文書の発送法も一新された。盛岡県では明治三年秋、従来の一里番制度に変更を加えたが、明治五年七月の郵便法の実施は画期的な変化であった。東京・盛岡間は石巻まで汽船郵送となり、従来の二分の一以下の日数に短縮された。宿駅から宿駅への逓送では、鈴をつけて運んだ。さらに明治七年には東京・青森間に電信幹線が完成した。電信もまた、通信事務の速度に大きな変革をもたらした。

明治元年三月、新政府は神仏混淆《こんこう》禁止の指令をだし、従来神社の御神体とされてきた仏像や、神社にある仏具などの撤去を命じた。そして二年三月、岩鷲山大権現《がんじゅさんだいごんげん》の別当寺であった大勝《だいしょう》寺の全教から、僧侶であることをやめ岩手山神社の神主《かんぬし》として奉仕したい旨の請願書がだされ、許可された。同様に山伏修験《やまぶししゅげん》の多くは神主に転向し、天台や真言の寺院にも著しい変化がおこった。政府による神仏分離

『陸奥の土風』に描かれた明治初期の福岡町の市日　洋服姿の警官(左)と人力車(右)が新しい時代を感じさせる。

の強行のほかに、藩からの扶持《ふち》がなくなったことが大きかった。庶民を檀家にもたず藩の保護が厚かった寺院ほど打撃が大きく、たとえば盛岡城下の鎮護であり、領内天台宗の惣録でもあった法輪院広福《こうふく》寺の大伽藍《がらん》は、現在愛宕《あたご》山に跡形も残っていない。盛岡城下には七六カ寺もあったが、広福寺同様まったく廃絶してしまった寺院も多いのである。このようななかで仏教を粗略に扱う風が流行した。天台寺（二戸市）には、二体の焼けた平安仏の菩薩立像がある。これは廃仏毀釈《きしゃく》により、多くの堂塔とともに被害にあったものという。

一方明治四年七月、太政官布達《ふたつ》で一村一村社という郷村社制が確立した。したがって、その村の住民であれば誰でも氏子《うじこ》と決定づけられ、村社が氏神となった。村人には村社から身分証明書兼守札である氏子札が配られた。

教育制度の改革も、新しい社会の建設には欠かせなかった。明治五年の学制発布をうけ、水沢県は翌年四月「人民婦女子ニ至ルマデ容易ニ入学ナサシメ、各天性固有ノ才能ヲ磨キ……父母タル者必ズ此意ヲ体認シ、早ク子弟ヲシテ学ニ就キ、一生ヲ誤ラシムルコト勿《なか》レ、因テ管内有志ノ輩速《すみやか》ニ同心協力シテ、学校建設費用各身分ニ応ジ之ヲ献納スルコトヲ許ス者也」（以下引用は『岩手県近代教育史』1）との布告をだし、父母に教育の必要を説き、学校設立の費用は民間の篤志を期待している。そして、実際には「従来読書・筆道・算術ヲ授業候向ハ、差当リ居宅ヲ以テ小学校ト改称シ」とのべ、従来の寺子屋《てらこや》をそのまま小学校に移行させる方策をとった。一方、岩手県は「従来読書・手習等教示致シ来リ候向キハ、一般ニ相廃シ候」と、寺子屋に代えて県内主要地にモデルスクールを建て、それにならって全県下に小学校を普及させようとした。

その結果、明治六年の就学率（全国平均二八・一三％）は、水沢県が三五・一％で全国でも上位、岩手県は三・七六％で最下位であった。県は就学率向上につとめるが、「雫石《しずくいし》学校・繋《つなぎ》村学校共生徒一名の授業料は上家は金拾銭……下々家は三銭……出金を以って校内一切の経費償ひ置き候え共、下々の家に至ては退学する者多分にして」と、経費負担の重さも就学率のあがらない理由の一つであった。また教師も「第一に困ったのは算用数字で、はじめのこととて全然わからない。ましてその算法形式には、ほとほと当惑」の毎日で、学校設置とともに、教員養成も急務であった。岩手県は明治七年には小学教員伝習所を設けている。わずか八週間の短期養成であった。

太陽暦に暦が変わる。お金も変わる。徴兵制がしかれる。司法制度も警察制度も変わった。人々はこれらの変化にとまどい時に反発しながらも、しだいに新しい生活に順応していった。

地租改正

維新後も旧来の税制が行なわれたが、旧制度は中央集権的統一国家にとって、大きな問題をもっていた。旧制度は石高《こくだか》制に基礎はおいていても、中味は各藩それぞれに違っていた。江刺県の場合も同一県内でありながら、旧仙台領と旧盛岡領の地域とでは、年貢収取率も諸役金銭の種類も違っていた。それは統一国家の理念とは根本的に矛盾する。

また、現物納を原則とする税制は、歳入がつねに作柄や米価の動きに左右され、財政の安定に問題があり、取り扱い上もまことに不便であった。そのため明治二（一八六九）年から三年にかけて、税制改革の議論が活発になされた。そのなかで神田孝平《たかひら》が「税法改革の儀」で提案した要旨は、土地売買の自由を許し、地価に応じて一定の率の現金を地租とせよ、というものであった。政府は明治四年九月から具体的な改革案を練りはじめた。

明治四年九月に田畑勝手作りの禁を解き、翌年二月土地の自由所有およびその売買を完全に認めた。さらに七月、すべての私有地に所有権を確認する地券を交付することが命じられた（壬申《じんしん》地券、岩手では交付されずに終わる）。このような準備をへて、明治六年七月太政官布告をもって「地租改正条例」と「規則」が公布された。その要点は、⑴課税標準を地価に改め、⑵物納制を金納制とし、⑶税率を全国一律地価の一〇〇分の三とし、⑷土地所有者を納税義務者とする、というものであった。

岩手県では明治五年から正租の代金納を許したが、そのため県内二一区を内陸・沿岸部・沢内《さわうち》にわけて米相場を平均し、これを七年度の貢米相場の基準と決めた。これにともない地価も調査されていた。明治六年六月、第二〇区内宇部《うべ》村（久慈市）・野田村・玉川村（ともに野田村）の総百姓一統および正副戸長一統から久慈市庁に、「先般御布告ニ付、地価書上仕候所……急の事故《ゆえ》、価積齟齬《そご》仕候段重畳恐入り存じ奉り候」という文書が提出された。これは三月までに調査を終えて報告した地価が安すぎたため、再調査を行なったその報告である（たとえば上稗田一反は七円から一〇円に変更）。地価は税額にかかわるため、高めに設定させられたものであろう。

水沢県では明治六年、田畑反別の実地調査を末端にまでゆきわたらせるため、区長をつうじて説諭し、青森県（二戸郡）では翌七年十一月に作業に着手した。岩手県も、八年五月中旬から地租改正のための測量を開始したようである。その際、岩手県では「当管内反別ノ義、壱坪六尺五寸田方三百坪、畑方九百坪壱反ニテ不都合ニ付」、全国なみに六尺四方を一坪、田畑とも三〇〇坪一反に変更した。

測量および地価の査定にあたっては、各村ごとに実態にくわしい者を下調人としている。田・畑・宅地

畑作地帯(現川井村)での新旧地租

	地　目	旧反別(明治5調)	改正反別	増加分	旧　税	新地租	増加分
		町反畝	町反畝　歩	町反畝　歩			
小国村	田	5.1.1. 0	8.8.0.13	3.6.9.13	石斗升合 52.3.3.4 円銭厘 (203.69.2)	円銭厘 463.14.0	円銭厘 259.44.8
	畑	30.8.6. 5	187.2.6.25	156.4.0.20			
	宅　地	2.6.7. 0	13.2.9.26	10.6.2.26			
	切替畑	—	83.1.6.10	—			
江繋村	田	1.6.6.10	3.0.2.13	1.3.6. 3	石 41.5.9.2 円 (161.88.2)	341.34.9	179.46.7
	畑	22.8.4.20	135.0.5.17	112.2.0.27			
	宅　地	3.6.2.10	13.8.5.21	10.2.3.11			
	切替畑	—	110.5.6.19	—			

1．旧反別・旧税は『川井村史』に，改正反別・新地租は『岩手県管轄地誌』による。
2．旧税は貢米高であるが，明治6年12月調査の沿岸地区貢米石代相場，1石＝金3円89銭2厘(『岩手県史』9)で計算した。それによると地租は倍以上に増えている。

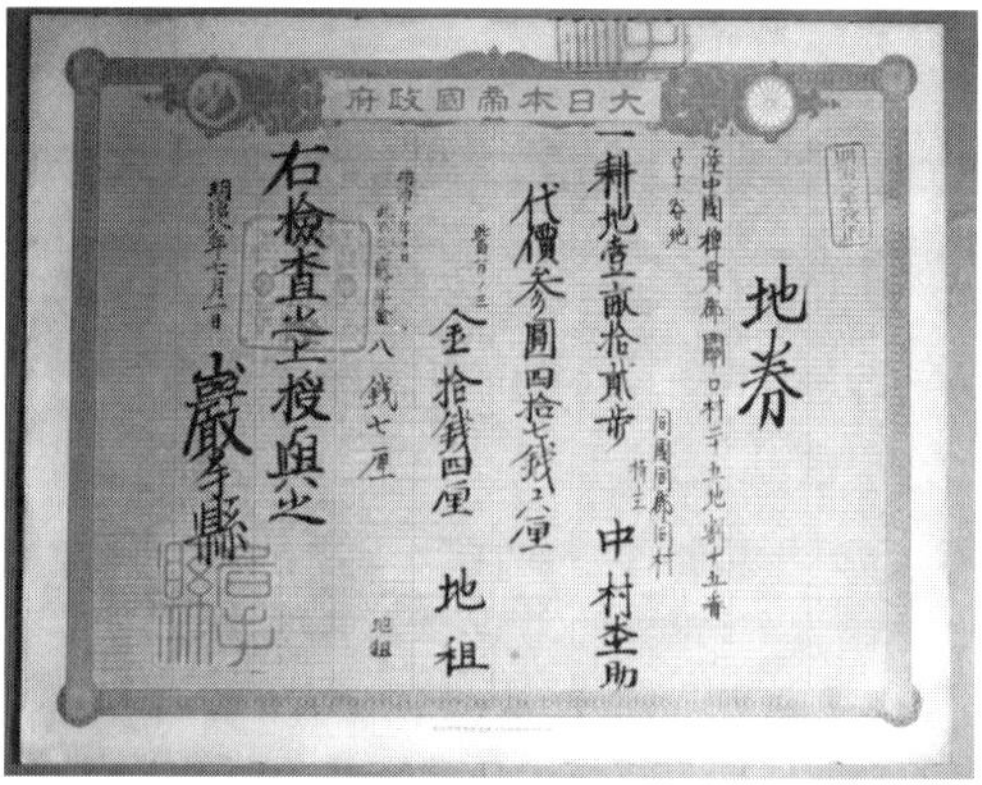

地券　土地所有者と耕地面積・地価・地租が記されている。

はそれぞれ等級別にわけられ、その等級に応じて田は米、畑は大豆をもって収穫高を設定し、そこから地価を査定して地租を決定した。明治八年五月実地調査に際し、岩手郡長山《ながやま》村（雫石町）では「今般税法御改ニ付……私共立合、前より隠田《おんでん》・切開・縄伸《なわのび》ノ類迄、地毎ニ取調箇所落ちハ勿論、隠歩《かくしぶ》など一切御座なく候」との文書を提出している。旧藩時代には少なからず存在し、結果として農民の負担を軽減していた隠田や縄伸などが否定され、改正作業前にくらべると面積も租税額も増加してしまった。とくに一反が九〇〇坪から三〇〇坪に変更された、旧盛岡領の畑作地帯で顕著であった（前頁表参照）。

畑作中心の低生産地域が増税となったことは、改正理念の一つである「地租負担の公平」を図ろうとしたことの現れでもあった。しかし、新地租のほかに地方税（地価の一〇〇分の一）を加えると、大変な負担となった。加えて改正作業にかかる出費負担もあったため、閉伊《へい》郡の小国《おぐに》・江繋《えつなぎ》両村（宮古市）では、明治九年に副戸長山名宗真《やまなそうま》を中心に、減税嘆願運動がおこっている。

新政府にとって、欧米諸国に対抗できる国力をつけること、「富国強兵・殖産興業」は至上命令であった。それには資金がいる。不平等条約のため関税収入には頼れない。商工業の未発達な当時の日本で、頼れるのは人口の八割以上を占めた農民であった。そこで政府は「マズ旧来ノ歳入ヲ減ゼザルヲ目的トシ」たため、江戸時代と変わらぬ重い税となってしまった。近代的諸制度の整備や工鉱業の移植、鉄道・通信の整備などは、農民にささえられてなったといえよう。

官営釜石製鉄所の挫折●

明治維新は釜石《かまいし》地方にも大きな変動をもたらした。明治二（一八六九）年十二月、私銭鋳造が禁止されると、他産業との連携に欠けていた釜石地方の諸鉄山は大きな銑鉄の販路を失った。栗林《くりばやし》鉄山の経営者砂《いさ》子田源六《ごだげんろく》は、江刺県に何度も鋳銭再開許可を願い出るという、むなしい努力を重ねている。大橋鉄山の場合も、需要不振に加え洪水がおき、負債がかさんでいった。明治五年、小野組が大橋・橋野など二三の鉄山を経営することになった。しかしこれも、明治八年の小野組の破産で水泡に帰した。

新政府は明治二年二月の行政官布告で民間人の鉱物採掘を認める一方で、翌三年十月工部省を開設し、五年二月「鉱山心得書」の公布、六年七月「日本坑法」の制定によって鉱物官有の原則を確立している。それ以前の四年六月、政府は「手本トナルベキ掘採六ケ所ヲ起スベシ」(『工部省沿革報告』)との外国人の進言をいれ、金・銀・銅・鉛・鉄・石炭の鉱山各一カ所を官営で開発する方針をたてている。そして七年には「邦家利用ノ便ヲ興スノ諸製作所ヲ設置スベク、而《しか》シテ本邦ハ炭鉄ニ富メルヲ以テ、ソノ採製ノ術ヲ得バ独リ内国ノ需要ニ供スルノミナラズ、亦輸出ノ一品タラン、故ニ陸中国閉伊郡ニ溶鉱炉ヲ置キ」(『工部省沿革報告』)と、釜石の製鉄業への大きな期待をのべている。六年七月、釜石鉄山を「官掘場」とすることに決定し、七年五月鉱山寮釜石支庁がおかれ、八年十月には釜石村鈴子《すずこ》(現釜石製鉄所の位置)が「鎔砿所、其他器械所建設ノ地」と定められた。

これより先、明治五年工部省の津田弘道《ひろみち》および鉱山師長G・H・ゴッドフレー一行が、調査のため釜石にきており、「閉伊鉱山ハ有益」とその優秀さを報告していた。釜石が官業の地と決まると、七年五月工部省鉱山助《こうざんのすけ》の大島高任《たかとう》は、御雇《おやとい》技師ビャンヒーらと現地調査に赴いた。調査をもとに大島は、冬の寒さのおだやかな海に南面した大只越《おおただごえ》の地に、当時の技術水準にあわせた小規模高炉五基の建設を、ビャンヒーは甲子《かっし》川河口の鈴子に、大規模で出鉄量の多い高炉二基という、欧米式の近代的製鉄所建設を主張した。工部省はビャンヒー案を採用した。大島は釜石製鉄所への関与を解かれる。その後はおもに非鉄金属鉱山に従事し、明治期の製鉄近代化事業に直接かかわることなく終わった。

製鉄所は明治八年一月に建設にはいった。おもな施設に製銑工場（二五トン高炉二基、高さ一八・三メートル）、錬鉄工場のほか原料の鉄鉱石と燃料の木炭を輸送する、大橋から釜石桟橋まで（一八キロ）と、小川口《こがわぐち》から分岐して小川木炭山に至る（五キロ）鉄道（日本で三番目に開業）などがあった。

さて、製鉄所は明治十三年九月七日に仮開業式を行ない、高炉一基の片肺で第一次操業がスタートした。開業式当日の釜石は「無数の大小行燈《あんどん》は勿論、幾千万の球燈へ一時に点火し、百余本の花火を揚げたれば、昼間に比ぶれば一層美観にて午後十二時に過るまで大賑い、此日の賑い実に当港開闢以来」（『日進新聞』明治十三年九月二十日）という華やかさであった。

しかし、木炭消費量が当初予想（一日五〇〇〇貫）の倍に達し、そのうえ小川製炭場の炭舎一五棟の焼失も重なって燃料炭供給不足におちいり、十二月十五日に操業は中断

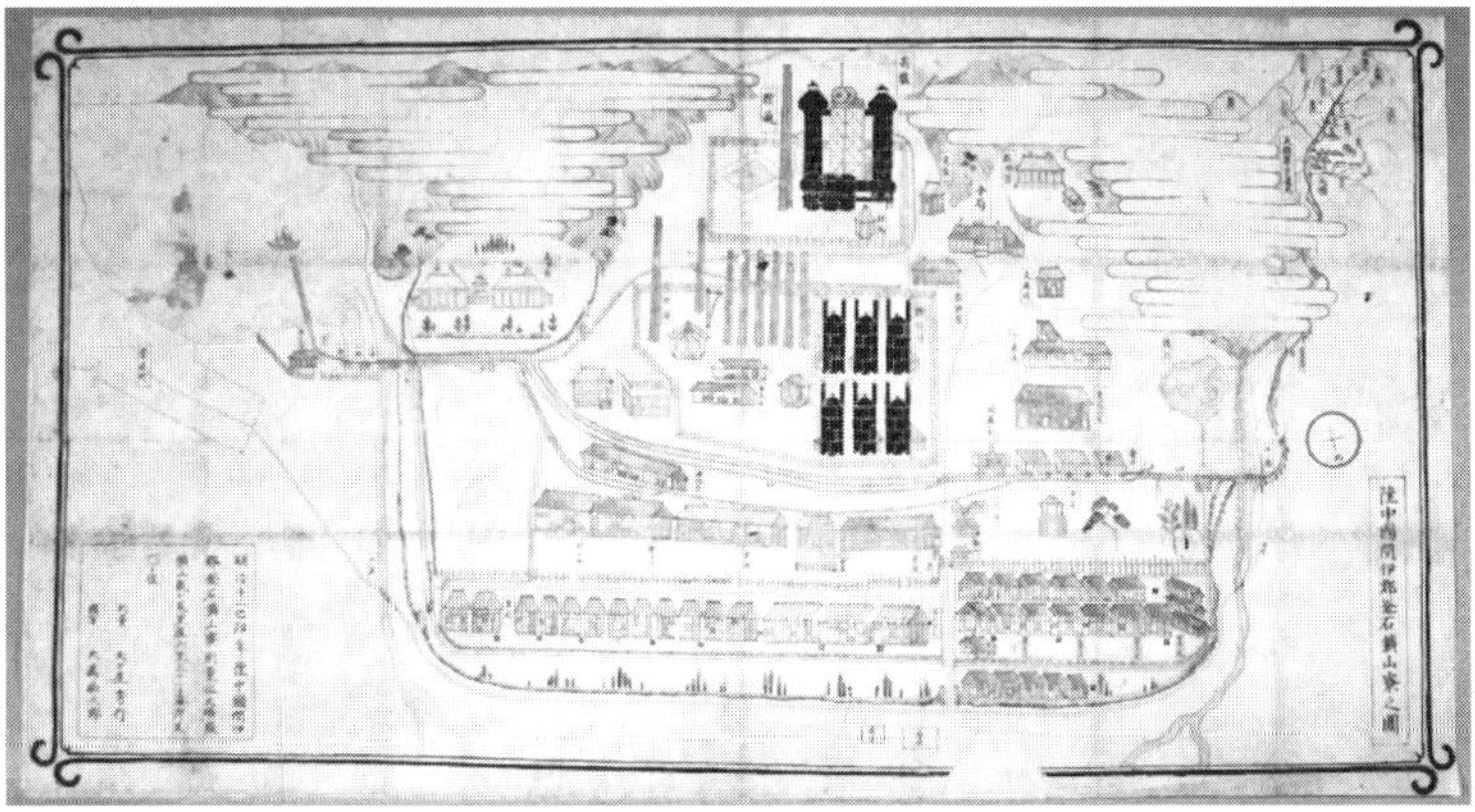

官営製鉄所(釜石鉱山寮)鳥瞰図　画面中央上部に25トン高炉２基が描かれている。

した。翌年、遠くは大阪・和歌山方面からも焼炭夫《しょうたんふ》を募り、木炭山も拡張し、十五年二月から第二次操業にはいった。当初は炉況も順調で、十日目の出銑量が公称能力をこえる日産三一・五トンにも達したが、木炭の質が悪かったため、しだいに出銑量が減少していった。そこで木炭に代えてコークスを使用したが、形状・大きさ・硬さなど十分な研究もなく使用したため、火力が炉内にゆきわたらず、炉内で鉱滓《こうさい》凝結の状態となり、九月十二日に高炉の火が消えた。ふたたび高炉に火がはいることもなく、明治十六年二月十六日に正式に廃業となった。

官営製鉄所の失敗は、鉱石や木炭供給の計画が杜撰であったこと、製鉄技術に熟練していなかったこと、外国人技師の能力不足などにあった。このように計画上・技術上の欠陥により失敗したにせよ、巨額な投資（二三七万六六二五円）を行ない殖産興業政策の重要な柱でもあった製鉄所を、いとも簡単に廃業したのはなぜだろうか。その根底には不換紙幣発行によるインフレ政策が行き詰り、財政政策の転換を余儀なくされるという事情があった。

岩手県の成立●

明治二（一八六九）年、薩長土肥四藩の版籍奉還にならい、六月までにほとんどの藩が奉還を願い出て、藩主たちはあらたに「藩知事《はんちじ》」に任命された。こうして現在の岩手の地に、二年九月の時点で盛岡・八戸・一関の三藩と江刺《えさし》・胆沢《いさわ》・三戸《さんのへ》の三県が成立した。その後二年十一月、旧会津藩による斗南《となみ》藩創設により、北郡・三戸郡（青森県）と二戸《にのへ》郡の一部が斗南藩領となったため、三戸県の残部は江刺県に編入された。江刺県は遠野《とおの》に本庁をおき、気仙《けせん》・江刺・閉伊・九戸《くのへ》の一部と、飛地の鹿角《かづの》（秋田県）・二戸で構成された。

明治三年十一月、陸前・陸中・陸奥三国にわたる四県（盛岡・江刺・胆沢・登米《とめ》）二藩（一関・仙台）の合同会議が、民部省により登米県庁（宮城県涌谷《わくや》町）に招集された。三陸地方の各藩・県の民政が混乱していたので、民部省の指導により、制度の統一を図ろうとしたのである。この三陸会議で「仮リニ三陸一般ノ規則教令ヲ定メ、育子法ヲ立テ、備荒倉ヲ設ケ、商社ヲ合力シ、以テ藩県施行ノ目的ヲ一ニシ」とのべている。

明治四年七月の廃藩置県により、一関・八戸・斗南の各藩は廃されて県となった。さらにこの年全国的な府県の統合が行なわれ、三府七二県に整理された。現岩手県の地域は、二戸郡が青森県に属し、旧盛岡藩の諸郡が盛岡県、旧仙台藩の諸郡が一関県となった。大分県士族の島惟精《これきよ》が盛岡県参事（のち岩手県権令《ごんれい》・県令、明治十七年まで）、旧仙台藩士の増田繁幸《しげゆき》が一関県参事（のち権令）に任命された。一関県の管轄は県南五郡のほか、現宮城県の本吉《もとよし》・登米・栗原・玉造《たまつくり》の諸郡を含んでいた。県名は四年十二月に水沢県、さらに八年十一月には磐井《いわい》県と変更され、県庁舎も一関から登米郡寺池《てらいけ》

岩手県庁と県令島惟精(絵葉書)　県庁の位置は現在と同じ。

町（宮城県登米《とめ》市）、そして再度一関へと移された。盛岡県も五年一月岩手県と改称された。これは多くの県名がそうであるように、県庁所在地の郡名をとったものである。そして九年四月、磐井県が二分され、北部三郡が岩手県に編入された。五月には宮城県に属した気仙郡と、青森県の二戸郡を編入し、現在の岩手県が成立した。

廃藩置県の断行と府県の統合・整理によって中央集権体制の強化を図った政府は、明治五年には伝統的な地方区画を無視し、もっぱら行政の便のみを重視した大区小区制を施行した。これにより、これまで不統一であった地方制度がある程度画一化され、体系化された。岩手県は管内六郡を二一区、八年には一七大区二一四小区にわけた。水沢県は二〇大区から、七年には一一大区と一〇〇〇戸を一戸籍区とする五六小区にわけられた。大区に区長、小区に戸長がおかれたが、旧来からの村名もそのまま残された。

このような地方制度のもとで、磐井県では明治九年に区会議・県会議を開いている。県会議は大区内の代表によって構成され、学費賦課の方法、病院・医学校設立の件などが議論されている。岩手県でも、八年三月県会議（総会議とも）の構想が発表され、県の役人と地域の代表者からなる最初の県会議は、九年一月に開かれた。道路・橋梁の修繕や戸長の給料などについての諮問に答えるものであった。この会議は地方政治を円滑に遂行することを目的としていたが、他方では自由民権思想の普及にともない、地方議会としての性格を強めていった。

2　近代化への歩み

鈴木舎定と自由民権運動●

明治十（一八七七）年七月初め、東京は日本橋西河岸《かし》三河屋の二階で、鈴木舎定《いえさだ》と上田農夫《のうふ》・鵜飼節郎《うかいせつろう》がむかいあっていた。上田らは鈴木を西南戦争に参加さすべく勧誘にきていたのだ。彼らは西南戦争に際して編制された新撰旅団《しんせんりょだん》に参加し西郷軍を倒すことで、朝敵の汚名を雪《そそ》ぎ戊辰《ぼしん》戦争の仇を討つことを考えていた。『学問のすゝめ』『自由之理』などを読み新思想にふれていた彼らでさえ、旧藩意識を払拭していなかった。鈴木は答える。「そんな問題は版籍奉還とともに、とうに解決しているんじゃないか。われわれはもう南部藩士ではないのだぞ。日本国の人民なんだ。士族でも何でもない。四民平等の人民なんだ。……今日、われわれ人民の最大急務は、民撰議院開設に一身をささげて闘うのみだろう」。この前年、明治天皇の東北地方巡幸《じゅんこう》の直前、郷里の父につぎのような手紙を送った。「御巡幸の際は定めし奉迎の人出多かるべしと存じ候が、天子《てんし》とて神にはあらず私ども同様の人間に候えば、ぜひ拝みたしなどとお年寄や幼き弟妹ども人込みにまじりて怪我などなさぬよう御注意肝要にござ候」（鈴木彦次郎『自由の征矢』）。彼は旧藩意識による「朝敵」の負い目からも、天皇の神性イメージからも自由であった。

鈴木舎定は安政三（一八五六）年盛岡藩下級武士の子として生まれ、藩校作人館《さくじんかん》に学んだ。明治四年、一五歳で上京し築地のキリスト教学校で英語とカトリック精神を身につけ、啓蒙思想家中村正直《まさなお》の同人社《どうじんしゃ》にはいり、政治学・法学・世界史を学んでいる。板垣退助《たいすけ》の民撰議院設立運動に共鳴し、板垣や星亨《ほしとおる》・河野広中《ひろなか》らと接触、民権運動家に成長していった。十一年、鈴木を通して民権運動にふれた上田らの強い要請により帰郷、求我社《きゅうがしゃ》に拠って活発な活動を開始した。

明治六年、旧藩有志により盛岡鍛治町《かじちょう》に創設された求我社は、古典から新刊書・新聞までを備えた、青年士族のための書籍閲覧所であった。それが鈴木の帰郷により面目を一新する。彼は自由民権運動を教育する機関として、求我社内に行余学舎《こうよがくしゃ》という夜学校を開く。また民権思想普及のため、機関誌として『盛岡新誌』を明治十一年に発行している。

『盛岡新誌』はおもに政治論説を載せ、県から補助をえていた『日進新聞』(明治九年創刊)と激しい論争をくり返すが、『盛岡新誌』のもつ新鮮さが読者を増やしていった。そして各地で「国会を開設せよ」「地租を軽減せよ」などと主張する政談演説会を開いていった。

こうして求我社は岩手における民権運動の中心となり、鈴木の地位も確立し、「東北地方に在て、夙《つと》に自由主義を唱率し、牛耳《ぎゅうじ》を執《と》りて奥陲《おうすい》の雄鎮《ゆうちん》たる者は、福島県三春《みはる》の三師《さんし》社と、岩手県盛岡の求我社にして、求我社は鈴木舎定・鵜飼節郎其首領なり……結合最も堅く、名声奥羽に重し」(『自由党史』)と評された。求我社は県内民権家の強い団結を基盤に、県会の権限拡張、産馬事業の民営化、教育を専制的権力から取り戻すこと、独自の憲法構想などを訴え、地域に根を下ろした活動を展開していった。

明治十三年十一月、国会期成同盟が東京で開かれた。鈴木は「岩

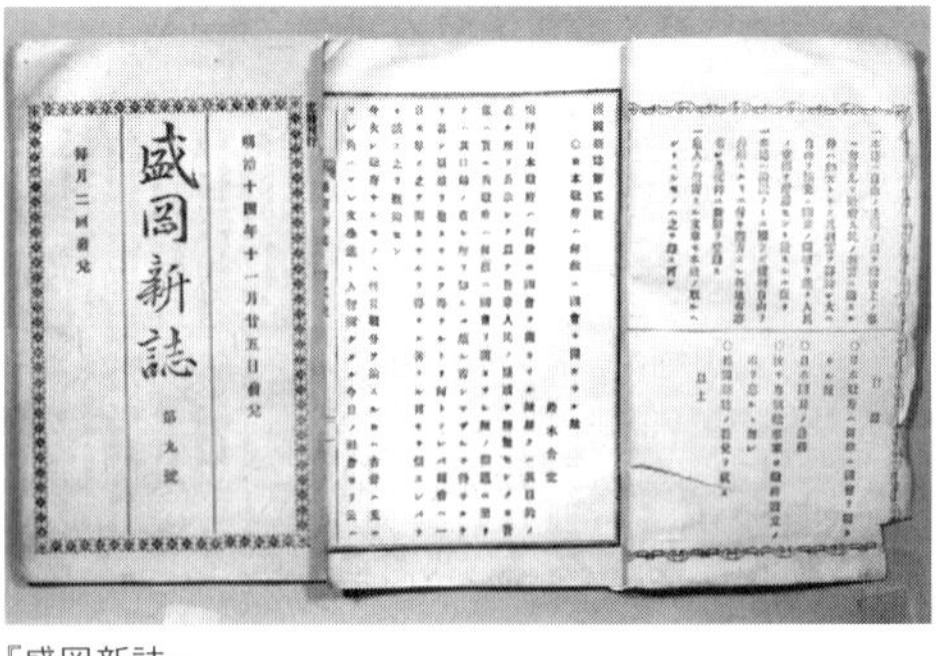

『盛岡新誌』

手県各郡有志千五百人及び青森県三戸郡秋田県鹿角郡有志六百人総代」として参加、大会の主眼ともいえる「大日本国会期成同盟規約」の立案委員となり、規約を制定している。またこの大会で、目的達成のため各地の結社を統一した一大政党の組織化が計画された。鈴木はこの新しい情勢のなかで、十四年二月仙台において東北有志会を開き、東北七州自由党の結成を決議する。自由党を真の大政党とする素地を、東北から建設しようとしたのである。

東北有志会の帰路、鈴木は三月十五・十六の両日、一関で演説会を開く。「聴衆の多き実に同所未曾有のことにして、為に木戸の入口押破らんとするものあり……頗《すこぶ》る盛会」(『東北新報』明治十四年三月二十七日)であった。こうして一関にも民権結社の応求《おうきゅう》社が結成される。すでに山田の立誠《りっせい》社、久慈《くじ》の有信社、花巻の大壮《だいそう》社、遠野の開進社などが活動していたが、明治十四・十五年になると県南にも、一関のほか水沢に立成《りゅうせい》社、東磐井郡沖田に共進会などがうまれていった。

明治十四年、国会開設の詔《みことのり》がだされたのち、政府の弾圧や政府に利用された内部分裂により、自由党は弱体化し、急進派は武力蜂起に傾斜していった。鈴木も合法的民権運動の行き詰りのなかで、十六年十一月、同士とともに政府高官の暗殺を計画したという。時代は鈴木をして非合法テロリズムにむかわせていたのである。事を実行に移す前、母の重病で帰盛した鈴木は盲腸炎に罹り、十七年一月一日未明に急死、二九歳であった。

鈴木舎定の死にあたり祭文を書いた横川省三《しょうぞう》(当時は三田村勇治)は、明治十三年一六歳で行余学舎に学び、民権思想にふれた。二〇歳で上京、民権運動に身を投じ、十七年急進派の暴発事件である加波山《かばさん》事件に連座して入獄する。さらに二十年十二月、保安条例により皇居三里以外退去命令をうけている。その後の横川は国権派に転向し、日露戦争に際して軍事探偵として満州で行動し、ロシア軍に捕らえられ処刑される。民権運動の季節に遅れて飛びこんでしまった者の悲劇、そして自由民権運動がたどった悲劇を象徴しているようである。

近代的金融機関の成立●

金融の手段としては、維新以前から無尽《むじん》・頼母子《たのもし》などが広く普及していた。しかしそれらは、資金の必要と取金が一致するのは最初の一人だけという点や、取金の機会が経済の循環速度にあわないなど、国民経済における金融としては致命的な欠陥をもっており、近代的な金融制度の確立が必要であった。

岩手では明治八（一八七五）年の小野組破産以来、為替方を失っていた。そのため明治十一年第一国立銀行に盛岡支店を開かせ、国庫金および公金を取り扱わせることとなり、他県の機関に依存する状況となった。

明治九年八月の国立銀行条例改正により、正貨（金貨）準備の義務が取り払われ、士族に与えた金禄公債《きんろくこうさい》を資本金としての銀行設立が可能となった。旧一関藩士四人が、金禄公債を集めて銀行をつくる相談を行ない、資本金五万円で大蔵省に認可を申請し、十一年十一月五日第八十八国立銀行を創設した。頭取は林元民《もとたみ》、支配人は黒江寛保《くろえひろやす》、株主二一四人はすべて旧一関藩士で、旧藩主の田村崇顕《たかあき》も二〇株加入している。出資のすべてが金禄公債という、純然たる士族銀行であった。翌年から平民の株主も現れ少しずつ増えていったが、士族中心の経営には変わりなかった。

一方、盛岡でも明治十一年十二月二日、第九十国立銀行が開業した。南部剛確《ひさたか》・向井長豊らが発起人となり、旧盛岡藩士族によびかけたものであった。資本金一〇万円のうち南部家が八〇〇〇円を出資、残りは金禄公債によった。頭取南部剛確以下株主二九四人すべてが旧盛岡藩士族という、これも純然たる士族銀行であったが、支配人には商人の伊藤嘉兵衛が迎えられている。国立銀行は資本金の八〇％まで紙幣（一円と五円）を発行できた。

第九十国立銀行設立の目的は「一は以て各自の自衛の供へ、他は以て金融界に資せん」（『株式会社第九十銀行沿革』）というものであった。発行した紙幣の大半は士族授産事業に貸し出されたが、事業の多くは失敗に帰し、明治十五年からの松方デフレ政策によって致命的な打撃をうけた。そのため明治二十年代中頃には株式の過半が商人に移っている。そんななかでおきた士族重役と商人重役の対立抗争は、営業にも大きな影響を与え、二十四年頃は開店休業状態となった。そのため二十七年、第一銀行盛岡支店閉鎖の際、

第九十国立銀行紙幣の五円券

旧第九十国立銀行(盛岡市，市指定文化財，もりおか啄木・賢治青春館）　明治43年竣工。

公金取扱い業務の譲渡を依頼したが、不可能であった。第八十八銀行は、一関地方の蚕糸業や米穀業に対する地域金融の役割をにない、確実な経営を続けていたが、小規模すぎた。渋沢栄一は急遽仙台の第七十七銀行に盛岡支店を開かせ、公金取扱い機関としている。

国立銀行条例では、開業二〇年で普通銀行に転換することになっていたが、第九十銀行の状況はきびしいものがあった。盛岡の財界人は公金取扱い問題解決のため、第九十銀行再建の素地作りの名目で、新銀行設立を図った。明治二十九年四月、社屋を第九十銀行内において盛岡銀行が開業した。公金取扱い権を第七十七銀行から譲りうけるには、対等の資本金（七〇万円）が必要であった。盛岡銀行の幹部は「県公金は県民銀行によって」のキャッチフレーズで県内資産家を説き伏せ、増資に成功、三十二年には公金取扱いができるようになった。しかし、利用された形となった第九十銀行は、自力更生のほかなくなり、岩手の財界に禍根を残すこととなった。

盛岡銀行は、既設の銀行が行なっていなかった不動産担保金融を開始し、金融の近代化を進めている。しかしそれは商工業金融のための短期融資であったので、農業近代化のためには零細農むけの長期低利の金融が必要であった。そのため明治三十一年七月、岩手農工銀行が発足している。三十年前後には水沢・花巻・黒沢尻（北上市）・盛《さかり》（大船渡市）など、県内各地にも銀行がうまれている。

産業の近代化――物産会・共進会・博覧会●

明治十一（一八七八）年、県は第一回物産会を盛岡で開いた。だが、物産会の主旨が理解されなかったためか、出品のなかには伝来の家宝など「珍奇珍弄ノ贅物《ぜいぶつ》」が多かったという。物産会の目的はどこにあったのだろう。

殖産興業は、政府にとっても各県にとっても急務であった。岩手の殖産興業政策の推進に尽力したのが、明治四年十一月から十七年二月までその職にあった、初代県令の島惟精《これきよ》であった。島は着任早々の五年一月、養蚕係を設け、養蚕の振興や開墾事業に着手する。そして七年、盛岡の内丸に「地方未開ノ農工事業奨励」(『岩手県勧業施設概目』)を目的とする試験所を設けた。この施設は九年勧業場と改称されるが、蚕糸業・織物業・鉄工業・醸造業・窯業・製紙業などの事業を行なった。

勧業場は産業勃興のための模範工場としての役割と、技術の伝習、技術者の養成という役割をになっていた。製糸では、富岡製糸場で伝習中の生徒二人を呼び戻し、彼らを教師として明治八年七月から伝習生を募集している。養蚕場には福島県や熊谷県(埼玉県)・長野県、陶器場には愛知県、紙漉《かみすき》場には岐阜県というように、全国の先進県から伝習教師を招いている。

技術の改良にも力をそそいだ。養蚕場では、福島・熊谷両県の飼育方法の比較試験を行ない、岩手に適している熊谷方式を普及させることにしている。農業についても、明治八年試験所内に設けた水田・圃《ほ》場《じょう》で牛馬耕犂の伝習や、果樹・蔬菜の試植、稲の品種の比較試験も行なっている。そして明治十四年には「凡ソ農業ノ利害得失ヲ講究シ、将来改良進歩ヲ謀ルヲ以テ目的ト」して、地方の老農・篤農家を組織した、一村または数村連合の農談会が結成された。西閉伊《へい》郡では勧農世話掛り山名宗真《そうま》の司会で、害虫駆除法・麦耕作法・藍作法・煙草改良法などが話しあわれている。

勧業場の各種生産施設は、県下への産業普及と技術伝習という目的をはたしたとして、また今後産業としての成長が期待されるとして、明治十三年以降民間に貸与され経営されていった。しかし、あらたに導入されたり改良を加えられた各種工業製品や農作物は、商品として市場に出回り認められなければ意味がない。不特定多数の需要を目標に販売するためには、市場を開拓しなければならず、商品の紹介・宣伝が是非とも必要であった。生産物・商品を一堂に集め広く比較検討する、そして宣伝の場ともなる物産会・共進会・博覧会は、技術を高めるうえでも、需要者の選択眼を養ううえでも効果的であった。

岩手県の第一回物産会は前述のとおりであったが、明治十三年の第三回物産会には「日用繁用ノ品ノミ」出品され、ようやく軌道に乗った。このときは出品人一〇五二一人、出品数五〇六三品（うち機械類二五品）、観客数四万九〇二三人であった。一等入賞作品は盛岡の鉄瓶《てつびん》、東磐井の紙などであった。その前年の第二回内国勧業博覧会において、県勧業課出品の牛馬が有功二等に、三等には小泉仁左衛門《にざえもん》の鉄瓶などがはいっている。鉄器をみると、明治十三年の宮城県博覧会では二等に有坂《ありさか》、三等に小泉が、十六年の京都博覧会では高橋万治《まんじ》が入賞している。南部鉄器は物産会・博覧会への出品を通して、急速にその名声を確立したものと思われる。

明治十六年の秋田・福島・宮城・岩手連合共進会において、岩手では麻と漆蠟《うるしろう》が優品にはいっている。その講評で、昨年の出品に比べて「一層其美ヲ呈出セリ」と、技術の進歩が認められている。これは県内の業者にも影響を与え、郡連合の物産会が毎年一回どこかで開かれるようになり、有志の自費による共進会も催されている。

勧業場焼

❖コラム

猫の絵馬をささげた人々

陸前高田市の矢作《やはぎ》にある猫渕《ねこぶち》神社や、一関市川崎町門崎《かんざき》の銚子《ちょうし》浪分《なみわけ》神社には猫の絵馬のみが奉納されており、ズバリ猫が鼠を追いかける絵柄のものもある。鼠は蚕《かいこ》の大敵で、その対策として猫を飼うのである。養蚕農家では神社に猫の絵馬を奉納し、猫がよく育ち蚕作が安定することを願ったのである。養蚕の神社は県南を中心に県内各地にみられ、蚕供養塔も建立されている。

近代産業扶植のため島惟精県令が推進した勧業政策の結果、製糸業は養蚕の盛んであった東磐井郡と気仙郡を中心に勃興し、しだいに県内各地に広まり、明治期を通して八九の製糸工場が創業した。輸出産業としての製糸業の発展は養蚕農家の増大を招く。桑の仕立て方や蚕の飼育方法も改良され、明治後期には収繭量も著しく増え、県立の養蚕学校もうまれた。明治二十（一八八七）年以前は全農家の一五％ほどが養蚕をやっていたのに対し、明治四十三年には全農家の三分の一以上、三万戸を上回り、大正十五（一九二六）年には六万六二九一戸と戦前のピークを形成した。その後昭和の経済恐慌のため繭価は暴落するものの、品質と量で補い、毎年農家収入の六〜一〇％ほどを占め、経営の補完部門として重視され続けてきた。

こうした養蚕の広まり深まりが猫の絵馬を奉納させ、蚕の供養塔を建てさせたのであり、明治から昭和初期にかけてのものが多い。大正末全農家の九四％が養蚕を行なっていた下閉伊地方の川井村には、慶応二（一八六六）年の建立ではあるが「蚕神塔」という神と虫による合字の石碑がある。金になる繭をつくる虫を神格化し、その恩恵に感謝した昔の人々の、素直な気持の現れを知ることができる。

前述第三回県物産会の報告書は「此会ノ開設已降大ニ感覚ヲ起コシ、百工競争ノ念ヲ生ズ、最此会ノ裨益スル所ナリ」とのべている。職人にとっても農民にとっても、今や物産会において生産物が公然と比較検討されることは、大いなる刺激となった。また人々は、物産会をつうじて各地の生産物を評価するようになった。このように物産会の重要性は、しだいに物産館常設論を生じ、県では明治二十五年盛岡に物産陳列所を設けることになった。

3　明治中・後期の岩手

市制・町村制と地方自治●

徴兵制や地租改正事業など新政府の政策に対し、全国各地で反対の動きがみられた。大久保利通《としみち》は、地方自治制度の実施が政治を安定させる基礎だと考えた。大久保の意見書をうけ、地方官会議と元老院会議の審議をへて、明治十一（一八七八）年七月、三新法（「郡区町村編制法」「府県会規則」「地方税規則」）を公布した。新政府による最初の統一的地方制度であった。この新法により、旧来からの町村がふたたび行政単位として認められた。住民の生活圏が行政単位と一致してこそ、行政の実があがるとの考えからであった。同時に町村の長である戸長《こちょう》も民選となり、住民の代表としての性格が与えられた。

しかし、自由民権運動の高揚・激化のなかで、町村の戸長や議員が政党員として活動するようになると、三新法体制の見直しが行なわれた。明治二十一年四月、国会開設に先立って市制・町村制が公布され、翌年四月に施行された。内務大臣山県有朋《やまがたありとも》の考えは、国会開設によって生ずる政党の影響を、地方自治体から排除することであった。体制に動揺が生じないよう地方を固めるには、穏和な有産階級（名望家）を中心とした地方自治を確立せねばならぬと考えたのである。また大多数の町村は規模が小さく、「自治」行政を遂行するだけの力がないとみられた。そこで国家委任事務の負担に堪えうる財力をもった市町村創出のため、大規模な町村合併を行なわせた。

岩手県では明治二十一年五月三十日、郡長を招集し「地方制度実施手続取調協議会」を開いた。そこでは、できるだけ合併をさけ、各町村の独立をという意見もあったが退けられ、県による新市町村案が、郡単位に戸長会議、連合村会議にかけられた。東磐井郡の場合七月十九日の連合村会で、舞草《もうくさ》村と相川《あいかわ》村（ともに一関市）の合併による新村「相舞《あいまい》村」の名称変更や、津谷川《つやがわ》村（一関市）と大籠《おおかご》村・保呂羽《ほろは》村（ともに一関市）が山脈をはさんで「大津保村」となる案について、民情に差があり交通の便を欠くとして、津谷川一村独立と大籠・保呂羽二村による「大羽村」案などが提案され、賛成多数で答申された。だが、「相舞村」は聞き苦しいとして「舞川《まいかわ》村」へ変更されたが、「大羽村」は認められなかった。

戸長会議・連合村会で原案が一部修正されたのちも、五〇件をこえる請願が住民からだされている。九戸郡では八月に小子内《おこない》・有家《うげ》・中野（ともに洋野町）・北侍浜《きたさむらいはま》・南侍浜・白前《しろまえ》（ともに久慈市）の六カ村合併案について、小子内・有家・中野村民から郡長に対し、自分たちは旧八戸藩、北侍浜以南は旧盛岡藩に属し「人気風俗等マテ相異《あいこと》ナリ」として、分離の請願がだされた。しかし、県は請願をすぐに認めなかったようで、十月に郡長から知事に対し、なぜ郡長段階で分離を認めたのかの奉答書が提出されている。そのなかで、「分裂スルトキハ双方共三百戸未満ナルヲ以テ」とのべているように、多くは、有力な町村をつくるという国の考え、政府の示した「大凡《おおよ》ソ三百戸以上」を標準に、行政側の強い指導で町村合併は進められた。こうして二十二年四月一日には、県内六四二カ村が一市、二二町、二二九村に整理編成替えされた。旧村は大字《おおあざ》として残されたが、下閉伊郡の小川《こがわ》村（岩泉町）のように、役場の位置をめぐって旧門《かど》村と旧穴沢《あなざわ》・袰綿《ほろわた》村が対立するというような、後遺症も残した。

新町村議会は、条例の制定、予算・決算の承認、吏員選出、行政監察などの権限をもつことになった。また直接国税二円以上納付者を公民とし、公民のみに参政権を与えた。選挙は税額により、市は三級、町村は二級にわけられた等級選挙であった。大正二（一九一三）年の寺田《てらだ》村（八幡平市）では、戸数三七六戸中選挙人数は二八三人であった。うち一級選挙人三九人（納税総額一二九一円四銭）、二級選挙人二四四人（納税総額一二六六円一〇銭五厘）で、各級六人ずつを選出した。第二次大戦前の町村制は、中小地主層を中心とする村内有力者を担い手として、国家体制の安定を図ろうとするものであった。したがって町村長や助役選出についても、原則として名誉職であることが求められていた。たとえば南北九戸郡では、名誉職村長をえがたいので有給村長としたいとの請

旧紫波郡役所

願が多数だされたが、県の指示で村内の資産家調査が行なわれ、そのほとんどが却下された。

なお、明治三十年四月に郡制が施行となり、一九郡が一三郡に再編成され、郡の自治がはじまった。郡長は官選であったが、郡議会・郡参事会には郡民参加の道が開かれた。もっとも郡議会は郡民有権者による直接選挙ではなく、議員の三分の二は各町村会において選出し、残りは大地主たちの互選であった。郡制は大正十二年三月まで続いた。

鉄道開通と社会の変化●

県内初の鉄道は、官営釜石《かまいし》製鉄所への鉄鉱石と木炭の輸送用であった。明治七（一八七四）年、鉄道寮の御雇技師シェパードによる測量の後、同じくパーセルの指導で九年九月に起工された。工事途中の十年十月、台風による路盤やレール・枕木の流出などの被害もあり、試運転が行なわれたのは十三年二月十七日で、日本で三番目の鉄道であった。西南戦争後の財政悪化のなかでの完成である。政府の製鉄所に対する期待がうかがわれる。

『日進新聞』（明治十三年四月六日）は「釜石鉱山分局より大橋まで凡そ五里の車道の番人は都合六七十名もあるに何れも跛或は眇或は片腕のないなど廃人のみなり……当初鉱山に従事して……ハッパ等にて怪我が出てそれのため活計の道を失なうものを哀れと其者どもを残らず番人等にして使う」と報ずる。鉱山と鉄道が一体で経営されていた釜石では、労働災害に対し一時金支給ではない、障害者の雇用創出という独自の救済法をとっていた。

当初は原料輸送のみであったが、明治十五年二月から旅客輸送もはじめた。停車場は釜石・甲子《かっし》・大橋と支線の小川《こがわ》（ともに釜石市）の四カ所であった。旅客で二六〇八円余の収入をあげたという。二等運賃

（一キロ当り一銭一厘）で全区間乗車したとすると、延べ約一万八〇〇〇人が利用した計算になる。わずか一〇カ月の営業であったが、当時の沿線人口（約五六〇〇人）を考えあわせると、地域の人々の日常生活のなかに違和感なくうけいれられていたといえよう。しかし、官営製鉄所の廃止とともに、鉄道も終わりを告げた。明治十六年四月、鉄道敷地は岩手県に移譲され、翌十七年、取り外されたレールは機関車・貨車とともに阪堺《はんかい》鉄道に払い下げられ、現在は、小川支線跡にレンガ造りのアーチ橋が二カ所残っているにすぎない。本格的な鉄道の幕開けは、東北本線の開通を待たねばならなかった。

明治五年、日本ではじめて汽車が走った年、横浜の実業家高島嘉右衛門《かえもん》は東京・青森間の鉄道敷設を進言した。彼の意見は、明治十四年、岩倉具視《ともみ》らによる「日本鉄道株式会社」の設立により、実現へ歩み出した。翌十五年六月五日、埼玉県の川口に一号杭が打ち込まれた。建設工事は五区間にわけられ、国の鉄道局が担当した。

工事は岩手県にとって必ずしも順調に進んだわけではなかった。明治十八年、上野・宇都宮間の開業を機に、大変なことがもちあがった。ルートを福島から山形へ変えようとする動きがおきたのである。山形県の有志が県令を押し立てて運動を開始した。時の山形県令は薩摩出身で政府要人に顔がきくこともあり、岩手県はおどろいて宮城県と共同で対抗することとなった。岩手県令石井省一郎《しょういちろう》はただちに建議書を政府に送るとともに、県割当の出資金二〇〇万円の早期消化につとめ、その実績をもとに中央との交渉にあたった。官吏から一般庶民までが拠出した資金は、四万二〇〇〇株、二〇七万二二〇〇円におよび、当初の計画どおり福島―仙台―盛岡を通ることとなった。

ところで、鉄道敷設にともなう地域住民とのトラブルも少なくなかった。日詰町《ひづめ》（紫波町《しわ》）では、汽車が通ると、ペストがはやるなどの流言がうまれ、工夫が食事に行っても悪病をうつすとして拒否されるなどのトラブルも生じ、鉄路も駅舎も町から遠く離れた所に設けられた。他の地域も同様で、盛岡駅は市街地から北上川をへだてた上厨川《かみくりやがわ》村の一面田畑のなかに、ポツンと建てられたのである。

着工以来九年、明治二十三年十一月に盛岡まで、翌年九月には青森まで鉄道が全通した。県内の駅は花泉《はないずみ》・一関・前沢《まえさわ》・水沢《みずさわ》・黒沢尻《くろさわじり》・花巻《はなまき》・日詰・盛岡・好摩《こうま》・沼宮内《ぬまくない》・中山・小鳥谷《こずや》で、福岡は二十四年末、一戸《いちのへ》は二十六年に開業した。当初は盛岡・仙台間を七時間弱で結ぶ列車が、一日二往復走るだけであった。青森までの全通によって上野への直通列車が走るようになり、盛岡・上野間は一七時間五五分で結ばれた。運賃は二等で三円二八銭であった。二十五年の東京では、白米一〇キロが六七銭で買える時代であった。

鉄道の開通は、人々の生活に大きな影響を与えた。大きな打撃をうけたのが、北上川の舟運であった。北上川には明治十五年、狐禅寺河岸《こぜんじかし》(一関市)に洋式川蒸気船が姿をみせ、十六年には第一国立銀行盛岡支店長の尾形高惇《たかあつ》の勧めで、岩手組という廻漕会

盛岡停車場(川口月村画，部分)

社が組織された。これが母体となり、十八年には北上廻漕株式会社が設立され、盛岡の新山《しんざん》河岸は宮古をもしのぐ物資の集散地となった。しかし鉄道の開通は、新山から狐禅寺までの河岸を一気に衰退させた。『岩手県統計書』によれば、十九年新山河岸で二六万八六〇〇円、狐禅寺河岸で二一万六六〇〇円あった移出入取扱額が、明治二十四年には新山で一万円、狐禅寺で一万四三〇〇円と激減している。一方、水沢・花巻駅からは、しだいに東京方面にむけて木炭が積み出されるようになる。山が商品価値をもちはじめ、山をめぐる人間関係にも変化の兆しが現れる。

鉄道は大消費地としての東京、文化の発信地としての東京を、急速に身近なものとしてくれた。人々の生活様式、街のたたずまい、物の考え方も、沿線の町を中心にしだいに東京風に変わっていった。そして、明治後期になると、県内各地で鉄道敷設を求める声が大きくなっていく。新渡戸《にとべ》稲造《いなぞう》は明治三十年『農政本論』のなかで、「鉄道の敷設……自然に社会経済の趨《おもむき》を一変せしめしかば、延きて人口の配置にも種々

県都盛岡の変貌

明治三十八（一九〇五）年、石川啄木《たくぼく》はつぎのような手紙を清岡等《ひとし》に書いている。

「本年中には多分小生が第二の故郷たる八歳客夢《きゃくむ》の杜陵《とりょう》も、文明の光の不夜の巷《ちまた》と相成り申す可《べ》く、市民は申すに及ばず、苟《いや》しくも志ある者は皆貴下の熱心なる御尽力に対して、充分の謝意を表せざる可《べ》からざる事と存じ候」。

清岡は、明治三十七年設立の盛岡電気株式会社の社長であった。三十八年簗《やな》川の宇津野《うつの》発電所が完成し、出力一二〇キロワットで送電がはじまった。当初の電灯数は四三四個（当時の盛岡市の戸

数は六〇二二戸）であったという。

この四年後の明治四十二年、中学入学のため宮沢賢治《けんじ》が盛岡にでてきた。彼は「岩手公園」という詩のなかで、明治末期の盛岡の魅力を歌っている。

弧光燈《アークライト》にめくるめき
羽虫の群はあつまりつ
川と銀行　木のみどり
まちはしづかにたそがる、

賢治の故郷花巻にはまだ電灯はなかった。アークライトの淡紫色の強烈な光は、賢治でなくとも多くの市民を魅了した。

電灯点灯の前後、盛岡は大きな変貌をとげつつあった。明治三十六年に県庁新庁舎、四十一年に盛岡電話局・赤十字社岩手支部、四十三年に市役所新庁舎・第九十銀行本店、四十四年に盛岡銀行本店、そして郊外上田に大正元（一九一二）年盛岡高等農林学校の校舎が竣工している。街には電灯が眩《まぶ》しく光り、つぎつぎにモダンな洋風の建物が建てられていった。

建物だけではなかった。明治七年に取り壊され廃墟となっていた城跡が、三十九年岩手公園として整備された。四十三年九月市内各所に甚大な被害をもたらした中津川の復旧工事により、中の橋は四十五年石組みの橋脚の永久橋に生まれ変わり、護岸工事も大正元年十一月には竣工した。

こうして中津川流域は、花崗岩の石垣と川の流れ、鉄の欄干の中の橋、そして橋の向こうには煉瓦造りの盛岡銀行本店が美しい添景となり、賢治の歌う「岩手公園」の姿がうまれたのである。

❖コラム

の影響を伴ふに抵《いた》りぬ」「人口の都会に漸殖して田舎に漸減する事実の影響は単に農業にのみ止まらで、全国の経済的生活にも種々の関係を醸成す」とのべている。その後の岩手県の姿をみると、新渡戸の思いは決して杞憂《きゆう》ではなかった。

明治三陸津波●

平成六（一九九四）年も暮れようとする十二月二十八日夜、三陸はるか沖地震がおき、沿岸各地に津波警報がだされた。幸い海水面の上昇は一メートル前後で大事には至らなかったが、沿岸部の人々には忘れかけていた津波の恐さを思い出させられた一夜であった。三陸は、二〇〇キロ沖合に日本海溝が横たわり、全国でも有数の地震地帯であり、世界的な津波常襲地帯である。近代になってからは、明治二十九（一八九六）年、昭和八（一九三三）年、そして昭和三十五年のチリ地震津波が大きな被害をもたらした。

明治二十九年の六月十五日は朝から雨模様で、夕方からは煙るような細雨に変わっていた。午後七時半すぎ、三陸を中心に北海道から関東にかけて地震があった。揺れは長

三陸大津波(明治29年，石版画)

かったものの震度二〜三程度の軽震で、これといった被害もなく、人々はさして気にもとめずに旧暦端午《たんご》の節句《せっく》祝いの膳についていた。そこへ午後八時二〇分頃、突然沖のほうでドーンと大砲のような響きが発した。内陸の水沢や福岡でも聞こえたという。まもなく無気味な海鳴りとともに、波高一〇〜三〇メートルにも達する大津波が沿岸一帯に襲いかかった。最大波高は、綾里《りょうり》村白浜《しらはま》（大船戸市三陸町）では三八・二メートルにも達したという。津波の去った跡は「沿岸一帯七十余里僅《わず》かに一瞬にして人畜家屋船舶其挙げて殆ど一掃し去り……死屍は累々堆をなし、家屋は流壊し万目一として惨憺悽愴ならざるはなし」（県より内務大臣への具申『岩手県災害関係行政資料I』）という、荒涼たる風景に一変してしまった。

下北半島尻屋《しりや》崎（青森県）から牡鹿《おしか》半島（宮城県）に至る四〇〇キロの海岸が被害をうけたが、最大の被害地が岩手県沿岸であった。鵜住居《うのすまい》村両石《りょういし》（釜石市）では、人口八五〇人中死亡七一〇人という惨状であった。津波史を研究している山下文男氏の調査によると、被害状況は釜石町（釜石市、死者三七六五人）、田老村（田老町、一八六七人）、唐丹村（釜石市、一六八四人）、綾里村（大船渡市、一二六九人）の順で死者が多かった。県全体では、沿岸地域住民七万六〇〇〇余人中死者一万八一五八人、流失破壊家屋六〇三六戸、流失船四三八四艘、その他海産物・網などの損害総額二〇〇万円前後であった（県議会での知事説明）。

災害直後から救援活動もはじまった。県は係官を派遣して応急措置をとると同時に、函館で白米四〇〇石を購入、船で宮古に直送し各被災地に配給している。また中央備荒貯蓄金から二五万円を借り、応急資金としている。各個人からの義捐《ぎえん》金も寄せられた。「文芸倶楽部《クラブ》臨時増刊号」として『海嘯《かいしょう》義捐小説』が明治二十九年七月に発行された。これには被災者の援助を目的として、森鷗外《おうがい》・尾崎紅葉《こうよう》・幸田露伴《こうだろはん》・島崎藤村《とうそん》らが小説・随筆などを寄稿している。特筆すべきは岩谷堂町《いわやどう》（奥州市）選出の県会議員で医師の及川栄《さかえ》で、彼は津波事件を知ると十八日午後馬で気仙郡にむかった。そして被害のはなはだしい綾里村で、県会開催までの約四〇日にわたり、無料診療を続けた。しかし、交通の不便さもあり、救援活動は必ずしも順調には進まなかった。

この当時東北本線の開通に応じて、これと結ぶ鉄道の建設が、山名宗真《そうま》らの活動により、山田—釜石—遠野—花巻—六郷（秋田県）を結ぶ陸奥中央鉄道株式会社として計画されていた。地元のほか中央の一流財界人や日本鉄道会社の理事たちも発起人となり、明治二十八年に測量を開始していたが、津波被害のため建設計画は流産した。同時期、大船渡—遠野—黒沢尻—横手を結ぶ鉄道計画もあったが、これも流産している。沿岸地方はこの災害の克服に、優に五〇年を費やしたといわれている。

明治の青春●

徳冨蘆花《とくとみろか》の『寄生木《やどりぎ》』の主人公篠原良平（小笠原善平）は、山口村（宮古市）の代々肝入《きもいり》で村長を務める上層農民の次男に生まれた。幼い良平に大祖母は「学問があれば、此家よりか立派な長者どんの婿になれるのだ」と話す。小学校入学当初は勉強嫌いで進級しそこなうが、その後一番になっていく。

時は日清戦争、高等小学校の内藤校長の「海の人になれ、海の軍人になれ」の言葉に心を動かされる。良平は「前途は海軍か、学者か、医師か法律を学ぼうと思って決しかねた。兎に角すべての基礎として盛岡の尋常中学校に入って中学の過程を踏まねばならぬときめた」。しかし、父が公金横領の嫌疑で捕らわれていたため、それもむずかしいことであった。「此ま、にして居れば片山里に朽ちねばならぬ。男児と生まれて十六歳、青春は二度と来ぬ」と、仙台で働きながら学ぶべく、故郷を出奔する。彼は思い切って大木（乃木希典《のぎまれすけ》）第二師団長に面会し、好運にも学僕になることができた。だが、長州閥のなかで出世してきた大木とは、時代も事情も変わっていた。軍人としての出世には、幼年学校・士官学校と正規のルートを踏む必要があり、彼も学僕からその道を進む。

明治という時代に青春期を送った盛岡出身の総理大臣が二人いる。原敬《はらたかし》と米内光政《よないみつまさ》である。しかし、二人の二四歳という年齢差以上に、明治という時代は日本の社会を変えた。

原敬の学歴はどのようなものであったか。藩校作人館《さくじん》に学び、廃藩後は上京し、南部家が開いていた英学校の共慣《きょうかん》義塾にはいるも、学資が続かず途中で退学、明治五（一八七二）年カトリック神学校にはいり、七年新潟に赴きエブラル神父の学僕となり、フランス語を学ぶ。ふたたび上京し箕作秋坪《みつくりしゅうへい》の三叉《さんさ》学舎に学び、九年には司法学校に入学したが、十二年賄《まかない》征伐事件に連座して放校となる。原はどこも満足に終了していない。原個人の問題のほか、近代的な学校体系が整えられていく過渡期の、当時の人々の学校に対する認識の問題も大きかったであろう。

明治十年代頃までは、どこの学校をでたかよりは、それ以外の、たとえば同藩人などの縁で世にでていった。原は、作人館・共慣義塾で一緒だった鈴木舎定《いえさだ》らとは別の途を行った。冷静でリアリストの彼は、民権運動の高揚期に改進党系の『郵便報知新聞』を退社し、立憲帝政党の関西機関紙『大東日報』の主筆となった。その縁で長州閥のリーダーの一人井上馨《かおる》の知遇をえ、官界にはいることになる。原は戊辰《ぼしん》戦争で賊軍とされた屈辱は忘れなかった。しかし、リアリストの彼は時に閥族と手を結ぶことも辞さず、彼らを手段として利用し、非藩閥であっても民衆とともに歩むことなく、明治政府の最良の後継者となる。

『寄生木』の主人公良平より一歳年上の米内光政はどうであったろうか。高等小学校入学の頃から学業が注目されるようになり、「両親も将来身を立てるには学問が必要であるとして盛岡中学に入学させた」（緒方竹虎《おがたたけとら》『一軍人の生涯』）。しかし、盛岡藩士族で戸長などを務めた米内家も、家運は衰退にむかっており、高校・大学への進学は無理であった。その点軍関係の学校は学費の心配がなく、米内は明治三十一年海軍兵学校に進学する。

　彼の海兵進学は、たんに学費の問題だけではなかった。進学に大きな影響を与えたのは、体操教師の佐藤亀吉であった。佐藤は積極的に生徒のなかにはいっていき、「昼休みには毎日のやうに生徒控室に来て、卓を囲み或はストーヴにあたりながら世間話をし、軍国熱を煽った」という。当時の盛岡中学では、明治二十八年十一月野口坤之陸軍大尉、二十九年九月山下源太郎海軍大尉、同年十二月西寛二郎第二師団長などが来校し、講演や授業参観が行なわれている。三十年十一月には前述の佐藤らの引率で、生徒三〇余人が宮城県で行なわれた第二師団の小機動演習を参観している。三十三年からはじまった修学旅行では、弘前の歩兵三十一連隊を見学し、先輩の士官候補生が一行に親しく語りかけている。また、この頃いくつかあった生徒たちの任意団体の一つ「修養会は、海軍兵学校や陸軍士官学校の志願者達が、上級生・下級生を問わず集まり、日本の将来を論じ、また受験対策を考えたりしていた」（『白堊《はくあ》校百年史』）。このような校内の雰囲気のなかから、軍学校進学者もうみだされていったのである。

若き日の米内光政　海軍兵学校卒業の頃。

明治三十五年、カンニングで処分をうけた石川一《はじめ》（啄木《たくぼく》）は、五カ月後の卒業を前に盛岡中学を退学した。その彼が明治四十年同校の『校友雑誌』に、「林中書」なる一文を寄せた。そのなかで彼は退学したことについて「余をして別に悲しむところなく、否寧《むし》ろ却て喜び勇んで校内を辞」したとのべ、「余をして教育の価値を疑はしめた」と、母校の教育を痛烈に批判した。明治三十一年啄木とともに入学した者は一二八人であった。そして三十六年三月の卒業生は九六人であるから、この学年は啄木を入れて三二人が脱落したことになる。脱落の理由は病気、授業料滞納（未納二カ月で除名）、そして啄木のような不正行為・学力不振である。それらに対し中学はきびしく臨み、「淘汰《とうた》」はやむをえないという姿勢であった。

盛岡中学にかぎらず、中学は人間形成や人としてあるべき教養を身につける場とはならなかった。教育の効率・効用のみを追い求めて知識の詰めこみを行ない、教育以外の目的（立身出世）達成のための手段・通過点となっていった。中学の日々は、手段としての教育の遂行のための内部での競争と淘汰、管理の徹底、そして進学競争の激しさである。このように啄木が批判した教育をうけた全国各地の中学生が、上級学校に進み、やがて昭和期の指導者となっていった。これを考えてみると、明治初期に青年期をすごした人々と、学歴が物をいう時代に青年期を送った人々とでは、全体としては相当に異なった集団となっていたと思われる。個人として米内光政がどのような認識をもっていたにせよ、彼らの世代が日本を戦争に突入させることになった。

11
章

大正・昭和の岩手

日本中国永遠和平の像(釜石市大平公園)
戦時中釜石鉱山に288人の中国人が連行
され，124人が生命を失った。

1　産業・経済の発展と岩手の民衆

山の恵みと山訴訟

岩手県の森林面積は約一二〇万ヘクタールで、県土の七八％を占める。北上高地では山間の奥にまで人がはいりこみ、炭を焼いていた時代がつい最近まであった。岩手は日本一の製炭県であったが、製炭者の生活は苦しかった。

北上高地では、江戸時代から製鉄用の炭を焼いていたが、明治十二（一八七九）年の生産量は約二四七万貫目で、全国の二・一％を占めるにすぎなかった。岩手の木炭が大きく発展する契機となったのは、輸送手段としての東北本線の開通であった。明治三十五年頃から東京向けの出荷が本格化し、一関・水沢・花巻が出荷地となっていった。さらに明治三十五・三十八年の凶作に際し、農村救済事業として木炭生産を奨励したこともあり、生産量は急上昇した。明治三十四年の一万九〇〇〇トンが、四十年には四万トンになった。しかし当時の岩手木炭は、在来窯による粗製濫造、統一もない雑然たるもので、品質のうえからも東京市場での評価は低かった。

明治三十九年五月、広島県人楢崎圭三《ならさきけいぞう》を招き、紫波《しわ》郡志和《しわ》村山王海《さんのうかい》（紫波町）で築窯・製炭・包装などの講習が行なわれた。受講者は三九人であった。続いて紫波郡各地でも講習が行なわれ、受講者から製炭教師となる者も現れた。県・郡・町村など主催の講習会が催され、延べ二万人近くの人々が受講したという。山村の人々は、市場の評価に堪える技術を習得し、窮乏生活からの脱却を夢みて、堰を切ったように製炭にむかっていった。

第一次大戦の勃発により工業用木炭の需要が急増、木炭の価格が急騰し、その結果粗製濫造の風潮が生じ、不良炭を増していった。県は不良木炭追放のため各地区ごとに「木炭同業組合」の設立と、その事業として移出木炭の検査を指導した。しかし、期待していた業者による自主規制は達成できず、県は大正十(一九二一)年「岩手県木炭検査規則」を制定し、全国に先駆けて移出木炭の県営検査を実施した。さらに県は移出木炭の保管と販路拡張を図るために、大正十三年東京に隅田川倉庫を設けている。

移出木炭検査は移出地の駅頭や港で行ない、製炭者には直接関係がなかった。一方生産検査は、窯元で製炭者自身の申請によって実施されるもので、検査員から直接木炭の等級を聞き、同時に不合格の理由もわかり、改善にむけての指導をうけることもできた。生産検査は品質向上とともに、たんに一俵いくらで業者に渡すのではなく、等級に応じた商品として取り引きされることで製炭者の救済対策ともなるので、各県で県営生産検査が実施されるようになる。移出検査の早かった岩手県が生産

炭焼風景　種市町(現洋野町)宿戸中学3年生の作品。版画『炭焼物語』(昭和32年)より。

検査を実施するのは昭和十（一九三五）年十月のことで、全国で三三番目という遅いものであった。

　大正から昭和にかけて岩手は日本一の木炭生産量をほこり、昭和十五年には一八万六〇〇〇トンという県生産高の最高値を記録している。木炭を中心とする林産物の生産額は、大正四年と昭和三年をくらべると五倍に伸びている。とくに県北の村々では山の恵みによるところが多く、昭和六年の九戸《くのへ》郡山形村の全生産額の五二・八％が林産物であった。農林省統計表によれば昭和十年の製炭従事者は専業八七二一人、兼業一万九九六二人の計二万八六八三人で、その多くは原木代金を業者からだしてもらうか、業者や山主に雇われた形で炭を焼いており、持ち山で自分で焼くという自営製炭はわずかであった。製炭者の八五％が、山林地主を兼ねた移出業者からの前借金で生産していた。全国一の木炭生産は、山村の貧しさの所産であるところに問題があった。

　薪炭の生産や牧畜を主とする山村の人々にとって、山は欠くことのできない生活の手段であった。藩政時代、山林は藩有という建前ではあったが、村人の「入会《いりあい》」による共同利用が慣行として定着している山も少なくなかった。しかし明治初年の林野官民有区分の際、県北では官有林編入をまぬがれるため、多くは旧藩時代の山守《やまもり》や村内有力者の名義とした。そして村人は地税を名義人に差し出し、山野を今までどおり利用してきたのである。だが大正期以降、県北部とくに九戸郡で山林の入会権をめぐる数多くの訴訟がおこされた。県内で明治以来訴訟となったものだけでも九〇余件、示談・和解、さらには泣き寝入りを加えれば、無数といえる入会紛争が生じたのである。

　明治後期になって鉄道を中心とする交通の発達は、山をめぐる事情を変えた。山の木が都市の薪炭、鉱山の坑木、鉄道の枕木などの需要により、収益をうみだすことになった。そうなると、木だけでなく山そのものの所有も大きな意味をもつようになった。一方で仮の所有者のはずの名義人の代替りや、他への譲渡などが現れ、村人が山から締め出される事態も発生、山をめぐる訴訟が各地でおこったのである。共有権を主張した農民たちが勝利した裁判もあるが、逆の例が多い。岩手は全国一の木炭生産県ではあったが、畑をつくり炭を焼く多くの農民の生活の実態は、きびしいものであった。

なお現在も岩手県は、平成六（一九九四）年の木炭生産量は八〇〇〇トン近くで全国の二〇%をこえ、全国一の生産量である。

馬産と馬市のにぎわい●

六月の第二土曜日は、初夏の盛岡をいろどるチャグチャグ馬コの日である。一〇〇頭をこえる美しく飾られた馬が、子供たちを乗せて滝沢村の蒼前《そうぜん》神社を出発し、市内目抜き通りを行進、八幡《はちまん》神社にむかう。馬の首に吊した鳴輪《なりわ》と飾りの装束についている鈴が、歩くたびに「チャグチャグ」と鳴るので、その名がでたという。この行事が今の形になったのは昭和にはいってからで、すっかり観光行事化してしまった。もともとは毎日激しい労働を強いられる馬の慰労のため、旧暦の端午《たんご》の節句《せっく》を馬の休息日と定め、愛馬をつれて蒼前神社に参詣し、無病息災を祈願するものであった。装束も今のようには華美でなく、パレードもない素朴な民俗行事であった。滝沢村に限らず、蒼前・駒形《こまがた》とよばれる神社は県内各地にみられる。農民生活のなかで馬の飼育の占める位置は大きく、そのなかで自然発生的にうまれたのが、馬の守護神・蒼前様の信仰であった。

吉田松陰《しょういん》が『東北遊日記《とうほくゆうにっき》』に「南部の地多くの良馬を産し、天下に名あり」と記した馬産の伝統は、明治以降も引き継がれ、県による獣医養成機関の設立も早く、明治十二（一八七九）年八月、藪川《やぶかわ》村（盛岡市）の県営外山《そとやま》牧場に獣医学舎が設けられた。これは東京駒場農学校（現東京大学農学部）につぐものであった。この獣医学舎出身者たちは、やがて県が馬産県としての成否をかけた馬産改良事業において、指導的役割をはたしていく。

明治十四年、産馬事業が民営となり「岩手県産馬維持規則」が制定され、産馬会社（事務長は民権運動家の上田農夫《のうふ》）が創設された。従来どおり県産馬は二歳で糶《せり》とし、それ以前の私の売買は禁止とされたが、糶代金の四分を県におさめる制度を改め、二分を産馬資金として会社におさめることとした。これは産馬農家にとって最大の福音であった。

宝暦五（一七五五）年の調査によれば、藩営牧の父馬の体尺は四尺三〜六寸で、日本在来馬は外国馬にくらべて小型であった。品種改良は、維新以来国防上からも重要課題となっていた。馬体改良のため岩手県は、明治十年米国産トロッター種を導入する。さらに産馬会社は明治十六年、農商務省委託金・陸軍省下付金に産馬資金をあわせて、ハンガリー種の雌一頭、雄八頭を一万八六八円で購入し、改良を図った。しかし、県内総馬数六万四〇〇〇余頭に対し、その数はあまりにも少なすぎた。本格的な改良は日清戦争後から始まる。

明治二十九年五月、陸軍省軍馬補充部三本木支部の中山派出所が小鳥谷《こずや》村（一戸町）に、三十一年十一月軍馬補充部六原《ろくはら》支部（金ケ崎町）が創設され、翌年種山《たねやま》ケ原および門馬《かどま》村（宮古市）田代に出張所が設けられた。軍馬補充部の業務は、二歳で購入した馬を三年間育て、軍隊に補充することであった。ほかに明治二十九年には農商務省の岩手種馬所が滝沢村に設けられ、明治四十三年には、盛岡市郊外に騎兵第三旅団が設けられた。こうした動きが岩手の馬産をいっそう盛んなものにしていった。そのなかで県営種畜場の初代場長となり、大正三（一九一四）年に退任するまで同場に住みこんで、南部馬の改良にあたった一条《いちじょう》牧夫《まきお》の活躍も見落としてはならない。彼は明治九年創設の駒場農学校の第一回生で、明治三十一年フランスからアングロノルマン種の優良馬を、翌年にイギリスからハクニー種の優良馬を輸入し、岩手アングロノルマンという改良種をうみだしている。

　県内の飼育馬数は、明治末期から大正中期にかけては八万頭で推移し、大正後期になると九万頭台であった。産馬数は明治四十三年までは一万頭台を示し、明治後期の産馬事業の隆盛を物語っている。その後若干落ちこむが、大正後期にはふたたび増加傾向を示し、大正十三年念願の馬生産数日本一となった。この間、雑種（改良種）は年々増え続け、その飼育馬数は明治三十二年四九二四頭から、四十一年三万五五一四頭、大正十三年八万七〇三六頭となっている。一方和種は明治三十一年の九万四四七六頭が、四十一年には四万五四八九頭、大正十三年には二九二七頭に激減した。

　毎年秋になると、二歳馬を取り引きする馬市が県内各地で開かれた。明治三十四年から大正十五年にかけて、年平均九二〇八頭

盛岡の馬市風景

の馬が取り引きされた。馬市はまた軍馬買い上げの場でもあった。一頭当りの平均値段は、明治四十三年で農耕馬六二円に対し軍馬一二四円、大正十三年には農耕馬二〇四円に対し軍馬四一五円であった。「軍馬購買は馬市の華」といわれ、軍馬は選ばれた馬であった。飼育農家にとり軍馬として売ることは有利な取り引きであった。しかしそれは、大正十三年軽米《かるまい》市場にでた二歳馬五五〇頭中軍馬買い上げは三〇頭であったように、むずかしいことであった。

秋は実りと馬の値段に農家が夢をかけた季節であり、馬市には家族全員が馬をひいてでかけた。近在の老若男女が集まり、そのにぎわいはまるで祭りのようであった。家族総出は、馬代金の収入にあずかろうという家族の期待と、父親の放蕩防止のためであったという。それはともかく、農民は馬の売値に期待をかけ、町の人々は馬市によって町に落ちる金を待ちのぞみ、多くの人々がこの収入によって家計をささえてきた、そんな時代があった。

釜石鉱山と松尾鉱山、その光と影●

明治十六（一八八三）年六月、御用達《ごようたし》商人で陸海軍省へ糧秣《りょうまつ》供給と鉄材調達にあたっていた田中長兵衛が、工部省から官営釜石《かまいし》製鉄所の諸設備払い下げの相談をうけた。田中はいったん断わったが、横須賀支店支配人横山久太郎の熱心な提案に負け、一〇〇〇〇坪の敷地と鉱石・木炭の払い下げをうけ、製鉄所の再興に乗り出した。

明治十七年、試みとして月産四〜五トンの小型高炉を二基新築した。この高炉は、木炭が燃料で、水車動力による木製フイゴでの送風という、幕末の大島高任《たかとう》のレベルでの再出発であった。操業は失敗の連続で、出銑成功は四九回目の操業のときであったという。明治十九年十月十六日（釜石製鉄所創業記念日）

のことであった。この成功により製鉄所再興の道は開かれた。田中は順調な操業に自信をえて、二十年二月大蔵大臣松方正義に「官山及諸器械払下願」を提出、五月十六日払い下げの許可が与えられた。その金額は三万円、うち五〇〇〇円は即納、残金は一〇年払いであった。二十年七月に釜石鉱山田中製鉄所が創設され、初代所長に横山久太郎が任命された。

当時銑鉄生産の主流は中国山地を中心とした江戸時代以来の「たたら」製鉄であり、輸入銑の占める割合も大きかった。そのなかで釜石の順調な発展を可能としたのは、とくに軍部の需要であった。大阪砲兵《ほうへい》工廠《こうしょう》の年間砲弾用銑鉄消費量は二〇〇〇トンをこえており、それを名声を博していたイタリアのグレゴリーニ銑で充当していた。したがって明治二十三年釜石銑とグレゴリーニ銑との比較試験の結果、「良好なることグレゴリーニ銑鋳造のものに比し優劣あると見ず、其製造価格の低廉なるは殆ど半に相当せり」(『製鋼事業調査委員会復申書別紙』)との評価がえられた意味は大きかった。

順調な銑鉄生産の技術的経済的蓄積をもとに、明治二十六年に官営時代の英国型二五トン高炉一基を改修・復活させた。翌二十七年八月には夕張炭を焼成したコークスを用いて、日本初のコークス銑を生産した。その結果、二十六年に八〇〇〇トンであった銑鉄生産量が、二十七年は一躍一万三〇〇〇トン近くに増え、この年はじめて「たたら」による砂鉄銑を上回った。明治二十年代こそは、旧式製鉄法と洋式高炉法との入れ替わりの時代にあたり、日清戦争直前の頃がおおよその分水嶺となった。釜石は近代製鉄発祥の地であるばかりでなく、確立の地にもなったのである。

英国型高炉の改修・復活と、コークス使用にあたっては、工科大学教授野呂景義《のろかげよし》が顧問、その門下生の香村小禄《こうむらころく》が技師長として指導にあたった。高炉・熱風炉の欠陥をなおし、あらたに鉱石焙焼炉を設けるなど、改良を加え成功に導いている。御雇《おやとい》外国人にかわる日本人技術者の成長の現れでもあった。釜石鉱山は日清戦争という巨大な需要によりさらに躍進し、明治三十年には従業員一五三三人という、東北地方第一の近代的重工業に成長した。

釜石鉱山の経営が日清戦争前後に確立したとすると、松尾鉱山の場合は二〇年ほど遅れる。松尾での硫黄《いおう》鉱床の発見は明治十五年頃といわれ、鉱区を定めた試掘願がだされたのは、明治二十一年七月七日のことであった。その後鉱業権は転々とし、明治末期には露天掘りやタヌキ掘りが行なわれていた。大正三（一九一四）年松尾鉱山株式会社が創立されることで、本格的な鉱山として歩みはじめる。

その創立は第一次大戦の勃発と重なった。当時世界最大の硫黄供給国であったイタリアが輸出を禁止したため、一時的に戦争景気と品不足が重なった。しかし大戦が長びくにつれ、船舶不足と運賃高騰で輸出がしばしば中断するなど、輸出市場が不安定であり、大正九年には「松尾硫黄山に於ても遂に事業縮小の事と成り、今回先ず約三分の一の

ありし日の松尾鉱山

傭人を解傭する」(『岩手日報』大正七年七月十六日)という事態に追い込まれている。その後も大正末には、アメリカ硫黄が世界市場の八割を占めるようになり、日本からの輸出が杜絶に近くなったり、世界大恐慌の影響をうけるなど、経営は幾度も困難にあっている。

ところで松尾鉱山が産出する硫黄および硫化鉱は、なにに使われたのだろう。パルプ・農薬・駆虫剤・染料・化学肥料・人絹《じんけん》・爆薬など化学工業の原料としてであった。第一次大戦中から戦後にかけては、日本の重化学工業の急速な発展期にあたっていた。戦後恐慌などで国内の弱小鉱山が廃業するなか、硫酸・化学肥料・製紙業の飛躍的発展という国内市場の展開にささえられてその基礎を固め、「松尾硫黄山では……経営漸次順調に向かい、近年産額百三十万噸の多きに達して国の産額の約半数を占め、今では日本一の硫黄山となった」(『岩手日報』大正十四年八月二十三日)。

昭和恐慌期にはいるとオーストラリア、ニュージーランド市場を開拓し、昭和八(一九三三)年には満州化学工業へ一二万トンの硫化鉱輸出の契約を成立させた。これは昭和七年の生産実績の二倍近くにあたっていた。加えて二五万円の資本出資も行なっており、資本輸出をともなう植民地進出であった。こうして創立二〇年で名実ともに東洋一の硫黄鉱山に成長した。その間、大正末期には器械掘りに転換し、新坑道の開削、製錬竈《がま》の増加など生産力の増強を図り、輸送面では大正五年の屋敷台(八幡平市)—大更《おおぶけ》(同市・花輪線)間の馬車鉄道をガソリンカーに、さらに昭和九年蒸気機関車による国鉄線と同一軌幅の専用鉄道に切り換えた。国鉄線に直接乗り入れることのできるメリットは大きかった。

釜石鉱山をかかえる釜石の町は、鉱山・製鉄所の発展とともに人口が増え続け、昭和十二年には(旧)釜石町の人口が四万人をこえ、県内で二番目の市制をしいた。松尾鉱山もその発展にともない、従業員数が大正五年の三五二人から、二〇年後の昭和十一年には二二一三人に増えている。そして昭和三十九年の交通公社の案内に「鉱山鉄道の終点でおり樹海をバスで上ること三〇分、突然近代的な住宅群が並ぶ元山《もとやま》地区に出る。一望全部鉱山の施設……人口一万五千人……」と記される、雲の上の楽園といわれた景観がうまれていた。

しかし現実の釜石は、市民歌が「大空に響くエンジン　立つ煙」とほこらしげに歌うのと裏腹に煙害がひどく、「釜石名物は火事と赤痢《せきり》」という、公害のひどい生活環境に問題のある町に変身していた。

松尾鉱山では、大正後期になると鉱毒水問題が表面化してくる。昭和にはいると仙台鉱山監督局が具体的な対策の立案を求めており、鉱山も石灰の投入などの中和処理は行なったようである。しかし昭和八年頃になると、被害は盛岡以南の北上川流域にもおよび、各地で賠償要求運動がおきてくる。昭和十一年から赤川灌漑用水を他の水源に切り換える工事が、県の補助事業としてはじまった。この鉱毒水処理問題は現在も続いている。

釜石製鉄所は平成元（一九八九）年三月、高炉の最後の火を消し、鉱山は鉱石の採掘をやめている。松尾鉱山に至ってはまったく姿を消してしまった。ともに高度経済成長期の技術革新、産業構造の変化のなかで沈んでしまったのである。その成立から衰退の歴史は、外部資本の進出によっていわば内国植民地化した岩手の、典型的な姿であったといえよう。

昭和恐慌下の生活●

第一次大戦後から続く経済不況は、昭和にはいると一段ときびしさを増し、岩手県をも直撃した。

栗橋村（釜石市）は山がせまり耕地が乏しいため、山を開き焼畑とし、無肥料で四年間穀物を栽培した跡地に桑を植え、養蚕を行なってきた。この村での一貫目当りの繭価は、大正十四（一九二五）年の一〇円四〇銭が昭和二（一九二七）年には五〜六円と半値近くに下落し、五〜七年は二円台に低迷する。そして昭和九年には一円九〇銭と二円を割り、しかもこの年は大凶作と重なってしまった。栗橋付近での繭の売買は、はじめに内渡し金（仮払）をもらい、繭ができてから諸経費を精算し残金を受け取る方式であった。そのためこの不況期には精算すると赤字になって、逆に金をださなければならないこともあった。昭和六年二月六日の『岩手日報』に「上閉伊養蚕業不況打開策協議」の見出しがのっている。協議を行なっても良策などうまれなかった。それどころか昭和五年には、県是《けんぜ》製糸が労働者四六〇人中四二二人、岩手三益者《さんえきしゃ》組合製糸所三四〇人全員、山十《やまじゅう》製糸一関製糸所一一〇八人全員、同山目《やまのめ》製糸所五二九人全員の解雇者をだしていた。製糸以外の鉱工業も深刻であった。昭和六年二月二十二日の『岩手日報』は「釜石鉱業所大整理、従業員三二二名馘首《かくしゅ》、労銀一割乃至二割低下」と報じた。釜石鉱山の動向はすぐ地元に響く。翌日の新聞は「甲子《かっし》村（釜石市）予算編成難、釜石鉱業所縮小の影響」と報じている。

昭和の大恐慌は、大企業の山十製糸を破綻に追い込んだのをはじめ、製糸・酒造・運輸・鉱業など県内の主要産業に打撃を与え、株や不動産の暴落は資産家の多くに致命傷を与えた。さらにそれらに資金を融通していた地元銀行も、営業不振に追い込まれていった。当時大蔵省の提案により、県内金融を一手ににぎるようになっていた盛岡・岩手・第九十の三行を合併させ、強力な銀行を設立させようとの動きがあった。しかし種々の事情で統合が進まないうちに、肝心の三行の経営が急速に悪化していった。昭和六年十月盛岡銀行の八戸・三戸両支店が青森の第五十九銀行の取り付け騒動にまきこまれてしまった。県内でも取り付けが予想されたので、三行の幹部は県知事と相談のうえ、共同で三日間の休業にはいった。その直後第九十銀行が協調を破り営業に復したことから、預金引き出しは岩手・盛岡二行に集中し、十一月下旬には全面支払い停止、休業を余儀なくされた。七年三月には第九十銀行でも取り付け騒ぎがおき、同行も休業に追い込まれた。こうして岩手県では恐慌の過程で旧来の銀行はすべて過去の遺物として整理され、昭和七年五月事実上官制の岩手殖産銀行（現岩手銀行）がうまれた。

昭和八年三月三日、またまた沿岸地方に大津波が押し寄せた。『岩手近代百年史』によると県内の被害は、死者一四〇八人、負傷者八〇五人、行方不明一二六二人、家屋流失二九七〇戸、一家全滅は一二三戸五九九人で、被害総額は一一〇〇万円ほどであった。

昭和九年は春から天候が異常であった。例年ならば花見の最盛期の四月三十日に雪が降り、七月半ばから出来秋の九月中旬までは低温・霖雨・曇天の連続であった。この年の岩手は水稲六一％、麦類二八％、大豆五一％、馬鈴薯《ばれいしょ》三一％、そして粟《あわ》・稗《ひえ》・蕎麦《そば》の雑穀類さえもが五〇％の減収という大凶作となった。九戸・二戸・下閉伊・上閉伊・岩手・気仙各郡の小農・小作農の場合、五〇銭とまとまったお金をもっているほうが珍しかった。沿岸の人々は津波の被害に対するわずかな補助金もありがたがって「海嘯様《つなみ》」といっていたという。下村千秋は「飢饉地帯を歩く——東北農村の惨情報告」（『中央公論』一九三二年二月号）で、「御堂村《みどう》（岩手町）では、雪が降っているというのに、子どもたちはシャツも着ていず、足袋《たび》もはいていない。女の子は脛《すね》だけをくるんだ赤い布の股引《ももひき》をはいているだけであった。食べ物もシダミと称する楢の実をふかして食い、わらびの根を澱粉《でんぷん》として腹をみたしているだけだ。全村の小学児童九百名のうち四百名が欠食児童であった」と報告しているが、昭和九年はさらに農村を崩壊させていく。

昭和八、九年には全県で欠食児童が九〇〇〇人にも達する悲惨な状況となり、給食を実施する学校が増加した。小鳥谷《こずや》小学校（一戸町）では、七年九月二十八日より実施した。九年の凶作に対し、県は国への陳情という形で対策を急いだ。そして救農土木事業や、陸海軍省による食糧や軍馬の購入、鉄道省による枕木の大量購入などが行なわれた。全国からの義損金も多額にのぼった。しかしこれらの諸対策にもかかわらず、農村で悲しい出来事は跡を絶たなかった。当時下閉伊郡小国《おぐに》村江繋《えつなぎ》小学校の訓導であった西塔幸《さいとうこう》子《こ》は、昭和十年三月二十九日の日記（遺稿集『山峡《やまかい》』）につぎのように記している。「私は今日悲しい事を二つの目で見、耳で聞いた。私のかつての教え子は（本年一五才）料理屋に売れたとの事、店主の方では「物価の安い時、二百円は高い百五十円」といふたさうだ。売る方では「それでは安過ぎる」といったさうだが、話がどふついたか、その子は料理屋にいってゐるさうだ。細面の寂しみのあるきれいな子だった。私はその話を面白さうに話をしてくれた人の前で顔をそむけて眼をふせた」。教え子の身売りを日記につづった同じ年、

　別れてはまた何時逢はむ教え子を乗せたる車遠ざかりゆく

恩賜郷倉(一関市大東町渋民)　天皇からの下賜金をもとに県内各村に設けられた備荒倉。

と歌を詠み、別の教え子の満州移住を見送らねばならなかった。昭和七年からの満州開拓に参加した岩手県人は、戦後の引揚げ者から提出された名簿によると、四〇六九人となっている。その多くは農家出身の人々であった。

昭和六年十二月から岩手県知事を務めたのが石黒英彦《ひでひこ》であった。彼は危機的な時期の県政を主導し、農村を復興させるには人心の復興、とくに青年の奮起に待たねばならぬとして、かつての軍馬補充部の地に六原《ろくはら》道場を設立した。そこでは徹底して皇国精神をたたきこみ、開墾による勤労精神の鍛練が行なわれた。農村青年のほか中等学校生徒も強制的に入所させられ、教員も校長も役人までもが短期の修練を強要された。六原道場を終えた修練生は、長期・短期・臨時をあわせて約四万人といわれ、県内各地に清明会という組織をもち、村のリーダーとなった。県下の青年は六原精神一色になびき、それが聖戦完遂の方向にむかっていった。

2　二十一世紀にむけて

戦災と戦後の復興●

昭和六（一九三一）年九月十八日の柳条湖《りゅうじょうこ》事件に端を発し、満州事変がおきた。郷土部隊である弘前歩兵第三十一連隊に動員が下命されたのは、十一月十一日のことであった。第三十一連隊では五箇中隊を抽出し、派遣する混成第四旅団の二大隊を編成し、十三日に出発した。輸送の軍用列車が東北本線を通過することとなったため、岩手県下は大騒ぎとなり、小学校の児童も最寄りの駅に動員され、出征兵士を見送った。各駅では「万歳」の歓呼の声がこだました。人々は戦争の意味を知らされず、ただ「聖戦」とのみ信じていた。しかしそれは、昭和二十年八月十五日に終わる十五年戦争の幕開けであった。

『援護の記録（岩手県戦後処理史）』によれば、県関係戦没者数は陸海軍あわせて三万三一九六人にのぼる。うち昭和十九年は八六八一人、二十年は一万三三七〇人で、戦没地域は中国大陸四一三〇人に対し、フィリピンで七七六〇人、ニューギニアで五五四〇人を記録している。戦争末期の苛烈さがうかがわれる。

戦場だけが戦争の舞台ではなかった。戦争の長期化は、拡張を続ける軍需産業に大量の労働者を必要とした。だが軍隊も増員が続けられ、労働力の不足は必至であった。そのため学校生徒の動員も、組織的・恒常的なものへと強化されていった。昭和十八年六月に学徒の勤労奉仕が法制化され、翌年七月になると福岡中学が神奈川県の大船、盛岡中学が平塚、一関中学が鶴見など、各校の五年生が他県の工場に配属となり、他の学年も動員がくり返された。また多数の朝鮮人や中

釜石の艦砲射撃被害　昭和20年，釜石では遠野へ学童疎開を行なった。

国人の労働者も募集され、やがて強制連行に変わっていった。松尾鉱山や釜石鉱山・製鉄所には、そのような労働者も多数働かされていた。

人的資源のほか金属製家庭用品までも「くろがね動員」として回収され、食糧や生活必需品は配給となり、県民の耐乏生活も極限に近づいた昭和二十年三月十日、盛岡駅前に初の空襲があった。そして七月十四日、製鉄所があったため釜石が本土で初の艦砲射撃をうけた。この日は真昼の十二時十分から十四時十九分まで、アメリカの戦艦九隻から二五六六発の砲弾が打ちこまれた。同日と翌日、釜石周辺の鵜住居村(釜石市)・大槌《おおつち》町・山田町にも機銃掃射があった。そして原爆が長崎に投下された八月九日、釜石は再度アメリカ、イギリス合同による艦砲射撃をうけた。市街地は一部を残して焼野原となり、製鉄所も高炉全基が破壊され、製銑・製鋼施設の九〇%を失う壊滅的状態になった。市民の被害は全焼二九三〇戸、全壊一八〇戸、半焼半壊三二六戸、死者は六九一人に達したという。さらに翌十日、盛岡・花巻・北上・水沢・一関・宮古が、駅を中心に空襲をうけた。その五日後日本は全面降伏をした。

ラーティ大佐率いる米軍五一一落下傘部隊二〇八〇人が盛岡・一関・水沢・花巻・一戸・釜石・宮古に進駐したのは、昭和二十年九月十六日からだった。兵舎には盛岡工業専門学校(現岩手大学工学部)校舎があてられた。岩手軍政部は岩手公園下の教育会館におかれ、「民主化」政策の推進と監視にあたった。

戦後の混乱期には、二合一勺に減らされていた食糧の配給すら満足に確保されず、常設の闇市が登場した。盛岡では現在の七十七銀行向かいと桜山《さくらやま》神社境内に設けられ、とくに桜山神社では「厚生市場」として賑わいをみせていた。また旧兵舎は無縁故者の引揚げ住宅に早変わりし、付近は「至る所青山あり」から「青山《あおやま》」と命名されることになる。農山村には数多くの入植希望者が殺到した。その大半は復員軍人・戦災者・外地引揚げ者で、その数は九〇〇〇〇人（全国一）にも達した。

混乱はあっても各種統制からの解放感は大きく、人々は明日への再建にむかっていった。労働組合や政党の結成が進み、昭和二十一年四月には、婦人参政権を認めた初の衆議院総選挙が行なわれた。全国的に女性立候補者が多く、岩手でも菅原エンが最高点で当選した。農民たちも二十一年二月、日本農民組合岩手支部連合会を結成した。その綱領で農地制度改革・新農業組織確立などを唱え、耕作権の確立を主張していた。占領軍や国・県の方針と小作・貧農層の熱い期待にささえられ、地主勢力の抵抗を排除して農地改革は徹底的に行なわれ、極度の貧困からの解放の手がかりをえた。

昭和二十二年四月、初の民選知事に当選したのが、全国でもまれな「農民知事」国分謙吉《こくぶんけんきち》であった。彼が農政の分野で手がけたものに、乳牛ジャージー種の導入、ブドウの導入、六原農場の改革、県造林の拡大などがあるが、農地改革後もっとも力を注いだのが北上川の地域総合開発であった。昭和二十二年と二十三年岩手県を襲ったキャサリン、アイオン両台風は一関地方を中心に未曽有の災害をもたらした。しかし普段の北上川本流からは農業用水の取水もままならず、水不足に悩み稲作は不安定であった。

北上川の治水と農業用水整備のため、国土総合開発法にもとづく特定地域に昭和二十六年に指定された。閣議決定の全国事業費六六四億円のうち、岩手に三五三億円が投じられた。二十九年、五大ダムの最初として石淵《いしぶち》・田瀬《たせ》の両ダムが完成した。この開発により、多目的の五大ダム（石淵・田瀬・湯田《ゆだ》・四十四田《しじゅうしだ》・御所）と農業専用の山王海《さんのうかい》・豊沢《とよさわ》、農業と発電の岩洞《がんどう》の八大ダムが五十六年までに完成した。これにより農業用水の不足は解消され、開田が進んだ。二十五年約六万町歩であった水田面積は、四十五年には一〇万町歩に拡大し、平均反収は二十二〜二十六年の三〇二キロから、四十二〜四十六年には四七四キロに増収となった。

高度経済成長の光と影、そして二十一世紀への展望

日本製鉄本社は、艦砲射撃で徹底的に破壊された釜石製鉄所の閉鎖を考えていた。しかし冷戦体制によるアメリカの対日管理方針の変化もあって、昭和二十三（一九四八）年第一〇高炉の復旧・火入式が行なわれた。その後朝鮮戦争「特需《とくじゅ》」により、戦後の成長の基盤ができた。松尾鉱山は、石炭・鉄鋼・肥料を最重点とする「傾斜生産方式」政策により、硫安生産の原料鉱山として再開する。小野田セメント大船渡工場も復興特需などにより、本格的操業を再開した。釜石製鉄所は昭和三十五年には八〇〇〇人の従業員と、それ以上の協力会社社員が働く大工場になっていた。この年は「岩戸《いわと》景気」の最中であり、日本経済は驚異的な成長をとげていた。そして高度経済成長は、日本の産業構造を重化学工業中心に変え、岩手の姿をも大きく変えていった。

　高度経済成長期にはいると、鉄鋼業は海外からの原料がえやすくしかも消費地に近い、臨海大型製鉄所の時代となった。消費地に遠く工場敷地の狭い釜石製鉄所は決定的に不利となった。昭和三十七年に早くも名古屋へ大規模な人員移動（七年間で一七〇〇人）がはじまった。その後数次にわたる合理化ののち、平成元（一九八九）年三月二十五日、市民・県民の願いもむなしく、高炉の最後の火が消えた。かつて九万人を数えた釜石市の人口も、平成十年には五万人を割っている。新日本製鉄は敗れ去ったのではなく、そこに働く従業員と地域の犠牲で生き延びたのであった。これに対し松尾鉱山の場合は、会社自体が消滅してしまった。石油化学工業の技術革新は、鉱山の商品である硫黄・硫化鉱の販路を奪い取ったのである。広大な廃墟・廃鉱と鉱毒水問題が県民に残された。川崎製鉄久慈工場も昭和四十四年に閉鎖、その他数多

くの鉱山が閉山した。

高度経済成長期はまた、集団就職の時代でもあった。春まだ浅い三月、県内の各駅は不安と希望に満ちた少年少女と、その行く末を案ずる母親たちであふれ、昭和三十四年には一万四〇〇〇人をこえた。しかし四十年代には一万人を割り込むようになり、昭和五十年には二〇〇〇人に減少した。この年の三月、最後の集団就職列車が走った。それは中卒就職率の低下（高校進学率の上昇）でもあったが、子供そのものの減少でもあり、とくに山間部の村々から子供の姿が消えていった。

昭和四十五年の岩手国体を機に道路は大幅に改善され、内陸と沿岸地方の交通時間が短縮された。東北自動車道は昭和五十二年に一関・盛岡間、五十八年には県内全線が開通した。平成元年には安代《あしろ》（八幡平市）から分岐する八戸自動車道が全通し、さらに北上から秋田への横断自動車道も平成九年には開通した。東北新幹線は、昭和五十七年に盛岡・大宮間が営業をはじめ、六十年には上野、平成三年には東京駅まで直通となり、盛岡以北の工事も進み、平成十四年十二月には八

四十四田ダム(北上川総合開発)

戸まで開通した。一方航空は、昭和三十九年に花巻空港が開港、五十八年には拡張されジェット機が就航した。新幹線開通後東京便は打ち切られたが、現在札幌・名古屋・大阪・福岡と結ばれている。

高速交通網の整備は、国内において東京と他の地域の経済的格差を拡大したように、東京に時間的に近い地域と遠い地域の格差の拡大でもあった。盛岡以南の北上川流域と県北・沿岸地域との格差は広がり、県北・沿岸地域は人口流出にさらされている。北上川流域へは誘致企業や流通関連企業が進出し、その影響で家族経営による商店が廃業に追い込まれたり、花巻温泉が国際興業の傘下にはいるような事態もおきている。中央資本の進出は、県民所得の引き上げにはそれなりの力を発揮している。しかし利潤は中央資本に吸い上げられ、周辺農村では兼業化が進んだ。

高度経済成長期の昭和三十〜四十年代には、農村はその封建制が批判の対象となり、それが解体することによりはじめて個の自立があり、民主化・近代化が達成されるという議論がなされた時期があった。農村内部でも改善運動が行なわれる一方で、種々の理由から農村および農業（林・漁業）が一段と低くみられるきらいがあった。しかし都市生活の索漠さ、巨大な組織の管理下の仕事や生活、現代文明そのものへの疑問のなかから、人間らしい生活とはなにか、が問われるようになった。そして、過去の村には確実にあった人々の連帯を見つめ直し、共同体見直しが論じられるようになった。だが、現実の多くの村は日本

森は海の恋人

海抜八九五メートルの室根山《むろね》には、八合目に紀州の熊野権現を勧請《かんじょう》した室根神社の本宮・新宮が並び立っている。ここは東磐井・気仙・本吉（宮城県）三郡の総鎮守で、閏《うるう》年の翌年に大祭が開

❖コラム

かれる。荒祭りとして名高いこの祭りの役割の担い手が、室根山を中心とする二市・三町・二村に住む人々に代々世襲で受け継がれている。そのなかで唯一海の民がはたす神役が「御塩献納役」である。これは唐桑《からくわ》町舞根《もうね》地区の二人が、沖合いにでて海水を竹筒にくみ神社にささげ、その塩で清めることで祭りが始まるのである。

海と森とのつながりを思わせる神事をになう舞根地区は、気仙沼湾に面する牡蠣《かき》の養殖地である。室根村に源《みなもと》を発する大川が運ぶ森の養分が、気仙沼湾の漁場としての価値を高めており、大川河口は最高品質をほこる浅草海苔《のり》の種苗場でもあった。「あった」と過去形で記すには訳がある。昭和三十八（一九六三）年頃を境に病気が発生し、海苔の養殖は湾内から消え、唐桑でも壊滅した。湾の水産資源を育ててきた大川の上流では、昭和三十年代から雑木林を伐採し針葉樹を植える拡大造林がはじまっており、大雨のたびに泥水が湾内に流れこむようになっていた。そして四十年代にはいるとダム建設の話がもちあがった。

海はただでさまざまな恵みをもたらしてくれると考えていた漁民たちも、川とその上流の森が健全でないと豊かな海は存在しないのではないかと、考えるようになっていった。舞根の人々は牡蠣養殖の同業者に声をかけ、ダム問題に取り組んでいる人々に語りかけ、大川源流室根村の人々とも出会い、大川沿いの人々との交流をはじめていった。そして平成元（一九八九）年から、室根山での広葉樹の植林運動がはじまった。環境問題を森・川・海とつらなる一連の生態系のなかで考えていこうとする運動は、植林運動として続けられ、最近では同じ室根村の矢越《やごし》山で植林が行なわれている。

の農業政策に希望を見出せず、兼業や出稼ぎで生計をたてている。過疎化による村の荒廃も進んでいる。この間各地の村では、経済発展の流れに乗り遅れまいとして、山林原野の中央資本による観光開発などが計画されてきた。しかし、バブル期の動きに対する反省もあり、さらに本当に豊かな生活とはなにかということを真剣に考えるようになってきた今、水と緑があり、温かな人と人のつながり、息づかいや手ざわりの感じられる村の生活が、かえりみられる日も近いと思われる。

この岩手でも、広大で豊かなはずの山林の伐採が進んでおり、手つかずの原生自然域は一一・五％しかない。それでもまだまだ豊かな自然、豊かな田園に恵まれている。そして今、大規模な開発は自然を破壊し、地域の農業・漁業や住民の生活に悪影響をおよぼすとして、反対運動がおき、自然回復を目ざす動きもみられる。種市町《たねいち》では、二つの河川の水源地でのゴルフ場建設に対し、水源地山林の破壊は沿岸採取漁業への悪影響が心配されるとして、漁業協同組合は開発会社に対する建設差し止め訴訟を行なっている。この自然を残し、自然と共存する生活を追求し、そのよさと魅力を子孫に伝えていく、それこそが二十一世紀への最大の贈り物となるであろう。

あとがき

山川出版社の県史シリーズの一つとして、故森嘉兵衛氏が執筆された『岩手県の歴史』は、県内ではかくれたベスト・セラーとなっているが、一九七二（昭和四七）年に刊行されてからすでに三〇年近い歳月が流れている。その間には、『盛岡藩雑書』などの史料集の刊行をはじめ、県内の各自治体史の編纂も精力的に進められ、現在ではほとんどの市町村史が完了の域に達している。このような時点で、最新の成果をふまえた新版の『岩手県の歴史』を世に問うことになり、原始・古代（一～三章）は伊藤博幸、中世（四～六章）は菅野文夫、近・現代（一〇・一一章）は鈴木宏の三氏と、近世（七～九章）と「風土と人間」「参考文献」「年表」などは細井計が分担することになった。「祭礼・行事」については盛岡大学教授門屋光昭氏にご協力をいただいた。執筆にあたっては、十分な打ち合わせをくり返したうえで着手するはずであったが、各人が公務多端のために、それも思うようにいかなかった。

県内の歴史研究の動向をみると、盛んな遺跡の発掘をとおして、原始・古代・中世の各分野の研究が飛躍的に進展している。そのような研究状況を反映して、本書の第一の特色は豊かな研究成果を吸収し、斬新な切り口で執筆されている点であり、読者諸賢の要望を必ずや満たしてくれるものと、ひそかに自負している。また、近・現代については、すでに別シリーズの『岩手県の百年』（山川出版社）が刊行されているので、本書では簡単に扱うことにした。そのほかの部分でも、紙数の制約によって叙述を制限せざるをえなかったので、舌足らずのところもあろう。いずれにしても、連絡・討議が不十分であったため、分担者によって微妙な差異が生じ、時代によっては若干の不統一がみられるようである。そこで改めて全体を統一しようかとも考えたが、刊行の期日に追われてその時間的余裕とてもなく、不本意ながらそのままとせざるをえなかった。しかし考えようによっては、執筆者の個性がにじみでていて、かえってよかったのかもしれない。

本書は一般向けの概説書という性格からして、本文中に参考文献をいちいち注記しなかった非礼をおわびするとともに、巻末に限定して掲げた参考文献のほかに、まことに多くの先行研究や史・資料を活用させていただいた。ここに改めて心から感謝を申し上げたい。また、内容的には不備不満の箇所も多いと思うが、それはいつに細井の責任である。読者諸賢のご海容を願うや切なるものがあるとともに、斧正を乞うて、いつの日にか補訂する機会にめぐりあいたいものと思う。

最後に、刊行予定を大幅に遅らせてしまい、編集部の方々に大変なご迷惑をかけてしまった。どうかお許しを願いたい。

一九九九年五月

細　井　計

岩手県全図

都道府県界	
市郡界	
町村界	
ＪＲ線	
高速道路	
有料道路	
国道	
県庁	

細井　計　ほそいかずゆ

1936年，群馬県に生まれる
1967年，東北大学大学院文学研究科博士課程修了
現在　東北福祉大学特任教授・岩手大学名誉教授・文学博士
主要著書　『近世の漁村と海産物流通』（河出書房新社，1994年），『近世東北農村史の研究』（東洋書院，2002年），『南部と奥州道中』（編著，吉川弘文館，2002年），『盛岡藩雑書』4～15巻（責任校閲，熊谷印刷出版部，1990～2001年），『盛岡藩家老席日記雑書』16巻～（責任校閲，東洋書院，2004年～）

伊藤　博幸　いとうひろゆき

1948年，岩手県に生まれる
国士館大学文学部（史学地理学科）で考古学を学ぶ
現在　岩手大学平泉文化研究センター特任教授
主要著書　『アテルイとエミシ』（共著，岩手出版，1989年），『図説岩手県の歴史』（共著，河出書房新社，1995年）

菅野　文夫　かんのふみお

1955年，東京都に生まれる
1986年，東北大学大学院文学研究科博士課程後期単位取得退学
現在　岩手大学教育学部教授
主要論文　「中世的文書主義試論」（『岩手大学教育学部研究年報』50巻1号，1990年），「気仙郡金氏小論」（『岩手大学教育学部研究年報』54巻3号，1995年）

鈴木　宏　すずきひろし

1946年，秋田県に生まれる
1968年，東北大学教育学部卒業
元岩手県立広田水産高等学校教頭
主要著書　『図説岩手県の歴史』（共著，河出書房新社，1995年），『東北の街道』（共著，無明舎，1998年）

岩手県《いわてけん》の歴史《れきし》　　県史　3

1999年8月26日　第1版第1刷発行　　2016年2月20日　第2版第3刷発行

著　者　細井計《ほそいかずゆ》・伊藤博幸《いとうひろゆき》・菅野文夫《かんのふみお》・鈴木宏《すずきひろし》
発行者　野澤伸平
発行所　株式会社　山川出版社　〒101-0047　東京都千代田区内神田1-13-13
電話　03(3293)8131(営業)　03(3293)8135(編集)
http://www.yamakawa.co.jp/　振替　00120-9-43993
印刷所　図書印刷株式会社　製本所　株式会社ブロケード
装　幀　菊地信義

ISBN 978-4-634-32031-4

付　　録

■ 索　引

● あ　行

● か　行

● さ　行

● た　行

● な　行

● は　行

■ 年　表

年　代	時　代	事　項
～3万年前	旧石器時代中期	斜軸尖頭器・削器・石斧。柳沢館遺跡。金取遺跡。
～1.2万年前	後期	新人／住居の出現／ナイフ形石器・石刃・槍先形尖頭器。細石刃。大台野遺跡。金森遺跡。和賀仙人遺跡。
～1万年前	縄文時代草創期	有舌尖頭器，弓矢と土器の発明，爪形文土器(大新町遺跡)。
～6000年前	早期	押型文土器・沈線文土器・貝殻文土器(庄ケ畑遺跡)。
～5000年前	前期	縄文海進ピーク，岩手県北部を境に円筒式土器圏と大木式土器圏にわかれる。大型住居の出現。
～4000年前	中期	拠点的集落に掘立柱建物と大型住居の組合せ出現，環状集落の出現，中頃を境に大木式土器圏となる。
～3000年前	後期	拠点的集落の大型住居が消失していく。環状列石など大規模な祭祀遺構が発展する。
～2300年前	晩期	亀ケ岡文化圏が成立，遮光器土偶・呪術的石製品が作られる。
～2100年前	弥生時代前期	遠賀川系土器の成立(大日向II遺跡・君成田IV遺跡)。
～1世紀	中期	石包丁(清水下遺跡)，弥生水田(常盤広町遺跡)。
～3世紀	後期	天王山式系土器の展開。
4世紀	古墳時代前期	北上川流域に古墳文化成立，北海道系土器の混在。
5世紀	中期	集落展開，国内最北端の前方後円墳角塚古墳が造営される。
6世紀	後期	北海道系土器の後退。
7世紀	終末期	集落の拡大，群集墳が造営される。

西暦	年　号	事　項
645	大化　元	***8***- 東国に国司を派遣。
653	白雉　4	この頃までに道奥国をおき，評を設ける。
659	斉明　5	『日本書紀』3月条に道奥国の国名初出。
708	和銅　元	***3***- 上毛野小足，陸奥守となる(陸奥守の初見)。この年の「陸奥国戸口損益帳」が正倉院に現存する。
709	2	***3***～***8***- 陸奥鎮東将軍巨勢麻呂，蝦夷を征討する。
715	霊亀　元	***5***-*30* 坂東6カ国の富民1000戸を陸奥に移民。***10***-*29* 蝦夷須賀君古麻比留らの願いにより閇村(閉伊郡)に郡家を建てる。
720	養老　4	***9***-*28* 蝦夷が反乱をおこし，按察使(あぜち)上毛野広人を殺害。
724	神亀　元	***3***-*25* 海道の蝦夷が反乱し，陸奥大掾佐伯児屋麻呂を殺害。この年，多賀城が創建され，国府と鎮守府がおかれる。
752	天平勝宝4	***2***-*18* 陸奥国多賀郡以北の諸郡に，調・庸として金を納入させる。
759	天平宝字3	この頃，桃生城・小勝城完成。
767	神護景雲元	***10***-*15* 伊治(これはり)城が築かれる。***12***-*8* 道嶋嶋足を陸奥国大国造に任命する。

770	宝亀	元	8-10 蝦夷の宇漢迷公宇屈波宇(うかんめのきみうくつはう)ら，城柵造営協力をやめて本貫地(出身地)に引き揚げる。
776		7	11- 陸奥の軍3000人をもって胆沢の賊を討つ(胆沢の初見)。
780		11	2-2 覚鱉(かくべつ)城を造り，蝦夷の南下に備える。3-22 伊治公呰麻呂(あざまろ)反乱し，按察使紀広純を殺害し，多賀城を焼く(伊治公呰麻呂の乱)。
786	延暦	5	8-8 第1次胆沢遠征の準備開始(～789)。
788		7	紀古佐美(きのこさみ)を征東大使に任命する。
789		8	3- 征東大使紀古佐美，兵5万2800余人を率いて胆沢へ進発。6-3 胆沢の巣伏村で大墓公阿弖流為(たものきみあてるい)らの蝦夷に大敗。
790		9	閏 3-4 第2次胆沢遠征の準備開始(～795)。
791		10	7- 大伴弟麻呂を征東大使に，坂上田村麻呂らを同副使に任命。
794		13	6-10 遠征軍10万と蝦夷交戦，遠征軍457人の首を上げて勝利。
797		16	11-5 坂上田村麻呂を征夷大将軍に任じ，第3次胆沢遠征の準備開始(～801)。
801		20	2- 坂上田村麻呂，兵4万人を率いて胆沢遠征に出発。9- 胆沢の蝦夷を征圧し，閉伊地方まで攻撃する。10- 田村麻呂凱旋する。
802		21	1- 胆沢城の造営開始。4-15 胆沢の蝦夷の首長，阿弖流為・盤具公母礼(いわぐのきみもれ)らが降伏。8-13 阿弖流為・母礼らを河内国椙山(杜山)で処刑。
803		22	志波城の造営始まる。
804		23	1-19 第4次遠征の準備開始。5- 志波城と胆沢城の間に1駅をおく。
805		24	藤原緒嗣の建議により，胆沢遠征と平安京造営工事を中止する。この頃までに磐井・胆沢・江刺の各郡が建置される。
808	大同	3	5- 藤原緒嗣を陸奥出羽按察使に任命する。この年，胆沢城鎮守府成立。
811	弘仁	2	1-11 和我・薭縫(ひえぬい)・斯波3郡をおく。10- 陸奥出羽按察使文室綿麻呂(ふんやのわたまろ)が爾薩体(にさったい)・幣伊(へい)2村の蝦夷を征討(三十八年戦争の終結)。閏 12-24 志波城が水害にあうので便利な地に移りたいと奏上し，許可される。
812		3	この年，志波城をやめて徳丹城の造営開始。
814		5	この年までに徳丹城が完成する。
815		6	3- 按察使，管内より馬の移出を禁止。8-23 陸奥国の軍制改革，鎮兵をやめ，兵士・健士1500人を分配して多賀城・胆沢城・玉造塞を守らせる。
839	承和	6	4- 災星出現，地震頻発のため，陸奥国の百姓で逃亡する者多く，多賀城・胆沢城間を警戒する。
857	天安	元	6- 陸奥国極楽寺を準官寺の定額寺とし，灯分・修理料として稲1000束，墾田10町を充てる。
862	貞観	4	12- 黒石寺の薬師如来坐像完成(胎内墨書銘)。
878	元慶	2	3-15 俘囚が秋田城を焼く。元慶の乱おこる。反乱鎮圧のため鎮守府将軍小野春風，流霞道を通って出羽にむかう。
1047	永承	2	2- 黒石寺の僧形坐像(寺伝では円仁像)完成。
1051		6	この年，安倍頼良，鬼切部で陸奥守藤原登任と戦い勝利する。源頼義，頼良追討のため陸奥守に任じられる(前九年合戦始まる)。大赦により頼良は頼義に服し，頼時と改名。

1056	天喜	4	***7***- 前九年合戦が本格化。藤原経清，安倍氏に加わる。
1057		5	***7***- 安倍頼時戦死。***11***- 源頼義，黄海で安倍貞任らと戦い大敗。
1062	康平	5	この年，出羽仙北の清原武則，頼義に協力する。***9***- 厨川柵が陥落して安倍氏滅亡(前九年合戦終わる)。
1063		6	***2***- 清原武則，安倍氏追討の功により鎮守府将軍に任じられる。この頃，鎮守府が再編強化される。
1070	延久	2	陸奥守源頼俊，清原真衡の軍勢を率いて衣曽別島・閉伊7村に遠征。
1083	永保	3	***9***- 陸奥守源義家赴任。清原家衡・清原(藤原)清衡ら，同族の真衡と争う。義家は真衡を援け家衡・清衡を討つ(後三年合戦始まる)。
1085	応徳	2	この年，清原家衡・武衡と清衡争う。源義家，清衡を援ける。
1087	寛治	元	***12***-*14* 源義家，出羽国金沢柵に家衡・武衡を討つ(後三年合戦終わる)。
1091		5	***11***- 藤原清衡，関白藤原師実に駿馬2頭を贈る。
1098	承徳	2	***12***- 成島毘沙門堂の十一面観音像完成。
1105	長治	2	***2***- 藤原清衡，中尊寺一山の造営に着手する。この年以前，藤原清衡，江刺郡豊田館より平泉に本拠を移す。
1107	嘉承	2	この年，藤原清衡，平泉に大長寿院(二階大堂)を建立する。
1117	永久	5	この頃，紺紙金銀字交書一切経の書写始まる。毛越寺の大泉池完成。
1120	保安	元	***6***- 藤原清衡，摂関家領越後国小泉荘の年貢対捍の嫌疑をうけたが，免罪と判明。
1124	天治	元	*8*-*21* 中尊寺金色堂落成。
1126	大治	元	***3***-*24* 中尊寺大伽藍一区画の落慶供養を行なう。
1128		3	***7***- 藤原清衡死去(73歳)。
1138	保延	4	***5***- 藤原基衡，亡父清衡のために法華経1000部の書写を始める。
1153	仁平	3	***9***- 摂関家領陸奥国本良・高鞍荘など5カ荘の年貢増徴問題について，左大臣藤原頼長と藤原基衡とが交渉。
1157	保元	2	***3***- この頃，藤原基衡死去。
1170	嘉応	2	***5***- 藤原秀衡，鎮守府将軍に任命される。
1175	安元	元	この年，源義経，平泉に来て藤原秀衡の保護をうける。
1181	養和	元	***8***- 藤原秀衡，陸奥守に任命される。
1186	文治	2	***4***- これ以前，源頼朝，藤原秀衡に書状を送り，朝廷への貢馬・貢金は頼朝が伝進すると告げる。***8***- 西行法師，秀衡を訪ねる。
1187		3	***2***- 源義経，奥州へ下る。***10***-*29* 藤原秀衡死去(67歳)。
1189		5	閏***4***- 源頼朝，藤原泰衡に義経の誅伐を命じる。閏***4***-*30* 源義経，泰衡に襲われ，衣川館で死去。***7***-*19* 源頼朝，奥州藤原氏追討のため鎌倉を発向(奥州合戦始まる)。***8***-*10* 伊達郡阿津賀志山合戦で藤原氏方敗北，藤原国衡戦死。***8***-*22* 源頼朝，平泉を占領。***9***-*3* 泰衡，河田次郎に討たれる。***9***-*4* 頼朝の軍勢，志和郡陣岡蜂杜で北陸道の部隊と合流。軍士28万4000騎。***9***-*11* 頼朝，岩手郡厨川におもむく。***9***-*21* 頼朝，胆沢郡鎮守府八幡に奉幣。***9***-*22* 葛西清重を陸奥国御家人の奉行(奥州総奉行)に任命する。
1190	建久	元	***3***-*10* 大河兼任の乱鎮圧。***3***-*15* 伊沢家景，陸奥国留守職に任命される。
1195		6	***9***- 源頼朝，葛西清重・伊沢家景に平泉の堂塔復旧を命じる。
1223	貞応	2	***5***-*19* この年，承久の乱の流人河野通信死去(その墓が聖塚)。

1226	喜禄　2	***11***- 平泉の円隆寺焼失。
1231	寛喜　3	この年，親鸞の高弟是信坊，和賀郡で浄土真宗の布教を始める。
1256	康元　元	この年，川崎村門崎の最明寺境内に板碑(建長の碑)が建立される。岩手県紀年銘古碑の最古のもの。
1280	弘安　3	この年，一遍，祖父河野通信の墓(聖塚)に詣でる。
1288	正応　元	***7***- 葛西氏と中尊寺の間に山野の相論がおき，中尊寺，鎌倉に訴え出る。
1333	元弘　3	***5***- 南部政長，軍勢催促をうけ奥州より関東へ出動。***8***-*5* 北畠顕家，陸奥守となる。***10***- 顕家と父親房，義良親王を奉じて奥州に下向。***12***- 北条茂時の所領九戸の地を結城親朝に領知せしめる。
1334	建武　元	この年，陸奥国府の体制が整い，南部師行が糠部郡奉行として活躍。***3***- 北畠顕家，南部師行に閉伊郡大沢村の牧の狼藉などの処理を命じる。
1335	2	***8***- 足利尊氏，斯波家長を奥州総大将に任命。***12***- 顕家，尊氏追討のため奥州勢を率いて西上，尊氏を西海に追う。
1336	3 (延元元)	***10***- この頃，北畠顕家，中尊寺供養願文を写す。
1338	暦応　元 (　3)	***5***-*22* 北畠顕家・南部師行ら，和泉国石津で足利軍に大敗し討死。
1339	2 (　4)	***5***- 奥州総大将石塔義房(北朝)，閉伊氏らに軍勢催促状をだす。
1343	康永　2 (興国4)	この年，陸奥国司北畠顕信，滴石(雫石)に逃れる。
1347	貞和　3 (正平2)	***8***- 北朝方，霊山を陥落。和賀氏一族，北朝方で参戦。
1350	観応　元 (　5)	***5***- 正法寺，曹洞宗第三の本寺の格式をえる。
1351	2 (　6)	***2***- 奥州管領の吉良貞家・畠山国氏が争い，国氏敗北。和賀氏一族，貞家に従って参戦。
1352	文和　元 (　7)	***3***- 北畠顕信，南部信濃守らの軍勢を率いて国府を占領するが，吉良氏によって奪回される。和賀氏，吉良氏に従って参戦。
1361	康安　元 (　16)	***11***- 南部氏一族，後村上天皇の綸旨を賜る。
1363	貞治　2 (　18)	この年，天台寺の鰐口成る。
1376	永和　2 (天授2)	永和2年の経塚供養碑建立。岩手県紀年銘一石一字碑の最古のもの。
1382	永徳　2 (弘和2)	***7***- 鬼柳五郎に対する黒沢尻氏の干渉排除のため，一揆契状をつくる。
1384	至徳　元 (元中元)	***2***- 中尊寺金色堂の屋根修復成る。
1398	応永　5	***2***- 一戸町宮田所在の宝篋印塔建立。岩手県紀年銘宝篋印塔の最古のもの。
1399	6	この年，鎌倉公方足利満兼，弟の満直・満貞を篠川・稲川公方として下向させる。この頃，和賀下総入道，和賀氏惣領分を安堵される。
1416	23	***10***- 上杉禅秀の乱。葛西・八戸南部氏ら，篠川公方足利満直のもとで

			従軍。
1418	応永	25	*8-10* 南部氏上洛し，足利義満に馬100疋・金1000両を献上。
1432	永享	4	***10-*** 南部氏，津軽の下国安藤氏と合戦し，これを蝦夷島に追う。
1435		7	この年，和賀氏一族の内紛あり。翌年，斯波御所，南部長安らを率いて須々孫・稗貫氏を討つ。
1469	文明	元	この年，大崎・葛西氏領内で大規模な争乱がおこる。
1512	永正	9	***9-*** 正法寺蔵の正法眼蔵写本完成。最古の写本という。
1539	天文	8	*7-15* 三戸南部彦三郎，将軍義晴より一字を賜わり，晴政と名乗る。この年，本三戸城(聖寿寺館)火災。
1540		9	この年，南部氏，雫石戸沢氏を攻めて岩手郡より出羽仙北郡角館に走らせる。
1545		14	斯波経詮，岩手郡南部に進出。のちに猪去・滴石に一族を配置。
1573	天正	元	***3-*** 葛西と大崎交戦，中尊寺・毛越寺など兵火にかかる。
1582		10	*1-4* 南部晴政・晴継父子，あいついで死去。田子城主南部信直，三戸南部家を嗣ぐ。
1586		14	***9-*** 南部信直，斯波氏を攻撃して岩手郡を手に入れる。
1587		15	*6-29* 南部信直，前田利家と血判起請文を交換する。
1588		16	***7-*** 南部信直，志和郡に侵入し高水寺城を落とす。斯波氏滅亡。この頃，南部氏の勢力津軽から駆逐され，津軽一円は大浦為信が掌握する。
1590		18	***3-*** 南部信直，八戸政栄に留守を託して小田原参陣，豊臣秀吉に謁見。*7-27* 信直，宇都宮で秀吉から南部内7郡(糠部・鹿角・閉伊・岩手・志和・稗貫・和賀)を安堵される。***7-*** 奥羽仕置により葛西・大崎領没収。同領に木村吉清父子が入部。***10-*** 葛西・大崎一揆，和賀・稗貫一揆がおこる。***11-7*** 南部勢，鳥谷ケ崎の浅野重吉を一揆から救出。木村氏，葛西・大崎一揆を鎮圧できず，伊達政宗・蒲生氏郷が出動する。
1591		19	伊達政宗，旧葛西・大崎領に移される。***3-*** 九戸政実，南部信直に背く。***7-*** 九戸政実の乱鎮圧のため奥州再仕置軍下向。***9-4*** 九戸城落城，九戸政実滅ぶ。***9-6*** 百姓還住令をだす。***9-15*** 南部信直，蒲生氏郷と血判起請文を交換する。***10-*** 豊臣秀次ら上方軍帰路につく。
1592	文禄	元	***3-*** 豊臣秀吉，文禄の役で肥前名護屋への参陣を発令，伊達政宗・南部信直派兵。この年，盛岡城築城のため整地に着手。
1598	慶長	3	***3-*** 盛岡城の築城始まる。この年，鹿妻堰の開削始まる。
1599		4	***10-5*** 南部信直，福岡城で死去(54歳)。***12-*** 利直，盛岡藩2代藩主となる。
1600		5	***7-*** 徳川家康の命により南部利直，兵4300余人を率いて最上に出陣。***9-20*** 和賀忠親，利直の留守中に和賀郡で一揆をおこし，鳥谷ケ崎城などを攻撃する(岩崎一揆)。
1601		6	*4-26* 南部利直，岩崎城を攻略し，岩崎一揆を平定。
1602		7	この年，鹿角郡白根金山，稗貫郡大迫の僧ケ沢金山発見されるという。
1604		9	この年，幕命により奥州道中に一里塚を築く。
1605		10	この年，仙台領東山地方に煙草栽培が始まるという。
1606		11	この年，キリシタン後藤寿庵，福原(水沢市)に居館を営む。
1609		14	***10-*** 盛岡城下中津川に上の橋を架橋し，青銅の擬宝珠18個をつける。
1611		16	***8-*** 盛岡城下中津川に中の橋を架橋し，擬宝珠18個をつける。この頃ま

			でに，盛岡城下はほぼ完成する。***10***-*28* 三陸地方大地震，大津波発生。イスパニア大使セバスチャン＝ビスカイノ気仙地方の海湾を探査。
1613	慶長	18	この年，大槌城の大槌孫八郎失脚し，浜田彦兵衛代官となる。
1619	元和	5	***4***- 伊達政宗，領内奥筋を巡視する。
1623		9	***12***- 仙台藩のキリシタン取締り強化により，後藤寿庵逃亡する。この年，川村孫兵衛，北上川の改修工事に着手する。
1626	寛永	3	この年，花巻城に城代をおく。
1627		4	***2***- 八戸の南部直栄，遠野横田城に移される。
1629		6	***6***- 留守氏，水沢城に移る。
1630		7	この年，公儀御馬買衆が初めて盛岡に来る。
1632		9	***8***-*18* 南部利直，江戸で死去。***10***- 重直，盛岡藩3代藩主となる。この年，大槌城代を廃止し，代官の管轄とする。
1633		10	***3***-*16* 福岡藩の栗山大膳，黒田騒動で盛岡藩にお預け(1652年盛岡で死去)。この年，南部重直，盛岡城を居城と定める。
1634		11	***8***-*4* 南部重直，領内10郡10万石の領知判物を拝領(1629年からこのときまでに糠部郡は北・三戸・九戸・二戸の4郡となる)。この年夏，落雷により盛岡城本丸全焼。
1635		12	***3***- 対馬藩の無方規伯(方長老)，朝鮮国交文書改竄の罪により盛岡藩にお預け(1658年赦免)。***9***- 盛岡藩，キリシタン取締りを強化。
1636		13	***4***- 南部重直，参勤遅延などにより幕府の譴責をうける。***5***-*24* 伊達政宗死去。***5***-*26* 忠宗，仙台藩2代藩主となる。
1640		17	***7***- 仙台藩，領内総検地を始める(1643年まで)。
1642		19	***6***- 盛岡・仙台両藩の境塚を築く。
1643		20	***6***- 閉伊郡山田浦にオランダ船漂着。この年，盛岡藩，舫金制度実施。
1645	正保	2	この年，仙台藩，高人数改帳を作成する。東山保呂羽村(藤沢町)の改帳が最古。この年冬，盛岡藩，仙台領石巻に江戸廻米用の米蔵を建てる。
1646		3	***7***- 北上川大洪水，盛岡城下中津川の三橋落ちる。
1650	慶安	3	***5***- 盛岡藩，牛乳を薬用とする。***10***- 江戸の舟大工，八戸で舟を建造。
1653	承応	2	閏***6***- 盛岡藩，宗門改め実施。人口29万2028人。仙台藩主伊達忠宗，領内北部を巡視。
1656	明暦	2	***7***- 盛岡藩と仙台藩，人返しについて打合せをする。***7***-*18* 北上川夕顔瀬橋架橋。
1657		3	***3***- 郡山(日詰)より仙北町までの奥州道中を改修する。
1658	万治	元	***7***-*12* 伊達忠宗死去。***9***-*3* 綱宗，仙台藩3代藩主となる。
1659		2	盛岡藩，京都の釜師小泉仁左衛門を召抱える。
1660		3	***8***-*25* 伊達綱宗，行跡不宜として隠居，亀千代(4代藩主綱村)2歳で家督相続，伊達宗勝と田村宗良が後見人となる。宗勝，3万石を分知されて一関藩を興す。
1664	寛文	4	***9***-*12* 南部重直，嗣子を定めず死去。***12***-*6* 幕府，重直の弟重信に盛岡8万石(4代藩主)，同直房に八戸2万石を分割相続させ，八戸藩創設。
1666		6	この年，盛岡藩，総検地に着手(1683年まで)。
1668		8	***6***-*24* 南部直房急死。***8***-*21* 直政，八戸藩2代藩主となる。この年，伊達宗規(岩城氏)，岩谷堂に入る。
1669		9	シャクシャインの乱に対し，盛岡藩，野辺地を警備する。

1671	寛文	11	***3-27*** 老中板倉内膳正屋敷で原田甲斐，伊達安芸を斬殺(伊達騒動)。***4-23*** 盛岡藩，伊勢から鰹釣の者を閉伊に招く。***6-*** 八戸藩，領内を6代官所支配に分ける。***7-*** 河村瑞賢，東廻り海運を刷新する。
1672		12	***6-*** 盛岡・八戸両藩境塚を築く。この年，岩崎新田(和賀郡)開墾始まる。
1673	延宝	元	盛岡城下北上川の流路変更工事開始(1675年完成)。
1677		5	***3-*** 仙台藩，百姓条目22カ条，百姓日常心得8カ条を制定。
1680		8	北上川に新山舟橋落成(その後，舟渡し・土橋・舟橋をくり返す)。この年，盛岡八幡宮建立，翌年8月14～16日最初の祭礼。神輿渡御と流鏑馬開始。
1681	天和	元	***3-*** 田村建顕，岩沼より一関3万石に所替え，翌年入部。
1683		3	***5-7*** 南部重信，10万石に加増される。
1686	貞享	3	***3-3*** 岩手山噴火，盛岡城下にも降灰。***6-*** 盛岡藩領七崎と八戸藩領侍浜・白浜(北野牧)を交換する。
1689	元禄	2	***5-13*** 松尾芭蕉，平泉を訪れる。
1692		5	***6-27*** 南部重信隠居，行信，盛岡藩5代藩主となる。
1695		8	この年，盛岡藩領，大凶作で飢饉となる。
1699		12	***2-16*** 南部直政死去。***5-13*** 通信(重信息)，八戸藩3代藩主となる。
1702		15	***6-18*** 南部重信死去。***10-11*** 南部行信死去。***11-27*** 信恩，盛岡藩6代藩主となる。この年，盛岡藩領，大凶作で飢饉となる。
1703		16	***8-25*** 伊達綱村隠居，吉村，仙台藩5代藩主となる。
1707	宝永	4	***12-8*** 南部信恩死去。
1708		5	***1-27*** 田村建顕死去。閏***1-5*** 南部利幹，盛岡藩7代藩主となる。***2-22*** 田村誠顕，一関藩2代藩主となる。
1709		6	***8-15*** 盛岡八幡宮祭礼に城下から練り物がでる。
1713	正徳	3	***8-14*** 盛岡八幡宮祭礼に初めて丁印と山車がでる。
1716	享保	元	***8-24*** 南部通信死去。***10-26*** 広信，八戸藩4代藩主となる。
1722		7	阿部友之進，幕命により盛岡藩領の物産調査に来る。
1725		10	***6-4*** 南部利幹死去。***7-21*** 利視，盛岡藩8代藩主となる。
1727		12	***6-16*** 田村誠顕死去。***8-16*** 村顕，一関藩3代藩主となる。
1729		14	***4-2*** 盛岡大火，1933戸焼失。この年，盛岡藩，坪役銭(宅地税)を課す。
1731		16	***3-*** 和賀・志和両郡の農民，坪役銭反対一揆をおこす。***12-25*** 岩手山噴火(翌年1月まで)，山の中腹より熔岩流出(これが焼走り)。
1734		19	盛岡報恩寺五百羅漢開帳。この年，沢内新田が開発される。
1735		20	***3-*** 盛岡藩，代官統治区域を整備する。
1736	元文	元	***11-*** 仙台藩学問所開設。この年，盛岡藩，幕府より大井川普請手伝を拝命。
1737		2	この年，盛岡領内人口36万526人。
1738		3	この年，芦東山，加美郡宮崎の石母田氏へ謫居を命じられる。
1740		5	この年，盛岡藩，盛岡城下に初めて屋根の瓦葺を許可する。
1741	寛保	元	***5-2*** 南部広信死去。***6-24*** 信興，八戸藩5代藩主となる。この年，盛岡藩，伊藤祐清に「系胤譜考」「宝翰類聚」の編集を命じる。
1743		3	***7-25*** 伊達吉村隠居，宗村，仙台藩6代藩主となる。***12-*** 須川嶽噴火。
1744	延享	元	***2-*** 黒沢尻通の農民，新田開発反対一揆をおこす。
1752	宝暦	2	***3-28*** 南部利視死去。***5-25*** 利雄，盛岡藩9代藩主となる。

1753	宝暦	3	***11-*** 盛岡藩，幕府より日光山本坊の普請手伝を拝命。前川善兵衛，御用金7000両を命じられ(翌年納入)，破産に瀕す。
1755		5	***8-3*** 田村村顕死去。***9-24*** 村隆，一関藩４代藩主となる。この年，大飢饉。一関藩医の建部清庵，『民間備荒録』を著し，八戸城下の町医者安藤昌益は『自然真営道』を完成する。芦東山，『無刑録』を脱稿する。
1756		6	***5-24*** 伊達宗村死去。***7-9*** 重村，仙台藩７代藩主となる。
1765	明和	2	***5-29*** 南部信興隠居，信依，八戸藩６代藩主となる。この年，盛岡藩，鹿角尾去沢銅山を藩営とし，産銅を野辺地から大坂へ廻送する。
1769		6	この年，遠野商人，荷振銭反対一揆をおこす。
1770		7	この年，盛岡藩，幕府より京都仙洞御所普請手伝を拝命。
1772	安永	元	建部清庵と杉田玄白の文通が始まる(のち『和蘭医事問答』となる)。
1774		3	仙台藩，『風土記御用書出』を提出させる。
1778		7	盛岡大火，2426戸・22カ寺焼失。
1779		8	***12-5*** 南部利雄死去。
1780		9	***2-7*** 南部利正，盛岡藩10代藩主となる。
1781	天明	元	***2-14*** 南部信依隠居，信房，八戸藩７代藩主となる。
1782		2	***2-6*** 田村村隆死去。***3-29*** 村資，一関藩５代藩主となる。
1783		3	***9-19*** 仙台で米価高騰し，打ちこわし(安倍清騒動)おこる。***9-*** 大槻玄沢，『蘭学階梯』を著す(1788年刊行)。この年，大飢饉となる。
1784		4	***5-5*** 南部利正死去。***7-17*** 利敬，盛岡藩11代藩主となる。
1788		8	古川古松軒，幕府巡見使に随行して岩手県域を通過(『東遊雑記』)。
1790	寛政	2	***6-23*** 伊達重村隠居，斉村，仙台藩８代藩主となる。***9-*** 高山彦九郎，大野村から岩手県域に入る(『北行日記』)。
1792		4	***11-*** 幕府，盛岡藩へ田名部22カ村の平均収納高書上を命じる(～翌年，田名部上知問題)。この年，盛岡藩，塩の専売を始める。代官統治区域が25通，25代官所に固定される。
1793		5	***1-*** 三陸沿岸に津波。***2-*** 盛岡藩，幕命により松前へ出兵(383人)。
1795		7	***11-*** 盛岡藩領和賀・稗貫地方で大百姓一揆おきる。***12-*** 八戸藩領久慈で百姓一揆おきる。
1796		8	***2-13*** 南部信房隠居，信真，八戸藩８代藩主となる。***8-12*** 伊達斉村死去。***9-29*** 周宗，仙台藩９代藩主となる。
1797		9	江刺郡伊手村から百姓一揆発生し，仙北諸郡に広がる(仙台藩寛政の大一揆)。***10-*** 盛岡藩に松前警備の命下る。この年，仙台藩寛政の転法。
1798		10	***4-27*** 田村村資隠居，宗顕，一関藩６代藩主となる。
1799		11	***10-*** 東蝦夷地収公にともない，幕府，盛岡・弘前両藩に箱館守備を命じる。
1801	享和	元	***9-*** 伊能忠敬，三陸沿岸を測量する。
1804	文化	元	***8-*** 盛岡藩の東蝦夷地警備継続。この年，一関学館を教成館と改称する。
1805		2	盛岡藩，儒者下田三蔵を任用，藩校開設の端緒となる。
1808		5	***12-18*** 盛岡藩，蝦夷地警衛の功により，20万石に格上げされる。
1809		6	***2-*** 盛岡藩，文化律(盛岡藩律)を制定する。
1810		7	***10-*** 大槻平泉，仙台藩校養賢堂の学頭を命じられる。
1812		9	***2-7*** 伊達周宗隠居。***2-9*** 斉宗，仙台藩10代藩主となる。
1815		12	***7-19*** 盛岡城下に米騒動おこる。

1816	文化	13	***4-*** 盛岡藩，隠し念仏の禁止令をだす。
1817		14	南部領の呼称を盛岡領に改める。
1819	文政	2	***5-24*** 伊達斉宗死去。***7-15*** 斉義，仙台藩11代藩主となる。八戸藩，野村武一を登用して藩政改革を始める。
1820		3	***6-15*** 南部利敬死去。***9-24*** 利用，盛岡藩12代藩主となる。
1821		4	***4-*** 相馬大作事件おこる。***8-21*** 南部利用，江戸で事故死。10月利用の従兄弟を身代りとする。
1825		8	***1-*** 盛岡藩大槌通に塩専売反対一揆おこる。***7-18*** 南部利用(替え玉)死去。***9-23*** 利済，盛岡藩13代藩主となる。
1827		10	***11-27*** 伊達斉義死去。***11-8*** 田村宗顕死去。***12-25*** 斉邦，仙台藩12代藩主となる。
1828		11	***2-19*** 田村邦顕，一関藩７代藩主となる。
1830	天保	元	閏 ***3-*** 江戸浅草商人青柳文蔵(東山町出身)，蔵書２万5000巻を仙台藩に献上(「青柳文庫」)する。
1832		3	天保の大飢饉始まる。
1833		4	***8-*** 米価高騰のため，盛岡・大槌・郡山などで米騒動おきる。
1834		5	***1-*** 八戸藩領久慈で稗三合一揆おこる。
1835		6	***10-*** 盛岡藩，藩札(七福神札)を発行(1837年使用禁止)。
1836		7	***12-*** 盛岡藩領内各地で百姓一揆おこる。この年，盛岡・仙台領大凶作。
1837		8	***1-*** 盛岡藩領南方で百姓一揆おこる。この年，盛岡藩札の使用禁止。
1838		9	この年，高野長英『戊戌夢物語』を著す。***11-*** 横沢兵庫，藩主南部利済に上書(藩政改革意見書)を提出。
1840		11	***8-*** 盛岡藩，藩校明義堂を設置。***8-23*** 田村邦顕死去。***11-30*** 邦行，一関藩８代藩主となる。
1841		12	***7-24*** 伊達斉邦死去。***9-7*** 慶邦，仙台藩13代藩主となる。
1842		13	***5-11*** 南部信真隠居，信順(島津重豪息)，八戸藩９代藩主となる。
1847	弘化	4	***10-*** 盛岡藩，領内に６万両の御用金を課す。***11-*** 三閉伊(野田・宮古・大槌通)一揆。この年，軽米の豪農淵沢円右衛門定長，『軽邑耕作鈔』を著す。
1848	嘉永	元	***6-13*** 南部利済隠居。***6-27*** 利義，盛岡藩14代藩主となる。
1849		2	***9-23*** 南部利義，父利済の強請により隠居。***10-25*** 利剛，盛岡藩15代藩主となる(盛岡藩主父子派閥抗争)。
1852		5	***3-*** 吉田松陰，弘前藩領から盛岡・仙台藩領を旅する(『東北旅日記』)。
1853		6	***5-*** 嘉永の三閉伊一揆おこる。
1855	安政	2	***4-*** 幕府，全蝦夷地を収公し，東北諸藩に分割警備を命じる。
1856		3	***7-*** 大地震，三陸海岸に津波襲来。
1857		4	***2-19*** 田村邦行死去。***5-12*** 通顕，一関藩９代藩主となる。***12-1*** 大島高任，大橋(釜石市)の高炉で初めて銑鉄の製出に成功する。
1859		6	***10-*** 幕府，仙台・盛岡など６藩に蝦夷地を分与して，警備と開拓を命じる。
1860	万延	元	この年，那珂梧楼，盛岡藩校明義堂の教授となる。
1862	文久	2	この年，八角宗律・大島高任ら，洋学校の日新堂を設立。
1863		3	***4-*** 芦文十郎，文久山鉄山(大東町)で初出銑に成功。***10-*** 田村通顕，仙台藩主伊達慶邦の養子となり，邦栄，一関藩10代藩主となる。

1864	元治　元	***3-10*** 三閉伊一揆の指導者三浦命助，獄死。
1865	慶応　元	***2-7*** 盛岡大火1200余戸焼失。この年，盛岡藩校明義堂を作人館と改称。
1866	2	***12-*** 鬼柳通で百姓一揆おこる。
1868	明治　元	***1-24*** 盛岡藩，朝廷より会津征討を命じられる。閏 ***4-11*** 奥羽諸藩代表白石に会合，翌12日会津藩の降伏謝罪嘆願書を九条総督に提出。***5-6*** 奥羽越列藩同盟成立。***6-3*** 九条総督一行，盛岡に来る。***9-13*** 仙台藩降伏。***9-25*** 盛岡藩降伏。***12-7*** 盛岡藩・仙台藩の領地没収。***12-12*** 仙台藩，伊達亀三郎，新地28万石拝領。***12-17*** 盛岡藩，南部彦太郎(利恭)，白石13万石に減転封。この年の11月以降，翌年2月まで仙台藩領北部で一揆・騒擾が続発する。
1869	2	***1-2*** 旧盛岡藩領民，南部氏の白石転封停止を嘆願。***2-20*** 「奥羽人民告諭」布達。***6-17*** 南部彦太郎，版籍奉還を許され，白石藩知事に任命される。田村鎮丸，一関藩知事。***6-22*** 南部信順，八戸藩知事。***6-23*** 盛岡藩家老楢山佐渡，報恩寺で刎首される。***7-22*** 彦太郎，70万両献金を条件に盛岡復帰を認められる。***8-10*** 彦太郎，盛岡藩知事(岩手・紫波・稗貫・和賀で13万石)。
1870	3	***7-10*** 盛岡藩を廃し盛岡県をおく(廃藩置県)。***11-13*** 登米県庁で三陸会議開催。***11-23*** 胆沢県の東山北小梨村(千厩町)を中心に百姓一揆おこる。
1871	4	***7-14*** 廃藩置県により一関県・八戸県成立。***11-2*** 盛岡・一関・胆沢・江刺の各県を廃止し，盛岡県(九戸・閉伊・岩手・紫波・稗貫・和賀)と一関県(胆沢・江刺・磐井・気仙)成立。盛岡県参事に島惟精，一関県参事に増田繁幸着任。***12-13*** 一関県を水沢県と改称。
1872	5	***1-8*** 盛岡県を岩手県と改称。***5-22*** 盛岡城，陸軍省に移管。***5-*** 水沢の留守氏居城，払下げ許可。***6-5*** 水沢県庁，登米郡寺池村(宮城県登米町)に移転。
1873	6	***7-*** 大橋・佐比内・橋野・栗林の4鉄山，官業指令。
1874	7	***7-24*** 仙岩峠の新道(秋田街道)開通。***8-10*** 官営釜石製鉄所起工式。***11-26*** 岩手県，地租改正布告を発する。
1875	8	***7-25*** 岩手県，庶務課中に地誌編輯係(『岩手県管轄地誌』の編集)をおく。***11-22*** 水沢県庁を一関に移し，磐井県と改称。
1876	9	***4-18*** 磐井県を廃止し，磐井・胆沢・江刺3郡を岩手県に編入。***5-25*** 宮城県気仙郡，青森県二戸郡を岩手県に編入(現在の県域確定)。***7-21*** 岩手県最初の新聞『巌手新聞誌』創刊(***8-11*** 『日進新聞』と改題，『岩手日報』の前身)。***7-*** 明治天皇，岩手県巡幸。***8-15*** 岩手県会開催。***8-25*** 盛岡師範学校開校(1879年県立と改称)。
1877	10	***5-13*** 真田太古事件(政府打倒計画)おこる。
1878	11	***2-*** 二戸郡福岡村に会輔社設立。***4-22*** 岩手県，県会議条例制定。***6-*** 鈴木舎定，『盛岡新誌』を発行。
1879	12	***3-1*** 第1回県会議員選挙。***5-10*** 第1回県会開催。
1880	13	***5-27*** 公立岩手中学校(盛岡第一高校の前身)開校。***9-10*** 官営釜石鉱山製鉄所第一高炉操業開始。
1881	14	***4-*** 盛岡に商法会議所設立。***7-*** 第2期『盛岡新誌』発刊。
1882	15	***1-*** 盛岡の九皐堂，『岩手学事彙報』を創刊。

1883	明治	16	***2-*** 官営釜石鉱山廃止。***3-1*** 宮古測候所業務開始。この年，東京―三陸沿岸に汽船就航。
1884		17	***5-23*** 『日進新聞』を『巌手新聞』と改題。***5-*** 盛岡で勧業大博覧会開催。
1885		18	***4-*** 『巌手新聞』，日刊となる。***5-2*** 北上廻漕会社設立。
1886		19	***4-1*** 仙台―盛岡間に郵便馬車開設。***6-24*** 漁業組合設立。***7-19*** 石井県令，岩手県知事となる。
1887		20	***5-*** 盛岡で東北七州有志大会開催。***7-*** 田中長兵衛，釜石鉱山田中製鉄所を創立。
1888		21	***2-7*** 求我社閉鎖。***5-12*** 盛岡連隊区司令部開設。
1889		22	***4-1*** 市制・町村制施行により1市(盛岡市)21町219村に統合される。***11-1*** 巌手日日新聞発行所より『巌手公報』創刊。
1890		23	***7-1*** 第1回衆議院議員選挙実施。***11-1*** 日本鉄道東北線，盛岡まで開通。
1891		24	***7-25*** 外山牧場を宮内省が買上げ，御料牧場とする。***8-*** 小野義信・岩崎弥之助・井上勝が「小岩井農場」を創設。***9-1*** 東北線，盛岡―青森間開通。
1892		25	***1-23*** 岩手県最初の女学校，岩手女学校開校(1896年廃校)。
1893		26	***11-29*** 盛岡など県内9カ所に収税所(税務署)を開設。
1895		28	***4-5*** 水上助三郎，ラッコ・オットセイ猟に出猟。***10-*** 水産補修学校(宮古水産高校)開校。***11-*** 伝染病大流行。
1896		29	***3-*** 岩手県農会誕生。***6-15*** 三陸大津波。***8-31*** 陸奥大地震(岩手・秋田県境)。
1897		30	***3-24*** 県立実業学校(盛岡工業学校)創立。***3-*** 私立盛岡商業学校(盛岡商業高校)創立。***4-1*** 『盛岡日報』『巌手公報』が合併し，『岩手日報』誕生。岩手県で郡制施行(13郡)。***4-12*** 盛岡市立高等女学校(盛岡第二高校)開校。***4-20*** 三田俊次郎，岩手病院開設。
1898		31	***2-24～27*** 日本鉄道の機関方，待遇改善を要求しストライキを行なう。
1899		32	***2-*** 『巌手毎日新聞』創刊。***4-1*** 岩手県師範学校に女子部を設置。***9-22*** 水沢に緯度観測所設置(12月より観測開始)。
1900		33	***12-22*** 原敬，第4次伊藤内閣の逓信大臣となる(東北出身で最初)。
1901		34	***2-*** 岩手県農事試験場開設。***11-*** 三田俊次郎，私立岩手医学校設立。
1902		35	***1-23*** 青森歩兵5連隊，八甲田山で遭難，全凍死者197人中，岩手県出身者149人。***8-15*** 衆議院議員総選挙で原敬初当選。この年，凶作。
1903		36	***1-15*** 盛岡高等農林学校創立。***11-3*** 内丸に岩手県庁舎新築落成。
1904		37	***4-21*** 横川省三，ハルビンで処刑される。***7-*** 盛岡電気株式会社設立，川目宇津野に水力発電所建設。この年，石川啄木，詩集『あこがれ』刊行。
1905		38	***5-28*** 盛岡高等農林学校開校式。***9-1*** 石川啄木，文芸誌『小天地』創刊(1号で休刊)。***9-*** 津軽石に本県初の鮭人工孵化場設置。***11-12*** 盛岡電灯株式会社，市内に送電営業開始。この年，冷害で大凶作。
1906		39	***6-*** 私立盛岡孤児院創立。***9-15*** 盛岡城跡に岩手公園開園。
1907		40	***8-25*** 岩手県教育会が発足する。
1908		41	***1-16*** 盛岡に電話開通。***4-1*** 三陸汽船株式会社創立。

1909	明治	42	***7-1*** 厨川に騎兵第3旅団を新設。この年，盛岡幼稚園設立認可(県内初)。
1910		43	***3-18*** 宮古に岩手県立水産試験場設置(1920年釜石に移転)。***6-*** 柳田国男，『遠野物語』刊行。***9-3*** 盛岡市大洪水，中津川3橋，明治橋など流失。***12-11*** 赤レンガ造りの第九十国立銀行社屋(盛岡市)竣工。
1911		44	***5-*** 赤レンガ造りの盛岡銀行社屋(岩手銀行中の橋支店)竣工。***9-1*** 岩手盲学校設立(1924年県立)。岩手軽便鉄道(花巻—仙人峠間)設立。
1912	大正	元	***4-13*** 石川啄木死去(26歳)。
1914		3	***4-18*** 岩手軽便鉄道，仙人峠まで開通。***8-1*** 松尾鉱山操業開始。
1915		4	***11-23*** 小繋の入会係争始まる。この年，木炭生産量3085万貫で全国1位。
1917		6	***3-21*** 盛岡—東京間電話開通。***4-*** 金色堂覆堂，特別保護建造物に指定。
1918		7	***9-29*** 原内閣成立。この年，スペイン風邪大流行。
1919		8	***7-*** 岩手山大地獄付近に爆裂口生じる。***11-9*** 釜石田中製鉄所大労働争議。
1920		9	***10-1*** 第1回国勢調査，岩手県の人口84万5540人。この年，大船渡線着工。
1921		10	***4-1*** 県染織試験場が県工業試験場となる。***10-12*** 岩手県立図書館創立(翌年3月開館)。***11-4*** 原敬，東京駅で刺殺される。
1922		11	***4-13*** 渋民に啄木歌碑第1号建立。***7-17*** 内務省，胆沢城跡・毛越寺跡・無量光院跡の3史跡の保存を指定する。
1923		12	***2-*** 『夕刊いちのせき』(『岩手日日』)創刊。***3-13*** 郡制廃止。***4-1*** 岩手県女子師範学校開校。***7-5*** 盛岡測候所竣工(9月より業務開始)。
1924		13	***10-6*** 私立盛岡夜間中学校(杜陵高校)開校。***11-15*** 横黒線(北上線)全通。***12-1*** 宮沢賢治，『注文の多い料理店』を刊行。
1926		15	***6-30*** 郡役所廃止。
1927	昭和	2	***5-1*** 洋画家萬鉄五郎死去。***6-15*** 岩手県公会堂竣工。***6-*** 鹿妻本堰幹線水路完成，通水開始。 ***9-24*** 普通選挙による初の県議会選挙。
1928		3	***1-*** 早池峰山・岩手山の高山植物帯，天然記念物に指定される。***4-1*** 岩手医学専門学校(岩手医大)開校。***10-5*** 岩手県で陸軍特別大演習。
1929		4	***5-16*** 岩手海外移住組合創立。***10-5*** 県是製糸株式会社創立総会開催。
1930		5	***3-7*** 八戸線，久慈まで全線開通。***4-*** 県蚕糸販売購買組合連合会発足(県是製糸に対抗)。***5-1*** 盛岡市内で県内最初のメーデーが行なわれる。
1931		6	***8-10*** 盛岡大洪水。***10-17*** 花輪線，全線開通。この年，凶作で欠食児童続出。佐々木喜善，『聴耳草紙』を刊行。
1932		7	***1-26*** 岩手県下の小学校欠食児童2500人に達する。
1933		8	***3-3*** 三陸大津波，被害甚大。***4-3*** 『岩手毎日新聞』廃刊。***9-21*** 宮沢賢治死去(37歳)。***10-16*** 新渡戸稲造死去(71歳)。
1934		9	***2-1*** 釜石製鉄所は日本製鉄釜石製鉄所となる。***11-6*** 盛岡—宮古間鉄道全線開通。***12-*** 県下の小学校欠食児童9000人におよぶ。この年，大凶作。
1935		10	***9-7*** 大船渡線，盛まで全線開通。
1936		11	***2-26*** 二・二六事件で斎藤実(水沢出身)暗殺される。
1937		12	***2-13*** 県下一帯大吹雪で惨事頻発。***3-*** 岩手県漁業組合連合会設立。***5***

			-5 釜石市発足。
1938	昭和	13	***1-1*** 『新岩手日報』(1951年,『岩手日報』)発刊。***5-14*** 県下一帯に降雪，被害多し。***5-22*** 東北セメント会社大船渡工場開業。***8-7*** ＮＨＫ盛岡放送局開局。
1939		14	***5-22*** 盛岡高等工業学校(岩手大学工学部)創立。***9-7*** 山田線全線開通。
1940		15	***1-16*** 米内光政内閣成立。
1941		16	***2-11*** 宮古市発足。***4-1*** 国民学校発足。水沢公民館(後藤伯記念公民館)開設，国内公民館の第１号となる。
1942		17	***1-10*** 県下に学徒動員令が下る。***4-1*** 米の配給制始まる。
1943		18	***11-20*** 岩手県農業会発足。***12-29*** 岩手県水産業会発足。この年，森荘已池，『山畠』『蛾と笹舟』で直木賞受賞。
1944		19	***4-16*** 田中館愛橘，文化勲章受章。***7-*** 中等学校生徒，軍需工場に動員。
1945		20	***3-10*** 盛岡駅前空襲。***4-15*** 釜石市内の児童，遠野へ集団疎開。***6-*** 東京都本所・大森両区の児童，県内に再疎開。***7-14*** 釜石市に米軍艦砲射撃。***8-9*** 釜石市に再度艦砲射撃。***9-16*** 米進駐軍，県内に進駐開始。
1946		21	***4-13*** 新衆議院総選挙。***5-1*** 復活メーデー，岩手公園で開催。***7-1*** 盛岡女子専門学校(盛岡短大)開校。
1947		22	***4-5*** 初の公選知事に国分謙吉当選。***6-23*** 岩手医科大学の設立認可。***8-7*** 天皇，県内各地を視察。***9-14*** キャサリン台風により一関大水害。
1948		23	***4-1*** 一関市発足。新制高等学校発足。***4-25*** 岩手史学会発足。***6-8*** 洋画家松本竣介死去(36歳)。***9-16*** アイオン台風で県南・沿岸被害。
1949		24	***6-1*** 岩手大学発足。***9-17*** 第１回県民体育大会開催。
1950		25	***3-23*** 中尊寺，藤原四代の遺体調査実施。***4-1*** 富士製鉄釜石製鉄所新発足。***10-10*** 国鉄釜石線，全線開通。***10-29*** 東北農業試験場開場。***11-1*** 岩手県立病院発足。
1951		26	***4-1*** 県立盛岡短期大学開校。***6-7*** 国宝第１次指定に中尊寺金色堂。
1952		27	***1-18*** 北上地域地方総合開発審議会設置。***3-29*** 中尊寺の紺紙金字一切経と経箱が国宝に指定される。***4-1*** 大船渡市発足。***7-9*** 佐倉河村(水沢市)常盤から本県初の弥生式土器が出土。***10-28*** 北上特定地域が総合開発のモデル・ケースに指定される。
1953		28	***1-22*** 盛岡市で第８回国体スケート大会開催。***2-7*** 一関修紅短大(麻生短大)設立認可。***12-24*** 岩手放送開局。この年，冷害。
1954		29	***4-1*** 花巻・北上・水沢の３市発足。***8-24*** 陸中海岸を国立公園に選定。***11-3*** 久慈市発足。金田一京助，文化勲章受章。***12-1*** 遠野市発足。
1955		30	***1-1*** 陸前高田市発足。***10-4*** 純文学総合誌『北の文学』創刊。***10-17*** 小繋(一戸町)喜藤太山入会紛争おこる。この年，集団就職列車スタート。
1956		31	***7-10*** 八幡平を十和田国立公園に編入。***8-1*** 自衛隊岩手地方連絡部発足。***11-3*** 盛岡市児童館開館。
1957		32	***10-6*** 陸上自衛隊岩手駐屯部隊，滝沢村一本木に開設。
1958		33	***3-3*** 田老町防潮堤完成。***9-15*** 岩教組，勤評阻止で教育スト。***10-10*** 青森—上野間に特急「はつかり」運転(12時間)。***11-3*** 江刺市発足。***12-28*** ＮＨＫ盛岡テレビ局，開局する。
1959		34	***4-23*** 横田チエ，初の女性県議に当選。***9-1*** 岩手放送テレビ開局。
1960		35	***5-24*** チリ地震により三陸沿岸に大津波襲来，被害大。***9-3*** 大船渡市

			大洞貝塚から縄文晩期の人骨発掘。
1961	昭和	36	***3-2*** 県立中央病院落成。***10-26*** 岩教組，学力テスト阻止闘争実施。
1962		37	***1-6*** 水沢の緯度観測所，国際極運動観測事業中央局として発足。***8-27*** 県立理科教育センター開所。
1963		38	***1-23*** 中尊寺金色堂，修理のため解体始まる。***4-14*** 野村胡堂死去(81歳)。***6-8*** 網張温泉地区が国民休暇村に指定される。***8-7*** 松川の地熱発電所起工。***11-20*** 仙岩峠道路開通。
1964		39	***3-27*** 花巻空港開港。***4-11*** 盛岡生活学園短大設立。***8-18*** 奥州大学(富士大学)設置。***11-5*** 湯田ダム完成。
1965		40	***5-2*** 新県庁舎の落成式。***6-*** 玉山村藪川小・中学校でスズラン給食開始。***10-1*** 東北本線盛岡まで電化なり，電車特急「やまびこ」運転開始。
1966		41	***10-12*** 日本初の松川地熱発電所完工。***10-20*** 田沢湖線，全線開通。
1967		42	***6-30*** 岩手育英奨学会発足。***12-11*** 四十四田ダム完成，発電開始。
1968		43	***2-10*** 県立図書館，岩手公園内に新築開館。***5-16*** 十勝沖地震で三陸沿岸に津波。***10-1*** 東北本線，盛岡一青森間の複線電化開業。
1969		44	***5-25*** 盛岡バイパス全線開通。***11-11*** 松尾鉱山閉山。***11-25*** 県立農業博物館開館。
1970		45	***4-13*** 玉山村に石川啄木記念館開館。***9-7*** 岩手国体夏季大会開催。***9-18*** 駒ケ岳女岳，38年ぶりに噴火。***10-10*** 岩手国体秋季大会開催。
1971		46	***7-30*** 雫石上空で全日空機と自衛隊機が衝突。***11-14*** 金田一京助死去。
1972		47	***2-6*** 岩泉線，浅内一岩泉間開通。***2-27*** 三陸鉄道北リアス線，宮古一田老間開通。***4-1*** 二戸市発足。
1973		48	***4-1*** 岩手県民会館開館。***4-15*** 北里大学水産学部開学。***7-1*** 三陸鉄道南リアス線，綾里一吉浜間開通。
1974		49	***1-13*** 西和賀地方豪雪で自衛隊出動。
1975		50	***2-18*** 集団就職列車廃止。***7-1*** 三陸鉄道北リアス線，久慈一普代間開業。***10-20*** 盛岡橋本美術館開館。***12-13*** 小繋事件解決。
1976		51	***6-1*** 岩手県交通発足。***10-28*** 国道46号新仙岩道路開通。この年大冷害。
1977		52	***1-18*** 三好京三，『子育てごっこ』で直木賞。***5-29*** 岩手大学人文社会科学部創設。***6-1*** 花巻一大阪間に直行航空便就航。***11-19*** 東北自動車道，一関一盛岡間開通。
1978		53	***6-12*** 宮城県沖地震で被害。***9-9*** 萪内遺跡で縄文人の足跡発見。
1979		54	***5-1*** 花巻一札幌間に定期航空便就航。***8-13*** 画家橋本八百二死去。
1980		55	***3-16*** 久慈石油備蓄基地の起工式。***7-17*** 鈴木善幸，首相に指名される。***8-25*** 日教組，盛岡大会開催。***10-4*** 県立博物館落成記念式典。
1981		56	***4-14*** 県立農業大学校開校。***8-20*** 岩泉町でモシリュウの化石発見。***10-29*** 御所ダム完成。
1982		57	***6-10*** 早池峰山，国定公園になる。***6-23*** 東北新幹線，盛岡一大宮間開業。***7-20*** 田沢湖線，電化工事完成。
1983		58	***5-5*** 盛岡市子ども科学館開館。***12-22*** 三陸鉄道南リアス線，全線開通。この年，盛岡城跡の石垣修復事業始まる。
1984		59	***9-14*** 志波城跡が国指定史跡となる。***10-15*** 第8回全国育樹祭開催。
1985		60	***3-14*** 東北新幹線上野乗り入れ。***6-10*** 花巻空港，名古屋便が就航。***8***

			-2 盛岡で第９回全国高校総合文化祭開催。
1986	昭和	61	***4****-17* 県立水産科学館開館記念式。***11****-27* 東北自動車道，一戸―八戸間開通。
1987		62	***2****-27* 県立中央病院，盛岡市上田に新築移転。***4****-1* ＪＲ東日本が新発足。***5****-5* 天台寺住職に瀬戸内寂聴就任。
1988		63	***2****-23* 第43回国体スキー大会開幕。***7****-21* 盛岡―東京間高速バス運行開始。
1989	平成	元	***4****-22* 盛岡市の動物公園開園。
1990		2	***4****-18* 県立宮古短大で開学式。
1991		3	***4****-1* 北上市・江釣子村・和賀町が合併し，新北上市誕生。めんこいテレビ開局。***6****-20* 東北新幹線，東京乗り入れ。***9****-21* 「ねんりんピック'91いわて大会」開催。
1992		4	***2****-19* アルベールビル冬季オリンピックで三ケ田礼一，金メダル。***2****-26* W杯スキー盛岡・雫石大会開幕。***4****-1* 盛岡市，都南村を合併。***7****-4* 三陸博覧会開幕。
1993		5	***2****-3* 世界アルペン盛岡・雫石大会開幕。***10****-2* 久慈市の国家石油備蓄基地でオイル・イン。***10****-8* 第８回国民文化祭いわて開幕。この年，冷害。
1994		6	***2****-17* 工藤巌知事，県立大学の設置構想を発表。***8****-4* 東北横断自動車道，北上ジャンクション北上西インター間が開通する。
1995		7	***5****-9* 平泉の柳之御所遺跡，国史跡指定の答申だされる。
1996		8	***3****-14* 瀬戸内寂聴，文化庁芸術選奨大臣賞受賞。***6****-1* 花巻空港に福岡便就航。***11****-9* 御所野遺跡の縄文期竪穴住居は土屋根をつけたドーム型とわかる。
1997		9	***1****-10* 日教組盛岡教研集会開幕。***2****-4* 安代インターハイスキー開幕。***3****-22* 秋田新幹線開業。***4****-15* 県立産業技術短期大学校開校。***5****-30* 第18回日本デザイン会議'97岩手が開幕。***9****-13* 「'97いわて花メッセ」開幕。***10****-5* 全国豊かな海づくり大会開催。***10****-21* 文化功労者に瀬戸内寂聴。***11****-19* 新仙人トンネル着工。***12****-19* 岩手県立大学新設認可。***12****-22* 花巻空港に新潟便が就航。宮古市山口遺跡から奈良時代の鉄製法具３点セットが出土。
1998		10	***1****-24* いわて銀河国体スケート・アイスホッケー競技開幕。***2****-25* いわて銀河国体スキー・バイアスロン競技開幕。***3****-28* 東北新幹線八戸―新青森間が着工。

■ 沿 革 表

1．国・郡沿革表

(2012年5月現在)

国名	延喜式	吾妻鏡 その他	郡名考・ 天保郷帳	郡区編制	現在	
					郡	市
陸奥		糠《ぬか》 部《のぶ》	二《にの》 戸《へ》	二 戸	二戸《にのへ》郡	二戸市
		久 慈	九《くの》 戸《へ》	南九戸 北九戸	九戸《くのへ》郡	久慈市
		岩 手	岩《いわ》 手《て》	南岩手 北岩手	岩手《いわて》郡	盛岡市
		閉 伊 幣 伊*	閉《へ》 伊《い》	東閉伊 中閉伊 北閉伊	下閉伊《しもへい》郡	宮古市
				西閉伊 南閉伊	上閉伊《かみへい》郡	遠野市 釜石市
	斯《し》 波《わ》	志 和 斯 波	紫《し》 波《わ》 志《し》 和《わ》	紫 波	紫波《しわ》郡	
	稗《ひえ》 縫《ぬい》*	稗 抜 部 貫 稗 貫	稗《ひえ》 貫《ぬき》	稗 貫		花巻市
	江《え》 刺《さし》	江 差 江 刺	江《え》 刺《さし》	江 刺		奥州市
	胆《い》 沢《さわ》	伊 沢 胆 沢	胆《い》 沢《さわ》	胆 沢	胆沢《いさわ》郡	奥州市
	和《わ》 我《が》*	和 賀	和《わ》 賀《か》	東和賀 西和賀	和賀《わが》郡	北上市
	磐《いわ》 井《い》	磐 井	磐《いわ》 井《い》	東磐井		一関市
				西磐井	西磐井《にしいわい》郡	
	気《け》 仙《せん》	気 仙	気《け》 仙《せん》	気 仙	気仙《けせん》郡	大船渡市 陸前高田市

＊『日本後紀』による。

2．市・郡沿革表

（2012年５月現在）

盛《もり》 岡《おか》 市

明治22年４月１日　市制施行
大正２年６月10日　岩手郡厨川《くりやがわ》村(盛岡駅付近)の一部を編入
昭和３年４月１日　岩手郡米内《よない》村を編入
昭和15年１月１日　岩手郡厨川村を編入
昭和16年４月10日　岩手郡中野村・本宮村・浅岸村を編入
昭和30年２月１日　岩手郡簗川村，玉山村(黒石野)の一部，滝沢村(牧場)の一部を編入
昭和30年４月１日　岩手郡太田村を編入
昭和30年10月１日　岩手郡雫石《しずくいし》町(繋)の一部を編入
昭和34年６月１日　岩手郡滝沢村と境界変更，穴口の一部を分離
昭和36年２月１日　外山の一部を岩手郡玉山村に分離
昭和41年５月１日　紫波郡都南《となん》村と津志田・下飯岡・向中野・下鹿妻の一部で境界変更
昭和44年５月１日　紫波郡都南村と下飯岡・下鹿妻の一部で境界変更
昭和44年８月１日　岩手郡滝沢村と篠木・鵜飼・大沢・上厨川・土淵・平賀新田の一部で境界変更
昭和47年３月１日　岩手郡雫石町と繋の一部で境界変更
平成４年４月１日　紫波郡都南村を編入
平成18年１月10日　岩手郡玉山《たまやま》村（明治22年４月１日村制施行，昭和29年４月１日岩手郡藪川《やぶかわ》村・渋民《しぶたみ》村と合体，昭和30年２月１日大字上田の一部を盛岡市に分離，昭和30年６月１日岩手郡巻堀村を編入，昭和36年２月１日盛岡市外山の一部を編入）を編入

宮《みや》 古《こ》 市

明治22年４月１日　町制施行
大正13年４月１日　下閉伊郡鍬ケ崎町(明治22年４月１日町制施行)を編入
昭和16年２月11日　下閉伊郡山口村・千徳村・磯鶏《そけい》村と合体，市制施行
昭和30年４月１日　下閉伊郡崎山村・津軽石村・重茂《おもえ》村・花輪村を編入
平成17年６月６日　下閉伊郡田老《たろう》町（明治22年４月１日村制施行，昭和19年３月10日町制施行）・新里《にいさと》村（昭和30年２月１日下閉伊郡茂市《もいち》村・刈屋村が合体，新里村となる）を編入
平成22年１月１日　下閉伊郡川井《かわい》村(明治22年４月１日，村制施行，昭和30年７月１日，下閉伊郡門馬《かどま》村・小国《おぐに》村と合体)を合体

大《おお》船《ふな》渡《と》市

明治22年４月１日　村制施行
昭和７年４月１日　町制施行
昭和27年４月１日　気仙郡盛《さかり》町(明治22年４月１日町制施行)・猪川《いかわ》村・赤崎村・日頃市《ひころいち》村・立根《たつこん》村・末崎《まつさき》村と合体，市制施行

平成13年11月15日　気仙郡三陸町《さんりくちょう》(昭和31年９月30日気仙郡綾里《りょうり》村・越喜来《おきらい》村・吉浜村が合体，三陸村となる，昭和42年４月１日町制施行)を編入

花《はな》巻《まき》市

明治22年４月１日　町制施行

昭和４年４月10日　花巻川口町(明治22年４月１日町制施行)と合体

昭和29年４月１日　稗貫郡矢沢村・宮野目村・湯本村・湯口村・太田村と合体，市制施行

昭和29年10月１日　北上市飯豊《いいとよ》の一部を編入

昭和30年７月１日　和賀郡笹間村を編入

昭和35年10月20日　二枚橋の一部を石鳥谷《いしどりや》町に分離，南寺林の一部を石鳥谷町より編入

昭和36年４月１日　二枚橋の一部を石鳥谷町に分離

昭和45年３月１日　和賀郡江釣子《えづりこ》村の一部を編入

平成18年１月１日　稗貫郡大迫《おおはさま》町（明治22年４月１日町制施行，昭和30年１月１日稗貫郡内川目村・外川目村・亀ヶ森村と合体，昭和39年５月１日石鳥谷町滝田の一部を編入)・石鳥谷《いしどりや》町（昭和３年４月１日稗貫郡好地《こうち》村が町制施行し，石鳥谷町と改称，昭和30年４月１日稗貫郡八幡《はちまん》村・新堀《にいぼり》村・八重畑村と合体，昭和35年10月20日花巻市二枚橋と南寺林との一部で境界変更，互いに分離・編入)，昭和36年４月１日花巻市二枚橋の一部を編入)・和賀郡東和《とうわ》町（昭和30年１月１日和賀郡土沢村〈昭和15年12月25日十二鏑《じゅうにかぶら》村が改称して町制施行〉・小山田村・中内《なかない》村・谷内《たにない》村が合体，町制施行し東和町となる）を編入

北《きた》上《かみ》市

昭和29年１月１日　和賀郡黒沢尻町(明治22年４月１日町制施行)に立花村を編入

昭和29年４月１日　飯豊村・二子村・更木《さらき》村・鬼柳村，胆沢郡相去《あいさり》村，江刺郡福岡村と合体，市制施行し北上市となる

昭和29年10月１日　飯豊町字成田の一部を花巻市に編入，相去町字六原(大部分)を胆沢郡金ケ崎町に分離

昭和30年７月１日　胆沢郡胆沢村小山の一部を編入

昭和30年７月10日　江刺郡江刺町稲瀬の一部(上門岡・内門岡・下門岡)を編入

昭和46年４月１日　胆沢郡金ケ崎町と相去・六原の一部で境界変更

昭和53年２月１日　江刺市との境界変更により，稲瀬の一部で互いに編入・分離

平成３年４月１日　和賀郡和賀町(昭和31年４月１日町制施行)・江釣子《えづりこ》村と合体

平成４年２月20日　花巻市東十二丁目の一部を編入

平成４年９月１日　花巻市北笹間・中笹間・南笹間の各一部を編入

久《く》慈《じ》市

明治22年４月１日　町制施行

昭和29年11月３日　九戸郡長内《おさない》町(昭和27年６月１日町制施行)・大川目村・山根村・夏井村・侍浜村・宇部村と合体，市制施行

平成18年３月６日　九戸郡山形村（明治22年４月１日村制施行）を編入

遠《とお》野《の》市

明治22年４月１日　町制施行

昭和29年12月１日　上閉伊郡小友《おとも》村・綾織村・附馬牛《つきもうし》村・上郷村・土淵村・青笹村・松崎村と合体，市制施行

平成17年10月１日　上閉伊郡宮守《みやもり》村（明治22年４月１日村制施行，昭和30年２月11日上閉伊郡鱒沢《ますざわ》村・達曽部《たっそべ》村と合体）を編入

一《いちの》関《せき》市

明治22年４月１日　町制施行

昭和23年４月１日　西磐井郡山目《やまのめ》町(昭和23年１月１日町制施行)・中里村・真滝《またき》村と合体，市制施行

昭和30年１月１日　西磐井郡弥栄《やさかえ》村・萩荘村・厳美《げんび》村，東磐井郡舞川村を編入

昭和31年９月１日　西磐井郡平泉町平泉大佐《おおさ》の一部を編入

平成17年10月１日　西磐井郡花泉町（明治22年４月１日村制施行，昭和30年１月１日西磐井郡永井村・涌津《わくつ》村・油島《ゆしま》村・老松村・日形《ひかた》村と合体，町制施行，昭和31年９月30日西磐井郡金沢《かざわ》村を編入）・東磐井郡大東《だいとう》町（昭和30年４月１日東磐井郡大原町〈明治36年３月21日町制施行〉摺沢《すりさわ》町〈昭和15年11月10日町制施行〉・興田村・猿沢村・渋民村が合体，町制施行し大東町となる）・千厩《せんまや》町（明治31年４月１日町制施行，昭和31年９月30日東磐井郡奥玉村・小梨村・磐清水《いわしみず》村と合体）・東山町（昭和30年２月１日東磐井郡長坂村・田河津《たこうづ》村が合体，東山村となる，昭和33年11月１日東磐井郡松川村を編入，町制施行）・室根《むろね》村（昭和30年４月１日東磐井郡折壁村・矢越《やごし》村，大津保村のうち津谷川地区が合体，村制施行）・川崎村(昭和31年９月30日東磐井郡薄衣《うすぎぬ》村・門崎《かんざき》村が合体，村制施行）を編入

平成23年９月26日　東磐井郡藤沢《ふじさわ》町（大正15年６月１日，町制施行，昭和30年４月１日，東磐井郡八沢村・黄海《きのみ》村・大津保《おおつぼ》村のうち大籠・保呂羽地区と合体）を合体

陸前高田《りくぜんたかた》市

明治22年４月１日　高田町として町制施行

昭和30年１月１日　気仙郡気仙町(大正15年11月１日町制施行)・広田町(昭和27年６月１日町制施行)・竹駒村・小友《おとも》村・米崎《よねさき》村・矢作《やはぎ》村・横田村と合体，市制施行し陸前高田市と改称

釜《かま》石《いし》市

明治22年４月１日　町制施行

昭和12年５月５日　市制施行

昭和30年４月１日　上閉伊郡甲子《かっし》村・鵜住居《うのすまい》村・栗橋村，気仙郡唐丹《とうに》村を編入

二《にの》戸《へ》市

明治22年４月１日　二戸郡福岡村の一部が町制施行し，福岡町となる

昭和30年３月10日　二戸郡爾薩体《にさったい》村・石切所村・御返地《ごへんち》村・斗米《とまい》村を編入

昭和47年４月１日　福岡町と二戸郡金田一村が合体，市制施行し二戸市となる

平成18年1月1日　二戸郡浄法寺《じょうぼうじ》町（明治22年4月1日村制施行，昭和15年12月25日町制施行）を編入

八幡平市《はちまんたいし》

平成17年9月1日　岩手郡西根《にしね》町（昭和31年9月30日岩手郡大更《おおぶけ》村・田頭《でんどう》村・平館《たいらだて》村・寺田村が合体，西根村となる）・安代《あしろ》町（昭和31年9月30日二戸郡荒沢村・田山村が合体，町制施行し安代町となる，平成14年2月1日二戸郡安代町から岩手郡安代町となる）・松尾村（明治22年4月1日村制施行）が合体，市制施行，八幡平市となる

奥州市《おうしゅうし》

平成18年2月20日　水沢市（明治22年4月1日町制施行，昭和29年4月1日胆沢郡佐倉河村・真城《しんじょう》村・姉躰《あねたい》村・江刺郡羽田《はだ》村・黒石村と合体，市制施行，昭和30年7月1日胆沢郡胆沢村〈小山の一部〉の一部を編入，昭和52年10月1日胆沢郡胆沢村〈小山の一部〉の一部を編入）・江刺市（昭和30年2月10日江刺郡岩谷堂町〈明治22年4月1日町制施行〉・愛宕《おだき》村・藤里村・田原村・伊手村・米里村・玉里村・梁川《やながわ》村・広瀬村・稲瀬村が合体，町制施行し江刺町となる，昭和30年7月10日江刺町稲瀬の一部〈下門岡・上門岡・内門岡〉を北上市に分離，昭和33年11月3日市制施行，昭和53年2月1日江刺市稲瀬町の一部を北上市と境界変更により互いに編入・分離）・胆沢郡前沢町（明治22年4月1日町制施行，昭和30年4月1日胆沢郡古城《こじょう》村・白山《しらやま》村，東磐井郡生母《せいぼ》村と合体，昭和34年4月1日胆沢郡胆沢村〈現胆沢町〉小山の一部を編入）・胆沢町（昭和30年4月1日胆沢郡小山《おやま》村・南都田《なつた》村・若柳村が合体，胆沢村となる，昭和30年7月1日小山の一部を水沢市に分離，昭和34年4月1日小山の一部を前沢町に分離，昭和42年4月1日町制施行，昭和52年10月1日水沢市と境界変更，互いに分離・編入）・衣川村（明治22年4月1日村制施行）が合体，市制施行，奥州市となる

岩手郡《いわてぐん》

雫石町《しずくいしちょう》	明治22年4月1日	村制施行
	昭和15年12月23日	町制施行
	昭和30年4月1日	岩手郡御所村・西山村・御明神《おみょうじん》村と合体
	昭和30年10月1日	繋《つなぎ》地区を盛岡市に分離
	昭和47年3月1日	盛岡市と一部境界変更
葛巻町《くずまきまち》	明治22年4月1日	村制施行
	昭和15年12月25日	町制施行
	昭和23年7月1日	九戸郡から分離して岩手郡に編入
	昭和30年7月15日	岩手郡江刈《えかり》村，二戸郡田部《たべ》村と合体
岩手町《いわてまち》	昭和30年7月21日	岩手郡沼宮内《ぬまくない》町（明治22年4月1日町制施行）・御堂《みどう》村・川口村・一方井《いつかたい》村が合体，町制施行
滝沢村《たきざわむら》	明治22年4月1日	村制施行
	昭和30年2月1日	滝沢字穴口の一部を盛岡市に分離

昭和34年6月1日　盛岡市の一部を編入
昭和44年8月1日　盛岡市と境界変更

紫《し》波《わ》郡

紫《し》波《わ》町《ちょう》　昭和30年4月1日　紫波郡日詰町(明治22年4月1日町制施行)・古館村・水《みず》分《わけ》村・志和村・赤石村・彦部村・佐比内《きひない》村・赤沢村・長岡村が合体，町制施行し紫波町となる

矢《や》巾《はば》町《ちょう》　昭和30年3月1日　紫波郡徳田《とくた》村・不動村・煙山《けむやま》村が合体，矢巾村となる
昭和41年5月1日　町制施行

和《わ》賀《が》郡

西和賀町《にしわがまち》　平成17年11月1日　和賀郡湯田《ゆだ》町（明治22年4月1日村制施行，昭和39年8月1日町制施行)・沢内《さわうち》村（明治22年4月1日村制施行）が合体，西和賀町となる

胆《い》沢《さわ》郡

金ケ崎町《かねがさきちょう》　大正14年9月1日　町制施行
昭和29年10月1日　北上市相去の一部を編入
昭和30年3月1日　胆沢郡永岡村と合体
昭和46年4月1日　北上市相去町と一部境界変更，互いに分離・編入

西《にし》磐《いわ》井《い》郡

平《ひら》泉《いずみ》町《ちょう》　昭和28年10月1日　町制施行
昭和30年4月15日　東磐井郡長島村と合体
昭和31年9月1日　一部を一関市に分離

気《け》仙《せん》郡

住《すみ》田《た》町《ちょう》　昭和30年4月1日　気仙郡世田米《せたまい》町(昭和15年4月29日町制施行)・上有住《かみありす》村・下有住村が合体，住田町となる

上《かみ》閉《へ》伊《い》郡

大《おお》槌《つち》町《ちょう》　明治22年4月1日　町制施行
昭和30年4月1日　上閉伊郡金沢《かねざわ》村と合体

下《しも》閉《へ》伊《い》郡

山《やま》田《だ》町《まち》　明治22年4月1日　町制施行
昭和30年3月1日　下閉伊郡豊間根《とよまね》村・大沢村・船越村・織笠村と合体

岩《いわ》泉《いずみ》町《ちょう》　明治22年4月1日　村制施行
大正12年8月1日　町制施行
昭和31年9月30日　下閉伊郡有芸《うげい》村・安家《あっか》村・大川村・小本《おもと》村と合体

昭和32年4月1日　下閉伊郡小川《こがわ》村を編入

田野畑村《たのはたむら》　明治22年4月1日　村制施行

普代村《ふだいむら》　明治22年4月1日　村制施行

九戸郡《くのへ》

軽米町《かるまいまち》　明治22年4月1日　村制施行

大正14年1月1日　町制施行

昭和30年1月1日　九戸郡小軽米村・晴山《はれやま》村と合体，上館《かみだて》の一部を大野村へ分離

昭和30年7月1日　大野村上館の一部を編入

野田村《のだむら》　明治22年4月1日　村制施行

九戸村《くのへむら》　昭和30年4月1日　九戸郡江刺家《えさしか》村・伊保内《いぼない》村・戸田村が合体，九戸村となる

洋野町《ひろのちょう》　平成18年1月1日　九戸郡種市《たねいち》町（明治22年4月1日村制施行，昭和26年4月1日町制施行，昭和30年2月11日九戸郡中野村と合体）・大野《おおの》村（明治22年4月1日村制施行，昭和30年1月1日軽米町上館《かみだて》の一部〈沢・芦の口など〉を編入，昭和30年7月1日上館の一部を軽米町に分離）が合体，洋野町となる

二戸郡《にのへ》

浄法寺町《じょうぼうじまち》　明治22年4月1日　村制施行

昭和15年12月25日　町制施行

一戸町《いちのへまち》　明治22年4月1日　町制施行

昭和32年11月1日　二戸郡浪打《なみうち》村・鳥海《ちょうかい》村・小鳥谷《こずや》村・姉帯《あねたい》村と合体

■ 祭礼・行事

(2012年４月現在)

〔１月〕

1　和賀大乗神楽舞初め《わがだいじょうかぐら》 ➔北上市和賀町煤孫《すすまご》・古舘《ふるだて》神社(JR 東北本線北上駅よりバス)

神楽の舞初め行事。和賀大乗神楽(県指定，国選定)は，口伝では今から約600年前に，当地の貴徳院円光法師が創始した修験系の神楽で，和賀地方に23組ほど分布する大乗神楽の代表格。早朝，古舘神社に権現舞を奉納した後，別当武田家で「魔王(山の神)」など数番を演じる。

2　胡四王《こしおう》神社蘇民祭《そみんさい》 ➔花巻市矢沢・胡四王神社(東北新幹線新花巻駅下車)

県内のトップをきって行なわれる蘇民祭。裸の若者たちが，五穀豊穣と厄除開運が授かる護符の入った蘇民袋を，胡四王神社の急な御坂でもみあって奪い合う。

2　大償《おおつぐない》神楽の舞初め ➔花巻市大迫町内川目(JR 東北本線石鳥谷駅または盛岡駅からバスで大迫，さらにバス乗り換え)

神楽の舞初め行事。大償神楽(国民俗)は，山伏神楽の代表格である早池峰《はやちね》神楽の一つ。式舞(表裏十二番)のほか，神舞・荒舞・女舞・武士舞，狂言および権現舞など40番前後の演目をもち，舞初めでは10番前後を演じる。

3　岳《たけ》神楽の舞初め ➔花巻市大迫町内川目(JR 東北本線石鳥谷駅または盛岡駅からバスで大迫，さらにバス乗り換え)

神楽の舞初め行事。岳神楽(国民俗)は早池峰神楽の一つ。大償神楽の舞初めと同様に行なわれる。早池峰神楽は早池峰山を霊場とする修験山伏によって伝承されてきた神楽で，大償の先達を務めた田中の山陰家には長享２(1488)年の神楽伝書，岳の早池峰神社には文禄４(1595)年銘の権現さま(獅子頭)がある。

6　出羽神社小槌祭り ➔奥州市水沢区羽田町・出羽神社(東北新幹線水沢江刺駅下車，または東北本線水沢駅よりバス)

五穀豊穣の祈年祭。もとは旧正月６日夜半から７日丑三《うしみつ》刻にかけて行なわれた末社大黒社の年占《としうら》神事で，現在では出羽神社拝殿で行なう。参詣者がカツの木(ヌルデ)でつくった小槌で床や戸板を神主の祝詞にあわせていっせいに打ち鳴らす。この音が終始，整い乱れない年は豊作という。

7　白沢《しらさわ》神社オタメシ ➔一関市藤沢町西口・白沢神社(JR 大船渡線千厩駅からタクシー)

夜半に行なわれる筒粥神事。境内を神田に見立てて田打ちから稲刈りまでの農作業の所作を行なった後，鍋に米５合と竹筒(長さ約３cm，19本)を入れて粥を炊き，竹筒に入った米粒の数で五穀の豊凶を占う。竹筒はそれぞれ日照・風雨などの気象，早稲・中稲・晩稲・大豆・ソバなどの農作物が決められている。

14　教浄寺裸詣り　➔盛岡市北山・教浄寺(JR 東北本線盛岡駅からバス)
無病息災や五穀豊穣の祈願行事。水垢離《みずごり》をとった裸の若者たちが背に注連縄《しめなわ》を負い，腰にケンダイ(腰ミノ)をつけ，ハサミとよばれる竹竿に幣帛《へいはく》をつけたものをもって，町内をゆったりと練り歩く。阿弥陀堂に瀕死の重病人の回復や妻の安産を祈願したのが始まりという。藩政期には12月14日に行なわれた。

15　盛岡八幡宮裸参り　➔盛岡市八幡町・盛岡八幡宮(JR 東北本線盛岡駅からバス)
無病息災や五穀豊穣の祈願行事。盛岡の裸参りの起源は，江戸中期，酒の神を祀る松尾神社(盛岡八幡宮の近隣)に，出稼ぎに行く南部杜氏《とじ》が新年の繁栄と無病息災を祈願したことに始まるとも，教浄寺阿弥陀堂に病気平癒や安産を祈願したことに始まるともいう。

15　スネカ　➔大船渡市三陸町吉浜(三陸鉄道南リアス線吉浜駅下車)
小正月の夜の訪問者。昔は厄年の青年が単独で歩いたが，現在では保存会で行なう。異形の仮面・ミノ・腰ケラなどで扮装して家をめぐり，泣き虫の子やカバネヤミ(怠け者)の嫁を戒めて歩く。かつては三陸沿岸に広く分布し，釜石市唐丹あたりを境に，南の旧仙台領(陸前)ではスネカ，北の旧盛岡領(陸中)ではナモミ・ナゴミという。国民俗。

16　おしら遊び　➔遠野市など各地
オシラサマの祭日に行なわれる信仰行事。オシラアソバセ・オシラボロギともいい，親類縁者や近隣の女たちが集まってオシラサマ(日の神・蚕の神など)を拝み，オセンダク(着物)を着せたり，両手でもってゆり動かして遊ばせる。巫女を招き，オシラ祭文を唱える所もある。

19　白木野《しらきの》厄払い祭り　➔和賀郡西和賀町白木野(JR 北上線ゆだ高原駅下車)
厄払いの人形送り行事。新藁で人形(巨大な男根をもつ1 m 前後の侍姿)をつくり，餅を背負わせ，ほら貝と太鼓を鳴らしながらムラはずれまで年男がかついで行列し，傍らの森の木の股にくくりつけて厄を払う。藁人形は病気や災いがムラに入ってくるのを防ぐとされる。

20　毛越寺二十日夜祭　➔西磐井郡平泉町大沢・毛越寺(JR 東北本線平泉駅下車)
毛越寺常行堂《じょうぎょうどう》の守護神・摩多羅《またら》神の祭事。14〜20日に常行三昧供を修法した大法会の結願の日の祭礼。午後4時頃から初夜・後夜の法要が行なわれ，常行講中による鬼子(7歳児)登り・蘇民祭などがあり，午後9時頃から延年《えんねん》の舞(国指定)が一山僧侶によって演じられる。舞の順序は，①呼立，②田楽躍，③唐拍子(路舞)，④祝詞《のっと》，⑤老女，⑥若女《じゃくじょ》・禰宜《ねぎ》，⑦王母ケ昔または児舞，⑧京殿舞，⑨迦陵頻《かりょうびん》。

24　水しぎ　➔気仙郡住田町世田米(JR 大船渡線大船渡駅からバス)
火防と無病息災を祈念する行事。もとは愛宕神社の祭日に行なわれていた水掛け祭り。路面が凍結するので水掛けをやめ，若者たちが大黒天や花魁《おいらん》姿な

どに仮装し，町内を巡回して「火魔退散」の札を配る。

26　桜山神社裸詣り　➔盛岡市内丸・桜山神社(JR 東北本線盛岡駅下車)
無病息災や五穀豊穣の祈願行事。教浄寺や盛岡八幡宮の裸参りと同様に行なわれる。

旧12月12日　湯之沢裸祭り　➔和賀郡西和賀町湯之沢・山祇《やまづみ》神社(JR 北上線ほっとゆだ駅からバス)
山神の年取りの夜に行なう垢離取り行事。年男たちがニワカ餅という急いで蒸したために特に力のいる餅を搗《つ》き上げ，雪道を沢まで走って水垢離をとる。大正末頃まではマタギなど山で働く者の荒行で，雪の上を素裸で転げまわる雪垢離だった。

〔2月〕

第1土曜日　スミつけ祭り　➔紫波郡矢巾町煙山《けむやま》・実相寺《じっそうじ》(JR 東北本線矢幅駅からタクシー)
城内観音堂の「焼観音の年越し」に行なうサイトギ(採灯焚き)行事。三叉に組んだサイトギの中に，簡単な目・鼻・口を刻んだ観音像を2体立てて火をつけて，燃えさかる火勢で新年の吉瑞や豊凶を占う。その燃えさしを抜き取り，炭をたがいに塗りつけたり，小枝を持ち帰って炊事に用いたりして，無病息災を祈る。

第1土曜日～10日間　岩手雪まつり　➔岩手郡雫石町小岩井(JR 東北本線盛岡駅からバス，または田沢湖線小岩井駅からバス)
小岩井農場で行なわれる観光祭り。昭和42(1967)年に始められた東北五大雪祭りの一つ。大小20基程度の雪像や100基前後のかまくらがつくられる。

8　子供百万遍　➔北上市和賀町岩崎(JR 東北本線北上駅からバス)
先祖の菩提供養や厄除けのために行なう子供たちの百万遍念仏。大数珠をもって講中の家をめぐり，仏壇前でナンマイダァブを唱えながら3回まわす。岩崎では11月8日にも行なうが，江刺市田原では旧2月8日に事八日《ことようか》行事の一つとして行なう。

11　水掛け祭り　➔一関市大東町大原・八幡《はちまん》神社(JR 大船渡線摺沢駅からバス)
八幡神社の例祭で，火防祈願を兼ねた厄落とし行事。裸の厄年の男たちが大通りを走り，水を浴びせかけてもらう。参加できない厄女のために少年のカセオドリ(加勢人)がでる。

旧1月6日　サイトギ　➔二戸市似鳥《にたどり》・八幡神社(JR 東北本線二戸駅からバス)
新年の豊凶占い行事。3mほどの高さを組んだサイトギに，水垢離をとった厄年の男たちが火をつけ，生木のテコでゆさぶって火の粉や煙をたてて，その流れる方角で五穀の作柄を占う。

旧1月7日　五大尊蘇民祭　➔花巻市石鳥谷町五大堂・光勝寺(東北新幹線新花巻駅からタクシー)
蘇民袋の争奪を中心とする蘇民祭。袋には五大尊の梵字と駒形の印を押した

駒木が入っており，午前10時頃から裸の年男たちが奪い合う。争奪の群れの動く距離と方角で豊凶を占う。前夜，裸参りが行なわれる。

旧1月7～8日　黒石寺《こくせき》蘇民祭　➔奥州市水沢区黒石(JR東北本線水沢駅からバス)

多彩な内容をもつ県内最大規模の蘇民祭。①「裸参り」7日午後10時頃，②「火焚き登り」午後11時半頃，③「別当登り」8日午前2時頃，④「鬼子登り」午前4時頃，⑤「蘇民袋の争奪」引き続き。裸参りは夏参りともいい，厄男たちが瑠璃壺川で水垢離をとる。鬼子は7歳男児2人で鬼面を逆さにつけて年男に背負われる。蘇民袋にはカツの木(ヌルデ)でつくった蘇民将来の小間木が入っており，厄男たちが争奪する。その決着場所によって豊凶が占われる。

旧1月7～8日　平笠女裸参り　➔八幡平市平笠(JR花輪線大更駅からタクシー)

出征した夫や息子の武運を祈ったことに始まる女たちの裸参り。平笠の宮田神社を出立し，途中の寺社に五穀豊穣・無病息災を祈りながら，大更の八坂神社まで約15kmを練り歩く。

〔4月〕

29　日高《ひたか》火防祭　➔奥州市水沢区日高小路・日高神社(JR東北本線水沢駅下車)

火の神を祀る日高神社の火防祭。町内6組の町印を先頭に打ち囃子・囃子屋台(9台)が練り歩く。絢爛豪華な囃子屋台には締太鼓の女児，三味線の厄年の娘や新嫁が乗り，笛や打ち囃子の太鼓とともに優雅な祇園《ぎおん》囃子系の「日高囃子」をかなでる。「火防祭の屋台囃子」の名称で県指定。水沢駅前で夜7時頃から行なわれる「相打ち」が圧巻。明暦3(1657)年の江戸の振袖火事を機に始まったという。

29　於呂閉志《おろへし》胆沢川《いさわがわ》神社例祭　➔奥州市胆沢区若柳・於呂閉志胆沢川神社(JR東北本線水沢駅からバス)

延喜式内社の春の例祭。奥宮の猿岩山周辺に生える雪椿の枝を持ち帰り，田圃の水口に護符とともに竹にはさんでさして虫除けとし，五穀豊穣を祈る。雪椿は神の依代《よりしろ》で，昔は参拝者みずからが採集してきたが，今は本社に準備されている。

29　大沢温泉金勢《こんせい》まつり　➔花巻市大沢温泉(JR東北本線花巻駅からバス)

金勢神社の例祭を中心とする温泉観光祭り。御神体の巨大な男根(高さ120cm，径40cm)を担ぎ出し，権現舞などの民俗芸能が供奉して練り歩き，露天風呂で女たちによって洗い清められる。

〔5月〕

1～5　春の藤原まつり　➔西磐井郡平泉町(JR東北本線平泉駅下車)

中尊寺と毛越寺の祭礼をもととする観光祭り。3日の源義経東下り行列が中心で，あでやかな絵巻行列がくり広げられる。1日には藤原四代追善供養(中尊寺・毛越寺)，2日には開山護摩供法要(中尊寺開山堂)，4日には古実式三番などの奉納(中尊寺能楽堂)・哭《なき》まつり(観自在王院阿弥陀堂)，5日に

は延年の舞(毛越寺)などや川西剣舞などの民俗芸能が演じられる。

3　子供騎馬武士行列　➔奥州市水沢区宮下町・駒形神社(JR 東北本線水沢駅下車)
延喜式内社の駒形神社の春の例祭。駒ケ岳山頂の奥宮から神霊を本社に遷座した記念祭で，5年ごとに金ケ崎町西根の里宮から神輿渡御を行ない，通年には子供たちの騎馬武者行列が市内を練り歩く。

3～4　江刺甚句《えさしじんく》まつり　➔奥州市江刺区岩谷堂(JR 東北本線水沢駅からバス，または新幹線水沢江刺駅からバス)
大火に苦しんだ岩谷堂の火防祭をもととする観光祭り。9台の囃子屋台と1500余人の甚句踊りのパレードが行なわれ，鹿踊《ししおどり》の群舞や剣舞などの多彩な民俗芸能が演じられる。

5　八葉山天台寺例祭　➔二戸市浄法寺町御山・天台寺(JR 東北本線二戸駅からバス)
「お山さかり」とよばれる天台寺の春の例祭。境内で行なわれる神輿渡御は南朝の長慶天皇の葬送をかたどったものといい，白三角を頭につけた白装束の者に神輿がかつがれて本堂の周囲を3回まわる。

第4日曜日　曲水《きょくすい》の宴　➔西磐井郡平泉町大沢・毛越寺(JR 東北本線平泉駅下車)
毛越寺の庭園遣水《やりみず》で行なわれる風雅な歌会。平安貴族の遊宴に模して衣冠狩《かり》衣《ぎぬ》・袿《うちき》姿の六歌仙役の男女歌人が，催馬楽《さいばら》の曲にあわせて盃が遣水を流れくる間に歌を詠む。

旧4月8日　鵜鳥《うねどり》神社例祭　➔下閉伊郡普代村卯子酉《うねとり》・鵜鳥神社(三陸鉄道北リアス線普代駅からタクシー)
漁の神・縁結びの神の「鵜鳥さま」の例祭。マスなどのカケヨ(掛け魚)や洗米をもって海上安全・大漁を祈願する人でにぎわう。鵜鳥神楽の恵比須舞などの奉納もある。

旧4月8日　穴薬師《あなやくし》神社例祭　➔和賀郡西和賀町本屋敷・薬師神社(JR 北上線陸中大石駅からタクシー)
薬師神社の例祭。「穴薬師」と俗称される目や口・鼻など身体の穴に関する病気を治す神で，穴のあいた小石を奉納して眼病や婦人病の平癒を祈願する。春の民俗行事の山見・山遊びと結びつく。

〔6月〕

第2土曜日　チャグチャグ馬コ　➔岩手郡滝沢村鵜飼・駒形神社，盛岡市(JR 東北本線盛岡駅からバス)
駒形神社の例祭に行なわれる民俗行事をもととする観光祭り。旧暦の端午節句は馬を慰労する日で，馬を着飾り駒形神に参詣して馬の健康と安全を祈願した。現在では駒形神社から盛岡八幡宮までの約15kmの市街地を，約100頭の小荷駄姿の装束馬が子供やアネッコ(娘)を乗せてパレードする。国民俗。

15　馬っこつなぎ　➔遠野市小友町・八坂神社(JR 釜石線鱒沢駅からタクシー)
八坂神社の例祭に行なわれる神送り行事。古くは稲藁や麦殻で藁馬をつくっ

たが，現在では木版刷りの紙馬で，これに乗って天王さまが本社の津島神社(愛知県)に旅立つ。紙馬は各家で早朝や夕方に持参して，洗米と一緒に供えるほか，井戸や田の水口にもおく。

〔7月〕

1　岩手山山開き　➔岩手郡滝沢村，八幡平市，雫石町(滝沢の柳沢登山口にはJR 東北本線盛岡駅からタクシー)

お山参詣の信仰行事をもととする登山の安全祈願祭。岩手山は山全体が御神体で，昔は「お山かけ」と称して，1週間のおこもりで精進潔斎した男たちが登拝した。持ち帰った護符とハイマツは竹串につけて田畑に立て，五穀豊穣を祈った。

17～18　早池峰《はやちね》神社例祭　➔遠野市附馬牛《つきもうし》大出・早池峰神社(JR 釜石線遠野駅からバス)

早池峰山の遠野大出口にある早池峰神社の例祭。神輿は「しし踊り」などに供奉されて渡御し，猿ケ石川に降りて川水にひたした柳の小枝で屋根を拭われる。境内では早池峰「しし踊り」(県指定)の3団体が通り拍子で入り，各種踊りを奉納する。

土用の最初の日曜日　中沢虫追いまつり　➔二戸市上斗米(JR 東北本線二戸駅からバス，またはタクシー)

共同祈願の虫送り行事。蒼前神社で等身大の藁人形の男女2体(男根・女陰をつける)をつくり，太鼓・笛・鉦や唱え言葉で囃しながら田圃道を行列し，村境に立てて火をつけて燃やす。

旧6月14日　黒森神社湯立《ゆだて》神事　➔宮古市山口・黒森神社(JR 山田線宮古駅からタクシー)

黒森神社の例祭に行なわれる湯立神事。法印が大釜の湯を竹串でかきまわした後，巫女は湯の降りかかった熊笹をもって，黒森神楽の囃しにあわせて舞い，神楽の胴取りの問い口に応じて，漁や作物の豊凶，天候や災害の予知などを託宣する。その後，黒森神楽の恵比須舞などの奉納がある。

旧6月15日　荒神社《あらがみしゃ》例祭　➔下閉伊郡山田町船越・荒神社(JR 山田線陸中船越駅下車)

神輿の浜下り神事を主とする例祭。以前は海中に神輿をかつぎこみ，船に引き上げる勇壮な場面がみられたが，現在ではその後の曳き船祭りが中心で，湾内を渡御する。

旧6月17日　蒼前詣《そうぜんまい》り　➔盛岡市玉山区芋田・蒼前駒形神社(JR 東北本線好摩駅からタクシー，または盛岡駅からバス)

芋田蒼前駒形神社の例祭で，馬の健康と安全を祈願する民俗行事。以前は馬を着飾って参詣する盛岡のチャグチャグ馬コと同様な行事も行なわれていたが，国道4号の交通事情の悪化で中止。駒踊りなどが奉納される。

〔8月〕

1　早池峰《はやちね》神社例祭　➔花巻市大迫町内川目・早池峰神社(JR 東北本線石鳥谷駅

または盛岡駅からバスで大迫，さらにバス乗り換え)
早池峰山大迫口の岳にある早池峰神社の例祭。前日の宵宮では岳神楽《たけかぐら》と大《おお》償《つぐない》神楽が深夜まで共演し，当日にも弟子神楽などが奉納される。近隣の神楽組や崇敬者に奉じられる権現さま(獅子頭)が30～50頭ほど集まり，神輿渡御に同行する。

1～4　盛岡さんさ踊り　➔盛岡市(JR 東北本線盛岡駅下車)
旧盛岡領の代表的な盆踊り「さんさ踊り」を主とする観光祭り。県庁前の大通りで，約1万人の踊り子と3000個の太鼓の大パレードなどを行なう。テンポの早い囃しにのって花笠・浴衣姿の大群舞が展開されるほか，伝統さんさの公演や観光客が参加できる輪踊りも行なわれる。

第1金～日曜日　一関夏まつり　➔一関市(JR 東北本線一関駅下車)
磐井川の川開きを中心とする観光祭り。花火大会やくるくる踊りパレードなどが行なわれる。

第1日曜日　うごく七夕《たなばた》まつり　➔陸前高田市高田町(JR 大船渡線陸前高田駅下車)
七夕行事を中心とする夏祭り。短冊《たんざく》・薬玉《くすだま》・バレンなどで飾った12台の山車が町内を練り歩き，囃子太鼓の競演をする。

第1日曜日　海上七夕まつり　➔陸前高田市小友町(JR 大船渡線小友駅下車)
七夕行事を中心とする夏祭り。高さ約20mの竹竿に色とりどりの短冊をつけた七夕船，直径2m以上の飾り輪を3段につけたバレン船など，20隻余りの漁船が大漁旗や短冊を飾り立てて広田湾を巡航する。

7　けんか七夕まつり　➔陸前高田市気仙町(JR 大船渡線陸前高田駅下車)
七夕行事を中心とする夏祭り(県指定)。短冊や薬玉・バレンなどで飾った4台の山車の中央に，約20mの杉丸太のかじ棒をとりつけ，勇壮なケンカ太鼓の鳴り響くなかで，2台ずつたがいに綱で引き合って激しくぶつけ合う。

第1土曜日から3日間　北上みちのく芸能まつり　➔北上市(JR 東北本線北上駅下車)
盆の精霊供養の芸能奉納から始まった民俗芸能を中心とする観光祭り。北上市周辺の鬼剣舞や鹿踊・神楽・田植踊などをはじめ，広く県内各地や東北全県などから約100団体をこえる民俗芸能が集まる。最終日には北上川でトロッコ流しや花火大会が行なわれる。

14　薪能《たきぎのう》　➔西磐井郡平泉町衣関・中尊寺(JR 東北本線平泉駅下車)
周囲にかがり火を焚いて演じる能楽。中尊寺の能は白山社に奉納する神事芸能で一山で継承しており，喜多流宗家を迎えて行なう。

14・16　大迫《おおはさま》あんどんまつり　➔花巻市大迫町大迫(JR 東北本線石鳥谷駅または盛岡駅からバス)
天明3(1783)年の大飢饉で死んだ人々の霊を弔うために始められたという盆祭り。4台の山車それぞれにとりつけた高さ7～8mの絵あんどんに火を入れ，町内を練り歩く。

15　大原だるままつり　➔一関市大東町大原(JR 大船渡線摺沢駅からバス)
無病息災を祈念する夏祭り。高さ３m，重さ300kg の大達磨《だるま》が20歳の青年男女にかつがれて町内を練り歩き，町外れの河原で焼かれる。

16　盛岡舟っこ流し　➔盛岡市(JR 東北本線盛岡駅下車)
送り盆の精霊送り行事。市内の仙北・南大通り地区や夕顔瀬地区などでつくった飾り舟十数隻に，それぞれの町内の若者たちが寺院に献納された灯籠や供物を満載し，北上川に運んで火をつけて流す。

16　平泉大文字《だいもんじ》まつり　➔西磐井郡平泉町束稲山《たばしねやま》(JR 東北本線平泉駅下車)
京都大文字焼きにならって昭和40(1965)年に始められた精霊送り行事。文字は束稲山に現れ，麓の北上川では灯籠流しが行なわれる。火は中尊寺本堂の不滅の法灯を用いる。

16　福田人形まつり　➔二戸市福田(JR 東北本線二戸駅からバス)
厄病払いの人形送り行事。高清水稲荷神社に持ち寄った麦殻と稲藁で，男根・女陰をつけた男女各１体の等身大の人形をつくり，太鼓・笛・鉦の囃子で地区内を練り歩く。家では各自が煎餅で体の汚れをぬぐって人形の手に吊るし，村境の橋上で和合の所作をして人形を安比《あっぴ》川に流す。

最終金曜～日曜日　一戸まつり　➔二戸郡一戸町(JR 東北本線一戸駅下車)
八坂神社と稲荷神社の二社例祭を中心とする秋祭り。神輿渡御には神楽・鹿踊・七つ踊りなどが供奉し，６町内から風流山車《ふりゅうだし》がでる。

〔９月〕

第１土～月曜日　二戸まつり　➔二戸市(JR 東北本線二戸市下車)
呑香《どんこ》稲荷神社・秋葉神社・愛宕神社の三社例祭を中心とする秋祭り。各神社の神輿渡御に８台の風流山車や神楽・鹿踊などの民俗芸能が供奉する。

第２土曜の前後３日間　花巻まつり　➔花巻市(JR 東北本線花巻駅下車)
城内の鳥谷ケ崎《とやがさき》神社の例祭を中心とする秋祭り。絢爛豪華な十数台の風流山車がでて，大太鼓・小太鼓・笛・三味線で祇園囃子の流れをくむ花巻囃子をかなでながら練り歩く。鹿踊・権現舞の群舞，樽神輿パレードなどがある。

14～15　遠野まつり　➔遠野市松崎町・遠野郷八幡宮(JR 釜石線遠野駅下車)
遠野郷八幡宮の例祭を中心とする秋祭り。神輿渡御や流鏑馬《やぶさめ》神事，カンナガラジシ(鹿踊)・神楽・田植踊などの民俗芸能の競演がある。

14～16　盛岡八幡宮例祭　➔盛岡市八幡町・盛岡八幡宮(JR 東北本線盛岡駅からバス)
藩政時代から旧盛岡領最大の秋祭り。神輿渡御には山車・練り物・丁印など７～８台が供奉し，囃子は祇園囃子系で江戸木遣り調の独特な音頭上げがつく。八幡宮の馬場では流鏑馬神事が行なわれる。もとの本社は盛岡城の三の丸に鎮座していた鳩森八幡宮で，延宝７(1679)年現在地に御旅所建立工事に着手，同９年８月15日に神輿渡御が始まり，宝永６(1709)年から山車や練り物がでるようになった。

14～16　横山八幡宮例祭　➔宮古市宮町・横山八幡宮(JR 山田線宮古駅下車)

曳き船祭りを中心とする秋祭り。神輿に剣舞や鹿踊などが供奉して市街地を練り歩き，船で宮古湾を渡御する。境内では湯立神事などが行なわれる。

敬老の日　大杉神社例祭　➔下閉伊郡山田町北浜町・大杉神社(JR 山田線陸中山田駅下車)

曳き船祭りを中心とする秋祭り。神輿は関口川河口の宝来橋付近で，白装束の若者たちによって海中にかつぎこまれ「お塩垢離儀式(浜下り)」を行ない，虎舞などの囃しで海中を練り歩き，船に上げられて山田湾を渡御する。

第３月曜日を最終日とする３日間　軽米《かるまい》秋まつり　➔九戸郡軽米町・軽米八幡宮(JR 東北本線二戸駅または盛岡駅からバス)

軽米八幡宮の例祭を中心とする秋祭り。神輿渡御は蓮台野の御仮屋まで猿田彦命立像を乗せた台車を先頭に，稚児行列や風流山車７台，鹿踊・虎舞・神楽・駒踊などが供奉する。

第３金曜～日曜日　久慈《くじ》まつり　➔久慈市(JR 八戸線久慈駅下車)

久慈大神宮・巽《たつみやま》山稲荷神社・秋葉神社の三社例祭を中心とする秋祭り。神輿渡御と風流山車７台の運行，ナニャドヤラ流し踊り，駒踊・エンブリ・神楽などの競演が行なわれる。

19　三熊野神社例祭(泣き相撲)　➔花巻市東和町北成島・成島毘沙門堂《なるしまびしゃもんどう》(JR 釜石線土沢駅からタクシー)

成島毘沙門堂境内の三熊野神社の例祭に行なう「十二番角力式」。猿ケ石川をはさむ北成島と南成島から数え２歳の男児６人ずつを選び，２人ずつそれぞれの相撲親方にだかれてにらみあい，先に泣き出したほうを負けとする。勝った地区が豊作に恵まれるという。

〔10月〕

第３金曜～日曜日　釜石《かまいし》まつり　➔釜石市(JR 釜石線釜石駅下車)

尾崎神社の例祭を中心とする曳き船祭り。釜石湾の対岸の本宮から大漁旗などで装飾した供奉船団に守られ，虎舞のにぎやかな囃しのなかを神輿が海上渡御する。市内各地を鹿踊などが門付《かどづ》けする。

旧暦閏年の翌年の旧９月19日　室根《むろね》神社特別大祭　➔一関市室根町折壁・室根神社(JR 大船渡線折壁駅下車)

３～４年に１度行なわれる特別大祭で東北有数の荒祭り。本宮と新宮の神輿が室根山を下り，麓の御旅所に設けた両仮宮に先着を競って運び上げられる。これによって作柄を占うほか，浜下りの名残とみられる唐桑から塩水献上，中腹の田植ノ壇での御田植神事などがある。御旅所でのマツリバ行事は国指定重要無形民俗文化財。

〔11月〕

１～３　秋の藤原まつり　➔西磐井郡平泉町(JR 東北本線平泉駅下車)

中尊寺と毛越寺の祭礼を中心とする秋の観光祭り。稚児行列(中尊寺)，延年の舞(毛越寺)などが行なわれる。

上旬　又兵衛《またべえ》まつり　➔宮古市津軽石(JR 山田線津軽石駅下車)

鮭の豊漁を祈願する川留め神事。又兵衛は漁民の困窮をみかね，盛岡藩の鮭の川留め柵を壊して逆さ磔にされた。その祟りで鮭が獲れなくなったので，藁人形をつくって供養したのが始まり。

22～28　お七夜《しちや》　➔北上市和賀町など県内各地

御内法(隠し念仏)の講中で行なう報恩講。親鸞《しんらん》の命日(28日)と直前1週間に催す。当番の宿に集まり，導師の音頭で「正信偈《しょうしんげ》」と「和讃《わさん》」を唱和し，「御文章(お文)」を聴聞する。

旧10月　まいりの仏の縁日　➔県内各地

十月仏・カバカワサマ・オネェァサマなどとよばれる民間信仰の縁日。旧10月の定例日に阿弥陀如来・聖徳太子・六字名号などの掛図や木像を祀る家に親類縁者が集まってお参りする。

〔参考文献〕

門屋光昭編著『岩手民間信仰事典』　岩手県立博物館　1990
高橋秀雄・門屋光昭編『祭礼行事　岩手県』　桜楓社　1992

祭日は年によって変更される場合があり，また交通機関も夜間や早朝だとタクシーだけという場合が多いので，地元の教育委員会や観光協会などで確認してでかけるとよい。

■ 参考文献

【岩手県における地域史研究の現状と課題】

岩手県における地域史研究は，故森嘉兵衛氏の影響をうけて近世史研究が盛んである。一方，開発にともなう発掘調査も県内の至るところで行なわれているが，とくに平泉町の柳之御所遺跡の発掘調査は多大の成果を上げており，それを契機として平泉を中心とした中世史研究が盛んとなっている。また，盛岡藩の家老席日誌である「雑書」の翻刻が進められ，『盛岡藩雑書』(責任校閲細井計)として刊行が継続しているのも注目されよう。そのほかでは自治体史の編纂も盛んである。

このような動向のなかで，史資料の散逸も少なくない。地方所在の史資料は現地保存を原則としながらも，散逸を防止するため，史資料の収集保存とともにマイクロ化やコピーなどを進め，もって利用者への便宜を図る必要がある。そのためには，一日でも早く文書館(あるいは史料館)が設置されることを切望したい。

昭和30年代に刊行された『岩手県史』全12巻は，考古編などが不備なうえに内容的にも問題の箇所が多すぎる。一方では自治体史がほぼ出揃った状況なので，それらを統合した形で県史を編纂し直す時期にきているといえよう。同じことは『盛岡市史』(これは分冊の体裁をとって刊行されたものを，便宜的に8巻にまとめて復刻したにすぎない)についてもいえる。『岩手県史』と『盛岡市史』の編纂が緊急の課題となっている。

通史の一般的なものとしては，森嘉兵衛『岩手県の歴史』(山川出版社)，細井計編『図説岩手県の歴史』(河出書房新社)，菊池悟郎編『南部史要』(熊谷印刷出版部)などのほかに，市町村史の成果をもとに書かれた概説書もある。岩手県文化財愛護協会編として刊行されている盛岡市・一関市・遠野市・陸前高田市・紫波町・矢巾町・東山町・一戸町・滝沢村・川崎村・都南村などの各市町村史がそれである。

県内の研究活動をみると，現地の史資料をもとにした研究のほかに，岩手大学附属図書館・県立図書館・県立博物館・盛岡市中央公民館などの収蔵史料を活用した研究も盛んである。研究団体としては，1948(昭和23)年に創設された岩手史学会が着実な活動を続けており，これまで『岩手史学研究』の50号(岩手近代百年史)，60号(岩手の歴史と人物)，70号(東北の歴史と文化)，80号(岩手の歴史と風土)で500頁をこえる特集号をだしているのが注目されよう。そのほかでは，盛岡市内に事務局をおいているものに奥羽史談会・岩手考古学会・岩手古文書学会・岩手古文書研究会などがあり，県内各地の史談会の活動も盛んである。さらに独自の活動を続けている岩手県文化財愛護協会の存在も見落とせない。これらの団体に共通する最近の傾向は，会員の高齢化現象が顕著であるということである。会の健全な発展を図るためにも，より多くの若い会員を獲得し，若手研究者を育成することが急務となっている。詳細は細井計他「地方史研究の現状　岩手県」(『日本歴史』565号，1995年6月号)を参照していただきたい。

【通史・辞典など】
板橋源・草間俊一編『岩手の遺跡』 岩手県埋蔵文化財センター 1985
一ノ倉則文『用語南部盛岡藩辞典』 東洋書店 1984
岩手県姓氏歴史人物大辞典編纂委員会編『岩手県姓氏歴史人物大辞典』 角川書店 1998
岩手県立博物館編『北の鉄文化』 岩手県文化振興事業団 1990
岩手史学会編『岩手の歴史と人物』 熊谷印刷出版部 1975
岩手史学会編『東北の歴史と文化』 熊谷印刷出版部 1987
岩手史学会編『岩手の歴史と風土』 熊谷印刷出版部 1997
岩手放送岩手百科事典発行本部編『岩手百科事典』 岩手放送 1958
角川日本地名大辞典編纂委員会編『角川日本地名大辞典・岩手県』 角川書店 1985
菊池悟郎編『南部史要』(4版) 熊谷印刷出版部 1979
司東真雄『岩手の歴史論集』全3巻 岩手の歴史論集刊行会 1979
新岩手風土記刊行会編『岩手県の歴史と風土』 創土社 1980
高橋富雄『東北の歴史と開発』 山川出版社 1972
高橋富雄『東北の風土と歴史』 山川出版社 1976
長岡高人編『岩手県の教育史』 思文閣 1986
船越昭治監修『岩手県林業史』 岩手県 1982
細井計編『図説岩手県の歴史』 河出書房新社 1995
細井計編『南部と奥州道中』 吉川弘文館 2002
細井計監修『岩手県漁業史』 岩手県 1984
森嘉兵衛『岩手県の歴史』 山川出版社 1972
森嘉兵衛『みちのく文化論』 法政大学出版局 1974
森嘉兵衛監修『岩手県農業史』 岩手県 1979
森嘉兵衛監修『岩手県の地名』 日本歴史地名大系3 平凡社 1990
森嘉兵衛教授退官記念論文集編集委員会編『岩手地方史の研究』 法政大学出版局 1969
吉田義昭・及川和哉『図説盛岡四百年』(上, 下Ⅰ・Ⅱ) 郷土文化研究会(川口印刷) 1978・94

【県史・郡史】
青森県編『青森県史』全8巻 青森県 1926(全10巻で復刻1971-72)
秋田県編『秋田県史』全16巻 秋田県 1960-67
岩手県編『岩手県史』全12巻 岩手県 1961-66
宮城県史編纂委員会編『宮城県史』全35巻 宮城県史刊行会 1954-87

天野清太郎『磐井郷土誌』 1902(復刻1978)
岩手県教育会胆沢郡部会編『胆沢郡誌』 同部会 1927(復刻1974)

岩手県教育会岩手郡部会編『岩手郡誌』 同部会　1941(復刻1972)
岩手県教育会江刺郡部会編『江刺郡誌』 同部会　1925
岩手県教育会上閉伊郡部会編『上閉伊郡誌』 同部会　1913
岩手県教育会九戸郡部会編『九戸郡誌』 同部会　1936(復刻1972)
岩手県教育会下閉伊郡部会編『下閉伊郡誌』 同部会　1922(上・下閉伊郡誌合冊で復刻1974)
岩手県教育会紫波郡部会編『紫波郡誌』 同部会　1916(復刻1974)
岩手県教育会二戸郡部会編『二戸小誌』 1927
岩手県教育会東磐井郡部会編『東磐井郡誌』 同部会　1925
岩手県教育会和賀郡部会編『和賀郡誌』 同部会　1919(復刻1974)
岩手県教育組合西磐井支部編『西磐井郡郷土誌』 同支部　1973
二戸郡誌編纂委員会編『二戸郡誌』 1968

【市町村史】

胆沢町・胆沢町史刊行会編『胆沢町史』(1～11)胆沢町　1982-2006
石鳥谷町史編纂委員会編『石鳥谷町史』(上・下)　石鳥谷町　1979-81
一関市史編纂委員会編『一関市史』(1～7)　一関市　1975-78
一戸町史編纂委員会編・藤原隆男監修『一戸町史』(上・下)　一戸町　1982-86
岩手町史編纂委員会編『岩手町史』 岩手町　1976
薄衣村史編纂委員会編『薄衣村史』 薄衣村　1972
江刺市史編纂委員会編・高橋富雄監修『江刺市史』(1～12)　江刺市　1974-82
大槌町史編纂委員会編『大槌町史』(上・下)　大槌町　1966-84
大迫町史編纂委員会編『大迫町史』(交通編・民俗資料編・産業編・行政編)　大迫町　1979-86
大船渡市史編纂委員会編『大船渡市史』(1～5)　大船渡市　1978-82
金ヶ崎町史編纂委員会編『金ヶ崎町史』 金ヶ崎町　1965
釜石市誌編纂委員会編『釜石市誌』(通史・資料編・年表)　釜石市　1960-65
軽米町誌編纂委員会編『軽米町誌』 軽米町　1975
軽米町史編纂委員会編『軽米町史』(上・中・下)　軽米町　1987-2000
川井村郷土誌編纂委員会編『川井村郷土誌』 川井村　1962
北上市編『北上市史』(1～12)　北上市　1968-86
北上市編『北上の歴史』 北上市　1987
久慈市史編纂委員会編・細井計監修『久慈市史』(1自然・考古・古代・中世，2近世，3近代，4～6史料編)　久慈市史刊行会　1984-98
葛巻町誌編纂委員会編『葛巻町誌』(1～4)　葛巻町　1987-98
九戸村史編纂委員会編・細井計監修『九戸村史』(1先史・古代・中世編，資料編1)　九戸村　1993-
衣川村史編纂委員会編『衣川村史』(通史編・資料編1～5)　衣川村　1985-90
沢内村史編纂委員会編・細井計監修『沢内村史』(上・下・資料編)　沢内村　1991

-94
三陸町史編集委員会編・細井計監修『三陸町史』(1自然・考古編，2歴史編　3教育・社会編，4津波編，5民俗一般編，6産業編)　三陸町史刊行委員会　1988-92
雫石町史編纂委員会編『雫石町史』　雫石町　1979
浄法寺町史編纂委員会編『浄法寺町史』　浄法寺町　1998
紫波町史編纂委員会編『紫波町史』(1～3)　紫波町　1972-88
住田町史編纂委員会編『住田町史』(1～6・別巻1)　住田町　1994-2002
関口喜多路・大上和良『岩泉地方史』(上・下・地質編)　1980-92
千厩町史編纂委員会編『千厩町史』(1～5)　千厩町　1986-2005
村誌たまやま編纂委員会編『村誌たまやま』　玉山村　1979
大東町史編纂委員会編『大東町史』(上・下)　大東町　1982-2005
高橋源二郎『江釣子村史』　江釣子村　1971
高橋富雄監修『和賀町史』　和賀町　1977
滝沢村史編纂委員会編『滝沢村史』　滝沢村　1974
田野畑村史編さん委員会編『田野畑村史』(1)　田野畑村　1985-
田村栄一郎編・細井計監修『野田村誌』　野田村　1992
田老町教育委員会編『田老町史』(資料集　近世1～4，町外編近世5・近代1・津波編)　田老町　1990-2005
東和町史編纂委員会編『東和町史』(上・下・民俗)　東和町　1974-79
遠野市史編纂委員会編・森嘉兵衛監修『遠野市史』(1～4)　遠野市　1974-77
都南村誌編纂委員会編『都南村誌』　都南村　1974
西根町史編纂委員会編『西根町史』(通史2・民俗)　西根町　1985-1990
花泉町史編纂委員会編『花泉町史』(通史編・資料編)　花泉町　1984-88
花巻市教育委員会編『花巻市史』(年表史料，近世篇1・2，文化財篇，資料篇1・2，人物篇，資料篇・日誌1～7)　花巻市教育委員会　1970-89
東山町史編纂委員会編『東山町史』(通史・資料編)　東山町　1978-82
平泉町史編纂委員会編『平泉町史』(1～4)　平泉町　1985-
藤沢町史編纂委員会編・平重道監修『藤沢町史』(本編上・中・下)　藤沢町　1979-84
前沢町史編纂委員会編『前沢町史』(上，中，下1・2)　前沢町　1974-88
松尾村誌編纂委員会編『松尾村誌』　松尾村　1989
水沢市史編纂委員会編『水沢市史』(1～6)　水沢市　1974-85
宮古市教育委員会編『宮古市史』(漁業・交易，資料集1～7，年表)　宮古市教育委員会　1981-94
盛岡市編『盛岡市史』(1～8，復刻版)　杜陵印刷　1978-82
森嘉兵衛『宮守村史』　宮守村　1977
矢巾町史編纂委員会編『矢巾町史』(上・下)　矢巾町　1985
山田勲『普代村史』　普代村教育委員会　1984
山田町史編纂委員会編『山田町史』(上・中・下・年表)　山田町　1986-2007

湯田町史編纂委員会編『湯田町史』　湯田町　1979
陸前高田市史編纂委員会編『陸前高田市史』1～12　陸前高田市　1991-

【原始・古代】

相原康二編『大いなる夢の史跡』　胆江日日新聞社　1998
延暦八年の会編『アテルイとエミシ』　岩手出版　1989
大塚徳郎『みちのくの古代史』　刀水書房　1984
工藤雅樹『古代蝦夷の考古学』　吉川弘文館　1998
工藤雅樹『蝦夷と東北古代史』　吉川弘文館　1998
工藤雅樹『東北考古学・古代史学史』　吉川弘文館　1998
鈴木拓也『古代東北の支配構造』　吉川弘文館　1998
鈴木靖民編『古代蝦夷の世界と交流』　名著出版　1996
瀬川司男編『特別企画展　坂上田村麻呂』　東和町ふるさと歴史資料館　1998
高橋崇『律令国家東北史の研究』　吉川弘文館　1991
高橋崇『蝦夷の末裔』　中央公論社　1991
高橋富雄『奥州藤原氏四代』　吉川弘文館　1958
高橋富雄『蝦夷』　吉川弘文館　1963
高橋富雄編『東北古代史の研究』　吉川弘文館　1986
高橋信雄・昆野靖著『日本の古代遺跡51　岩手』　保育社　1996
新野直吉『古代東北の兵乱』　吉川弘文館　1989

【中　世】

入間田宣夫『百姓申状と起請文の世界』　東京大学出版会　1986
入間田宣夫・大石直正『解説中世留守家文書』　水沢市立図書館　1979
岩手県教育委員会編『岩手県中世城館跡分布調査報告書』　岩手県教育委員会　1986
大島正隆『東北中世史の旅立ち』　そしえて　1987
小井田幸哉『八戸根城と南部家文書』　八戸市　1986
小林清治・大石直正編『中世奥羽の世界』　東京大学出版会　1978
斉藤利男『平泉—よみがえる中世都市』　岩波書店　1992
佐々木慶市『中世東北の武士団』　名著出版　1989
沼館愛三『南部諸城の研究』　伊吉書院　1978
羽下徳彦編『北日本中世史の研究』　吉川弘文館　1990
平泉文化研究会編『日本史の中の柳之御所跡』　吉川弘文館　1983
平泉文化研究会編『奥州藤原氏と柳之御所跡』　吉川弘文館　1983
藤島亥治郎監修『中尊寺』　河出書房新社　1971
藤島亥治郎編『平泉—毛越寺と観自在王院の研究』　東京大学出版会　1961
森嘉兵衛『津軽南部の抗争』　人物往来社　1967

【近　世】

荒居英次『近世海産物経済史の研究』　名著出版　1988
岩本由輝『近世漁村共同体の変遷過程—商品経済と村落共同体』　塙書房　1970
浦川和三郎『東北キリシタン史』　巌南堂　1957
遠藤進之助『近世農村社会史論』　吉川弘文館　1956
大島英介『仙台藩農村社会史』　北上書房　1969
岡田広吉編『たたらから近代製鉄へ』　平凡社　1990
菊池勇夫『幕藩体制と蝦夷地』　雄山閣　1984
近世村落研究会編『仙台藩農政の研究』　日本学術振興会　1958
小林清治編『東北大名の研究』　吉川弘文館　1984
斎藤潔『鉄の社会史』　雄山閣　1990
ジョン・モリス『近世日本知行制の研究』　清文堂　1988
大正十三造『南部盛岡藩史略』(上・下)　杜陵印刷　1983
土屋喬雄『封建社会崩壊過程の研究』　弘文堂　1927
東北史学会編『東北水運史の研究』　巌南堂　1966
中村吉治編『村落構造の史的分析』　御茶の水書房　1980
『人づくり風土記3　岩手』　農文協　1988
細井計『近世の漁村と海産物流通』　河出書房新社　1994
細井計『近世東北農村史の研究』　東洋書院　2002
細井計編『奥州道中増補行程記』　東洋書院　1999
三浦忠司『八戸湊と八戸藩の海運』　八戸港湾運送株式会社　1990
宮本又次『小野組の研究』　新生社　1970
森嘉兵衛『南部藩百姓一揆の研究』(森嘉兵衛著作第7巻)　法政大学出版局　1974
森嘉兵衛『無尽金融史論』(同第2巻)　法政大学出版局　1982
森嘉兵衛『日本僻地の史的研究』(上・下)(同第8・9巻)　法政大学出版局　1982-83
森嘉兵衛『奥羽農業経営論』(同第4巻)　法政大学出版局　1983
森嘉兵衛『奥羽名子制度の研究』(同第5巻)　法政大学出版局　1984
森嘉兵衛『奥羽社会経済史の研究/平泉文化論』(同第1巻)　法政大学出版局　1987
森嘉兵衛『陸奥鉄産業の研究』(同第3巻)　法政大学出版局　1994
森嘉兵衛『近世農業労働構成論』(同第6巻)　法政大学出版局　1998
森毅『修験道霞職の史的研究』　名著出版　1989
渡辺信夫『幕藩制確立期の商品流通』　柏書房　1966
渡辺信夫『みちのく街道史』　河出書房新社　1990
渡辺信夫『海からの文化—みちのく海運史—』　河出書房新社　1992
渡辺信夫編『宮城の研究』(3〜5)　清文堂　1983
渡辺信夫『近世東北地域史の研究』　清文堂出版　2002
渡辺信夫『日本海運史の研究』　清文堂出版　2002

【近代・現代】
東敏雄・丹野清秋編『近代日本社会発展史論』 ペリカン社 1988
岩手県教育弘済会『岩手の教育物語』(上・下) 1991
岩手・和我のペン編『農民兵士の声がきこえる』 日本放送出版協会 1984
岩本由輝『東北開発120年』 刀水書房 1994
大島英介『小田為綱の研究』 久慈市 1995
大橋周治編『幕末明治製鉄論』 アグネ 1991
鎌田慧『反骨 鈴木東民の生涯』 講談社 1992
熊谷印刷出版部編『岩手の群像―近代岩手をつくった人々』 熊谷印刷出版部 1987
長江好道他『岩手県の百年』 山川出版社 1995
中野清見『回想・わが江刈村の農地解放』 朝日新聞社 1989
名須川溢男編『岩手県の100年歴史ものがたり』 岩手出版 1984
畠山剛『岩手木炭』 日本経済評論社 1980
早坂啓造編『北上山地の山かげから―岩手の人びと』 三省堂 1984
麓三郎『小岩井農場七十年史』 小岩井農牧株式会社 1968
松尾村松尾鉱山記念館建設調査委員会編『松尾の鉱山』 トリョーコム 1980
三浦黎明『岩手県の勧業政策と農会』 刀水書房 1998
森嘉兵衛『岩手近代百年史―岩手県政百年記念』 熊谷印刷出版部 1974
山下文男『哀史三陸津波』 青磁社 1982

■ 図版所蔵・提供者一覧

カバー　川口印刷工業株式会社
見返し表　新日本製鐵株式会社釜石製鐵所
　裏上　宮守村教育委員会・岩手日報社
　裏下　岩手県立博物館・岩手日報社
口絵1上　(財)岩手県文化振興事業団埋蔵文化財センター
　1下　胆沢町教育委員会
　2上　水沢市埋蔵文化財調査センター
　2下　水沢市埋蔵文化財調査センター
　3上　水沢市埋蔵文化財調査センター
　3下　水沢市埋蔵文化財調査センター
　4上　平泉町教育委員会
　4下　中尊寺
　5上　南部光徹・遠野市立博物館
　5下　二戸市教育委員会
　6上　もりおか歴史文化館
　6下　もりおか歴史文化館
　7上　一ノ倉明
　7下　川口印刷工業株式会社
　8上　小岩井農牧株式会社
　8下　日本鉄道建設公団盛岡支社
P. 3　川口印刷工業株式会社
P. 7上　林風舎
P. 7下　盛岡市原敬記念館
P. 9　(財)岩手県文化振興事業団埋蔵文化財センター
P.13　花泉町教育委員会・岩手日報社
P.15　北上市教育委員会・岩手日報社
P.20　久慈市教育委員会
P.23上　田野畑村教育委員会
P.23下　(財)岩手県文化振興事業団埋蔵文化財センター
P.31右　岩手県立博物館
P.31左　岩手県立博物館
P.37　矢巾町教育委員会
P.40　矢巾町教育委員会
P.41　(財)岩手県文化振興事業団埋蔵文化財センター
P.43　北上市教育委員会
P.45　盛岡市教育委員会
P.63　水沢市埋蔵文化財調査センター
P.66　水沢市埋蔵文化財調査センター
P.68　盛岡市教育委員会
P.70　矢巾町教育委員会
P.79　金ケ崎町教育委員会
P.90　金ケ崎町教育委員会
P.93　(財)岩手県文化振興事業団埋蔵文化財センター
P.100　中尊寺
P.102　中尊寺・岩手県立博物館
P.105　藤島亥治郎・平泉文化史館
P.109上　(財)岩手県文化振興事業団埋蔵文化財センター
P.109下　(財)岩手県文化振興事業団埋蔵文化財センター
P.115上　(財)岩手県文化振興事業団埋蔵文化財センター
P.119　千葉亥十二・川崎村教育委員会
P.127　岩手大学附属図書館
P.129　一戸町教育委員会
P.134　南部光徹・東京大学史料編纂所所蔵写真帳「南部家文書」
P.138　紫波町教育委員会
P.141　鱒沢加代・紫波町教育委員会
P.143　東北大学文学部日本史研究室
P.153　小野寺一雄・一戸町教育委員会
P.160　一戸町教育委員会
P.164　もりおか歴史文化館
P.165　川口印刷工業株式会社
P.167　もりおか歴史文化館
P.170　もりおか歴史文化館
P.173　もりおか歴史文化館
P.175　もりおか歴史文化館
P.179　もりおか歴史文化館
P.180　もりおか歴史文化館
P.182　もりおか歴史文化館
P.189　もりおか歴史文化館
P.195　八戸市立図書館
P.198　岩手県立博物館
P.205　千田基久兵衛
P.207　千田基久兵衛
P.211　釜石市教育委員会
P.217　もりおか歴史文化館
P.225　岩手県立博物館
P.229　岩手県立図書館・岩手県立博物館
P.230　盛岡市教育委員会

P.236　畠山富貴子・田野畑村教育委員会
P.240　芦東山先生記念館
P.241上　早稲田大学図書館
P.241下　水沢市立高野長英記念館
P.249　『盛岡案内』
P.251　古舘東洋
P.254　もりおか歴史文化館
P.256　国香よう子
P.260下　岩手県立博物館
P.263　大島トシノ
P.265　『図説盛岡四百年』下巻 I
P.268　岩手県立博物館
P.271上　『盛岡市制百周年記念誌』
P.271下　株式会社岩手銀行
P.274　岩手県立博物館
P.278　『岩手県の近代化遺産』
P.281　岩手県立博物館
P.284　岩手県立博物館
P.288　盛岡市先人記念館
P.291　佐藤忠良・釜石市建設部都市計画課，岩手県立博物館
P.293　『図説盛岡四百年』下巻 I
P.297　『図説盛岡四百年』下巻 I
P.300　工藤道子
P.305　大東町教育委員会・岩手県立博物館
P.307　新日本製鐵株式会社釜石製鐵所
P.311　建設省東北地方建設局北上川ダム統合管理事務所

敬称は略させていただきました。

紙面構成の都合で個々に記載せず，巻末に一括しました。所蔵者不明の図版は，転載書名を掲載しました。万一，記載洩れなどがありましたら，お手数でも編集部までお申し出下さい。